中国人權評論丛书
总主编　付子堂　张永和

国家人权行动计划（2016–2020年）解读

UNSCRAMBLE ON THE
NATIONAL HUMAN RIGHTS ACTION PLAN OF CHINA (2016-2020)

张永和◎主编

法律出版社
LAW PRESS・CHINA

从人权白皮书到国家人权行动计划（代序）

1991 年 11 月 1 日，国务院新闻办公室以多种文字首次向世界发表了《中国的人权状况》白皮书，引起国内外强烈反响。作为中国人权发展史上的一个重要里程碑，首部人权白皮书第一次从人权的角度在总结历史的基础上结合中国国情，阐明了中国人权的状况和中国人权的基本观点。其在政治上和思想理论上的突破，为后来人权入宪和国家人权行动计划的制定实施都奠定了坚实基础，开启了中国人权理论研究和实践的新篇章。

自首部人权白皮书公布以来，中国的人权理念不断深入人心，人权价值观逐步成为社会共识，中国人权各项事业不断取得新成就。特别是在近 30 余年时间内，中国 7 亿多人口摆脱贫困，占全球减贫人口总数的 70% 以上，取得了人类历史上绝无仅有的人权成就。中国政府还陆续对外发布了 1995 年、1996 年、1998 年、2000 年、2003 年、2004 年、2009 年、2012 年、2013 年、2014 年和 2016 年人权白皮书，并将其更名为《中国人权事业的进展》，成为第一部人权白皮书的延续。除了这些专门介绍中国人权事业进展的白皮书，中国政府发布的诸如《西藏自治区人权事业的新进展》《中国的减贫行动与人权进步》等专项白皮书也直接与人权有关。这些白皮书从多角度全面地反映了中国的人权发展状况。

人权乃人类共同事业,但其实现首先依赖于一国内部之人权行动。中国积极响应《维也纳宣言和行动纲领》第 71 条关于各会员国拟定国家行动计划的倡导,实践人权的真谛,把人权落实为国家人权行动计划。2009 年 4 月 13 日,中国发布了第一个以人权为主题的国家规划——《国家人权行动计划(2009—2010 年)》。2012 年 6 月 11 日和 2016 年 9 月 29 日又分别发布第二个和第三个以人权为主题的国家规划,即《国家人权行动计划(2012—2015 年)》和《国家人权行动计划(2016—2020 年)》。目前,世界上制定了一期国家人权行动计划的国家有 34 个,制定了两期国家人权行动计划的国家有 9 个,制定了三期国家人权行动计划的国家有 4 个。中国是连续制定并实施三期国家人权行动计划的少数国家之一,充分彰显了中国政府尊重和保障人权的决心与信心。

制定国家人权行动计划是中国政府落实"尊重和保障人权"宪法原则的一项重大举措,对推动科学发展,促进社会和谐,努力实现全面建设小康社会宏伟目标具有重要意义。国家人权行动计划的公布和实施不仅为我国人权事业的发展明确了目标、指明了方向,也标志着我国人权事业不断进入全面发展的新时代。1991 年至 2009 年公布的人权白皮书,在内容与形式上均未有太多变化,但自第一期国家人权行动计划公布以来,新公布的人权白皮书在人权权利内容的归属、定义方面发生了较显著的变化,例如,2013 年人权白皮书增加了环境权利、2014 年人权白皮书单独探讨了言论自由。可见,同为国家人权文件,国家人权行动计划也对人权白皮书的发展产生了重要影响。

2012 年,西南政法大学人权研究院出版了《国家人权行动计划(2012—2015 年)解读》,第一次对国家人权行动计划进行解读。该书通过比较前两期国家人权行动计划,对国民全面理解这两期国家人权行动计划的内容、制定及实施背景,认识中国人权事业的发展,具有启蒙性、指导性的意义。

2016 年,《国家人权行动计划(2016—2020 年)》颁布,为期 5 年,与"十三五"规划同步并紧密衔接。为便于社会更好地理解《国家人权行动计划(2016—2020 年)》,西南政法大学人权研究院又组织专家学者,在紧密结合"十三五"规划纲要的基础上,对比前两期国家人权行动计划的内容,对新一期国家人权行动计划进行详尽阐释、解读。我们希望本书的出版,对全面了解我国在各个领域取得的人权新成就、新进步以及未来的新发展,深刻认识中国对人权的基本态度和立场,特别是了解我国人权事业如何实现持续稳定有序的发展,具有一定帮助。

本书按照《国家人权行动计划(2016—2020年)》的布局和结构展开,参与本书撰稿的有(按撰写章节顺序):孟庆涛、郑若瀚、张祺乐、潘俊、尚海明、朱林方、王隆文、严冬、李超群、赵树坤、李娟、周力、朱颖。统稿工作由尚海明、潘俊、郑若瀚、李超群完成。最后由我定稿。

“人权保障没有最好,只有更好。”实现充分的人权是人类长期追求的理想,也是中国政府和人民长期为之奋斗的目标。为此,我们任重道远。

张永和

2017年5月31日

目 录

Contents

导　言

1993 年联合国在维也纳世界人权大会上通过了《维也纳宣言和行动纲领》,大力倡导世界各国制定国家人权行动计划。自此以后,国家人权行动计划被视为衡量一国政府是否重视人权的一项重要指标。截至 2016 年 9 月底,世界上制定了 1 期国家人权行动计划的国家有 34 个,制定了 2 期国家人权行动计划的国家有 9 个,制定了 3 期国家人权行动计划的国家有 4 个。2009 年 4 月 13 日中国发布了《国家人权行动计划(2009—2010 年)》(第一期行动计划)。这是中国首次制定、实施的以人权为主题的国家规划。2012 年 6 月 11 日中国发布了《国家人权行动计划(2012—2015 年)》(第二期行动计划)。2016 年 9 月 29 日中国发布了《国家人权行动计划(2016—2020 年)》(第三期行动计划,即新一期行动计划)。国家人权行动计划的公布,引起了国际社会的广泛关注,国家人权行动计划的实施,有力促进了中国人权事业的发展。中国是连续制定并实施了 3 期国家人权行动计划的少数国家之一,不无讽刺的是,一向以世界"人权卫士"自居的美国,在制定国家人权行动计划问题上反倒是缺位的。

3 期国家人权行动计划的历史演进表明,每一期行动计划既是根据当时的历史状况有意识地在国家层面规划人权保障的阶段性实施路径与工作重点,又体现出指导思想与时俱进、目标不断明确、措施针对性不断增强的发展过程。从文本结构上来看,3期行动计划虽在表达上各有差异,但大体结构是稳定的,包含了导言,经济社会文化权利,公民与政治权利,少数民族、妇女、儿童、老年人、残疾人等特定群体权利,人权教育,国际人权交流与合作,实施与监督(第一期行动计划未包含本部分)等部分。从内容上看,3期行动计划的导言均包含了出台背景、原则精神、指导思想、实施原则、实施目标、工作机制的内容,并在体例框架上保持总体稳定和日趋合理化。作为各项国家人权行动计划的"题眼","导言"是深入理解各期行动计划的关键所在,并框定了整个文本的体例框架。下文将围绕3期行动计划的导言,对新一期行动计划进行重点阐释,在3者的具体对比中展现它们之间的历史演进脉络。

一、总体特征

新一期行动计划亮点纷呈,其总体特点表现如下:

一是在指导思想上,有机融入新时期党中央治国理政新理念、新思想、新战略。行动计划着重体现了习近平总书记系列重要讲话精神,坚持以人民为中心的发展理念,将人权建设同全面建成小康社会、全面深化改革、全面依法治国、全面从严治党的"四个全面"战略布局,创新、协调、绿色、开放、共享的新发展理念,中国特色社会主义道路自信、理论自信、制度自信、文化自信,以及经济建设、政治建设、文化建设、社会建设、生态文明建设和党的建设结合起来,共同支撑起中国特色社会主义人权事业发展全局。

二是在实施原则上,系统阐释了推进中国特色社会主义人权事业发展的基本要求。行动计划坚持人民主体地位,注重发挥人民的积极性和主动性:"依法推进"在实施方式上将中国人权事业发展纳入法治轨道,以法治方式保障人民权利;"协调推进"从权利之间的关系上要求各项权利全面协调发展,保障人民权利的充分实现;"务实推进"把人权的普遍原则和中国实际相结合;"平等推进"保障每个人都能平等享有各项人权;"合力推进"参考了联合国《国家人权行动计划指南》的指导性意见,将促进人权发展的主体由单一的国家扩展到政府、企事业单位、社会组织,并注重三方的合力作用。

三是在体例框架上,切实回应人民愿望和需求。行动计划在体例结构上主要进行了以下调整:在"经济、社会和文化权利"部分,首次将人民特别关心的有关产权保护的内容以"财产权利"专节的形式纳入,将户籍制度改革内容纳入"社会保障权利";在"公民权利和政治权利"部分,将"被羁押人权利"并入“人身权利”,“知情权”与“参与权”合并,“表达权”与“监督权”合并,有关信访的内容合并;将“人权教育”部分的标题改为“人权教育与研究”,注重弘扬社会主义核心价值观的人权精神内涵,在全社会培育尊重人权的文化氛围。

四是在实施监督上,注重同国家国民经济与社会发展规划的无缝对接。行动计划在实施周期上首次与“国民经济与社会发展规划”对接,将“十三五”规划纲要中的经济与社会发展宏伟目标、主要任务和重大举措,如精准扶贫精准脱贫等进行提炼,以人权话语表达促进和保障人权的举措,为实现两者结合的常态化奠定了基础;首次提出中央和国家机关各有关部门、各级地方政府制定行动计划实施方案,在向中国人民做出庄严承诺的同时,向世界表明中国政府致力于尊重和保障人权的态度和立场。

制定和实施国家人权行动计划,是党和政府坚持全心全意为人民服务的根本宗旨,在实现中华民族伟大复兴中国梦的征程中,使全体人民的各项权利得到更高水平保障的重大举措。中国连续制定和实施国家人权行动计划(具体情况见表1),彰显了中国共产党执政为民的宗旨,显示了中国政府尊重和保障人权的决心和信心。

表1 3期行动计划基本体例框架对比

第一期行动计划	第二期行动计划	新一期行动计划
导 言	导 言	导 言
一、经济、社会和文化权利保障 (一)工作权利 (二)基本生活水准权利 (三)社会保障权利 (四)健康权利 (五)受教育权利 (六)文化权利 (七)环境权利 (八)农民权益的保障 (九)四川汶川特大地震灾后重建中的人权保障	一、经济、社会和文化权利 (一)工作权利 (二)基本生活水准权利 (三)社会保障权利 (四)健康权利 (五)受教育权利 (六)文化权利 (七)环境权利	一、经济、社会和文化权利 (一)工作权利 (二)基本生活水准权利 (三)社会保障权利 (四)财产权利 (五)健康权利 (六)受教育权 (七)文化权利 (八)环境权利

续表

第一期行动计划	第二期行动计划	新一期行动计划
二、公民权利与政治权利保障 (一)人身权利 (二)被羁押者的权利 (三)获得公正审判的权利 (四)宗教信仰自由 (五)知情权 (六)参与权 (七)表达权 (八)监督权	二、公民权利和政治权利 (一)人身权利 (二)被羁押人的权利 (三)获得公正审判的权利 (四)宗教信仰自由 (五)知情权 (六)参与权 (七)表达权 (八)监督权	二、公民权利和政治权利 (一)人身权利 (二)获得公正审判的权利 (三)宗教信仰自由 (四)知情权和参与权 (五)表达权和监督权
三、少数民族、妇女、儿童、老年人和残疾人的权利保障 (一)少数民族权利 (二)妇女权利 (三)儿童权利 (四)老年人权利 (五)残疾人权利	三、少数民族、妇女、儿童、老年人和残疾人的权利 (一)少数民族权利 (二)妇女权利 (三)儿童权利 (四)老年人权利 (五)残疾人权利	三、特定群体权利 (一)少数民族权利 (二)妇女权利 (三)儿童权利 (四)老年人权利 (五)残疾人权利
四、人权教育	四、人权教育	四、人权教育和研究
五、国际人权义务的履行及国际人权领域交流与合作 (一)国际人权义务的履行 (二)国际人权领域交流与合作	五、国际人权条约义务的履行和国际人权交流与合作 (一)国际人权条约义务的履行 (二)国际人权领域的交流与合作	五、人权条约履行和国际交流合作
	六、实施和监督	六、实施和监督

二、出台背景

新一期行动计划在导言开篇即指明本期行动计划实施所处的“全面建成小康社会的决胜阶段”这一历史定位。从行文来看,开篇即直接切入实施行动计划的历史定位,这与前两期行动计划存在较大差异。第一期行动计划开篇是从表述人权的普遍性理念开始的:“实现充分的人权是人类长期追求的理想,也是中国人民和中国政府长期为之奋斗的目标。”第二期行动计划开篇阐述的则是制定国家人权行动计划的重要意义:“制定国家人权行动计划是中国政府落实尊重和保障人权宪法原则的一项重大举措,对推动科学发展,促进社会和谐,努力实现全面建设小康社会宏伟目标,具有重要意义。”

无疑,第一期行动计划带有首创和初创的性质。首创决定了不但要表明“国家”人权行动计划对于中国和中国人民的开创性意义,更要表明“中国”的国家人权行动计划之于世界人权发展的关系和意义:“实现充分的人权”这一理想具有普遍性,是属于全人类的。行文上从对全人类具有普遍意义的人权共性开始,进而转入具有特殊性的中国人权目标企求,表明了中国对于人权的基本态度,并自然地衔接了人权普遍性与中国特殊人权实践之间的必然关系:作为人类的成员,中国不但承认人权的存在及其价值,而且以实际行动为“实现”“充分”的人权进行奋斗。第一期行动计划的“国家”立场需要在国际和国内两个层面上去理解:在国际层面上,行动计划表明了中国对国际社会的态度,中国在价值上承认人权,在实践中实现人权;在国内层面上,由于国家人权行动计划在本质上具有国家对人民承诺的性质,实际上表明了国家将其作为“义务”予以承担的决心、信心和勇气。

第二期行动计划开篇并未就此再次进行明确表态,这是因为这种国家立场被当作既有前提接受,而非国家放弃了这种立场和义务,因此没有必要再次重申。从而,第二期行动计划开篇对制定国家人权行动计划重要意义的阐述,就是在一以贯之地自然延续第一期行动计划的基本立场,弱化国家人权行动计划的对外宣传功能,将行动计划的重心放在人权保障的国内实现上。在此意义上,国家实际上是在淡化国家人权行动计划的对外宣传与宣示色彩,更进一步明确和强调了自身对于本国人民的义务立场。

同样,新一期行动计划将前两期行动计划关于中国对于人权的基本态度、立场和重要意义当作无须言明的前提,申明经过两个国家人权行动计划的连续实施,中国人权事业发展取得了重大成就,积累了丰富经验,但由于受各种因素的制约,中国人权事业的发展面临着诸多挑战。通过历史定位、人权成就总结和现实困难这些背景阐述,中国政府在总结第一期、第二期国家人权行动计划的执行情况和实施经验的基础上,制定了新一期行动计划。

(一)历史定位

3 期国家人权行动计划实施的历史阶段定位的核心词是“小康社会”。从长历史时段来看,实施 3 期行动计划的时期,正值整个国家为实现小康社会奋斗的历史阶段,只不过是分处于实现小康社会目标的不同阶段而已,并且人权与每一历史阶段都勾连在一起。第一期行动计划认为在该计划实施阶段“中国正处于全面建设小康社会、加快推进社会主义现代化的新阶段”,在该阶段“中国的人权发展还面临诸多挑战,不断推进人权事业发展任重道远”。第二期行动计划则说:2012 ~ 2015 年是贯彻落实《中华人民共和国国民经济和社会发展第十二个五年规划纲要》,深化改革开放、加快转变经济发展方式的攻坚时期,也是加强人权建设、实现人权事业快速发展的重要时期。由于第一期行动计划实施周期仅有 2 年,虽然在时间上处于“十一五”规划实施周期内,但已处于末期。第二期行动计划实施周期为 4 年,大体上与“十二五”规划实施周期一致。新一期行动计划强调了这 4 年处于 30 多年来中国最重要主题“改革开放”的深化阶段,特别突出了“经济”转型已处于攻坚时期,并认为在此期间,加强人权建设、实现人权事业快速发展与国家整体上特别是经济上的高速发展具有一致性与同步性。新一期行动计划更明确地说:2016 ~ 2020 年,是中国全面建成小康社会的决胜阶段,也是实现中国人权事业持续稳定有序发展的重要时期。

改革开放初期,邓小平在规划中国经济社会发展蓝图时用“小康”来表达“现代化”的目标,提出了分“三步走”实现“小康社会”的战略构想。此后,中国共产党根据中国社会的发展程度与状况,不断对“小康社会”的实现进行进一步的调整与阐释。20 世纪 80 年代初提出的“三步走”战略目标的第一步,是在 1981 年到 1990 年 10 年期间国民生产总值翻一番,解决人民的温饱问题;第二步是在 1991 年到 20 世纪末的 10 年,国民生产总值再翻一番,人民生活水平达到小康;第三步是到 21 世纪中叶,国民生产总值再翻两番,人民生活比较富裕,达到中等发达国家水平。1997 年党的十五大将“三步走”战略的第三步目标具体化,提出 21 世纪上半叶新“三步走”战略:第一步是在 21 世纪第一个 10 年实现国内生产总值比 2000 年翻一番,使人民的小康生活更加富裕,形成比较完善的社会主义市场经济体制;第二步是再经过 10 年的努力,到中国共产党建立 100 年时,使国民经济更加发展,各项制度更加完善;到 21 世纪中叶中华人民共和国成立 100 年时,基本实现现代化,建成富强民主文明的社会主义国家。2002 年党的十六大明确提出“全面建设小康社会”。2012 年党的十八大第一次明确提出“全面建成小康社会”。第二期行动计划是在当年的6月发布的,早于党的十八大的召开,但在随后的实施过程中,自然地将此阶段任务与“全面建成小康社会”目标相连。2016年6月公布的《〈国家人权行动计划(2012—2015年)〉实施评估报告》在对第二期行动计划的总体执行情况进行说明时称,实施第二期行动计划的4年,“中国政府围绕全面建成小康社会、全面深化改革、全面依法治国、全面从严治党的战略布局……努力完成《国家人权行动计划(2012—2015年)》规定的主要目标和任务”,实际上也是明确了实施第二期行动计划的历史阶段正是处于“小康社会”中。新一期行动计划开宗明义地明确了计划实施时期“是中国全面建成小康社会的决胜阶段”,并认为经过前两期行动计划的实施,国家层面所展开的人权行动计划经过大力建设和快速发展,现在已经进入了“持续稳定有序”发展的重要时期。“持续稳定有序”表明了国家对于当前中国人权事业发展的基本态势判断和追求:“持续”意在实现人权保障在历时性中的可持续发展,“稳定”意在实现人权保障标准的不可逆性和不可倒退,“有序”意在实现人权保障的规范化和法治化。在时代的演进中,国家对“小康社会”的阐释从最初以GDP为主要衡量指标发展到涵盖经济、政治、文化、社会和生态等领域的全方位现代化,随着人权理念和实践的深入和渗透,“小康社会”的内涵超越了单纯的经济层面,被注入了人文与权利的精神,从而使人权理念大大地丰富和拓展。

(二)人权成就

3期行动计划均有中国人权事业发展所取得成就的表述,不过评价的时间段不同。第一期行动计划概括叙述了新中国成立以来至新一期行动计划公布取得的人权成就;第二期行动计划对实施第一期行动计划所取得的成就进行总体评价;新一期行动计划综合前两期行动计划进行了概括性评价。因此,3期行动计划就在整体上对新中国成立至2015年第三期行动计划完成的整个时间段内取得的成就进行了概括。

第一期行动计划分两个时间段来表达新中国成立至行动计划发表时的人权成就:“中华人民共和国成立以来,在中国共产党的领导下,中国政府将人权的普遍性原则与中国的具体国情相结合,为促进和保障人权做出了不懈的努力,中国人民的命运发生了翻天覆地的变化,中国人权事业实现了历史性发展。特别是改革开放以来,中国把尊重和保障人权作为治国理政的重要原则,庄严载入《中华人民共和国宪法》,采取切实有效的措施促进人权事业发展,使中国人民的物质文化生活水平得到大幅提高,政治、经济、文化、社会权利得到切实保障,谱写了中国人权事业发展的新篇章。”首先,在新中国成立后的前 30 年,中国人权事业相对于旧中国而言,实现了历史性跨越,具有历史性意义。其次,改革开放以来,尊重和保障人权在政治和宪法层面得到承认,中国人民的各项法定权利基本涵盖了《经济、社会及文化权利国际公约》和《公民权利和政治权利国际公约》中的权利,并且都得到了保障,相对于改革开放前的 30 年,又取得了更大的进步。作为中国的第一个国家人权行动计划,第一期行动计划关于人权成就的文字表述在导言中所占的分量是非常重的。如果以国内民众为表达对象来看待,那么这似乎暗示着作为表达者的国家提振信心的愿望;而对于国际而言,则可能暗含着一种急切的表白,让世界正面看待新中国成立以来在人权方面所取得的成就,进一步树立中国在国际社会的正面形象。在此意义上,第一期行动计划的对外宣传色彩还是比较浓厚的。

第二期行动计划用了两个自然段来对实施第一期行动计划所取得的成就进行总体评价。其中,第一个自然段称:“自 2009 年《国家人权行动计划(2009—2010 年)》颁布实施以来,中国公民的人权意识明显增强,经济、社会和文化权利保障得到全面加强,公民权利与政治权利保障更加有效,少数民族、妇女、儿童、老年人和残疾人的权利得到进一步保障,国际人权领域交流与合作日益深化,各领域的人权保障在制度化、法治化的轨道上不断推进,中国人权事业的发展进入了一个新的阶段。《国家人权行动计划(2009—2010年)》的制定、实施和如期完成,得到人民群众的普遍欢迎和国际社会的广泛好评。”这是从权利的角度进行的评价,在实施第一期行动计划的 2 年时间里,公民权利意识、《经济、社会及文化权利国际公约》和《公民权利和政治权利国际公约》所涵盖的基本权利、各特定主体的权利以及国际层面的人权交流与合作,均在整体上取得了更大进步,并在人权保障的制度化与法治化层面有所推进。第二个自然段则称:“近年来,中国政府坚持以人为本,妥善应对国际金融危机的巨大冲击和重大自然灾害的严峻挑战,积极解决发展中存在的矛盾和问题,坚定不移地推进人权事业,人权状况持续改善。坚持将保障人权与推动科学发展、促进社会和谐结合起来,不断完善保障和改善民生的制度安排,大力促进就业,加快发展多项社会事业,推进基本服务均等化,逐步健全覆盖城乡的社会保障体系,初步建立基本医疗卫生服务体系和覆盖全国城乡居民基本医疗卫生制度框架,不断发展文化教育事业,有效保障全体社会成员平等参与、平等发展的权利;坚持将保障人权与加强民主法治建设结合起来,积极稳妥推进政治体制改革，扩大公民有序政治参与，依法实行民主选举、民主决策、民主管理、民主监督，有力保障人民的知情权、参与权、表达权、监督权；坚持将尊重和保障人权的原则贯穿于立法、行政和司法各个环节之中，加强对权力的监督和制约，中国特色社会主义法律体系已经形成，社会生活的各个领域和人权保障的各个方面实现了有法可依。”这是从政府主动作为结合各项权利保障结果的角度进行的评价，即新一期行动计划从中国在国际、国内当时所面对的最大问题，即全球金融危机和汶川地震这一背景出发，着重强调社会发展中的问题，并就人权保障成果进行正面评价。具体说来，第二期行动计划从涵盖经济社会文化权利的民生事业（就业、社会服务、社会保障、文化教育）、公民权利与政治权利（民主权利、知情权、参与权、表达权、监督权）和人权的法治保障3个层面展开，从政府主动作为的角度进行成就评价。从权利义务主体的视角来看，这实际上是将政府作为人权保障的义务主体，从而包含对于人权当中政府与人民权利义务关系的一种有意强调，以及表达重心落脚于国内的意愿。

新一期行动计划对于成就的评价在文字上显得极为节制，并综合前两期行动计划进行了概括性评价：“自2009年以来，国家先后实施了两期人权行动计划。中国政府不断加大各项人权保障力度，人民生活水平和质量进一步提高，经济、社会和文化权利得到全面加强，公民权利和政治权利得到切实保障，全社会尊重和保障人权的意识明显提升，国际人权交流与合作不断发展，中国特色社会主义人权事业迈上新台阶。”新一期行动计划主要围绕《经济、社会及文化权利国际公约》和《公民权利和政治权利国际公约》中的基本权利，重点从“结果”上评价实施前两个行动所取得的成就。总体上看，在成就评价部分，与政治密切相关的话语，如“科学发展”“民生”等开始弱化。而在关于人权成就的评价话语中，除“人民生活水平和质量进一步提高”这一字面上未涉及人权但在实质上却是重点表达“生存权”内容的话语外，其余所有的话语都在直接表达人权。这实际上更加凸显出权利话语的意味。

新一期行动计划所阐述成就的实体性内容，实际上主要反映在《〈国家人权行动计划（2009—2010年）〉评估报告》和《〈国家人权行动计划（2012—2015年）〉实施评估报告》中。[①]《〈国家人权行动计划（2009—2010年）〉评估

① 两个评估报告的名称有所差异：一个是“评估报告”；另一个是“实施评估报告”，后者的表述更准确。

报告》对于第一期行动计划执行情况主要作了 3 个方面的评价:一是“坚持以人为本,妥善应对国际金融危机的巨大冲击和重大自然灾害的严峻挑战,坚定不移地推进人权事业。”二是“坚持将尊重和保障人权与推动科学发展、促进社会和谐结合起来,有效保障全体社会成员平等参与、平等发展的权利。”三是“坚持将尊重与保障人权与加强民主法治建设结合起来,积极稳妥推进政治体制改革,依法保障公民权利与政治权利。”总的评价是:“通过《行动计划》的全面落实,中国公民的人权意识显著提高,人民的总体生活状况明显改善,经济、社会和文化权利保障得到全面加强,公民权利与政治权利的保障更加有效,少数民族、妇女、儿童、老年人和残疾人的权利得到有力保障,国际人权领域交流与合作进一步深化,各领域的人权保障在制度化、法治化的轨道上全面推进。”《〈国家人权行动计划(2012—2015 年)〉实施评估报告》对第二期行动计划执行情况主要作了四个方面的评价:一是“坚持以人民为中心的发展思想,加快全面建成小康社会,保障人民的经济、社会和文化权利。”二是“坚持建设社会主义法治国家,努力实现国家治理体系和治理能力现代化,切实保障公民权利和政治权利。”三是“坚持社会主义核心价值观,推进人权理论研究和人权教育,努力提升全社会尊重和保障人权意识。”四是“坚持在平等和相互尊重的基础上开展国际人权交流与合作,认真履行国际人权条约,推动国际人权事业健康发展。”总的评价是“中国共产党和中国政府坚持把人权的普遍性原则同中国实际相结合,显著提高了人民生存权、发展权的保障水平,促进了经济、社会和文化权利、公民权利和政治权利全面协调发展,成功走出了一条适合中国国情的人权发展道路。《行动计划》的如期完成,充分表现出中国共产党和中国政府全面有序推进人权事业发展的决心和信心,显示了中国特色社会主义制度的巨大优越性。”相对而言,第二个实施评估报告更加注重将经济方面的成就转换成人权话语,更注重评估与计划之间的对应关系,并且开始提炼和表达“适合中国国情的人权发展道路”。

(三)现实困难

3 期国家人权行动计划关于当时面临的困难在表达上基本是一致的,主要强调 3 点:一是作为“发展中国家”的定位;二是影响和制约中国人权事业发展的“自然、历史、文化和经济社会发展水平等因素”;三是中国“人权事业”或“人权保障”的目标。

第一期行动计划关于当时面临的现实困难是这样表述的:“中国是一个拥有 13 亿人口、人均资源占有率很低、生产力欠发达、经济文化发展不平衡的发展中国家。当前,中国正处于全面建设小康社会、加快推进社会主义现代化的新阶段,改革发展稳定的任务十分繁重。受自然、历史、文化和经济社会发展水平等因素的影响和制约,中国的人权发展还面临诸多挑战,不断推进人权事业发展任重道远。"

第二期行动计划称:"当今中国仍然是一个发展中国家,发展中不平衡、不协调、不可持续的问题依然突出,受自然、历史、文化、经济社会发展水平的影响和制约,中国人权事业的发展还面临诸多挑战,实现充分享有人权的崇高目标任重道远。"

新一期行动计划称:"经济发展方式粗放,不平衡、不协调、不可持续的问题仍然突出,城乡区域发展差距仍然较大,与人民群众切身利益密切相关的医疗、教育、养老、食品药品安全、收入分配、环境等方面还有一些困难需要解决,人权保障的法治化水平仍需进一步提高,实现更高水平的人权保障目标尚需付出更多努力。"新一期行动计划把"发展中国家""自然、历史、文化和经济社会发展水平等因素"当作自明的前提,延续了前两期行动计划关于"基本国情"的表述,重点强调了当前所面临的困难,并且将具有"国家"主体意味的概括性的中国"人权事业"导向个体性的"人权保障"。

三、原则精神

关于制定行动计划的基本原则精神,实际上包含了两个方面的内容:一个是"国家尊重和保障人权"的宪法原则;另一个是"遵循《世界人权宣言》和国际人权条约的基本精神"。从国内法基础来看,新一期行动计划和第二期行动计划都秉承了第一期行动计划的基本精神,将人权行动计划明确建立在"国家尊重和保障人权"这一宪法根本法的法律基础上。从国际层面来看,制定3期行动计划的道德与法律依据主要是《世界人权宣言》《经济、社会及文化权利国际公约》《公民权利和政治权利国际公约》,特别是1993年《维也纳宣言和行动纲领》,以及我国所加入的其他20多个国际人权公约。不过,从文字表述来看,3期国家人权行动计划虽然都有"国家尊重和保障人权"的宪法原则以及"遵循《世界人权宣言》和国际人权条约的基本精神"的表达,但实际上经历了重大的结构调整,并最终在新一期行动计划中明确下来。

第一期行动计划在导言的结构安排上是将"国家尊重和保障人权"的宪法原则以及"遵循《世界人权宣言》和国际人权条约的基本精神"放在了"制定"行动计划的第一个基本原则的位置。不过,"国家尊重和保障人权"的宪法原则在关于中国政府对待人权基本立场的表达中已经出现过一次。"遵循《世界人权宣言》和国际人权条约的基本精神"虽然在文字表述上只出现过一次,但"响应联合国关于制定国家人权行动计划的倡议"同样在中国政府对待人权的基本立场中出现过,而该倡议正是基于《世界人权宣言》和国际条约精神提出来的,因此表达的是同样的意思。

第二期行动计划将"国家尊重和保障人权"的原则及《世界人权宣言》和有关国际人权公约的基本精神作为"制定和实施"行动计划基本原则的第一个"依法推进原则"的核心内容:"根据宪法关于'国家尊重和保障人权'的原则,遵循《世界人权宣言》和有关国际人权公约的基本精神,从立法、行政和司法各个环节完善尊重和保障人权的法律法规和实施机制,依法推进中国人权事业发展。"实际上,此处是将"国家尊重和保障人权"的原则及《世界人权宣言》和有关国际人权公约的基本精神作为关于"依法推进原则"的主要依据出现的,强调的重点其实是"法治运行机制"。

新一期行动计划第一次明确了制定国家人权行动计划的基本原则精神:"在总结第一、二期国家人权行动计划的执行情况和实施经验的基础上,依据国家尊重和保障人权的宪法原则,遵循《世界人权宣言》和有关国际人权公约的精神,结合实施《中华人民共和国国民经济和社会发展第十三个五年规划纲要》,中国政府制定《国家人权行动计划(2016—2020年)》。"从形式结构上看,新一期行动计划对"制定"行动计划"基本原则精神"同"制定和实施"行动计划"基本原则"进行了明确区分:前者重在强调"文本"上"制定"行动计划的法律和道德层面的"基本原则精神"依据;后者重在强调"行动"上"制定和实施"行动计划的"基本原则"。因此,"国家尊重和保障人权"的宪法原则以及"遵循《世界人权宣言》和国际人权条约的基本精神"在新一期行动计划中所担负的功能已大大不同于第二期行动计划:在第二期行动计划中,"国家尊重和保障人权"的宪法原则以及"遵循《世界人权宣言》和国际人权条约的基本精神"是作为"依法推进"即"法治原则"的内容和下位原则出现的,而在新一期行动计划中则已上升为更高的原则精神,"依法推进"即"法治原则"成了其下位原则。换句话说,虽然在法律意义上宪法是法律体系的组成部分,在法律效力上宪法是最高法,但在价值原则上,"法治"附属于"宪法至上","合宪性"高于"法治"。另外,在排序上,新一期行动计划将"国家尊重和保障人权"的宪法原则排在倡导性的《世界人权宣言》以及中国所加入的法律性国际人权公约的基本精神之前。在性质上,"国家尊重和保障人权"的宪法原则属于国内法,《世界人权宣言》和国际人权条约属于国际层面的道德宣言与法律。这种排序实际上体现了中国进行价值选择时的基本立场:尊重人类的共同价值和国际共识,但国家人权行动计划首先是中国政府为中国人民制定的,是中国政府对中国人民的承诺,中国政府更多是以义务主体的身份出现在人民面前的。

四、指导思想

从文字表述来看,第一期行动计划没有明确提出"制定和实施《行动计划》的指导思想",其正式提出是在第二期行动计划中,新一期行动计划则进行了延续。从实质上来理解,"制定和实施《行动计划》的指导思想",在根本上指的是关于人权的政治意识形态。因此,在实质意义上,3 期国家人权行动计划都包含着"指导思想"。

第一期行动计划"指导思想"内容包含在关于中国对于人权基本立场的阐释中,如"以人为本""在推动经济社会又好又快发展的基础上,依法保证全体社会成员平等参与、平等发展的权利""中国政府在治国理政中坚持发展为了人民,发展依靠人民,发展成果由人民共享,着力解决好人民最关心、最直接、最现实的利益问题"。这些表述实质上表达的正是中国共产党的执政思想。

第二期行动计划"制定和实施《行动计划》的指导思想"如下:"高举中国特色社会主义伟大旗帜,以邓小平理论和'三个代表'重要思想为指导,深入贯彻落实科学发展观,结合实施《中华人民共和国国民经济和社会发展第十二个五年规划纲要》,将人权事业与经济建设、政治建设、文化建设、社会建设以及生态文明建设结合起来,顺应各族人民过上更好生活的新期待,继续把保障人民的生存权、发展权放在首位,着力保障和改善民生,着力解决人民群众最关心、最直接、最现实的权利和利益问题,切实保障公民的经济、政治、社会和文化权利,促进社会更加公正、和谐,努力使每一个社会成员生活得更有尊严、更加幸福。"

新一期行动计划"制定和实施《行动计划》的指导思想"则是"高举中国特色社会主义伟大旗帜,全面贯彻党的十八大和十八届三中、四中、五中全会精神,以马克思列宁主义、毛泽东思想、邓小平理论、'三个代表'重要思想、科学发展观为指导,深入贯彻习近平总书记系列重要讲话精神,按照全面建成小康社会、全面深化改革、全面依法治国、全面从严治党的战略布局,坚持创新、协调、绿色、开放、共享的发展理念,坚持中国特色社会主义道路自信、理论自信、制度自信、文化自信,将人权事业与经济建设、政治建设、文化建设、社会建设、生态文明建设和党的建设结合起来,坚持以人民为中心的发展思想,把保障人民的生存权和发展权放在首位,将增进人民福祉、促进人的全面发展作为人权事业发展的出发点和落脚点,维护社会公平正义,在实现中华民族伟大复兴中国梦的征程中,使全体人民的各项权利得到更高水平的保障”。

从文字表述上看,新一期行动计划在延续第二期行动计划指导思想主要内容的同时,根据当前指导思想的实际进行了更新,现具体分析如下:

(一)中国特色社会主义

“制定和实施《行动计划》的指导思想”的核心是“中国特色社会主义”。中国特色社会主义这一提法最早来源于1982年9月1日邓小平在《中国共产党第十二次全国代表大会开幕词》中提出的“把马克思主义的普遍真理同中国的具体实际结合起来,走自己的道路,建设有中国特色的社会主义,这就是我们总结长期历史经验得出的基本结论”。2002年11月8日江泽民同志在党的十六大政治报告《全面建设小康社会开创中国特色社会主义事业新局面》中,正式将“有中国特色的社会主义”改为“中国特色社会主义”。“党的十八大强调要高举中国特色社会主义伟大旗帜,强调中国特色社会主义是党和人民九十多年奋斗、创造、积累的根本成就。”①因此,新一期行动计划将“高举中国特色社会主义伟大旗帜”作为“制定和实施《行动计划》的指导思想”的核心,既是在延续第二期行动计划的指导思想,又与党的十八大以来中国共产党现阶段纲领相呼应。“党的十八大强调,建设中国特色社会主义,总依据是社会主义初级阶段,总布局是五位一体,总任务是实现社会主义现代化和中华民族伟大复兴。”②因此,从建设中国特色社会主义的基本内容来看,一个中国梦、四个全面战略布局、五大发展理念、六位一体建设就都被包含在其中。而“以人民为中心”,从人权的视角来看,就必然要求建设中国特色社会主义的最终落脚点,是“使全体人民的各项权利得到更高水平的保障”。

中国特色社会主义的构成要素包括中国特色社会主义道路、中国特色社

---

① 习近平:《紧紧围绕坚持和发展中国特色社会主义学习宣传贯彻党的十八大精神》,载中共中央文献研究室编:《习近平总书记重要讲话文章选编》,中央文献出版社、党建读物出版社2016年版,第10页。

② 同上。

会主义理论体系和中国特色社会主义制度三个方面。中国特色社会主义道路是实现途径,中国特色社会主义理论体系是行动指南,中国特色社会主义制度是根本保障,三者统一于中国特色社会主义伟大实践。中国特色社会主义道路,是实现我国社会主义现代化的必由之路,坚持中国特色社会主义道路,就要坚持中国特色社会主义道路自信、理论自信、制度自信、文化自信。中国特色社会主义理论体系是马克思主义中国化的重大理论成果。第一期行动计划未明确提出"指导思想"的概念,但实质上主要是围绕科学发展观、和谐社会等理念制定的。第二期行动计划明确提到的中国特色社会主义理论体系中的指导思想是邓小平理论、"三个代表"重要思想和科学发展观。考虑到三者同马克思列宁主义、毛泽东思想是坚持、发展和继承、创新的关系,而中国特色社会主义理论又是根据中国特色社会主义实践与时俱进的发展的体系,这就为在中国特色社会主义理论体系谱系中继承和发展新的指导思想提供了可能性。因此,新一期行动计划根据中国特色社会主义理论体系的历史演进,不但在第二期行动计划基础上补充了马克思列宁主义、毛泽东思想,而且特别强调了党的十八大以来各届全会的精神和习近平总书记系列重要讲话精神,从而建构了完整的中国特色社会主义理论体系的谱系。

(二)一个中国梦

从文字出现的前后顺序上看,"实现中华民族伟大复兴中国梦"出现在"制定和实施《行动计划》的指导思想"的后半段,但从其所包含的内容以及地位来看,中国梦则应居前。中国梦是2012年11月29日由习近平总书记提出的重要指导思想和执政理念。中国梦是近代以来中国人民最伟大的梦想,实现中华民族伟大复兴,基本内涵是实现国家富强、民族振兴、人民幸福。中国梦的核心目标是"两个一百年奋斗目标":到2020年中国共产党建立100年时实现第一个百年奋斗目标、全面建成小康社会,进而到21世纪中叶中华人民共和国成立100年时实现第二个百年目标、建成富强民主文明和谐的社会主义现代化国家。

(三)四个全面战略布局

四个全面战略布局,即全面建成小康社会、全面深化改革、全面依法治国、全面从严治党,是实现"两个一百年"奋斗目标、走向中华民族伟大复兴中国梦的"路线图"。四个全面战略布局是一个整体,既有战略目标,也有战略举措。其中,全面建成小康社会是实现社会主义现代化和中华民族伟大复兴中国梦的阶段性战略目标,是现阶段党和国家事业发展的战略统领。全面深化改革是实现战略目标的关键一招、根本路径。全面依法治国是实现战略目标的基本方式、可靠保障。全面从严治党是发挥党的坚强领导核心作用、为实现战略目标提供坚强组织保证的根本前提。四个全面相辅相成、相互促进、相得益彰。

(四)五大发展理念

“创新、协调、绿色、开放、共享”五大发展理念,是按照“四个全面”战略布局推动科学发展的内在要求。五大发展理念在新的历史条件下将科学发展观推向新境界。科学发展观的核心是以人为本,具体内容包括以人为本、全面发展、协调发展和可持续发展四个方面。五大发展理念则着眼破解发展难题、补齐发展短板。坚持创新发展,是把创新摆在国家发展全局的核心位置,解决发展动力问题,着力提高发展质量和效益;坚持协调发展,是实现辩证发展、系统发展、整体发展,解决发展不平衡问题,着力形成平衡发展结构;坚持绿色发展,是在中国发起一次生态革命,解决人与自然和谐问题,着力改善生态环境;坚持开放发展,是深度融入世界经济,积极参与全球经济治理,解决发展内外联动问题,着力实现合作共赢;坚持共享发展,增强人民获得感,解决社会公平正义问题,着力增进人民福祉。

(五)六位一体建设

推动中国人权事业的发展,需要将人权事业与经济建设、政治建设、文化建设、社会建设、生态文明建设、党的建设“六位一体”结合起来。从理论演进上看,邓小平首先提出了物质文明、精神文明“两个文明”建设。党的十六大报告则提出了“经济建设、政治建设、文化建设”三位一体,党的十七大报告增加了“社会建设”形成了四位一体,党的十八大报告又增加了“生态文明建设”形成了五位一体。另外,要建设好中国特色社会主义,除五位一体地建设外,还需要“党的建设”这一关键。随着党的十八届五中全会将“党的建设”纳入建设中国特色社会主义的总体布局,五位一体实际上已经上升为六位一体。六位一体是一个有机整体,其中经济建设是根本,政治建设是保证,文化建设是灵魂,社会建设是条件,生态文明建设是基础,党的建设是关键。

(六)保障权利

从人权的角度来看,中国一切人权工作、中国人权事业的最终落脚点,都是服务于人民,保障人民的各项权利。习近平总书记指出,“以人为本、执政为民是我们党的性质和全心全意为人民服务根本宗旨的集中体现,是指引、评价、检验我们党一切执政活动的最高标准”。第一期行动计划坚持以人为本,坚持发展为了人民,发展依靠人民,发展成果由人民共享。第二期行动计划顺应各族人民过上更好生活的新期待,着力保障和改善民生,着力解决人民群众最关心、最直接、最现实的权利和利益问题,在根本上就是要保障人的权利和尊严。新一期行动计划坚持以人民为中心的发展思想,将增进人民福祉、促进人的全面发展作为人权事业发展的出发点和落脚点。在权利保障上,3 期行动计划不断重申,把保障人民的生存权、发展权放在保障人权的首要位置,实现更高水平的人权保障。

五、实施原则

第一期行动计划提出了“制定”行动计划的三个基本原则,但没有对三个原则的名称进行简要概括。第二期行动计划提出了“制定和实施”行动计划的“依法推进原则”“全面推进原则”“务实推进原则”。新一期行动计划将“制定和实施”行动计划的基本原则由三个增加至五个,使其更完整、更系统。

(一)依法推进

第一期行动计划提出制定行动计划的第一个原则是,“根据中国宪法的基本原则,遵循《世界人权宣言》和国际人权条约的基本精神,完善保障人权的各项法律法规,依法推进中国人权事业的发展”。第二期行动计划正式将“制定和实施”行动计划的这一原则概括为“依法推进原则”,在具体内容上表述为“根据宪法关于‘国家尊重和保障人权’的原则,遵循《世界人权宣言》和有关国际人权公约的基本精神,从立法、行政和司法各个环节完善尊重和保障人权的法律法规和实施机制,依法推进中国人权事业发展”。新一期行动计划将“制定和实施”行动计划的“依法推进”原则简要概括为“依法推进,将人权事业纳入法治轨道”。

“依法推进”原则来源于宪法化的“法治”原则。1979 年 9 月《中共中央关于坚决保证刑法、刑事诉讼法切实施行的指示》第一次明确使用“社会主义法治”概念。1996 年 3 月全国人大八届四次会议批准的《国民经济和社会发展“九五”计划和 2010 年远景目标纲要》,第一次将“依法治国,建设社会主义法治国家”上升为国家战略目标。同年 9 月,党的十五大提出“依法治国,是党领导人民治理国家的基本方略,是发展社会主义市场经济的客观需要,是社会文明进步的重要标志,是国家长治久安的重要保障”,第一次将“依法治国,建设社会主义法治国家”纳入党的报告,使法治成为党的最高决策。1999 年 3 月 15 日依法治国基本方略写入宪法,标志着中国在法律上彻底摒弃人治。自法治成为宪法原则以来,以法治来保障人权就成为中国各期国家人权行动计划的基本原则。

从话语表述的演进来看,第一期行动计划重在保障人权的立法完善;第二期行动计划则将重心由立法向法治运行的各个环节推进,并强调"实施"的机制建构;新一期行动计划的变化主要体现在两个方面:一是将"国家尊重和保障人权"的宪法原则、倡导性的《世界人权宣言》以及中国所加入的法律性国际人权公约的基本精神移入"制定"国家人权行动计划的基本原则精神当中;二是将前两期行动计划中相对具体的法治要求抽象化并进而将其范围扩大。这一方面与全面推进依法治国的政治要求契合;另一方面表达了人权法治化在意识与实践层面的更高要求,意味着在实施方式上将人权事业全面纳入法治轨道。

(二)协调推进

第一期行动计划提出制定行动计划的第二个原则是,"坚持各类人权相互依赖与不可分割的原则,平衡推进经济、社会和文化权利与公民权利和政治权利的协调发展,促进个人人权和集体人权的均衡发展"。第二期行动计划正式将"制定和实施"行动计划的这一原则概括为"全面推进原则",在具体内容上表述为"将各项人权作为相互依存、不可分割的有机整体,促进经济、社会、文化权利与公民权利、政治权利的协调发展,促进个人人权与集体人权的协调发展"。新一期行动计划将"制定和实施"行动计划的"协调推进"原则简要概括为"协调推进,使各项权利全面协调发展"。从话语表述的演进来看,前两个行动计划表达了两个层面的含义:一是各类人权之间的关系,无论在理论认识上还是在推进实践上,各类人权之间存在相互依赖与不可分割的关系,必须在整体的视角中来理解各类人权;二是协调的主要是两类人权的关系,即两大国际人权公约中强调的经济社会文化权利同公民与政治权利之间的协调,以及个人人权与集体人权之间的协调。从理论上来说,新一期行动计划在权利类型上,已经将以《公民权利和政治权利国际公约》为载体的发达国家所推崇的公民与政治权利和以《经济、社会及文化权利国际公约》为载体的发展中国家所强调的经济社会文化权利,以及将个人和集体这两大类权利享有主体所对应的主要权利进行了涵盖。因此,新一期行动计划中的"协调推进"原则在保留了前两期行动计划关于"协调推进"的基本内涵,即强调两类人权之间的协调发展的同时,实质上为进一步协调一般主体与特定群体之间的权利,以及各类特定群体之间的权利保障预留了空间。从体例结构上看,3期行动计划均在经济社会文化权利和政治与公民权利之后，专设包括少数民族、妇女、儿童、老年人和残疾人在内的特定群体权利章节，也充分体现了“协调推进”原则所包含的权利全面性、整体性与协调性的多重含义。

（三）务实推进

第一期行动计划提出制定行动计划的第三个原则是，“从中国的国情出发，本着务实的精神，确保设定的目标和措施切实可行，科学推进中国人权事业的发展”。第二期行动计划正式将“制定和实施”行动计划的这一原则概括为“务实推进原则”，在具体内容上表述为“既尊重人权的普遍性原则，又坚持从中国的基本国情和新的实际出发，切实推进人权事业发展”。新一期行动计划将“制定和实施”行动计划的“协调推进”原则简要概括为“务实推进，把人权的普遍原则和中国实际相结合”。

从话语表述的演进来看，3 期行动计划表达的“务实推进”原则的核心含义，是在处理人权的普遍性与特殊性关系上，坚持普遍性与特殊性相结合。在认识论上，行动计划承认人权的普遍性，承认国际社会公认的人权原则，承认人权具有普遍的意义和价值，但这并不等于同意西方关于人权的理论和言说；在实践论上，行动计划则认为人权的实践方式和最终形成的实践道路，要与各国的国情和实际情况相契合。这也就意味着，人权的价值是普遍的，但人权的实践和保障则要受制于各国的特定情境，人权的实践方式不是唯一的。因此，仅基于自身的特殊性产生出来的人权理论或实践，便妄图宣称自己的唯一正确性，并以之为标准对他国的人权状况进行评断或指引其发展的方向，就不但在理论上是独断的，而且在实践上还是有害的。基于这样的认识，中国的国家人权行动计划坚持把人权的普遍性原则同中国的实际相结合，“务实”而非“务虚”地制定和实施国家人权行动计划。

（四）平等推进

新一期行动计划将“制定和实施”行动计划的第四个原则简要概括为“平等推进，保障每个人都能平等享有各项人权”。相对于前两期国家人权行动计划，“平等推进”原则是第三期国家人权行动计划新增的一个制定和实施原则。“平等推进”旨在从人权享有主体之间的关系着手，实现所有社会主体在享有各项人权上从法律规范层面的平等到现实保障层面的平等。平等推进原则背后的理念是平等共享，意在让所有个体都能够享受到改革发展成果，都能够在制度上和实践中平等获得基本人权保障，实现基本人权保障的均等化。平等推进原则与中国人权事业所处的发展阶段有着密切的关系。基于国家数十年来经济和社会的整体性发展进步,平等推进是在实现机会平等、规则平等的基础上,使每个人能够获得人权保障结果上的平等。在此意义上,平等推进保障每个人都能平等享有各项人权,标志着中国人权事业发展到了一个平等覆盖全民的新阶段。

(五)合力推进

新一期行动计划将“制定和实施”行动计划的第五个原则简要概括为“合力推进,政府、企事业单位、社会组织共同促进人权事业的发展”。“合力推进”原则也是第三期国家人权行动计划新增的一个制定和实施原则。新一期行动计划实际上采纳了联合国《国家人权行动计划指南》提出的指导性意见,将促进人权发展的主体由单一的国家发展到政府、企事业单位、社会组织,并注重三方的合力作用。换言之,从理论上说,合力推进意味着全社会参与、全民参与,突破仅仅从与政府对立的视角来理解人权的理论局限。同时,这也与国家减政放权的基本思路保持一致,旨在赋予社会和个体更多的参与机会,改变政府过大、社会和个体过度依赖政府的状况,转换政府同社会和个体之间存在对立关系的预设,转变为合作共赢的正和博弈。

六、实施目标

3期国家人权行动计划的实施目标,在基本内容上是一致的,就是根据当时的条件,全方位促进和保障所有主体的各项权利。在排列顺序上,3期行动计划也基本一致,即按照《经济、社会及文化权利国际公约》《公民权利和政治权利国际公约》与其他人权公约规定权利或权利主体的先后,首先是所有主体的经济社会文化权利;其次是公民权利与政治权利;再次是少数民族、妇女、儿童、老年人和残疾人等特定群体的权利;最后是人权教育(和研究)、国际条约义务履行和国际人权交流与合作。在体例结构上,实施目标所提到的内容基本与各行动计划的大体框架是一种对应关系,导言中的实施目标实际上相当于行动计划整体框架的概括(当然,“实施与监督”部分除外)。这在第一期行动计划中体现得还不是特别明显,第一期行动计划没有“实施目标”的提法,但在内容上已经包含。第二期行动计划和新一期行动计划则明确确定了“实施目标”,新一期行动计划明确称其实施目标是“按照全面建成小康社会的新要求”提出的。

(一)保障经济、社会和文化权利

关于涉及经济社会文化权利内容的实施目标,第一期行动计划称:“努力使全体人民学有所教、劳有所得、病有所医、老有所养、住有所居。”第二期行动计划称：“全面保障经济、社会和文化权利。采取积极措施，更有效地保障全体社会成员的工作权利、基本生活水准权利、社会保障权利、健康权利、受教育权利、文化权利、环境权利，努力使全体人民学有所教、劳有所得、病有所医、老有所养、住有所居，使发展成果更好地惠及全体人民。”新一期行动计划则称：“全面保障经济、社会和文化权利。普遍提升人民生活水平和质量；健全公共服务体系，提升服务均等化水平；全力实施脱贫攻坚，实现现行标准下的贫困人口全部脱贫；有效保护产权；总体改善生态环境质量；努力使发展机会更加公平，发展成果更加均等地惠及全民，使全体人民在共建共享发展中有更多获得感。”第一期行动计划直接用“民生”话语来表达经济社会文化权利的实质内容；第二期行动计划以总分的结构，将《经济、社会及文化权利国际公约》中所包含的主要经济社会文化权利类型细分，再配上民生话语；新一期行动计划仍然采用总分结构，总的部分用权利话语，分的部分从国家作为义务主体的角度着重表达国家工作内容，并重点强调发展机会均等和发展成果共享，落脚点其实仍然是在个体权利保障的结果上。

（二）保障公民权利和政治权利

关于涉及公民权利和政治权利内容的实施目标，第一期行动计划称：“坚持以保证人民当家作主为根本，从各个层次、各个领域扩大公民有序政治参与，健全民主制度，丰富民主形式，拓宽民主渠道，依法实行民主选举、民主决策、民主管理、民主监督，着力保障人民的知情权、参与权、表达权、监督权”。第二期行动计划称：“依法有效保障公民权利和政治权利。完善相关的法律法规，维护公民的基本权利；加强人权的司法保障，促进司法公正；发展社会主义民主政治，扩大公民有序政治参与，保障人民的知情权、参与权、表达权、监督权。”新一期行动计划则称：“依法保障公民权利和政治权利。严格规范公正文明执法，维护公民的人身权利和人格尊严；提高公正司法水平，保障诉讼当事人获得公正审判的权利；健全社会主义民主政治，畅通、创新渠道，促进公民知情权、参与权、表达权和监督权充分实现。”第一期行动计划实际上讲了民主权利、知情权、参与权、表达权、监督权五个方面；第二期行动计划以总分的结构，在第一期行动计划所提五个方面权利的基础上增加了立法和司法两个方面的权利保障内容；新一期行动计划仍然采用总分结构，在保留第一期行动计划五个方面公民权利与政治权利的基础上，深化了第二期行动计划中的人权司法保障内容，并用执法取代了立法内容。显然，新一期行动计划根据我国已经建立中国特色社会主义法律体系的现实,强调将重心转向保障人权法律的落实。

(三)保障各类特定群体权利

关于涉及少数民族、妇女、儿童、老年人和残疾人等特定群体权利内容,第一期行动计划在实施目标中没有直接提及。第二期行动计划称:“充分保障少数民族、妇女、儿童、老年人和残疾人的合法权益。进一步保障少数民族享有经济、政治、社会、文化等方面的平等权益;努力促进性别平等,消除性别歧视;切实保障儿童的生存、发展、受保护和参与权利;完善老年人社会保障制度,加快推进老年人服务体系建设;发展残疾人事业,促进残疾人平等参与社会生活。”新一期行动计划则称:“充分保障各类特定群体权利。加快少数民族和民族地区发展;努力消除性别歧视;强化对未成年人权益的保障;积极应对人口老龄化;健全扶残助残服务体系。”第二期行动计划采用总分结构,以权利和政府工作相结合的方式阐述五类群体的权利;新一期行动计划仍然采用总分结构。在总括部分,“各类特定群体”的文字表述代替了“少数民族、妇女、儿童、老年人和残疾人”。首先,经济社会文化权利和公民与政治权利的享有者是一般主体,而“少数民族、妇女、儿童、老年人和残疾人”等则是基于民族、性别、年龄、生理机能等区分出来的“特定”群体,这些群体的权利由于各种原因有予以特别保护的必要。其次,与一般主体相对的特定群体,包括但不限于上述五类群体,因此,用“各类特定群体”的表述意在涵盖所有特定群体。最后,基于反歧视的考虑,特定群体不是特殊群体,不能在权利保障上将特定群体特殊化,亦不能因对特定群体的权利保障安排形成反向歧视。

(四)开展人权教育

关于涉及人权教育内容的实施目标,第一期行动计划在实施目标中没有直接提及。第二期行动计划称:“广泛开展人权教育。继续开展对公务人员的人权培训;在各级各类学校开展多种形式的人权教育;在全社会普及人权知识,不断提高公民的人权意识。”新一期行动计划则称:“深入开展人权教育。将人权教育与国民教育、全民普法相结合;弘扬社会主义核心价值观的人权精神内涵,培育全社会尊重人权的文化。”第二期行动计划提到了针对不同主体所实施的人权培训、人权教育、人权知识和人权意识;新一期行动计划则将上述内容进一步扩展,主体范围进一步扩大,并用更深层次的文化来囊括人权培训、人权教育、人权知识和人权意识的内容,使之更多承担建设人权文化基础的功能。

(五)参与国际人权工作

关于涉及国际人权工作内容的实施目标,第一期行动计划称,“中国政府主张加强国际人权交流、对话与合作,同世界各国一道,共同致力于推动世界人权事业健康发展,为建设持久和平、共同繁荣的和谐世界做出应有的贡献”。第二期行动计划称:“积极开展国际人权交流与合作。认真履行国际人权条约义务,深入参与联合国人权机制工作,继续在平等和相互尊重的基础上与各国开展人权对话、合作和交流。”新一期行动计划则称:“积极参与国际人权工作。认真履行人权条约义务,深入参与联合国人权机制工作;广泛开展人权对话、交流与合作,向有需要的发展中国家提供人权技术援助。”第一期行动计划笼统地讲加强国际人权交流、对话与合作,并表明中国对于世界人权事业的支持态度;第二期行动计划更多从“事务”角度说明中国的人权条约义务履行、中国与联合国及其他国家在国际人权领域的对话、合作与交流关系;新一期行动计划基本延续第二期行动计划,重点增加和强调了中国履行国际人权援助义务的内容。

七、工作机制

国家人权行动计划的工作机制,是指国家人权行动计划联席会议机制。联席会议机制在制定首期国家人权行动计划时即已建立。根据第一期行动计划、《〈国家人权行动计划(2009—2010 年)〉评估报告》和《〈国家人权行动计划(2012—2015 年)〉实施评估报告》,由国务院新闻办公室和外交部牵头,国家立法和司法机关、国务院相关职能部门以及社会团体、非政府组织等组成的国家人权行动计划联席会议机制,负责统筹协调行动计划的制定、执行、监督和评估工作。

联席会议机制在开展活动过程中,特别注重引入高等院校和科研机构等第三方机构的参与。例如,3 期国家人权行动计划都是在多方参与下共同制定的。通常,联席会议机制的牵头单位邀请各成员单位、高校和研究机构的专家组成专家小组,参与行动计划的起草制定工作,在此过程中广泛征求各社会团体、非政府组织、高等院校、研究机构以及社会各界的意见,反复讨论和修订。又如,联席会议机制开展行动计划中期和终期评估工作,将评估工作分调研、评估、总结 3 个阶段。国务院新闻办公室组织新闻单位、人权专家进行调研;联席会议机制委托中国人权研究会组织人权专家和非政府组织代表就行动计划的落实情况进行实地调研,提出意见和建议;联席会议机制组织中央国家机关有关部门和单位、人民团体、非政府组织及高校和科研机构的人权专家成立评估小组,对行动计划的执行情况进行评估总结。

另外,3期行动计划都是由国家人权行动计划联席会议机制的牵头单位,即国务院新闻办公室和外交部牵头编制的。第一期行动计划和第二期行动计划经国务院批准并授权,由国务院新闻办公室发布,而新一期行动计划则是经国家人权行动计划联席会议机制审核同意并授权发布的。显然,国家人权行动计划联席会议机制正在行动计划的制定、实施和监督中发挥越来越大的作用。

第一章 经济、社会和文化权利

第一节 工作权利

将工作、劳动确立为一项人权，是维护人的尊严、实现人的全面发展的必然要求。从应有权利到法定权利，再到实有权利，工作权利的实现经历了复杂艰辛的历史进程。在当代社会，工作权利仍然面临种种传统的或新兴的挑战，而这些挑战又以不同的样态、频率和烈度呈现于不同的国家、区域之内。中国的工作权利保障在应对各项挑战的过程中不断取得新成就，并站在既有成就的基础上预见新进展，规划新重点，探索新道路。新一期行动计划关于工作权利各项指标的编制便是以现实问题为导向，基于以往成就对未来工作的崭新规划。

一、背景与成就

工作权利是历史发展和社会进步的产物。18世纪中叶掀起的工业革命引发了生产方式的重大变革和经济的迅猛增长，进而也导致了社会关系的全面变革，劳动者（特别是工人）逐渐沦为机器的附属物，劳动强度随着机器运转的加速而越来越大，劳动时间越来越长，而劳动者的劳动报酬却越来越低，同时劳动者的劳动安全保障并没有随着大工业生产劳动风险的加大而获得改善。面对资本家的残酷剥削，工人阶级展开了激烈的反抗和斗争,工人运动不断高涨,劳资斗争逐渐升级为集体形式,工人通过罢工向雇主、向资产阶级国家宣示自己的力量和表达自身的诉求。不断激化的矛盾和持续升级的斗争日益猛烈地冲击着资产阶级国家的统治。在这样的背景下,主要的资本主义国家纷纷调整策略,通过立法来承认劳动者的工作权利,缓和劳资矛盾。英国于1802年颁布《学徒健康和道德法》,通过规定工时上限和下限以限制资本家的剥削程度。这是世界范围内第一部明确对劳动者的权利进行关照的立法。德国于1839年颁布了《普鲁士工厂矿山条例》和限制童工工作时间的法律。瑞士于1848年制定了一部限制成年人工作时间的法律。1848年"二月革命"时,法国资产阶级临时政府发布了《为全体市民提供劳动机会的宣言》,以法令形式确认劳动者享有工作权利。此后,越来越多的国家加入制定劳动立法的行列,通过国家干预保护劳动者的权利、缓和劳资矛盾。尽管此时的劳动立法对劳动者的保护很有限,主要表现为国家通过制定强制性的劳动标准对自由劳动契约进行干预,但是它改变了资产阶级革命初期对市民社会每个人作同质对待的认识,开始承认在劳动关系上劳动者与雇佣方的不平等,进而将过去无差别保护所有的人改变为有差别地对失去生存条件的人予以特殊保护。从此,开启了国家对劳动关系进行干预、为劳动者提供倾斜性保护的新时代。[①] 20世纪初,一些发达资本主义国家进入垄断资本主义时期,资本主义社会固有的各种矛盾进一步尖锐化,由工业革命带来的社会问题和公害日益严重,雇佣劳动与垄断资本之间的矛盾进一步升级。这促使资本主义国家关注劳动、福利、教育、经济等方面的问题,并运用政治和宪法的手段予以调节。社会主义国家建立后也都在宪法中规定了工作权利(劳动权)。

第二次世界大战以后,工作权利越来越受到国际社会的关注,形成了诸多关于工作权利的公约。1945年的《联合国宪章》在第55条规定:"为造成国际间以尊重人民平等权利及自决原则为根据之和平友好关系所必要之安定及福利条件起见,联合国应促进:(子)较高之生活程度,全民就业,及经济与社会发展……"1948年《世界人权宣言》进一步揭示了工作权利的内涵,其第23条规定:"(一)人人有权工作、自由选择职业、享受公正和合适的工作条件并享受免于失业的保障。(二)人人有同工同酬的权利,不受任何歧视。(三)每一个工作的人,有权享受公正和合适的报酬,保证使他本人和家属有一个符合人

① 参见周毅:《论劳动权及其法制保障》,吉林大学商学院2008年博士学位论文,第58页。

的尊严的生活条件,必要时并辅以其他方式的社会保障。(四)人人有为维护其利益而组织和参加工会的权利。”第24条规定:“人人有享受休息和闲暇的权利,包括工作时间有合理限制和定期给薪休假的权利。”第25条规定:“(一)人人有权享受为维持他本人和家属的健康和福利所需的生活水准,包括食物、衣着、住房、医疗和必要的社会服务;在遭到失业、疾病、残废、守寡、衰老或在其他不能控制的情况下丧失谋生能力时,有权享受保障。”此外,在国际社会的倡导、合作下,一系列关注工作权利的国际公约先后面世,如1965年的《消除一切形式种族歧视国际公约》、1966年的《公民权利和政治权利国际公约》、1976年的《经济、社会及文化权利国际公约》、1979年的《消除对妇女一切形式歧视公约》、1989年的《儿童权利公约》、2002年的《保护所有迁徙工人及其家庭成员权利国际公约》、2006年的《残疾人权利国际公约》等国际公约,以及1948年的《结社自由和组织权利保护公约》、1949年的《组织和集体谈判权利的原则应用公约》、1951年的《男女工人同工同酬公约》、1957年的《废除强迫劳动公约》、1958年的《消除就业和职业歧视公约》、1973年的《准予就业最低年龄公约》、1981年的《关于促进集体谈判的公约》、1981年的《职业安全和卫生及工作环境公约》、1988年的《关于促进就业和失业保护的公约》、1999年的《禁止和立即行动消除最恶劣形式的童工劳动公约》等国际劳工公约,这些国际公约、国际劳工公约在推动和保障工作权利方面发挥了重要的作用。

一直以来,我国高度重视和维护劳动者的工作权利,通过加入和履行公约,完善国内立法,实施积极的保护、促进政策,不断提升劳动者工作权利的保障水平。①

(一)法律体系不断完善

我国《宪法》第42条明确规定:“中华人民共和国公民有劳动的权利和义务。国家通过各种途径,创造劳动就业条件,加强劳动保护,改善劳动条件,并在发展生产的基础上,提高劳动报酬和福利待遇。劳动是一切有劳动能力的公民的光荣职责。国有企业和城乡集体经济组织的劳动者都应当以国家主人翁的态度对待自己的劳动。国家提倡社会主义劳动竞赛,奖励劳动模范和先进工作者。国家提倡公民从事义务劳动。国家对就业前的公民进行必要的劳

① 有关工作权利保障的具体数据,请参见《〈国家人权行动计划(2012—2015年)〉实施评估报告》。

动就业训练。"第 43 条亦提及:"中华人民共和国劳动者有休息的权利。国家发展劳动者休息和休养的设施,规定职工的工作时间和休假制度。"《宪法》对于工作权利的确认奠定了我国工作权利保护的坚实基础。

以《宪法》为据,我国颁行了《劳动法》《劳动合同法》《工会法》《公务员法》(第 2 章第 13 条、第 12 章)《劳动争议调解仲裁法》《就业促进法》等法律以及《职工带薪年休假条例》《残疾人就业条例》《劳动保障监察条例》《女职工劳动保护特别规定》《重大劳动保障违法行为社会公布办法》《机关事业单位工作人员带薪年休假实施办法》《企业职工带薪年休假实施办法》等法规、规章,由此形成了以宪法为基础,以劳动法、劳动合同法为核心的包括专项劳动法律、行政法规、部门规章、地方法规和地方政府规章等多元法律规范在内的多层次的法律体系。

(二)就业权利得到有效保障

就业是劳动者实现其工作权利的重要内容和前提,长期以来,解决就业问题一直是我国经济、社会政策关注的重点。近年来,通过颁行各项就业促进、保障政策促使我国就业人口稳步增长,失业率得到了有效控制。2012 年、2013 年、2014 年、2015 年,城镇新增就业人数分别为 1266 万人、1310 万人、1322 万人、1312 万人,超过年均新增就业 900 万人的计划预期目标。城镇登记失业率保持在 4.1% 以内。

(三)获得劳动报酬和休息休假的权利得到进一步保障

劳动报酬和休息休假既是工作权利的核心内容,也是检验工作权利质量的重要指标。从《〈国家人权行动计划(2012—2015 年)〉实施评估报告》来看,近年来劳动者获得劳动报酬和休息休假权利的制度环境不断改善,权利情况亦有显著进步。2012 ~ 2015 年分别有 25 个、27 个、19 个、27 个地区调整了最低工资标准,平均增幅分别为 20.1%、17.0%、14.1%、14.9%。2012 年全国人大常委会修改《劳动合同法》,继续强调同工同酬。2015 年全国各类企业劳动合同签订率在 90% 以上。2015 年 11 月开展的部分城市(60 个城市)人力资源社会保障基本情况调查显示,已有超过 50% 的职工当年享受了带薪年休假。

(四)安全生产条件不断改善

生命至上是一切生产经营活动必须坚守的理念。然而,一些重特大安全事故仍时有发生,企业经营者盲目追求发展,漠视甚至践踏安全法律法规的现象一直未能从根本上禁绝。为此,近年来国家日益关注安全生产条件的保障,通过一系列措施的出台、实施为安全生产创造提供了有益的环境和条件。2012年国家安全生产监督管理总局发布《关于进一步加强国家安全生产应急平台体系建设的意见》,国家和20个省(区、市)、部分市、重点县及高危行业大型企业分别建立安全生产应急平台,实现国家平台与13个省级应急平台、7支国家矿山应急救援队应急平台的互联互通。与2011年相比,2015年全国各类事故起数和死亡人数分别下降19%和12.4%,重特大事故起数和死亡人数分别下降47.2%和31%。2013年全国人大常委会审议通过特种设备安全法。2011~2015年在特种设备数量增长70%的情况下,特种设备死亡人数连续5年控制在300人以内,万台特种设备死亡率从2010年的0.67下降到2015年的0.36,特种设备安全状况达到中等发达国家水平。有关部门修改《职业病诊断与鉴定管理办法》《职业病危害因素分类目录》,制定《工作场所职业卫生监督管理规定》等5部规章、《职业健康检查管理办法》和新增职业病诊断标准,发布《石材加工工艺防尘技术规范》等70余项职业卫生技术标准。在金矿开采、水泥制造、石材加工、木制家具制造等职业病危害严重领域开展粉尘及毒物专项治理行动。

(五)劳动者技能得到提升

2008年全球金融危机引发的经济形势下行显著地加重了国内就业压力。创造更多的就业岗位固然是解决就业难题的关键措施,同时,劳动者的职业技能与企业岗位需求不相适应的矛盾使单纯增加就业岗位的有效性大打折扣。因此,提升劳动者技能在有效保障劳动者就业权利的诸项措施中越发占据重要地位。近年来,政府加大了劳动者技能培训的投入力度,并不断探索职业培训的创新方式和有效渠道,取得了积极效果。截至2015年年底,全国技能劳动者总量达1.67亿人,提前并超额完成1.25亿人的计划预期目标,其中高技能人才4501万人,占技能劳动者的27.28%。

(六)劳动者权益保障工作不断深化

在市场经济条件下,劳动者与企业、雇主之间的矛盾是一种常态,保障劳动者合法权益不在于(也不可能)彻底消除矛盾,而在于有效减少本可避免的矛盾和妥善处理已经发生的纠纷。从2012~2015年的人力资源和社会保障事业发展统计公报来看,我国的劳动者权益保障工作不断深化,取得了诸多重要成就。

2012~2015年我国进一步推进集体协商和集体合同制度,截至2015年年末,经各级人力资源社会保障部门审批且在有效期内实行特殊工时制度的企业近 7.2 万户,涉及职工 1560 万人。各地劳动人事争议调解组织和仲裁机构高效处理争议,其中,2012 年的仲裁结案率为 94.7%;2013 ~ 2015 年的仲裁结案率则均超过 95%。

在劳动保障监察方面,2012 ~ 2015 年全国各级劳动保障监察机构年均共主动检查用人单位约 200 万户次,涉及劳动者约 9800 万人次。年均书面审查用人单位 225 万户次,涉及劳动者约 9300 万人次。年均查处各类劳动保障违法案件 40 万件。此外,2012 ~ 2015 年通过加强劳动保障监察执法,每年为超过 450 万人次劳动者追讨工资等待遇超过 200 亿元。累计督促 24.16 万户用人办理了社会保险登记、申报,累计 32.9 万户用人单位补缴社会保险费超过 132 亿元,累计依法取缔非法职业中介机构 14,260 户。①

二、内容解析

对比梳理新一期行动计划与前两期行动计划关于工作权利的内容,可以清晰地发现工作权利保障的新进展。总体而言,新一期国家行动计划呈现出如下几个值得关注和期待的新动向。

(一)积极就业政策再升级

在改革开放前 20 年中国确立的宏观经济政策目标中,就业的地位并不突出。原因主要在于:第一,当时处于改革开放的初期和早期,计划经济仍然或多或少地发挥着配置包括劳动力在内的各种生产要素的作用,利用政策杠杆调节市场行为、平抑经济周期的典型宏观经济政策尚未形成。第二,在以劳动力无限供给为特征的二元经济条件下,就业岗位的绝对不足是主要矛盾,增加岗位的关键在于非农产业的扩大和整体经济增长。所以,就业尚未并且在某种程度上也没有必要成为独立的政策目标。②

实际上,伴随改革开放在以下几个方面的进展,其足以取得扩大就业的效果:(1)实现了高速经济增长,特别是工业和服务业高速增长,带动了就业的扩大;(2)允许劳动力从农业中转移出来,转移的范围随着政策的调整,先后经历了从种植业到农林牧副渔业、从农业到乡镇企业、从农村到小城镇再到各

---

① 以上数据根据 2012 ~ 2015 年各年度人力资源和社会保障事业发展统计公报相关内容估算得出。

② 参见蔡昉:《宏观经济政策如何促进更多更好就业?——问题、证据和政策选择》,载《劳动经济研究》2015 年第 3 期。

类城市的劳动力转移,就业范围大幅度扩展;(3)发展多种所有制经济,农村乡镇企业和城市个体私营经济的发展,吸纳了大量劳动力;(4)开始突破计划经济思维,允许劳动力市场发挥作用。政府推行"三结合"就业模式,即在国家统筹规划和指导下,劳动部门介绍就业、自愿组织就业以及自谋职业三者的结合。总体而言,这个时期就业扩大表现为对农业剩余劳动力和城镇待业青年的吸纳,主要动力来自经济发展和体制改革。①

20世纪90年代末,为了应对突发性的大规模失业下岗问题,国家出台了以"三条保障线"为主要内容的就业政策。由于这些政策大部分都是以保障失业下岗职工的基本生活和收入水平为目的,因而可以归结为被动型、消极的就业政策。

2002年党的十六大第一次明确把社会就业比较充分作为全面建设小康社会的一个重要目标,标志着实现充分就业正式被纳入国家发展战略的层面。要实现这个目标,仅仅依靠消极就业政策显然难以取得成效。与此同时,经济持续的高增长和地方政府在解决就业问题方面进行的有益探索,也为更新就业政策准备了必要的物质条件和实践经验。在这种背景下,积极就业政策就被正式提出。② 在应对2008~2009年的世界金融危机冲击的过程中,中国政府进一步提出"更加积极的就业政策"。自此之后,宏观经济政策目标为就业保留了突出位置。第一期行动计划正是在"更加积极的就业政策"背景下倡导"大力促进就业和再就业"。在成功应对2008~2009年的世界金融危机之后,党和政府给予了就业更高的优先序位,《中共中央关于制定国民经济和社会发展第十二个五年规划的建议》第一次明确要求"把促进就业放在经济社会发展优先位置"。在2012年党的十八大报告中,就业政策的地位再进一步,"实施就业优先战略和更加积极的就业政策"被正式确认和提出。第二期行动计划因应新形势明确提出"落实就业优先战略"。以"十二五"时期的就业政策取得的成效为基础,"十三五"规划对于就业问题的关注逐渐由"量"向"质"转移,提出"实现比较充分和高质量就业",因此新一期行动计划亦调整了就业问题上的展望和计划,同样强调"实现比较充分和高质量就

① 参见蔡昉:《宏观经济政策如何促进更多更好就业?——问题、证据和政策选择》,载《劳动经济研究》2015年第3期。

② 参见赖德胜等:《中国就业政策评价:1998—2008》,载《北京师范大学学报》(社会科学版)2011年第3期。

业”。与此同时,新一期行动计划还为“实现比较充分和高质量就业”设定了相应的具体措施、指标,即“实施高校毕业生就业促进和创业引领计划”,“促进农村富余劳动力转移就业和外出务工人员返乡创业”,对就业困难人员实行实名制动态管理和分类帮扶,做好“零就业”家庭帮扶工作,“支持贫困地区建设县乡基层劳动就业和社会保障服务平台”,“实现城镇新增就业5000万人以上”。

(二)深化工资福利制度改革

我国于1956年起形成的工资制度具有“低工资、高就业、泛福利”特征。实行此种工资制度,原意是要根据干部职务的晋升和工人技术的提高而相应提高其工资的等级,使职工升级有据可循。但在实际执行中,这种工资的等级制并没有运行起来。相反,在传统工资制建立以后的相当长的时期内,工资的晋升主要取决于参加工作的年限,取决于参加全国统一调整工资的次数。① 改革开放以后,工资制度逐渐摆脱计划体制,开始更多地反映供求关系、市场规律,20世纪90年代末,劳动保障部制定了“市场机制调节、企业自主分配、职工民主参与、国家监控指导”的工资改革目标,市场化企业工资水平宏观调控制度得到完善和不断推广,全面建立了最低工资制度,继续扩大工资指导线、劳动力市场工资指导价位和人工成本信息指导制度实施范围。

然而,工资制度改革并非一朝一夕之功,仍有诸多现实问题有待解决。其中一项重要问题即是“工资正常增长机制”,伴随经济增长与物价抬升,工资增长的需求需要通过正式制度予以解决。第一期国家人权行动计划的制定时值全球金融危机余波未平之际,《劳动合同法》引发的争论和现实影响仍未消解,因而行动计划在工资问题上秉持了稳妥保守的主张,仅提出“全面落实最低工资制度,促进职工工资水平稳步增长”。第二期国家人权行动计划制定时,工资制度改革的条件已逐渐成熟,“十二五”规划纲要亦明确指出要“深化工资制度改革”,“按照市场机制调节、企业自主分配、平等协商确定、政府监督指导的原则,形成反映劳动力市场供求关系和企业经济效益的工资决定机制和增长机制。健全工资支付保障机制”。在这一背景下,第二期行动计划将完善工资制度,尤其是建立工资正常增长机制纳入观测指标当中。同时,对于“拖欠工资”现象也予以关注,提出建立企业工资支付保障制度。在第二期

---

① 参见胡放之:《中国经济起飞阶段的工资水平研究》,华中科技大学经济学专业2004年博士学位论文,第79~80页。

国家人权行动计划实施期间，工资制度改革取得诸多进展，但也遗留了不少问题。例如，工资正常增长机制仍然缺乏法律制度支撑，尤其是一些操作性问题，如在什么条件下可以提高、提高工资必须考虑的因素、工资提高的幅度、提高工资水平的方式、企业不给工人正常增长工资要付出什么代价，都尚不明确。与此同时，国有经济部门与私营经济部门之间的工资制度不合理，行业之间的工资差距悬殊问题都仍有待调整，工资支付保障也仍需进一步规范。因此，在第二期国家人权行动计划基础上进一步健全、完善相应制度就成为更具现实意义的问题。为此，新一期国家人权行动计划提出了"进一步完善工资福利制度。健全工资水平决定机制、正常增长机制和支付保障机制，健全最低工资标准调整机制"。此外，为了因应国家人才战略、优化人力资源配置，以及为了进一步保障劳动者休息休假权利，还专门提出"健全高技能人才薪酬体系，提高技术工人待遇，落实带薪年休假制度"。

（三）全面推进劳动技能培训

改革开放30多年来，党中央、国务院一直高度重视我国职业培训事业的发展，特别是2010年10月国务院颁布实施的《关于加强职业培训促进就业的意见》，全面阐述了加强职业培训与促进就业的关系，详细部署了开展职业培训与公共就业服务的政策、措施，并且更加注重培训形式的丰富和扩展，第二期国家人权行动计划因应了这一改革诉求，明确提出"面向城乡劳动者开展多种形式的职业培训"。第二期国家人权行动计划实施以来，培训规模不断扩大，劳动者职业素质和就业能力得到不断提高，对促进就业和经济社会发展发挥了重要作用。然而值得注意的是，伴随着中国现代经济发展中知识、技术更新周期的缩短，企业、社会对于高技能、多技能工人的需求也在显著增长。在新形势下，只依靠一次性教育或培训就享用终身的培训理念与实践已经无法满足现实需要。实际上，自20世纪90年代以来，许多国家已经纷纷实施终身学习或继续学习计划。尽管终身职业培训在我国早已被各界注意和提及，但一直未能系统地实施，《中共中央关于全面深化改革若干重大问题的决定》明确提出"构建劳动者终身职业培训体系"，表明了党和政府已经意识到终身职业培训的重大意义。从目前来看，我国职业培训在管理体制、职业学校教育、职业培训的外部环境等方面仍然存在种种问题，短时间内建立起完善的劳动者终身职业培训体系并不现实，因此合理的短期目标将是形成一整套可以有效引导、规范劳动者终身职业培训的制度。为此，新一期国家人权行动计划在职业培训问题上明确提出"推行终身职业技能培训制度"。同样值得注意的是,新一期行动计划对于劳动技能培训的安排更加注重关照特殊群体,因此提出"开展贫困家庭子女、未升学初高中毕业生、农民工、失业人员和转岗职工、退役军人和残疾人免费接受职业培训行动"。"到2020年,累计培训农民工4000万人次,基本消除劳动者无技能从业现象。"

(四)进一步强化劳动保障监察

1993年原劳动部发布了《劳动监察规定》,对劳动安全卫生以外的劳动法律法规内容的监察作了规定,用行政规章的形式确立了我国的劳动监察制度。《劳动法》《行政处罚法》等法律法规规定了劳动保障监察机构的职责和工作程序。劳动和社会保障行政部门依法对用人单位遵守劳动和社会保障法律法规的情况进行监督检查,对违反劳动和社会保障法律法规的行为有权制止、责令改正,并可依法给予警告、罚款等行政处罚。劳动保障监察制度在工作权利维护方面始终扮演着重要角色。从"十二五"规划纲要到"十三五"规划纲要,劳动保障监察都被提及部署,作为协调劳动关系和维护劳动者工作权的重要措施。第二期行动计划和新一期行动计划亦将劳动保障监察工作的实施情况纳入考察,不同之处在于,新一期行动计划透露出了更强的决心,表达了进一步强化劳动保障监察的诉求,其具体表现如下。

1. 严禁各种形式的就业歧视

就业歧视的存在会严重阻碍工作权利的平等实现。尽管我国在解决就业歧视问题上已经付出诸多努力,并取得了不少成效,但就业歧视现象仍然广泛存在。新一期行动计划致力于在破解就业歧视问题上更进一步,表达了更强的决心,即"严禁各种形式的就业歧视"。抛开种种社会因素,就业歧视问题未能得到有效治理的一个重要原因便是现行法律的不完备。虽然《劳动法》《就业促进法》等法律法规中已有反就业歧视的规定,但立法适用范围窄、禁止就业歧视的事由过少,缺少对就业歧视的界定、程序保障和实施保障。因此,完善立法是落实"严禁各种形式的就业歧视"目标的重要前提和保障。2015年全国人民代表大会已有委员提案呼吁立法,全国人民代表大会财经委员会表示了认同,认为"反就业歧视法"确有立法必要,建议有关部门加强调研起草,待草案成熟时争取补充列入全国人大常委会立法规划或今后的年度立法计划,安排审议。人力社保部也答复称,制定专门的反就业歧视法是未来的重点工作目标,将积极会同有关部门开展相关立法调研工作,总结实践经验,待条件成熟后向立法机关提出立法建议,推动反就业歧视法尽快纳入立法计划。[①] 新一期行动计划高度关注就业歧视问题确证了中央对于全面、深入推进反就业歧视的决议，反就业歧视立法、司法、执法工作将是未来4～5年中国人权行动的重要组成部分。

2. 全面治理拖欠农民工工资问题

解决拖欠农民工工资问题，事关广大农民工切身利益。党中央、国务院历来高度重视，先后出台了一系列政策措施，经过多年治理取得了明显成效。然而不可否认的是，该问题尚未得到根本解决。部分行业特别是工程建设领域拖欠工资问题仍较突出，一些政府投资工程项目不同程度地存在拖欠农民工工资问题，严重侵害了农民工合法权益。2016年年初国务院办公厅印发了《关于全面治理拖欠农民工工资问题的意见》，从规范企业工资支付行为、健全工资支付监控和保障制度、推进企业工资支付诚信体系建设、依法处置拖欠工资案件、改进建设领域工程款支付管理和用工方式五个方面提出16条具体治理措施。该意见以建筑市政、交通、水利等工程建设领域和劳动密集型加工制造、餐饮服务等易发生拖欠工资问题行业为重点，强调健全源头预防、动态监管、失信惩戒相结合的制度保障体系，完善市场主体自律、政府依法监管、社会协同监督、司法联动惩处的工作体系。通过各方努力，预期到2020年形成制度完备、责任落实、监管有力的治理格局，使拖欠农民工工资问题得到根本遏制，实现基本无拖欠。

3. 规范企业裁员行为

企业裁员会导致劳动者丧失就业岗位，如果企业裁员缺乏相应的制度规范，就极易侵犯劳动者的工作权利。2014年年底人社部研究起草的《企业裁减人员规定（征求意见稿）》为企业裁员设定了行为规范，详细规定了企业裁员的适用范围、条件、程序、法律责任等内容。此外，该征求意见稿还规定，为鼓励采取有效措施不裁员、少裁员，稳定就业岗位的企业，人社部门按照国家有关规定给予稳定岗位补贴，用于职工生活补助、缴纳社会保险费、转岗培训、技能提升培训等相关支出。企业裁员的规范化已经迈出了关键一步，如何在实践中逐渐实现立法初衷仍值得关注和期待。

4. 保障非正规就业劳动者权益

相对于传统的典型就业形式而言，非正规就业在劳动关系、收入、工作时

---

① 参见罗静雯：《全国人大代表、农工党中央委员、中华女子学院教授孙晓梅：抓紧制定〈反就业歧视法〉确保每个人平等就业》，载《重庆日报》2016年3月16日，第6版。

间等方面都具有不固定的特征,非正规就业劳动者常常面临劳动条件差、工资待遇低、超常时间劳动等不利情况。随着正规就业法制的逐渐完善,对非正规就业的规范也亟待跟进。新一期行动计划提出"保障非正规就业劳动者权益,严格规范企业实行特殊工时制度的适用管理,依法加强对劳务派遣的监管。"

(1)严格规范企业实行特殊工时制度的适用管理

工时制度一般由标准工时制度和非标准工时制度组成,标准工时制度作为工时制度的主体,规范着大多数劳动关系,而非标准工时制度作为标准工时制度的补充,规范着少数特殊企业和特殊岗位的劳动关系。近年来,我国各类劳动形态和新兴行业应运而生,现行制度的僵化以及不完善引发了大量的劳动争议,特殊工时劳动者的权益难以得到有效保障。进一步规范企业实行特殊工时制度成为保障劳动者工作权利的必然要求。2012年5月人力资源和社会保障部研究起草了《特殊工时管理规定(征求意见稿)》,以规范特殊工时管理,维护劳动者权益。然而,到目前为止,《特殊工时管理规定》由于种种原因尚未公布实施,企业实行特殊工时的情形仍缺乏统一而详细的制度安排。因此,新一期行动计划实施期间,在规范企业实行特殊工时制度的适用管理问题上可能会在两个方向上着力:一方面是继续探讨统一的特殊工时管理制度,适时出台相关细则;另一方面则是在地方层面总结经验,至少在省级层面形成比较规范、有效的管理体系和管理制度。

(2)依法加强对劳务派遣的监管

劳务派遣,是指派遣单位(用人单位)招用劳动者并签订劳动合同,劳动者依据劳动合同、派遣单位和用工单位之间劳务派遣协议的约定,为用工单位劳动接受用工单位的指挥命令与监督,并由派遣单位和用工单位承担连带劳动法律责任的专门用工形式。[①] 作为一种灵活用工形式,劳务派遣契合了劳动力市场弹性化的普遍趋势。然而,实践中劳务派遣常常被异化为派遣单位与用工单位串通牟取高额利润的工具,[②]劳动者权益不可避免地遭到种种形式的侵犯。2012年12月中华人民共和国第十一届全国人民代表大会常务委员会通过《全国人民代表大会常务委员会关于修改〈中华人民共和国劳动合

---

① 参见谢德成:《我国劳务派遣法律定位的再思考》,载《当代法学》2013年第1期。

② 参见朱京安、王哲:《劳务派遣:本源、效应及其立法因应》,载《武汉科技大学学报》(社会科学版)2016年第4期。

同法〉的决定》,新修改的《劳动合同法》内容全部指向了劳务派遣,加大了对劳务派遣的规制力度。2014 年中华人民共和国人力资源和社会保障部审议通过《劳务派遣暂行规定》,进一步规定了劳务派遣的制度细节。在逐渐完善了劳务派遣相关立法的基础上,新一期行动计划势必将关注点聚焦于制度具体实施上,因而提出了"依法加强对劳务派遣的监管"。

三、展望与建议

我国在保障和促进工作权利方面已经取得了诸多成效,但也仍然面临诸多挑战,如人口红利逐渐消失、经济增速放缓、制造业萎缩,就业压力在相当长一段时间难以实质性削减;经济政策与就业政策之间有效的良性互动尚未建立,"就业优先"战略在实践中有时难于落地,例如,地方政府的 GDP 动机和对税收的渴望,常常更容易通过在资本密集型产业领域的大规模投资而在短期内实现,这导致产业发展并不遵循就业优先原则,或者仅仅创造了一些缺乏就业质量的低端岗位;[①]和谐劳动关系的构建仍处在探索初期,种种劳资纠纷乱象仍普遍存在,工作权利的维护与雇主权利的保障尚未找到平衡点。要解决这一系列难题显然不是一朝一夕之功,但在一定时期内,仍有一些突破口值得为之探索实践。总体而言,至少在以下三个方面,具有进一步深入改革的必要和空间。

(一)建立健全经济政策与就业政策的协调机制

权利的实现有其必要的基础,对于工作权利的保障不能仅仅盯住权利本身。整个社会系统是相互连通的,牵一发而动全身,工作权利的实现必然从其他相关领域获得支撑,并且也会影响整个社会系统其他元素的存在状态,进而波及自身的维持和实现状况,尤其显著的例证在于工作权利与宏观经济情势、宏观经济政策之间的牵连关系,例如,经济不景气时的失业潮、经济结构调整(去产能)时的大规模裁员等都反映了这重关系。因此,维护和促进工作权利必须代之以整体性视角,注重建立经济政策与就业政策协调机制:(1)建立宏观经济政策对就业影响的评价机制;(2)健全各级政府部门就业工作联席会议制度,完善就业考核评价指标体系,把就业成效列为评价各地经济社会发展成果的重要指标;(3)加强财税、金融、产业、贸易等经济政策与就业政策的配

---

① 参见蔡昉:《宏观经济政策如何促进更多更好就业?——问题、证据和政策选择》,载《劳动经济研究》2015 年第 3 期。

套衔接;(4)探索建立公共投资和重大项目建设带动就业评估机制,同等条件下对创造就业岗位多、岗位质量好的项目优先安排;(5)对就业政策及相应法律制度对于宏观经济带来的影响应及时评估,并及时依照法定程序作出合理调整。总而言之,通过建立健全经济政策与就业政策的协调机制,促进经济发展与扩大就业良性互动,为工作权利的切实保障奠定坚实基础。

(二)健全创业支持体系

推动大众创业是解决就业问题的关键途径,据统计,2015年我国新登记企业443.9万户,由此创造的就业岗位超过1400多万个。[①] 因此,展望和推进工作权利的有效保障,必须着力健全创业支持体系:(1)通过深化商事制度、行政审批制度等改革营造宽松便捷的创业准入环境;(2)拓宽创业融资渠道,提供金融支持,例如,支持风险投资等发展,加快设立国家中小企业发展基金和国家新兴产业投资引导基金,发挥多层次资本市场作用,探索发展互联网金融,发展政府支持的融资性担保机构和再担保机构,完善风险分担机制,为小微企业提供融资支持;(3)创新政府采购支持方式,消除中小企业享受相关优惠政策面临的条件认定、企业资质等不合理限制门槛;(4)落实对于特殊群体(失业达到一定年限的人员、高校毕业生)的税收减免政策;(5)调动科研人员创业的积极性,探索高校、科研院所等事业单位专业技术人员在职创业、离岗创业有关政策;(6)加强创业培训,如利用各类创业培训资源,开发针对不同创业群体、创业活动不同阶段特点的创业培训项目,把创新创业课程纳入国民教育体系,支持企业以新招用青年劳动者和新转岗人员为重点开展新型学徒制培训。

(三)推进劳动关系法律制度的完善

劳动关系的妥善处理是工作权利维护的重要内容,尽管现行法律对于劳动关系已有充分关照,但在诸多方面仍然有待完善、补充,其重点在于完善劳动合同法、劳动争议调解仲裁法配套法规和规章,加快推进工资支付、集体协商、劳动保障监察等方面的立法;完善并推动落实工作时间、节假日、带薪年休假等规定,规范企业特殊工时制度,不断改善劳动条件。

在这些改革内容中,尤为值得期待和着重关注的将是集体劳动关系的法律建构,如学者所指出的,"劳动关系的集体化转型,是市场化劳动关系形成

---

① 参见刘志强等:《就业优先,饭碗端得更踏实》,载《人民日报》2016年3月10日,第10版。

的重要标志。"[①]《劳动合同法》的颁布和实施,是我国劳动关系集体化转型的契机和新起点,标志着中国劳动关系的个别调整在法律建构上已经初步完成,同时,又开启了劳动关系集体调整的新起点,并为劳动关系的集体调整提供了法律基础。[②] 从具体的改革方向来看,推进集体劳动关系的完善应当重点解决以下问题:(1)尽早完成专门立法,明确和细化集体协商的主体、内容、程序、形式等内容,为集体协商提供具有可操作性的强制性规则,并将集体协商设定为一项劳资双方必须遵守的法定义务;(2)完善有关劳动标准的法律法规,如工资条例、工时条例,使开展集体协商、签订集体合同具有更为坚实的协商基础和可操作性的依据;(3)完善协调劳动关系的三方机制,厘清政府、工会、雇主在集体协商中的角色、职能、权利、权力、义务,尝试吸纳工商联、专家学者等方面的代表参与,注重各方利益的平衡,避免工作权利的过度张扬。

当然,更好地实现公民的工作权利是一项系统性工程,除以上3项改革之外,仍有许多方面值得关注和探索,例如,企业裁员规范的完善、非正规就业劳动者权益的保障等。

第二节　基本生活水准权利

作为国际人权法的一项基本人权,基本生活水准权最先出现于《世界人权宣言》。《世界人权宣言》序言中表述为:"一个人人享有言论和信仰自由并免予恐惧和匮乏的世界的来临,已被宣布为普通人民的最高愿望"。《世界人权宣言》第25条规定:"人人有权享受为维持他本人和家属的健康和福利所需的生活水准,包括食物、衣着、住房、医疗和必要的社会服务;在遭到失业、疾病、残废、守寡、衰老或在其他不能控制的情况下丧失谋生能力时,有权享受保障。"一般认为,基本生活水准权包括了免于饥饿权、住房权、食品安全权等。这些权利都属于民生保障的基本内容。因此,基本生活水准权的保障与实现对于解决目前的民生问题具有重要意义。

一、背景与成就

我国一向重视保障公民基本生活水准权利,自2001年批准《经济、社会及

---

① 常凯:《劳动关系的集体化转型与政府劳工政策的完善》,载《中国社会科学》2013年第6期。

② 同上。

文化权利国际公约》以来,我国始终根据本国国情,有计划、有步骤地实践公约规定的各项权利。自2009年以来,中国政府先后发布了3期国家人权行动计划。3期行动计划都对保障基本生活水准权作出了具体规划。迄今为止,前两期行动计划的预期目标均已实现,相关工作取得了可喜的成绩。[①]

(一)生产总值增长,人均收入增加

"十二五"期间,我国经济总量稳居世界第二位,人均国内生产总值增至7800美元左右。第三产业增加值占国内生产总值比重超过第二产业,基础设施水平全面跃升,农业连续增产,常住人口城镇化率达到55%,一批重大科技成果达到世界先进水平。公共服务体系基本建立、覆盖面持续扩大,新增就业持续增加,贫困人口大幅减少,生态文明建设取得新进展,人民生活水平和质量加快提高。截至2015年,居民人均可支配收入增长速度总体上高于同期国内生产总值增长速度,城镇居民人均可支配收入和农村居民人均纯收入年均增长率分别为7.5%和9.2%。

(二)扶贫开发成效显著,贫困人口明显减少

扶贫开发成效显著。2012年国务院扶贫办等联合发布了《扶贫开发整村推进"十二五"规划》。截至2015年年底,3万个规划整村推进村全面启动实施,超出2.4万个村的计划预期目标;投入资金1445.69亿元,村均投入480万元。2012~2015年国家发展改革委安排易地扶贫搬迁中央预算内投资210亿元,带动地方财政投入和各类投资2000多亿元,累计搬迁贫困人口约800万人。针对留守务工贫困群众,重点开展以种植业、养殖业为主要内容的农村实用技术培训,共培训930万人次。国家向17个边境贫困县(市)投入各类扶贫资金255.3亿元,安排边境扶贫项目3807个,30.6万户边境居民直接受益。截至2015年,全国农村基层已有超过72.9万名科技特派员,覆盖全国90%的县(市、区),辐射带动6000万人。贫困人口大幅减少。2012~2015年农村贫困人口减少6663万人。2015年国家扶贫标准按2010年价格的2300元动态调整为2855元,部分省的扶贫标准高于国家标准。

(三)居住条件改善

2012年住房城乡建设部颁布《公共租赁住房管理办法》。2014年公共租赁住房和廉租住房并轨运行。2012~2015年国家安排7700多亿元支持城镇

---

① 有关基本生活水准权权利保障的具体数据,参见《〈国家人权行动计划(2012—2015年)〉实施评估报告》。

保障性安居工程,新开工2970万套,基本建成2428万套。中央安排全国农村危房改造补助资金1271亿元,支持改造农村危房1524万户,超过计划预期目标2倍以上。

二、内容解析

第一期行动计划指出,继续采取有效措施,促进城乡居民特别是中低收入居民收入的逐步增长,完善最低生活保障等制度,努力维护城乡居民获得基本生活水准的权利。第二期行动计划提出,保持经济平稳较快发展,调整收入分配格局,实施扶贫开发攻坚工程,完善基本住房保障制度,依法保障农民的土地权益,提高公民基本生活权利的保障水平。与"十三五"规划一致,在总体目标上,新一期行动计划旨在实施全力脱贫攻坚,争取2020年达到全面建成小康社会的总目标。除此之外,还增加了居民用水、食品安全和出行便利的内容。

(一)确保城乡居民收入增长

第一期行动计划提出,努力提高国民收入水平,城镇居民年人均可支配收入达到人民币15781元以上,农村居民年人均纯收入在2008年4761元的基础上,每年实际增长6%左右。在第二期行动计划中,保持城乡居民收入实际增长仍是重点,并且要求城乡居民收入实际增长和经济增长同步。2012~2015年国内生产总值年均增长7%,城镇居民人均可支配收入和农村居民人均纯收入分别年均增长7%以上,并且调整收入分配格局,提高居民收入在国民收入分配中的比重,提高劳动报酬在初次分配中的比重,扩大中等收入者比重,增加中低收入者收入。

2015年中国GDP总量达到689,052亿元,比上年增长6.9%。全年全国居民人均可支配收入21,966元,比上年名义增长8.9%,扣除价格因素实际增长7.4%,与GDP增长基本保持一致。按常住地分,城镇居民人均可支配收入31,195元,比上年增长8.2%,扣除价格因素实际增长6.6%;农村居民人均可支配收入11,422元,比上年增长8.9%,扣除价格因素实际增长7.5%。城乡居民人均收入倍差2.73,比上年缩小0.02。全国居民人均可支配收入中位数19,281元,比上年名义增长9.7%。按全国居民五等份收入分组,低收入组人均可支配收入5221元,中等偏下收入组人均可支配收入11,894元,中等收入组人均可支配收入19,320元,中等偏上收入组人均可支配收入29,438元,高收入组人均可支配收入54,544元。2015年全国居民收入基尼系数为0.462。

基本达到《国家人权行动计划(2012—2015年)》的目标。在前两期行动计划的基础上,新一期行动计划进一步提出,到2020年国内生产总值和城乡居民人均收入比2010年翻一番,努力增加低收入劳动者收入,扩大中等收入者比重。

(二)打赢脱贫攻坚战,全面建成小康社会

扶贫工作一直以来是民生问题的重点。多年来,中国共产党和中国政府从基本国情出发,将人民的生存权、发展权放在首位,致力于减贫脱贫,努力保障和改善民生,发展各项社会事业,使发展成果更多更公平惠及全体人民,保障人民平等参与、平等发展权利。2012年党的十八大以来,在全面建成小康社会、实现中华民族伟大复兴中国梦的伟大进程中,以习近平同志为总书记的党中央,坚持以人民为中心的发展思想,实施精准扶贫、精准脱贫基本方略,中国的减贫行动更加扎实有效,为世界减贫事业做出了重大贡献,创造了世界人权发展新奇迹。第一期行动计划提出,加大扶贫工作力度,尽快稳定解决扶贫对象温饱问题,并逐步提高其收入水平,实现脱贫致富,加大"雨露计划"实施力度,每年完成对100万贫困劳动者的转移技能培训和对1000万劳动者的实用技术培训。在此基础上,第二期行动计划提出,落实《中国农村扶贫开发纲要(2011—2020年)》,逐步提高扶贫标准,实施集中连片特殊困难地区扶贫攻坚工程,对2.4万个村整村推进。开展农村贫困劳动力实用技术培训。坚持自愿原则,对生存条件恶劣地区扶贫对象实行异地扶贫搬迁。继续在边境地区、地方病严重地区、灾后恢复重建地区以及其他特困区域开展扶贫开发试点。继续开展科技扶贫,推进科技特派员农村科技创业行动。大力发展贫困山区林业,2015年贫困地区森林覆盖率比2010年年底增加1.5个百分点,力争实现贫困农户一户一项增收项目。

在前两期行动计划的基础上,新一期行动计划提出,要贯彻落实《中共中央国务院关于打赢脱贫攻坚战的决定》,实施精准扶贫、精准脱贫方略。到2020年,稳定实现农村贫困人口不愁吃、不愁穿,义务教育、基本医疗和住房安全有保障。实现贫困地区农民人均可支配收入增长幅度高于全国平均水平,基本公共服务主要领域指标接近全国平均水平。确保我国现行标准下农村贫困人口实现脱贫,贫困县全部摘帽,解决区域性整体贫困。

第一,健全精准扶贫工作机制。抓好精准识别、建档立卡这个关键环节,为打赢脱贫攻坚战打好基础,为推进城乡发展一体化、逐步实现基本公共服务均等化创造条件。按照扶持对象精准、项目安排精准、资金使用精准、措施到户精准、因村派人精准、脱贫成效精准的要求，使建档立卡贫困人口中有5000万人左右通过产业扶持、转移就业、易地搬迁、教育支持、医疗救助等措施实现脱贫，其余完全或部分丧失劳动能力的贫困人口实行社保政策兜底脱贫。对建档立卡贫困村、贫困户和贫困人口定期进行全面核查，建立精准扶贫台账，实行有进有出的动态管理。根据致贫原因和脱贫需求，对贫困人口实行分类扶持。建立贫困户脱贫认定机制，对已经脱贫的农户，在一定时期内让其继续享受扶贫相关政策，避免出现边脱贫、边返贫现象，切实做到应进则进、应扶则扶。抓紧制定严格、规范、透明的国家扶贫开发工作重点县退出标准、程序、核查办法。重点县退出，由县提出申请，市（地）初审，省级审定，报国务院扶贫开发领导小组备案。重点县退出后，在攻坚期内国家原有扶贫政策保持不变，抓紧制定攻坚期后国家帮扶政策。加强对扶贫工作绩效的社会监督，开展贫困地区群众扶贫满意度调查，建立对扶贫政策落实情况和扶贫成效的第三方评估机制。评价精准扶贫成效，既要看减贫数量，更要看脱贫质量，不提不切实际的指标，对弄虚作假搞“数字脱贫”的，要严肃追究责任。

第二，发展特色产业脱贫。制定贫困地区特色产业发展规划。出台专项政策，统筹使用涉农资金，重点支持贫困村、贫困户因地制宜发展种养业和传统手工业等。实施贫困村“一村一品”产业推进行动，扶持建设一批贫困人口参与度高的特色农业基地。加强贫困地区农民合作社和龙头企业培育，发挥其对贫困人口的组织和带动作用，强化其与贫困户的利益联结机制。支持贫困地区发展农产品加工业，加快一、二、三产业融合发展，让贫困户更多分享农业全产业链和价值链增值收益。加大对贫困地区农产品品牌推介营销支持力度。依托贫困地区特有的自然人文资源，深入实施乡村旅游扶贫工程。科学合理有序开发贫困地区水电、煤炭、油气等资源，调整完善资源开发收益分配政策。探索水电利益共享机制，将从发电中提取的资金优先用于水库移民和库区后续发展。引导中央企业、民营企业分别设立贫困地区产业投资基金，采取市场化运作方式，主要用于吸引企业到贫困地区从事资源开发、产业园区建设、新型城镇化发展等。

第三，引导劳务输出脱贫。加大劳务输出培训投入，统筹使用各类培训资源，以就业为导向，提高培训的针对性和有效性。加大职业技能提升计划和贫困户教育培训工程实施力度，引导企业扶贫与职业教育相结合，鼓励职业院校和技工学校招收贫困家庭子女，确保贫困家庭劳动力至少掌握一门致富技能，实现靠技能脱贫。进一步加大就业专项资金向贫困地区转移支付力度。支持贫困地区建设县乡基层劳动就业和社会保障服务平台,引导和支持用人企业在贫困地区建立劳务培训基地,开展好订单定向培训,建立和完善输出地与输入地劳务对接机制。鼓励地方对跨省务工的农村贫困人口给予交通补助。大力支持家政服务、物流配送、养老服务等产业发展,拓展贫困地区劳动力外出就业空间。加大对贫困地区农民工返乡创业政策扶持力度。对在城镇工作生活一年以上的农村贫困人口,输入地政府要承担相应的帮扶责任,并优先提供基本公共服务,促进有能力在城镇稳定就业和生活的农村贫困人口有序实现市民化。

第四,实施易地搬迁脱贫。对居住在生存条件恶劣、生态环境脆弱、自然灾害频发等地区的农村贫困人口,加快实施易地扶贫搬迁工程。坚持群众自愿、积极稳妥的原则,因地制宜选择搬迁安置方式,合理确定住房建设标准,完善搬迁后续扶持政策,确保搬迁对象有业可就、稳定脱贫,做到搬得出、稳得住、能致富。要紧密结合推进新型城镇化,编制实施易地扶贫搬迁规划,支持有条件的地方依托小城镇、工业园区安置搬迁群众,帮助其尽快实现转移就业,享有与当地群众同等的基本公共服务。加大中央预算内投资和地方各级政府投入力度,创新投融资机制,拓宽资金来源渠道,提高补助标准。积极整合交通建设、农田水利、土地整治、地质灾害防治、林业生态等支农资金和社会资金,支持安置区配套公共设施建设和迁出区生态修复。利用城乡建设用地增减挂钩政策支持易地扶贫搬迁。为符合条件的搬迁户提供建房、生产、创业贴息贷款支持。支持搬迁安置点发展物业经济,增加搬迁户财产性收入。探索利用农民进城落户后自愿有偿退出的农村空置房屋和土地安置易地搬迁农户。

第五,结合生态保护脱贫。国家实施的退耕还林还草、天然林保护、防护林建设、石漠化治理、防沙治沙、湿地保护与恢复、坡耕地综合整治、退牧还草、水生态治理等重大生态工程,在项目和资金安排上进一步向贫困地区倾斜,提高贫困人口参与度和受益水平。加大贫困地区生态保护修复力度,增加重点生态功能区转移支付。结合建立国家公园体制,创新生态资金使用方式,利用生态补偿和生态保护工程资金使当地有劳动能力的部分贫困人口转为护林员等生态保护人员。合理调整贫困地区基本农田保有指标,加大贫困地区新一轮退耕还林还草力度。开展贫困地区生态综合补偿试点,健全公益林补偿标准动态调整机制,完善草原生态保护补助奖励政策,推动地区间建立横向生态补偿制度。

第六，着力加强教育脱贫。加快实施教育扶贫工程，让贫困家庭子女都能接受公平有质量的教育，阻断贫困代际传递。国家教育经费向贫困地区、基础教育倾斜。健全学前教育资助制度，帮助农村贫困家庭幼儿接受学前教育。稳步推进贫困地区农村义务教育阶段学生营养改善计划。加大对乡村教师队伍建设的支持力度，特岗计划、国培计划向贫困地区基层倾斜，为贫困地区乡村学校定向培养留得下、稳得住的一专多能教师，制定符合基层实际的教师招聘引进办法，建立省级统筹乡村教师补充机制，推动城乡教师合理流动和对口支援。全面落实连片特困地区乡村教师生活补助政策，建立乡村教师荣誉制度。合理布局贫困地区农村中小学校，改善基本办学条件，加快标准化建设，加强寄宿制学校建设，提高义务教育巩固率。普及高中阶段教育，率先从建档立卡的家庭经济困难学生实施普通高中免除学杂费、中等职业教育免除学杂费，让未升入普通高中的初中毕业生都能接受中等职业教育。加强有专业特色并适应市场需求的中等职业学校建设，提高中等职业教育国家助学金资助标准。努力办好贫困地区特殊教育和远程教育。建立保障农村和贫困地区学生上重点高校的长效机制，加大对贫困家庭大学生的救助力度。对贫困家庭离校未就业的高校毕业生提供就业支持。实施教育扶贫结对帮扶行动计划。

第七，开展医疗保险和医疗救助脱贫。实施健康扶贫工程，保障贫困人口享有基本医疗卫生服务，努力防止因病致贫、因病返贫。对贫困人口参加新型农村合作医疗个人缴费部分由财政给予补贴。新型农村合作医疗和大病保险制度对贫困人口实行政策倾斜，门诊统筹率先覆盖所有贫困地区，降低贫困人口大病费用实际支出，对新型农村合作医疗和大病保险支付后自负费用仍有困难的，加大医疗救助、临时救助、慈善救助等帮扶力度，将贫困人口全部纳入重特大疾病救助范围，使贫困人口大病医治得到有效保障。加大农村贫困残疾人康复服务和医疗救助力度，扩大纳入基本医疗保险范围的残疾人医疗康复项目。建立贫困人口健康卡。对贫困人口大病实行分类救治和先诊疗后付费的结算机制。建立全国三级医院（含军队和武警部队医院）与连片特困地区县和国家扶贫开发工作重点县县级医院稳定持续的一对一帮扶关系。完成贫困地区县乡村三级医疗卫生服务网络标准化建设，积极促进远程医疗诊治和保健咨询服务向贫困地区延伸。为贫困地区县乡医疗卫生机构订单定向免费培养医学类本专科学生，支持贫困地区实施全科医生和专科医生特设岗位计划，制定符合基层实际的人才招聘引进办法。支持和引导符合条件的贫困地区乡村医生按规定参加城镇职工基本养老保险。采取针对性措施，加强贫困地区传染病、地方病、慢性病等防治工作。全面实施贫困地区儿童营养改善、新生儿疾病免费筛查、妇女“两癌”免费筛查、孕前优生健康免费检查等重大公共卫生项目。加强贫困地区计划生育服务管理工作。

第八,实行农村最低生活保障制度兜底脱贫。完善农村最低生活保障制度,对无法依靠产业扶持和就业帮助脱贫的家庭实行政策性保障兜底。加大农村低保省级统筹力度,低保标准较低的地区要逐步达到国家扶贫标准。尽快制定农村最低生活保障制度与扶贫开发政策有效衔接的实施方案。进一步加强农村低保申请家庭经济状况核查工作,将所有符合条件的贫困家庭纳入低保范围,做到应保尽保。加大临时救助制度在贫困地区落实力度。提高农村特困人员供养水平,改善供养条件。抓紧建立农村低保和扶贫开发的数据互通、资源共享信息平台,实现动态监测管理、工作机制有效衔接。加快完善城乡居民基本养老保险制度,适时提高基础养老金标准,引导农村贫困人口积极参保续保,逐步提高保障水平。有条件、有需求的地区可以实施“以粮济贫”。

第九,探索资产收益扶贫。在不改变用途的情况下,财政专项扶贫资金和其他涉农资金投入设施农业、养殖、光伏、水电、乡村旅游等项目形成的资产,具备条件的可折股量化给贫困村和贫困户,尤其是丧失劳动能力的贫困户。资产可由村集体、合作社或其他经营主体统一经营。要强化监督管理,明确资产运营方对财政资金形成资产的保值增值责任,建立健全收益分配机制,确保资产收益及时回馈持股贫困户。支持农民合作社和其他经营主体通过土地托管、牲畜托养和吸收农民土地经营权入股等方式,带动贫困户增收。贫困地区水电、矿产等资源开发,赋予土地被占用的村集体股权,让贫困人口分享资源开发收益。

第十,健全留守儿童、留守妇女、留守老人和残疾人关爱服务体系。对农村“三留守”人员和残疾人进行全面摸底排查,建立翔实完备、动态更新的信息管理系统。加强儿童福利院、救助保护机构、特困人员供养机构、残疾人康复托养机构、社区儿童之家等服务设施和队伍建设,不断提高管理服务水平。建立家庭、学校、基层组织、政府和社会力量相衔接的留守儿童关爱服务网络。加强对未成年人的监护。健全孤儿、事实无人抚养儿童、低收入家庭重病重残等困境儿童的福利保障体系。健全发现报告、应急处置、帮扶干预机制,帮助特殊贫困家庭解决实际困难。加大贫困残疾人康复工程、特殊教育、技能培训、托养服务实施力度。针对残疾人的特殊困难,全面建立困难残疾人生活补贴和重度残疾人护理补贴制度。对低保家庭中的老年人、未成年人、重度残疾人等重点救助对象,提高救助水平,确保基本生活。引导和鼓励社会力量参与特殊群体关爱服务工作。

到2020年,我国将实现特色产业脱贫3000万人,转移就业脱贫1000万人,实施易地扶贫搬迁1000万人,对其余完全或部分丧失劳动能力的贫困人口实行社保政策兜底脱贫2000万人;实现现行标准下的农村贫困人口全部脱贫,贫困县全部"摘帽"。

(三)保障住房权

第一期行动计划提出,发展普通商品住房和经济适用住房,改善城市中低收入家庭住房条件,健全廉租住房制度,加快解决城市低收入家庭住房困难,严格执行拆迁的许可、资金监管、协议、评估、项目转让审批、住房保障、补偿救济和听证等制度,保障被拆迁人的合法权益。承接第一期行动计划,第二期行动计划指出,制定基本住房保障条例,完善保障性住房建设、分配、管理、退出等制度,加快廉租住房、公共租赁住房、经济适用住房等保障性住房建设,推进城镇棚户区改造,力争使城镇中等偏下和低收入家庭住房困难问题得到基本解决,新就业职工住房困难得到缓解,外来务工人员居住条件得到明显改善。到2015年,全国保障性住房覆盖面达到20%左右。加快林区、垦区、煤矿等棚户区改造。"十二五"期间改造林业棚户区(危旧房)81.53万户。帮助贫困农户解决基本住房安全问题,继续发挥政府补助资金的引导作用,建立农村危房改造长效机制,2012~2015年累计帮助500万贫困农户的危房改造。落实《国有土地上房屋征收与补偿条例》。建立健全房屋征收法规政策体系,切实维护被征收房屋所有权人的合法权益。新一期行动计划提出,保障住房安全,改造各类城镇棚户区住房2000万套,加强对贫困地区的支持,推动居住证持有人享有与当地户籍人口同等的住房保障权利。推进农村危房改造,统筹开展农房抗震改造,基本完成存量危房改造任务。

第一期行动计划的特色在于完善最低生活保障制度。修订《城市居民最低生活保障条例》,研究制定《城市低保标准测算与调整办法》《城市低保家庭收入核算办法》和《城市低保分类施保实施办法》。推进《农村最低生活保障条例》的制定工作,规范农村最低保障标准、对象审核、分类分档救助等环节,实现应保尽保,逐步提高保障水平。第二期行动计划的特色在于,做好土地确权登记颁证。切实保护农民的土地承包经营权、宅基地使用权和集体收益分配权。制定农村集体土地征收补偿条例。《国家人权行动计划(2016—2020

年)》在继续保障住房权的基础上提出要保障住房安全。目标是要改造各类城镇棚户区住房2000万套,加强对贫困地区的支持,推动居住证持有人享有与当地户籍人口同等的住房保障权利。推进农村危房改造,统筹开展农房抗震改造,基本完成存量危房改造任务。

(四)保障水权利、食品安全及出行便利

新一期人权行动计划增加了对水权利、食品安全和出行便利的规定。在饮用水方面,要保障用水安全。全国新增供水能力270亿立方米,城镇供水水源地水质全面达标。实施农村饮水安全巩固提升工程,农村自来水普及率达80%以上,农村集中供水率达85%以上。在食品安全方面,确保食品安全,深入贯彻实施《食品安全法》,全面落实食品安全属地监管责任。加强进口食品安全监管。实施科学监管,建立职业化检查员队伍。健全食品安全信用体系,完善消费者权益保护机制。改善出行条件也是第一次出现在行动计划中,这表明我国政府对于民生之保障愈加全面。便利的出行条件能够有效保障民众的自由交往需求。新一期行动计划指出,改善城乡居民出行条件,国家高速公路主线基本贯通。具备条件的县通二级及以上公路,乡镇和建制村通硬化路、通客车。

三、展望和建议

基本生活水准权是一项极为重要的基本人权,基本生活水准权的保障首先需要国家履行相关的义务,包括消极义务、积极义务及平等与非歧视义务。同时,基本生活水准权的实现不是孤立的,与其他相关人权的保障密切相关。公民权利和政治权利保障是实现基本生活权的基础,也是实现基本生活水准权救济的重要保障方式。基本生活水准权应当是及于每个人的权利,但在实践中,部分群体因为自身的脆弱性,很容易受忽视,应当给予特别的注意,这类群体包括妇女、儿童与少数民族等特殊群体。

第三节　社会保障权利

社会保障权是公民要求国家通过立法来承担和增进全体国民的基本生活水准的权利。具体而言,即政府和社会应保障个人和家庭在遭受工伤、职业病、失业、疾病和老年时期维持一定的固定收入并获得其他各种补助。同时根据经济和社会发展状况,逐步增进公共福利水平,提高国民生活质量。

一、背景与成就

一般来说，社会保障由社会保险、社会救济、社会福利、优抚安置等内容组成。其中，社会保险是社会保障的核心内容。社会保障模式大致可分为国家福利、国家保险、社会共济和积累储蓄4种，分别以英国、苏联、德国、新加坡为代表。目前，我国在建的社会保障制度属于社会共济模式，即由国家、单位(企业)、个人三方共同为社会保障计划融资。社会保障是现代工业文明的产物，是经济发展的“推进器”，是维护百姓切身利益的“托底机制”，是维护社会安全的“稳定器”。社会保障是现代国家一项基本的社会经济制度，是社会安定的重要保障，也是社会文明进步的重要标志。

(一)社会保障制度的完善

新中国成立60多年来，城镇社会保障制度逐步建立和完善，农村社会保障制度建设也在顺利地向前推进。改革开放以来，特别是20世纪90年代以来，社会保障事业发展迅速。在城镇，到2008年年末，养老保险参保人数达到21,891万人，比1989年增加16,181万人，医疗、失业、工伤、生育保险参保人数分别达到31,822万人、12,400万人、13,787万人和9254万人，比1994年分别增加31,422万人、4432万人、11,965万人和8338万人。在农村，社会养老保险制度正在积极探索，新型农村医疗改革试点也在加快推进。截至2008年年底，全国参加农村养老保险人数为5595万人。2008年2729个县(市、区)开展了新型农村合作医疗工作，参合率91.5%。低保等制度的实施使得低收入居民生活得到保障。2008年年末全国领取失业保险金人数为261万人。2008年有2335万城镇居民得到政府最低生活保障，4306万农村居民得到政府最低生活保障。

党中央、国务院高度重视社会保障工作。特别是党的十六大以来，坚持以人为本、全面协调可持续的科学发展观，更加注重保障和改善民生，在社会保障制度建设方面迈出新步伐。我国建立了城镇居民基本医疗保险制度、新型农村合作医疗制度；实行城乡医疗救助制度，在新医改中大幅度提高基本医疗保障水平；建立农村最低生活保障制度；继续完善城镇职工基本养老保险制度，大力推进基金省级统筹和养老保险跨地区转移接续工作；养老保险基金规模不断扩大，并有效实现保值增值；连续8年增加企业退休人员养老金；在全国范围内解决了关闭破产国有企业退休人员参加医保、老工伤待遇、集体企业退休人员参加养老保险等一批历史遗留问题。这些制度的建立和完善，让越来越多的城乡居民享受到实惠,使我国距离人人享有基本社会保障的目标越来越近。从2009年算起,我们仅用3年时间基本实现了社会养老保险制度全覆盖,比原来预期的10年左右时间大大提前。这填补了农村居民和城镇非就业居民养老保险长期以来的制度空白,人人享有养老保险成为现实,是我国社会保障事业发展的重要里程碑。

从我国国内立法来看,对于社会保障的立法可分为宪法层面的立法和一般法律的立法两方面。

从宪法的角度而言,1949年制定的《中国人民政治协商会议共同纲领》(以下简称《共同纲领》)中就包含了社会保障的内容,包括在企业"逐步实行劳动保险制度",对"革命烈士家属和革命军人家属,其生活苦难者应受到国家和社会的优待。参加革命战争的残疾军人和退伍军人,应由人民政府进行适当安置,使其能谋生自立"。《共同纲领》第32条还规定了逐步实行劳动保险制度。1954年《宪法》第93条规定:"中华人民共和国劳动者在年老、疾病或者丧失劳动能力的时候,有获得物质帮助的权利。国家举办社会保险、社会救济和群众卫生事业,并且逐步扩大这些设施,以保证劳动者享受这种权利。"1975年《宪法》将此内容进行了删减:"劳动者有休息的权利,在年老、疾病或者丧失劳动能力的时候,有获得物质帮助的权利。"1978年《宪法》则进一步丰富了1954年《宪法》中有关社会保障的内容:"劳动者在年老、生病或者丧失劳动能力的时候,有获得物质帮助的权利。国家逐步发展社会保险、社会救济、公费医疗和合作医疗等事业,以保证劳动者享受这种权利。国家关怀和保障革命残废军人、革命烈士家属的生活。"1982年《宪法》将权利主体由劳动者扩大为公民,并进一步将权利的内容进行了扩充,第45条规定:"中华人民共和国公民在年老、疾病或者丧失劳动能力的情况下,有从国家和社会获得物质帮助的权利。国家发展为公民享受这些权利所需要的社会保险、社会救济和医疗卫生事业。国家和社会保障残废军人的生活,抚恤烈士家属,优待军人家属。国家和社会帮助安排盲、聋、哑和其他有残疾的公民的劳动、生活和教育。"该法第44条规定:"国家依照法律规定实行企业事业组织的职工和国家机关工作人员的退休制度。退休人员的生活受到国家和社会的保障。"2004年《宪法(修正案)》第23条提出"国家建立健全同经济发展水平相适应的社会保障制度。"我国宪法已经初步确立了社会保障权作为公民基本权利的法律地位,这与我国政体的法治环境有关,也与我国社会保障制度尚不完善有关,有待日后进一步修改完善。从宪法规定的多变性也可见我国社会保障制度建设的曲折过程。虽然我国建立起了社会保障的初步框架体系，但由于这些宪法规范缺乏具有可操作性的法规的支撑，而宪法规范能否直接适用也存在较大争议，所以宪法中有关社会保障权的规定对于社会保障权的享有和行使还无法全面发挥作用。

从一般法规的制定来看，可分为计划经济时期的社会保障制度和市场经济时期的社会保障制度。在计划经济时期，受“文化大革命”影响，我国的社会保障建设基本停滞，甚至倒退，撤销了社会保障管理部门，社会保险变成各个单位自己解决的保险，失去了公共性。1984 年以后，我国开始了经济体制改革，经济发展模式由计划经济转变为市场经济。市场经济要求生产资料、劳动力等生产要素按市场的需求自由流动，这与按计划安排生产要素的计划经济有着明显的区别，而市场经济下的劳动力的自由流动也对社会保障提出了新的要求。计划经济下的“企业办社会”的社会保障机制也让国有企业背上了沉重的包袱，企业不仅要完成生产经营的任务，还要承担员工的养老、医疗、工伤等社会保障事务。这些负担严重降低了其竞争力，阻碍了其发展，也导致社会保障的物质基础无法得到保障，社会保障机制改革已势在必行。1985 年通过的《中共中央关于制定国民经济和社会发展第七个五年计划的建议》首次提出建设社会保障制度，包括社会保险、社会福利、社会救助、社会优抚等内容。此后，在党中央的有关“八五”“九五”“十五”“十一五”“十二五”“十三五”规划建议中都对社会保障制度作出了专门安排。党的十四大报告、十五大报告、十六大报告中都对社会保障制度予以专门规定，党的十五大报告更是提出了建立“独立于企业事业单位之外，资金来源多元化、保障制度规范化、管理服务社会化的社会保障体系”的目标。这些文件指导了这一时期的社会保障制度建设。与此相对应的是，相关立法中也开始了社会保障制度建设的新的实践，如 1991 年《国务院关于企业职工养老保险制度改革的决定》、1995 年《国务院关于深化企业职工养老保险制度改革的通知》、1997 年《国务院关于建立统一的企业职工养老保险制度的决定》《国务院关于实行企业职工基本养老保险制度的决定》《国务院关于实行企业职工基本养老保险省级统筹和行业统筹移交地方管理有关问题的通知》等关于养老保险的行政政策性文件。在医疗保险建设上，1994 年颁发了《关于职工医疗制度改革的试点意见》，1996 年颁发了《关于职工医疗保障制度改革扩大试点的意见》，1998 年颁发了《关于建立城镇职工基本医疗保险制度的决定》。在失业保险建设上，包括 1986 年制定的《国营企业职工待业保险暂行规定》，1993 年颁布的《国有企业职工待业保险规定》,1999 年颁布的《失业保险条例》。就工伤保险而言,卫生部于 1987 年颁布了《职业病范围和职业病患者处理办法的规定》、劳动部 1996 年颁布了《企业职工工伤保险试行办法》、国务院 2004 年颁布了《工伤保险条例》。除此之外,国务院于 1988 年还颁布了涵盖生育保险内容的《女职工劳动保护规定》,劳动部于 1994 年颁布了《企业职工生育保险试行办法》。另外,在 2006 年颁布的劳动法中涉及有关养老保险、失业保险、工伤保险等方面的内容。2010 年 10 月 28 日全国人大常委会通过了《中华人民共和国社会保险法》,明确规定国家负责建立基本养老保险、基本医疗保险、工伤保险、失业保险、生育保险等社会保障制度,保障公民在年老、疾病、工伤、失业、生育等情况下从国家和社会获得物质帮助的权利。该法规定了个人和用人单位的缴费义务,也明确了国家对于社会保险资金的保障职责,同时规定了对社会保险的侵权行为的救济途径。该部法律第一次将上述社会保险的内容统一规定起来,并将规范层级上升到法律的层面。

(二)社会保障制度的实践成就①

社会保险制度体系进一步健全。《社会保险费申报缴纳管理规定》《工伤职工劳动能力鉴定管理办法》等规章相继制定,社会保险制度的可操作性不断加强。2014 年城镇居民社会养老保险制度与新型农村社会养老保险制度合并实施,建立起全国统一的城乡居民基本养老保险制度。截至 2015 年年底,全国养老保险参保人数达 8.58 亿人,其中城乡居民基本养老保险参保人数达 5.05 亿人,职工基本养老保险参保人数达 3.53 亿人。全国 31 个省(区、市)建立了职工基本养老保险省级统筹制度。企业退休人员基本养老金连续 5 年按 10% 左右的比例上调,月人均基本养老金水平自 2010 年的 1362 元提高到 2015 年的 2240 多元。

基本医疗保险制度覆盖全民,参保率 95% 以上。至 2014 年年底,新型农村合作医疗参合人数达到 7.36 亿人,参合率保持在 99% 。截至 2014 年年底,职工基本医疗保险、城镇居民基本医疗保险和新型农村合作医疗参保人数超过 13.3 亿人。居民医疗保险筹资水平由 2010 年的人均 164 元提高到 2015 年的 515 元,各级财政补助标准由 2010 年的人均 120 元提高到 2015 年的 380 元。职工基本医疗保险、城镇居民基本医疗保险、新型农村合作医疗政策范围

---

① 有关社会保障权权利保障的具体数据,参见《〈国家人权行动计划(2012—2015 年)〉实施评估报告》。

内报销比例分别达到80%、70%、75%。新型农村合作医疗普遍建立门诊统筹制度,支付比例50%以上。

失业保险、工伤保险和生育保险覆盖面不断扩大。截至2015年年底,失业保险参保人数达到1.73亿人,7个省实现失业保险省级统筹,21个省和新疆生产建设兵团的全部或部分地市实现市级统筹。工伤保险参保人数达到2.14亿人。工伤保险市级统筹基本实现,10个省(区、市)出台省级统筹办法。生育保险参保人数达到1.78亿人。

社会救助水平逐步提高。截至2015年年底,城乡最低生活保障标准分别达到每月人均451元和264.8元,年均增幅达到10%。农村"五保"集中和分散供养年人均标准分别达到6026元和4490元,比2012年同期分别增长48.4%和49.3%。全国共实施医疗救助8406万人次,支出资金274亿元。全国92%的地区实现医疗救助"一站式"结算。

二、内容解析

新一期行动计划中社会保障权利的总体目标是完善社会保险体系,推进城乡社会救助体系建设,支持社会福利和慈善事业发展。

(一)实施全民参保计划

社会保险,是指国家通过立法建立的一种社会保障制度,目的是使劳动者因年老、失业、患病、工伤、生育而减少或丧失劳动收入时,能从社会获得经济补偿和物质帮助,保障基本生活。按照我国《劳动法》的规定,社会保险项目分为养老保险、失业保险、医疗保险、工伤保险和生育保险。社会保险的保障对象是全体劳动者,资金主要来源是用人单位和劳动者个人的缴费,政府给予资助。依法享受社会保险是劳动者的基本权利。第一期行动计划提出,要扩大各类社会保险覆盖面。至2010年,城镇基本养老保险参保人数超过2.32亿人,基本医疗保险参保人数超过4亿人,失业保险参保人数超过1.2亿人,工伤保险参保人数超过1.4亿人,生育保险参保人数超过1亿人。参加农村社会养老保险和企业年金的人数逐年增长。在此基础上,新一期行动计划提出,要实施全民参保计划,稳步提高社会保障统筹层次和水平;建立更加便捷的社会保险转移接续机制;实施社会保障卡工程,持卡人口覆盖率达到90%。

(二)深化养老保险改革

社会保障是国家治理体系与治理能力现代化的支柱性制度安排,肩负着维系国家长治久安与人民世代福祉的重大责任,而养老保险又是整个社会保障体系中的支柱性制度安排。养老保险改革是全面深化改革中关键性、基础性的重大改革项目。尤其是当下中国正加速进入老龄化社会,公众高度关注养老保险问题,格外担心可能出现的风险。对此,第二期行动计划提出,要完善养老保险制度,具体目标为到 2015 年,城镇职工和居民参加基本养老保险人数达到 3.57 亿人,实现新型农村社会养老保险和城镇居民社会养老保险制度全覆盖。与企业建立稳定劳动关系的农民工纳入城镇职工基本养老和医疗保险。做好城镇职工基本养老保险关系的转移接续,逐步推进城乡养老保险制度有效衔接。全面落实城镇职工基本养老保险省级统筹,实现基础养老金全国统筹。完善基本养老金正常调整机制,稳步提高企业退休人员基本养老金水平。在此基础上,新一期行动计划提出,完善统账结合的城镇职工基本养老保险制度,实现职工基础养老金全国统筹,推出税收递延型养老保险。至 2020 年,符合参保条件的城乡居民参保率达到 95%。

(三)健全医疗保险制度,继续扩大失业保险覆盖面

在医疗保险制度方面,《国家人权行动计划(2012—2015 年)》提出了建立“新农合”医保体系,并且计划让城乡基本医疗保险参保(合)人数达到 13.2 亿人。提高对城镇居民基本医疗保险和新农合财政补助标准。职工医保、城镇居民医保和新农合在政策范围内住院医疗费用支付比例均达到 75% 左右。城镇居民医保和新农合门诊统筹覆盖所有统筹地区,支付比例提高到 50% 以上。到 2015 年,城镇居民医保和新农合政府补助标准提高到每人每年 360 元以上,新农合参合率稳定在 95% 以上。在此基础上,《国家人权行动计划(2016—2020 年)》提出,不仅要使城乡医保参保率稳定在 95% 以上,还要全面实施城乡居民大病保险制度。健全医疗保险稳定可持续筹资和报销比例调整机制。加快推进基本医保全国联网和异地就医结算,实现符合转诊规定的异地就医住院费用直接结算。将生育保险和基本医疗保险合并实施。《国家人权行动计划(2012—2015 年)》提出修改失业保险条例及其配套规定。进一步健全失业保险制度,提高失业保险统筹层次。到 2015 年,失业保险参保人数达到 1.6 亿人。新一期行动计划提出,要继续扩大失业保险覆盖面,确保为符合条件的失业人员按时足额发放失业保险金并提供相关的再就业服务。

(四)进一步完善工伤保险制度

新中国成立以来,我国的工伤保险制度逐步发展完善。1951 年颁布的《劳动保险条例》确立了中国的工伤保险制度。1996 年原劳动部根据《劳动法》的有关规定发布了《企业职工工伤保险试行办法》。2003 年 4 月 27 日国务院颁布了《工伤保险条例》。2010年12月12日国务院颁发586号令，对《工伤保险条例》若干条目进行了修改，并自2011年1月1日起施行。对此，第二期行动计划提出，要完善工伤预防、工伤补偿和工伤康复相结合的工伤保险制度。完善工伤保险市级统筹，逐步实行省级统筹。积极稳妥推进工伤预防和工伤康复工作。至2015年，工伤保险参保人数应达到2.1亿人。在此基础上，新一期行动计划除全面实施工伤保险省级统筹外，还强调要强化工伤保险待遇支付保障，制定工伤预防费使用管理办法，完善工伤康复服务体系。至2020年，基本实现工伤保险法定人群全覆盖。

（五）统筹推进城乡社会救助体系建设

在社会救济体系建设方面，第二期国家人权行动计划提出，要提高城乡低保和社会救助水平。完善城乡低保标准的科学制定机制和动态调整机制，城乡低保标准年均增幅达到10%，农村五保供养标准达到当地农村居民平均生活水平。推行城乡低保分类施保，提高老年人、残疾人、未成年人和重病患者的救助水平。到2015年，全国城乡低保人数占总人口的比例达到6%左右，实现应保尽保。逐步降低或者取消医疗救助起付线，推广医疗救助诊疗费用结算"一站式"服务模式。修改《城市生活无着的流浪乞讨人员救助管理办法》，全面建立临时救助制度。新一期行动计划提出，要继续统筹推进城乡社会救助体系建设，将所有符合低保条件的贫困家庭纳入低保范围。2014年9月17日国务院总理李克强主持召开国务院常务会议，决定全面建立临时救助制度、为困难群众兜底线救急难。这不仅是我国社会救助制度的逐步完善，更体现了社会救助理念的与时俱进。全面建立临时救助制度，对遭遇突发事件、意外伤害、重大疾病或其他特殊原因导致生活陷入困境，其他社会救助暂时无法覆盖或救助之后基本生活仍有严重困难的家庭或个人，给予应急、过渡性救助，做到兜底线、救急难，填补社会救助体系"缺项"。进一步健全特困人员救助供养制度，提升特困人员救助供养水平。全面实施临时救助制度，全面推开"救急难"工作。加强基层未成年人保护服务设施和流浪乞讨救助管理机构建设。

除上述几个方面外，新一期行动计划还具有以下亮点：（1）新一期行动计划提出健全自然灾害救助体系，调整完善自然灾害生活救助政策，实施全国自然灾害救助物资储备体系建设等重大项目；（2）在特殊群体的福利制度建设上，行动计划提出健全以扶老、助残、爱幼、济困为重点的社会福利制度，加强福利设施建设；（3）提出实施慈善法，支持慈善事业发展；（4）在户籍制度改革方面,打破了城乡社会保障不统一的壁垒,落实国务院户籍制度改革方案,取消农业户口与非农业户口性质区分,建立城乡统一的户籍登记制度。全面实施居住证暂行条例,推进居住证制度覆盖全部未落户城镇常住人口。促进公民平等发展、共享成果,享受均等化的社会保障。

三、展望和建议

(一)法律制度存在的问题

我国的社会保障制度建设虽然在逐步推进,不过其中也暴露出了一些问题。总体来说,我国的社会保障水平还不能满足社会的需求,主要体现为以下几个方面:

1.社会保障立法效力层级低。目前的社会保障立法,仅《社会保险法》《慈善法》由全国人大制定,其他的专门性社会保障规定多是国务院行政法规、部门规章、地方性法规及政府规章。这些规定中纲领性规定较多,具有可操作性的规定较少;暂行规定较多,长期规定较少。就相应的立法机关而言,由于缺乏社会保障基本法,各个立法机关权责不明,导致立法行为不统一,立法内容冲突也时有出现。而且多年来,社会保障立法一直以试点方式进行,这导致省级社会保障立法的数量激增,内容各异。甚至有些地方县级政府也可以制定自己的社会保障方案和项目。社会保障立法权限的下放本意是由各地结合自己的实际情况制定符合当地情况的社会保障制度,但执行中却导致了立法不够统一现象。

2.社会保障立法失衡。某些领域的社会保障立法畸形繁荣,某些领域的社会保障立法则明显不足。比如,社会保险领域的立法较多,而有关社会福利、社会救助的立法则明显不足。除此之外,国家公务员社会保障制度改革一直比较滞后,基本还沿用计划经济体制下的社会保障制度。相比城镇社会保障建设,农村社会保障制度建设也存在较多问题。

3.社会保障制度建设在我国制度建设中尚未取得应有地位,从一开始就处于为其他政治、经济体制改革服务,配合政治、经济体制改革的从属地位。诚然,政治、经济体制对社会保障制度建设有着重要影响,但综观世界范围内的社会保障制度发展,社会保障的发展已经越来越体现出自己独立的地位,政治、经济的发展越来越以提升社会保障水平为目标,而不是相反。目前,在我国占主导地位的仍然是经济发展,社会保障为经济发展服务的思想是导致我国目前社会保障制度建设难以取得突破的重要原因。

（二）完善立法保障权利

1. 确立社会保障的权利地位，确认社会保障待遇领受者的权利主体地位

目前，我国社会保障的现状与长期以来将社会保障视为对弱势群体之恩惠的思想有密切关系。因此，必须转变思想，确立社会保障的权利地位。社会保障立法应以促进社会保障权的实现为目标，为权利主体行使权利提供立法和程序保障。鉴于此，要进一步通过立法确认社会保障权的各项权利及相对应的义务内容，明确权利主体和义务主体的地位，为权利主体行使权利和权利救济提供可操作的机制保障。

2. 不断提升社会保障水平，使全体公民享受社会发展成果

目前，我国的社会保障还以低层次的维持基本生存为目标，我国的经济发展已经取得了初步的成就，但我国社会保障投入占 GDP 比重过低的现实却没有改变。因此，必须摒弃维持基本生存这种低层次的社会保障目标，代之以由全体成员共同分享社会发展成果的思想，逐步增加社会保障的投入，由满足个人的基本生存需要到实现人的有尊严的生活并享受社会发展所带来的福利为目标。

3. 要确立社会保障制度在国家政治、经济体制改革和法治建设中的独立地位

应确立社会保障制度在整个国家制度建设中的地位。目前，我国的社会保障制度是以服务于政治、经济体制改革为目的，从属于政治、经济体制改革，没有独立的地位。只有确立社会保障制度在国家制度建设中的独立地位和价值，我国的社会保障制度建设才能充分发展和完备。除社会保险法外，目前我国的社会保障法规多散见于劳动法、行政法等法规中，效力受到严重影响。我国应以建立统一的社会保障法典为立法目标，使社会保障法典与未来的民法典、刑法典、行政法典等部门法典并列，确立社会保障法典的独立地位。

4. 社会保障立法多层次并行

社会保障内容庞杂，且受政治、经济因素制约。我国的社会保障立法应以宪法规范、法律规范、行政法规、部门规章多层次的法律规范并行的方式进行，不同层次的法律规范解决不同层次的立法问题。由宪法规范确定社会保障权的基本权利地位，明确社会保障权的权利人、义务人和权利内容，确定社会保障的发展目标；由法律规范对社会保障的部门法中运行成熟的部分予以规定，明确社会保障权的内容以及权利的行使和保护；由行政法规和部门规章对于社会保障制度中尚未成熟的内容和执行中的细节问题予以规定。

(三)建构社会保障法律体系的建议

我国的社会保障法律体系应以围绕如何促进社会保障权的实现为目标进行构建,从总体上可以分为按社会保障权内容的专项权利法规和促进社会保障权实现的辅助性法规两个部分。

首先,社会保障专项权利法规应包括社会保险法、社会救助法、社会福利法、社会抚恤法、医疗保障法、补充保障法、特殊群体保障法等内容。

其次,促进社会保障权实现的辅助性法规是有关社会保障管理的法规的集合,应包括有关社会保障基金管理法、社会保障机构监督法、社会保障复议法、社会保障诉讼法等专项法规,为社会保障权的实现提供制度和程序保障。

再次,建立健全农村社会保障法。由于我国目前的社会保障立法基本以城镇居民为对象,农村社会保障一直是我国社会保障制度建设中欠缺的部分,应进一步加强农村社会保障体系的立法工作。

最后,改革公务员、事业单位工作人员的社会保障制度。公务员、事业单位工作人员属于我国社会保障制度中比较特殊的群体,他们可以享受超过企业职工等其他群体更多的社会保障待遇却无须缴纳更多费用。这一制度的存在有其历史合理性,不过在目前我国的政治、经济环境下显然造成了社会保障权的不公平现象,需要对其进行合理改革,以促进我国社会保障权的公平实现。

第四节　财　产　权

财产是所有具有经济利益、金钱价值的东西的总称,既包括房屋、物件等有形财产,也涵盖权利等无形财产。财产权是指自然人、法人或其他组织作为权利主体享有的财产利益内容的权利,包括私有财产权和公有财产权。财产保障着人的衣、食、住、行,维系着人的基本生存,财产权是人民群众基本利益中最为重要的组成部分。根据我国宪法和相关法律规定,我国财产权主要包括物权、债权、知识产权、股票等有价证券。

一、背景与成就

财产制度是一项古老的法律制度,自“人权”这一词语正式出现时,财产权就伴随其左右。古典自由主义的财产权绝对、财产权神圣的观念,是近代以来财产权法律保护的思想基础。十七八世纪,西方启蒙思想家以自然权利学说为理论基础,论证了财产权是天赋的、自然的,是不可剥夺、不可让与的权利。其中,洛克有关财产权的论述最为经典。在洛克看来,财产是个人的劳动加之于自然物而产生的。既然劳动是劳动者无可争议的所有物,那么对于这一有所增益的东西,除他以外就没有人能够享有权利。因此,财产权神圣不可侵犯。① 当然,财产权也应受到一定的合理限制。对财产权的限制主要体现在:国家为了公共利益可以永久性地征收或临时征用私人财产,通常是对所有权的限制;对权利享有、行使方面的限制,如知识产权超过一定年限进入公共流通领域,财产性著作权为著作者生命存续期间及死后50年;限制某些物品的生产和在市场的流通交易。

长期以来,财产权内涵、内容的界定以及保护都是每个社会面临的最复杂和困难的问题之一。财产权存在于所有社会之中,但在不同的社会其内涵却迥然有异。古代中国有着较为发达的财产制度,但多为家族、家庭控制,而非体现个人意志的私有财产。财产的身份属性、伦理属性,以及财产所承受的各种社会负担,使得个人的财产权受到诸多限制。近现代中国社会因为种种原因也未能形成财产的权利观念。改革开放以来,为适应不同社会时期经济发展的需要,我国大力推进产权制度改革,不断完善私有财产的保护。1982年《宪法》明确规定:"国家保护公民的合法收入、储蓄、房屋和其他合法财产的所有权。国家依照法律规定保护公民的私有财产的继承权"。1988年对《宪法》第11条进行补充规定,增加有关私营经济的条款,规定国家保护私营经济的合法权益,在法律上正式确立了私营经济的合法地位。同年6月,国务院颁发了《私营企业暂行条例》《私营企业所得税暂行条例》《国务院关于征收私营企业投资者个人所得税的规定》,将私营经济的发展和管理纳入法制轨道。1999年再次修改《宪法》第11条,"在法律规定范围内的个体经济、私营经济等非公有制经济,是社会主义市场经济的重要组成部分",进一步确认了私营经济的重要地位。近年来,党的十八届三中、四中、五中全会均强调国家保护各种所有制经济产权和合法利益,健全以公平为核心原则的产权保护制度,推进产权保护法治化。

合法财产得到有效保障,各类主体的安全感随之增加,有利于增强社会信心和形成良好预期,提高各类市场主体的创业、创新活力。近几年,我国在财产权保障方面主要取得了以下一些成就:

---

① 参见[英]洛克:《政府论》(下篇),瞿菊农等译,商务印书馆1964年版,第21页。

1. 企业、居民收入较快增长。2012 ~ 2015 年中国国内生产总值年均增长 7.4%,城镇居民人均可支配收入年均增长 7.5%,农村居民人均纯收入年均增长 9.2%。其中 2014 年,我国人均国内生产总值 46,629 元,扣除价格因素,比 2010 年增长 33.6%,年均实际增长 7.5%。根据世界银行数据,我国人均国民总收入由 2010 年的 4300 美元提高至 2014 年的 7380 美元,在上中等收入国家中的位次不断提高。[①] 2015 年全国居民人均可支配收入 21,966 元,比上年增长 8.9%,扣除价格因素,实际增长 7.4%;全国居民人均可支配收入中位数 19,281 元,增长 9.7%。按常住地分,城镇居民人均可支配收入 31,195 元,比上年增长 8.2%,扣除价格因素,实际增长 6.6%;城镇居民人均可支配收入中位数为 29,129 元,增长 9.4%。农村居民人均可支配收入 11,422 元,比上年增长 8.9%,扣除价格因素,实际增长 7.5%;农村居民人均可支配收入中位数为 10,291 元,增长 8.4%。全年农村居民人均纯收入为 10,772 元。全国农民工人均月收入 3072 元,比上年增长 7.2%。[②] 2011 ~ 2014 年扣除价格因素,城镇居民、农村居民人均可支配收入年均实际分别增长 7.9%、10.1%。2014 年全国居民人均可支配收入已达到 20,167 元,比上年增长 8.0%,比 GDP 增速快 0.7 个百分点;2015 年上半年全国居民人均可支配收入增长 7.6%,继续快于经济增长。2014 年规模以上工业企业实现利润总额 68,155 亿元,比 2010 年增长 28.5%,年均增长 6.5%。

2. 财产权立法保障成就较为显著。继 2004 年《宪法》修改、2007 年《物权法》出台后,我国现已形成了以宪法为中心,由《物权法》《土地管理法》《农村土地承包法》《公司法》《合伙企业法》《商标法》《著作权法》《专利法》等法律以及《国有土地上房屋征收与补偿条例》等行政法规构成的一套财产权法体系。此外,针对企业财产权,特别是私营经济、民营企业,我国也出台了一系列规范性文件。例如,最高人民法院于 2015 年 8 月颁布了《关于审理民间借贷案件适用法律若干问题的规定》,有条件地认可了企业间的民间借贷,既适当缓解了企业"融资难""融资贵"等顽疾,也维护了民营企业自主经营权,保护企业法人人格完整。2016 年 11 月 27 日中央全面深化改革领导小组公布《关

---

① 参见《新常态 新战略 新发展——"十二五"时期我国经济社会发展成就斐然》,载国家统计局网站:http://www.stats.gov.cn/tjsj/zxfb/201510/t20151013_1255154.html,最后访问日期:2016 年 11 月 5 日。

② 数据来源:《2015 年国民经济和社会发展统计公报》。

于完善产权保护制度依法保护产权的意见》,对完善产权保护制度、推进产权保护法治化相关工作进行了全面部署与安排。

3. 知识产权司法保护逐步完善。《2014 年中国知识产权保护状况》白皮书显示,2013 年全国专利行政执法办案总量同比增长 50.9%;全国工商系统共查处侵权假冒案件 6.74 万件;全国版权系统立案查处侵权盗版案件 2600 余件;全国海关共扣留侵权货物 2.3 万批,新核准知识产权海关备案 5306 件,同比增长 11%。多部门联合开展了打击网络侵权盗版专项治理的"剑网 2014 专项行动"、互联网和电子商务领域专项整治、"绿茵"专项执法行动等,取得明显成效。此外,积极建设知识产权运营交易和服务平台。我国专利、商标申请保持全球第一,华为公司、中兴通讯等企业在国外专利布局取得重大突破,涌现出一批知识产权优势企业。2014 年以来,国家知识产权局同财政部以市场化方式开展知识产权运营服务试点,确立了在北京建设全国知识产权运营公共服务平台,在西安、珠海建设两大特色试点平台,并通过股权投资重点扶持 20 家知识产权运营机构,示范带动全国知识产权运营服务机构快速发展,初步形成了"1 + 2 + 20 + n"的知识产权运营服务体系。2015 年围绕《中国制造 2025》十大发展领域设立了知识产权运营基金,在 4 省设立了知识产权质押融资风险补偿基金,进一步推动形成"平台 + 机构 + 产业 + 资本"四位一体的知识产权运营发展新模式。

二、内容解析

(一)财产权首次纳入人权行动计划

不同于第一期和第二期行动计划,新一期行动计划首次在"经济、社会和文化权利"部分中明确规定财产权内容,这既是对《世界人权宣言》"人人得有单独的财产所有权以及同他人合有的所有权"等有关财产权认识的肯定,也是对"十三五"规划"健全归属清晰、权责明确、保护严格、流转顺畅的现代产权制度,推进保护产权法治化"要求的回应和落实,是新一期行动计划的亮点之一。新一期行动计划将财产权利放在经济、社会和文化权利的第 4 项,位于工作权利、基本生活水准权利和社会保障权利之后,也侧面反映了财产权的重要性。

财产权伴随每个公民的衣食住行,是基本利益最重要的组成部分。纵观以往,财产权保护的每一次突破都与市场经济发展有关。2003 年党的十六届三中全会决定提出,要大力发展和积极引导非公有制经济。随后 2004 年发布

《宪法修正案》,第22条规定:"公民合法的私有财产不受侵犯。"这标志着私有财产权从一般的民事权利上升到宪法权利,得到国家根本大法的认可与保护。2007年《物权法》出台,明确对公私财产实行平等保护。2013年党的十八届三中全会决定指出,市场对资源配置起决定性作用。随后,十八届四中全会决定要求保障公民人身权、财产权、基本政治权利等各项权利不受侵犯。国家保护企业以法人财产权依法自主经营、自负盈亏,企业有权拒绝任何组织和个人无法律依据的要求。由此,财产权保护进入一个新阶段。整体而言,改革开放快40年来,个人财富积聚不断增长,人们对财产保护的期待也越来越迫切。

"财产权利"第一次以专题的形式出现在国家人权行动计划中,既在宏观上规定了"健全归属清晰、权责明确、保护严格、流转顺畅的现代产权制度,推进产权保护法治化"等基本目标,也在具体层面规定了推进民法典编纂、土地管理法和不动产调处立法完善、农村承包经营地、宅基地、农房、集体建设用地确权登记颁证、企业财产权属以及自然资源资产产权制度和知识产权制度等明确的目标和任务,有利于加快财产权利保护体系的形成。这是中国政府回应社会需求、直面治理难题的重要举措。中国政府将创新、协调、绿色、开放、共享确立为新的发展和治理目标,并将其融于中国人权保障事业中,使全体人民在共建共享中有更多获得感。①

2016年11月27日中共中央、国务院印发《关于完善产权保护制度依法保护产权的意见》(以下简称《意见》),从11个方面对完善产权保护制度、推进产权保护法治化进行了全面部署。《意见》要求对产权进行平等保护和全面保护,在完善产权保护制度、依法保护产权的总体要求中提出:坚持平等保护,健全以公平为核心原则的产权保护制度,公有制经济财产权不可侵犯,非公有制经济财产权同样不可侵犯。同时,保护产权不仅包括保护物权、债权、股权,也包括保护知识产权及其他各种无形财产权。这一顺应时代潮流、呼应社会期盼的纲领性文件是党和国家保护各种所有制经济组织和公民财产权的重大宣示与庄严承诺,是全社会成员追求现代社会公平正义的必然要求,对稳定人民心理预期、增强人民信心具有重要意义。《意见》沿袭了9月初中共中央全面深化改革领导小组公布的同名文件。

① 参见付子堂:《以目标治理全面推进中国人权事业发展》,载《光明日报》2016年10月2日,第2版。

(二)具体指标解读

1. 推进民法典编纂,完善财产保障制度

新一期行动计划指出:“有序推进民法典编纂工作,完善财产保障制度。”

民法被称为社会生活的百科全书,民法典是民族精神、时代精神的立法表达。民法规范人身关系和财产关系,与人民群众关系极为密切。通过编纂民法典,健全民事法律秩序,加强对民事主体合法权益的保护,有利于维护广大人民群众的切身利益。我国曾于1954年、1962年、1979年3次启动民法典制定工作,但最终均因条件不成熟而搁置。1998年我国启动民法典第4次起草工作。2002年12月全国人大常委会审议民法典草案。由于民法典涉及内容繁杂,一次性完成民法典制定的条件尚不具备,全国人大常委会决定先制定物权法等单行法,待条件成熟再制定一部完整的民法典。2014年党的十八届四中全会通过的《中共中央关于全面推进依法治国若干重大问题的决定》提出“编纂民法典”。民法典第5次起草工作自此提上日程。2015年3月全国人大常委会法律工作委员会明确提出“两步走”的编纂思路。第一步,先制定民法典总则,经全国人大常委会审议后,争取提请2017年3月召开的第十二届全国人大第五次会议审议通过;第二步,编纂民法典各编,拟于2018年上半年整体提请全国人大常委会审议,经全国人大常委会分阶段审议后,争取于2020年3月将民法典各分编一并提请全国人民代表大会会议审议通过,从而形成统一的民法典。2016年6月27日《民法总则(草案)》提请第十二届全国人大常委会第二十一次会议审议,标志着民法典编纂迈出立法第一步。《民法总则》已于2017年3月15日由第十二届全国人民代表大会第五次会议通过,自2017年10月1日起施行。

财产权划定了公民私人自治的领域,同时给国家行为设定了外边界限。在这一领域内,公民享有自由,政府不得恣意进入。因此,从表面看财产权是权利人和财产之间享有、支配、利用等法律关系,实际反映的则是人与人之间的关系。民法调整平等主体之间的人身关系与财产关系,与人身权、财产权的保护息息相关。现阶段,虽然我国民法的法律体系初步形成,但基本上都是以单行法的形式呈现,而现有单行法之间往往存在冲突和矛盾,民法典的制定可以从根本上解决各种民事单行法之间的矛盾,更有利于公民权利的保护。“编纂”民法典不是“制定”全新的民事法律,而是对现行分别规定的民事法律规范进行科学整理。编纂民法典也不是简单的法律汇编,因为法律汇编不对法律进行修改,而法典编纂不仅要去除重复的规定,删繁就简,还要对已经不适应现实情况的现行规定进行必要的修改完善,对社会经济生活中出现的新情况、新问题作出有针对性的新规定。[①] 限于当时的经济社会发展程度和立法技术,现有《民法通则》《物权法》等有关财产权保护的单行法中部分制度已经过时,如《民法通则》中的"联营",而许多勃兴于成熟市场经济条件下的内容又未能规定,如环境权、农村土地承包经营权分离后形成的承包权、经营权等新兴权利。民法典的编纂既要体现新的时代特征,也要回应这个时代的关切。因此,编纂民法典意味着既要对现有《民法通则》《物权法》《农村土地承包法》《合伙企业法》等有关财产权的法律法规进行修改和完善,也要对虚拟财产、信用等新型财产权作出规定,从而构建一套更为完善的财产权保护制度、体系。

2. 推动土地管理法修改及其配套法规立法

新一期行动计划指出:"推动土地管理法修改及其配套法规立法工作。对农村集体所有土地征收、集体经营性建设用地入市、宅基地管理、不动产权属调处等制度进行积极探索,适时开展立法研究工作。"

这一指标可以拆分为两方面进行理解。一方面,要修改《土地管理法》,并制定其配套法律法规;另一方面,需要根据实际情况在合适的时间内进行这一工作,即适时开展,具体要求是对农村土地征收、集体经营性建设用地入市、宅基地关系和不动产权属调整进行积极探索。我国现行《土地管理法》于1986 年颁布,至今经过了 3 次修改。1988 年首次修改,删除了"禁止出租土地"的内容,并增加"国有土地和集体所有土地的土地使用权可以依法转让""国家依法实行国有土地有偿使用制度"等内容;1998 年第二次修改,针对土地管理方式和土地利用方式进行变革,转变土地管理思想;2004 年第三次修改,将第 4 款修改为"国家为了公共利益的需要,可以依法对土地实行征收或者征用并给予补偿",将其他条款中的"征用"修改为"征收"。实际上,继2004 年第三次修改后,《土地管理法》在 2009 年、2010 年、2012 年连续 3 年进入当年人大立法的修改计划中,但均无结果。2012 年 12 月底,土地管理法修正案草案首次提交第十一届全国人大常委会第三十次会议审议。2013 年 3 月 8 日时任全国人大常委会委员长吴邦国在第十二届全国人大一次会议上表示,将继续审议土地管理法修正案草案。尽管该草案在 2013 年、2014 年均被

① 参见孙宪忠:《我国民法典编纂中的几个问题》,载中国人大网:http://www.npc.gov.cn/npc/xinwen/2016-09/13/content_1997392.htm,最后访问日期:2016 年 11 月 1 日。

列入全国人大常委会立法规划,但是根据《立法法》的规定,2012 年 12 月底首次审议未获通过的土地管理法修正案草案已终止审议。随着城乡一体化进程推进,农民进城以及城市发展对土地的需求不断增强,党的十八届三中、四中全会对土地改革提出了新的要求。这意味着,《土地管理法》再次面临新的修改。2014 年 12 月 31 日中共中央办公厅、国务院办公厅印发《关于农村土地征收、集体经营性建设用地入市、宅基地制度改革试点工作的意见》,决定在全国选取 30 个左右县(市)行政区域进行试点。根据中央印发的有关意见,农村土地征收、集体经营性建设用地入市、宅基地制度改革试点工作 2017 年年底完成。这说明,不论是农地征收、集体经营性建设用地入市还是宅基地管理,都还处于不断尝试和探索的过程。因此,《土地管理法》等法律的修改可能需要这一批土地改革试点完成之后方能进一步展开。

首先,农地征收。农村集体土地征收是国家为公共利益的需要,通过法定程序,将原属于农民集体所有的土地征为国有的行为。我国不断扩大的城市面积均来自对农村集体所有土地的征收。据国家统计局数据,从 1996 年到 2012 年,约有 6492 万农村人口失去土地。尽管《宪法》第 10 条第 3 款、《土地管理法》第 2 条第 4 款都肯定国家为了公共利益的需要可以依照法律对土地实行征收,但并未对公共利益的内涵进行界定。公共利益的概念逐渐被扩大到经济建设,很多房地产开发商均以"公共利益"之名申请征地。公共利益外延的不确定导致国家权力机关滥用土地征收权。同时,国家单方制定的补偿标准和范围,远远低于市场价格。征收补偿范围常限于土地补偿费、安置补助费、青苗补偿费、土地复垦费、地上附着物补偿费等种类,且按照被征用土地原用途进行补偿。此外,在征收过程中,集体经济组织和农民的意见并未受到尊重,难以体现在征地补偿、安置方案中。集体土地征收立法必须要考虑到农民的利益。2012 年《农村集体土地征收征用与补偿安置条例》上报国务院,但因牵涉《土地管理法》的修改,在《土地管理法》未修改之前暂时搁置。《关于农村土地征收、集体经营性建设用地入市、宅基地制度改革试点工作的意见》提出土地征收制度改革的具体意见:缩小土地征收范围,规范土地征收程序,完善对被征地农民合理、规范、多元保障机制,建立兼顾国家、集体、个人的土地增值收益分配机制,合理提高个人收益。针对征地范围过大、程序不够规范、被征地农民保障机制不完善等问题,要缩小土地征收范围,探索制定土地征收目录,严格界定公共利益用地范围;规范土地征收程序,建立社会稳定风险评估制度,健全矛盾纠纷调处机制,全面公开土地征收信息。完善对被征地农民合理、规范、多元保障机制。

其次,宅基地管理。宅基地的管理主要表现为宅基地使用权的管理。宅基地使用权是农村集体经济组织的成员依法享有的,在集体所有的土地上建造个人住宅、房屋的权利。根据《土地管理法》规定,宅基地使用权实行严格的"一户一宅"制度,即农村村民一户只能拥有一处宅基地,其面积不得超过省、自治区、直辖市规定的标准。农村村民出卖、出租住房后,再申请宅基地的,不予批准。随着城市化发展,越来越多的农民进城务工、安家,出现了不少"空心村",农村实际居住人口越来越少。同时,根据现行《土地管理法》第8条的规定——"城市的土地属于国家所有。农村和城市郊区的土地,除由法律规定属于国家所有的以外,属于集体所有;宅基地和自留地,也属于集体所有",宅基地使用权是不可以抵押的。但党的十八届三中全会通过的《中共中央关于全面深化改革若干重大问题的决定》提出"赋予农民对承包地占有、使用、收益、流转及承包经营权抵押、担保权能,允许农民以承包经营权入股发展农业产业化经营",这意味着宅基地使用权可以作为抵押物进行抵押。这是目前我国宅基地管理需要解决的主要问题。宅基地使用权的创制是为了保障农民基本生存,一户一宅的管制也是为确保集体经济组织成员各有所居。《关于农村土地征收、集体经营性建设用地入市、宅基地制度改革试点工作的意见》针对农户宅基地取得困难、利用粗放、退出不畅等问题,要求完善宅基地权益保障和取得方式,探索农民住房保障在不同区域户有所居的多种实现形式。对于那些因为历史原因形成超标准占用宅基地和一户多宅等情况,可以考虑探索实行有偿使用。对于那些已经进城落户的,则考虑允许该农民在集体经济组织内部自愿有偿退出或转让宅基地。改革宅基地审批制度,发挥村民自治组织的民主管理作用。宅基地使用权作为一项用益物权,立法应当肯定其财产性利益和财产权性质,允许农户在该土地之上建造房屋及其附属设施,并享有由此产生的所有经济收入、利益。同时,还应当积极探索农民住房财产权抵押、担保、转让的有效途径。

再次,允许集体经营性建设用地入市,构建城乡统一的建设用地市场。根据我国《土地管理法》相关规定,农村集体建设用地包括宅基地、公益性公共设施用地和经营性建设用地。其中,集体经营性建设用地是指具有生产经营性质的农村建设用地,如乡镇企业用地。《土地管理法》明确规定,农民集体所有的土地的使用权不得出让、转让或者出租用于非农业建设,仅有符合土地利用总体规划并依法取得建设用地的乡镇企业,因破产、兼并等情形致使土地使用权依法发生转移为法律规定之例外情形。但是，随着工业化、城镇化的发展，农村集体建设用地的资产价值逐渐地显现出来。实践中各地大量存在集体经营性建设用地流转的“隐性市场”，即采取所谓“合作办企业”“租赁”等各种方式进行集体经营性建设用地的有偿流转。2013 年党的十八届三中全会通过的《中共中央关于全面深化改革若干重大问题的决定》要求：“建立城乡统一的建设用地市场。在符合规划和用途管制前提下，允许农村集体经营性建设用地出让、租赁、入股，实行与国有土地同等入市、同权同价。”强调农村集体土地入市，且与国有土地同权同价，实际表明政府要求明确公共利益的征地范围，对非公共利益的用地按照市场规则交易，让广大的农民能平等参与工业现代化进程，公平分享工业现代化、城市化带来的成果。《关于农村土地征收、集体经营性建设用地入市、宅基地制度改革试点工作的意见》指出，建立农村集体经营性建设用地入市制度。针对农村集体经营性建设用地权能不完整，不能同等入市、同权同价和交易规则亟待健全等问题，要完善农村集体经营性建设用地产权制度，赋予农村集体经营性建设用地出让、租赁、入股权能；明确农村集体经营性建设用地入市范围和途径；建立健全市场交易规则和服务监管制度。整体而言，集体经营性建设用地制度改革的基本思路是，允许土地利用总体规划和城乡规划确定为工矿仓储、商服等经营性用途的存量农村集体建设用地，与国有建设用地享有同等权利，在符合规划、用途管制和依法取得的前提下，可以出让、租赁、入股，完善入市交易规则、服务监管制度和土地增值收益的合理分配机制。

最后，不动产权属调处。国土资源部《土地权属争议调查处理办法》第 2 条规定：“本办法所称土地权属争议，是指土地所有权或者使用权归属争议。”不动产权属存在争议时无法进行登记，对此进行的处理即为调处。目前，我国不动产权属争议采取行政程序前置，需要当事人先向行政机关提出处理申请。行政机关的行政行为作为诉讼的前置程序，容易导致双方当事人之间的民事纠纷转化为当事人对行政机关行政行为产生异议的行政纠纷，并引发行政诉讼。我国《不动产登记暂行条例》于 2015 年 3 月 1 日起施行。多个部门的不动产权属登记职责整合由一个部门承担。而调整不动产权属争议的调处涉及多个部门，相应的部门规章法律位阶较低，难以进行有效处置。权属清晰是不动产统一登记的必要条件，完善土地权属争议调处制度，构建我国不动产权属调处机制是不动产统一登记顺利实施的制度保障。因此，不动产权属争议调处作为不动产登记制度体系的重要组成部分，也应当对其进行统一规定而与

《不动产登记暂行条例》配套。2003年国土资源部曾颁布《土地权属争议调查处理办法》,对《土地管理法》第16条的规定进行了细化,成为土地行政管理机关及地方政府解决土地权属争议的程序法,但这在不动产登记统一之后尚待进一步细化与改进。

3. 农村土地确权颁证

新一期行动计划指出:"完成农村承包经营地、宅基地、农房、集体建设用地确权登记颁证。继续落实征地制度改革工作。稳定农村土地承包关系,完善土地所有权、承包权、经营权分置办法,依法推进土地经营权有序流转。完善集体经济组织成员认定办法和集体经济资产所有权实现形式,将经营性资产折股量化到本集体经济组织成员。"

这一指标几乎覆盖农村、农民的全部财产权利、利益,既是对我国农民财产权的确认,也是对当下农村土地革命的全面回应。同时,这一指标既是对前一指标的细化和落实,也是对前一指标完成的保障与促进。只有不断探索农村土地承包经营权、集体建设用地使用权、宅基地使用权、集体成员权的实现方式,确保登记颁证工作的落实,才可能完成《土地管理法》的修改以及相关法律行政法规的制定。

土地确权是指土地所有权、土地使用权和他项权利的确认、确定,是依照法律、政策的规定确定某一范围内的土地(或称一宗地)的所有权、使用权的隶属关系和他项权利的内容。2013年"中央1号文件"提出:"健全农村土地承包经营权登记制度,强化对农村耕地、林地等各类土地承包经营权的物权保护。用5年时间基本完成农村土地承包经营权确权登记颁证工作,妥善解决农户承包地块面积不准、四至不清等问题。"党的十八届三中全会通过的《中共中央关于全面深化改革若干重大问题的决定》明确要求赋予农民更多的财产权利,而土地承包经营权是最基本、最直接、最可靠的财产权利。按照《物权法》的要求进行确权登记颁证,能够依法落实农村土地承包经营权的用益物权权能,为农民通过入股、抵押、担保和流转等形式增加财产性收入畅通渠道。2011年《关于加快推进农村集体土地确权登记发证工作的通知》和《关于农村集体土地确权登记发证的若干意见》出台,进一步规范了农村集体土地确权登记发证工作。村集体土地确权登记发证是对农村集体土地所有权和集体土地使用权等土地权利的确权登记发证,包括宅基地使用权、集体建设用地使用权等。农村集体土地所有权确权登记发证覆盖到全部农村范围内的集体土地,包括属于农民集体所有的建设用地、农用地和未利用地。土地确权登记颁证实现权能的明晰，强化了农户的物权保护，给农民吃上了“定心丸”，有利于承包地经营权的有序流转，有利于城镇化进程中亿万农户土地合法权益的保障，也有利于农村社会的和谐稳定。

开展农地确权登记颁证，核心是确权，重点在登记，关键在权属调查。确权登记颁证试点工作涵盖以下重点任务：首先要开展土地承包档案资料清查，摸清承包地现状，查清承包地块的名称、坐落、面积、四至、用途、流转等原始记载，摸清农户家庭承包状况，收集、整理、核对承包方代表、家庭成员及其变动等信息。其次是开展土地承包经营权调查，对农村集体耕地开展土地承包经营权调查，查清承包地权利归属。此外，完善土地承包合同、建立健全登记簿、颁发土地承包经营权证书、推进信息应用平台建设、建立健全档案管理制度，都是此次试点的重要任务。①

具体而言，改革征地制度，提高农民在土地增值收益中的分配比例。在国家、集体和农民个人之间合理分配土地增值收益。放宽对农民土地财产权的限制，使广大农民共享土地改革红利。在集体所有制基础上，将土地承包经营权分解为承包权和经营权两个独立的权利，确认经营权的财产权属性，允许经营权自由流转。同时，允许集体建设用地与国有建设用地同等入市、同等作价，建立城乡统一建设用地市场。截至2015年年底，我国完成了69宗、758.33亩农村集体经营建设性用地入市，宅基地制度改革试点地区在注重发挥基层组织和农民改革主体作用的前提下，因地制宜开展了积极探索。各项试点正从“定方案”转向“试制度”，进展总体顺利。全国335各市（地、州、盟）、2789个县（市、区、旗）完成不动产登记职责机构整合，占比分别达到100%和98%；颁发新版《不动产权证书》86万多本、《不动产登记证明》77万多份。② 对此，“十三五”规划纲要也强调，推动农村宅基地、集体建设用地使用权和农村住房所有权一体调查登记体系建设，做好农村房、地、农、林等一体化的权籍调查典型示范，做好农村土地承包经营权确权登记过渡期后纳入不动产统一登记体系的衔接工作。

---

① 参见《确实权颁铁证　让农民吃上“定心丸”——农业部详解土地确权登记颁证试点》，载新华网：http://news.xinhuanet.com/2015-02/27/c_1114460846.htm，最后访问日期：2016年10月25日。

② 数据来源：《2015年中国国土资源公报》。

4. 界定企业产权,保障企业自主经营权

新一期行动计划指出:"依法合规界定企业财产权归属,保障企业的自主经营权。"

完善产权制度有利于维护公共财产,巩固公有制经济的主体地位,也有利于保护私有财产,促进非公有制经济的发展;还有利于各类资本的流动和重组,推动混合所有制经济发展。企业的财产权利包括对财产的所有权和经营管理权。企业财产权是企业独立的象征。不同性质、结构的企业拥有的财产权利范围有所不同。按照现有法律规定,我国全民所有制企业的财产权属于国家所有,企业依照所有权和经营权分离的原则享有经营权,即管理权。企业自主经营权,是指企业在不违反国家法律的基础上所拥有的调配使用自己的人力、物力、财力,独立、自主决定其经营事务的权利。我国《宪法》第16条第1款规定:"国有企业在法律规定的范围内有权自主经营。"《民法通则》第82条规定:"全民所有制企业对国家授予它经营管理的财产依法享有经营权,受法律保护。"《物权法》第67条规定:"国家、集体和私人依法可以出资设立有限责任公司、股份有限公司或者其他企业。国家、集体和私人所有的不动产或者动产,投到企业的,由出资人按照约定或者出资比例享有资产收益、重大决策以及选择经营管理者等权利并履行义务。"《公司法》第5条规定:"公司从事经营活动,必须遵守法律、行政法规,遵守社会公德、商业道德,诚实守信,接受政府和社会公众的监督,承担社会责任。公司的合法权益受法律保护,不受侵犯。"这些条文都肯定了企业的产权和自主经营权。

作为我国经济的重要组成部分,非公有制经济快速发展。这类企业自身拥有独立的财产所有权和经营权,对外以企业财产独立承担责任。确定企业财产所有权时,应当注意严格区分企业所有的财产和个人财产、个人财产和家庭财产。最近几年发生的"曾成杰案""吴英案",某种程度上正是因为未明确区分个人财产、企业财产而引发了公众热议。《意见》也强调:"采取查封、扣押、冻结措施和处置涉案财物时,要依法严格区分个人财产和企业法人财产。对股东、企业经营管理者等自然人违法,在处置其个人财产时不任意牵连企业法人财产;对企业违法,在处置企业法人财产时不任意牵连股东、企业经营管理者个人合法财产。"目前,部分全民所有制工业企业不适应市场经济发展的要求,国有企业改革成为我国经济体制改革的中心环节。改革的目标是,推进政企分离,进一步扩大国有企业的自主经营权,使企业真正成为自主经营、自负盈亏、自我发展、自我约束的法人实体。2015年国务院《关于改革和完善国有资产管理体制的若干意见》要求明确国有资产所有权与企业经营权的职责边界，确保国有资产所有权有效行使，保障企业享有独立的法人财产权。例如，在2016年，国务院国资委向中粮集团进行了18项授权，涉及资产配置、薪酬分配、市场化用人、体制改革等方面，国资委监管从以管资产为主转向以管资本为主。

5. 不动产统一登记

新一期行动计划指出："全面落实不动产统一登记制度。"

《不动产登记暂行条例》第2条指出，不动产登记是指不动产登记机构依法将不动产权利归属和其他法定事项记载于不动产登记簿的行为；不动产是指土地、海域以及房屋、林木等定着物。不动产统一登记制度的真正提出是在2013年，时任国务委员兼国务院秘书长马凯在国务院机构改革和职能转变方案说明时表示，建立不动产统一登记制度，以便更好落实《物权法》，保障不动产交易安全，有效保护不动产权利人的合法财产权。尽管2007年《物权法》早已明确"国家对不动产实行统一登记制度"，但这一规定因缺乏具体指导，数年来一直悬在空中无法落地。在现实中，不动产登记信息较为混乱，不动产交易安全缺少保障。各部门登记方法、技术规程不一致，分散登记的方式容易导致各种不动产权利的重叠、漏登；而分散在不同部门的管理和登记，又容易导致农林用地、农牧用地及林牧用地之间权属界限不清、权利归属不明，引发矛盾和纠纷。一些地方成立了专门机构进行不动产统一登记，但也因缺乏国家层面统一的不动产登记制度，地方探索成效并不明显。

不动产统一登记试图建立所有种类不动产的登记制度。不动产实施统一登记可以更好地厘清当事人之间的不动产权利界限，减少权属纠纷，提高登记的准确性和权威性，有利于更好地保护不动产权利人的合法财产权。统一登记实施后，建立不动产登记信息依法公开查询系统，又可以有效保障不动产交易安全，维护正常的市场交易秩序。《国土资源"十三五"规划纲要》也提出，全面落实不动产统一登记制度，健全不动产统一登记法律法规和标准规范体系，统一登记范围，规范登记行为，确保不动产统一登记制度全面实施。需要注意的是，随着《不动产登记暂行条例》以及《不动产登记暂行条例实施细则》的出台，推行不动产统一登记必须坚持"全面推进"原则。"十三五"规划对此进行了细化：逐步建成并平稳运行不动产登记信息管理基础平台。基本建成覆盖全国的信息平台，保证各级不动产登记机构顺利接入平台，实现数据互通共享。重点推进全国不动产登记数据整合建库汇交，建立全国不动产登记数据库,完善数据实时更新机制,满足各级不动产登记机构登记业务办理和共享查询需要,逐步实现信息共享交换服务和信息依法查询服务。

6. 自然资源资产的产权制度

新一期行动计划指出:"加快构建自然资源资产产权制度,确定产权主体,创新产权实现形式。保护自然资源资产所有者权益,公平分享自然资源资产收益。深化矿业权制度改革。建立健全生态环境性权益交易制度和平台。"

自然资源资产产权,是对政府部门、组织、企业和个人等权利主体享有某种具体自然资源权利属性的界定。它通常包括对某一类自然资源的所有权及其派生而出的使用权、经营管理权、收益权、处分权等相关权利形态,是一个具有"生态性""空间性""动态性"特征的庞大"权利束"。不同于自然资源产权,自然资源资产产权是自然资源资产化后的产权,强调自然资源的稀缺性、生态性和市场化。受自然资源的属性差异和现有立法局限的影响,我国自然资源资产产权的法律关系较为复杂。自然资源资产产权的客体包括土地、水、森林、草原等具有经济性和生态性双重属性的自然资源;权利主体包括国家、法人、自然人及其他组织等,但具体权属配置并不明确,政企、政资混淆不分。自然资源资产产权制度的构建是实现生态文明制度建设的关键举措。自然资源资产产权制度直接关系到主体权利、责任是否明确,影响自然资源资产价值的实现。党的十八届三中全会提出"紧紧围绕建设美丽中国深化生态文明体制改革,加快建立生态文明制度",要求对水流、森林、山岭、草原、荒地、滩涂等自然生态空间进行统一确权登记,形成归属清晰、权责明确、监管有效的自然资源资产产权制度。《生态文明体制改革总体方案》《中共中央关于繁荣发展社会主义文艺的意见》等文件均提出"要建立归属清晰、权责明确、监管有效的自然资源资产产权制度。"

自然资源产权制度是由一系列具体制度组成的,是一套权属清晰、权责明确、监管有效、运行有序的制度体系。根据我国《宪法》第9条的规定,自然资源产权主要有全民所有和集体所有2种形式。集体所有的自然资源,所有者与管理者分开。但属于全民所有的自然资源的权益主体尚未明确界定,一般是地方各级政府有关部门"代理"。矿业产权是自然资源资产产权中的重要组成部分。矿业产权主要是指矿产资源使用权,包括探矿权和采矿权。探矿权是指在依法取得的勘查许可证规定的范围内,勘查矿产资源的权利。采矿权是指在依法取得采矿许可证规定的范围内,开采矿产资源并获得所开采矿产品的权利。矿业权审批是依据《矿产资源法》第 3 条“勘查、开采矿产资源，必须依法分别申请、经批准取得探矿权、采矿权”设定，是确定矿产资源合理勘查、开发利用和有效保护的重要手段。《国土资源“十三五”规划纲要》明确提出，“十三五”时期，国土资源管理将继续坚持保护保障并重，坚持节约高效利用，并确定了加快矿产资源管理制度改革的方向。具体而言，矿产资源有偿使用，根据市场经济要求和矿业规律出让探矿权、采矿权。厘清矿业权取得、占用和开采中所有者、投资者、使用者的产权关系。同时，推进矿业权审批制度改革。近年来，国土资源部先后取消和下放了 20 余项与矿产资源勘查开采相关的行政审批和非许可类行政审批事项。部分地方政府和国土资源主管部门也积极推进审批制度改革。2015 年国土资源部印发《关于做好矿业权设置方案审批或备案核准取消后相关工作的通知》，强调矿业权设置方案相关内容纳入矿产资源规划统一管理。将矿业权设置方案与矿产资源规划中勘查开采规划区块有机融合，统一为“矿业权设置区划”，作为规划的重要组成部分，在总体规划或专项规划中设“矿业权设置区划”专门篇章，对矿产资源勘查开发布局进行细化安排。在第三轮矿产资源规划审批发布之前，确需增加或调整矿业权设置区划的，按照勘查开采规划区块调整的要求对第二轮规划进行调整。

生态环境权益交易是目前国际上倡导的一种生态保护方式，具体是根据地区经济发展和环境保护的需要确定一个可以容纳污染物排放的总量，分配给需要排污的企业。如果该企业能够实现节能减排，当年无法使用完的排污权进入市场流通交易。这种交易体现为一种经济性利益，性质上属于财产权。环境性权益交易始于《京都议定书》对温室气体减排的要求。根据《京都议定书》建立的清洁发展机制（Clean Development Mechanism，CDM），发达国家如果完不成减排任务，可以在发展中国家实施减排项目或购买温室气体排放量，获取“经证明的减少排放量”作为自己的减排量，即把二氧化碳排放权作为一种商品，形成了二氧化碳排放权的交易，简称碳交易。目前众多发达国家通过环境权益交易，以市场化手段促进全球环境保护和推动《联合国气候变化框架公约》等国际公约的实施，典型的环境权益交易市场如欧洲气候交易所、法国未来电力交易所、德国欧洲能源交易所、芝加哥气候交易所。生态环境性权益交易包括排污权、水权、碳排放权、污染许可证、环境使用权、低碳技术、环保技术等交易，参与交易的主体主要包括受控企业、交易机构、第三方核查机构、金融投资机构和散户四类。目前，我国主要建立了水权交易、排污权交易、碳排放权交易和节能量交易四大生态产权交易市场。北京、天津、上海、山西等地在产权交易所的基础上先后成立环境、能源、排污权等各类环境权益交易所。2001年江苏成功实现了我国首例二氧化硫排污权交易,此后山东、山西、河南、上海、天津、柳州等地都尝试开展了排污权交易。2005年《国务院关于落实科学发展观加强环境保护的决定》提出了运用市场机制推进污染治理,并建议有条件的地区和单位可实行二氧化硫等排污权交易。至2014年,江苏、浙江、天津、湖北、湖南、内蒙古、山西、重庆、陕西、河北等11个省(区、市)作为国家级试点单位积极探索生态环境性权益交易,范围涉及化学需氧量、二氧化硫、氨氮和氮氧化物、总磷、铅、镉、砷、烟尘、工业粉尘等排放。各试点地区政府和有关部门共出台了18个法规规定、73个政策性文件,对排污权的核定、有偿使用及交易价格设计、初始分配方式方法、有偿取得和出让方式、交易规则和交易管理规定等作出了具体规定,交易总额累计超过20亿元。

7. 知识产权保护制度

新一期行动计划指出:"实施严格的知识产权保护制度。完善有利于激励创新的知识产权归属制度,建设知识产权运营交易和服务平台。"

在较长一段时间内,我国知识产权保护意识薄弱,盗版比比皆是。我国知识产权的法律建设主要是在改革开放以后进行的。1980年6月3日中国正式成为世界知识产权组织的第90个成员国。此后,1982年制定了《商标法》,1984年制定了《专利法》,1986年在《民法通则》中规定了知识产权制度,1990年又制定了《著作权法》,知识产权的相关制度日趋完善。仅在2015年,国务院下发的"国办""国发"文件中,就有27件提及知识产权。国家高度重视知识产权的保护与发展。"十三五"规划纲要指出"实施严格的知识产权保护制度,完善有利于激励创新的知识产权归属制度,建设知识产权运营交易和服务平台,建设知识产权强国",将每万人口发明专利拥有量指标列入"十三五"时期创新驱动四大指标之一。这是首次将"建设知识产权强国"写入国家五年规划纲要。2015年《中共中央、国务院关于深化体制机制改革加快实施创新驱动发展战略的若干意见》指出,知识产权制度是激励创新的基本保障,深刻揭示了知识产权制度在创新驱动发展中的核心作用。

目前,我国知识产权有关的法律法规建设稳步推进、数量持续快速增长,社会知识产权意识增强,司法保护和行政执法进一步加强。1985年《专利法》施行以来,中国的专利年度申请数量由最初的1.4万件攀升至2014年的236.1万件,增长了近168倍,增长速度之快举世瞩目。截至2014年年底,我国受理专利申请1545.5万件,代表较高专利质量、体现专利技术和市场价值的国内有效发明专利拥有量共计66.3万件,每万人口发明专利拥有量达4.9件。与此同时,在2014年,我国商标注册申请首次突破200万件大关,达228.54万件;累计商标有效注册量839万件,两项均多年位居世界第一。另外,我国著作权登记总量也在2014年达到了120多万件,比2013年增长19.97%。其中,计算机软件著作权登记量首次突破20万件。

实现知识产权创新的根本在于人才。吸引人才、依靠人才、留住人才、促进人才合理流动,需要充分调动和发挥各类人才及单位在科研创新及转化运用上的积极性、主动性和创造性。这需要加快完善职务发明制度,抓住科技成果知识产权归属、分配、权益分享这个制约创新创造的"金钥匙",坚决把知识产权归属权交给单位、把知识产权收益向创新创造者转移和倾斜,最大限度地激发各类人才的创新创造积极性和转移转化活力。把握好人才,为企业不断创新,能加快中国知识产权保护融入世界体系、规则的速度,也能帮助中国企业更好地"走出去"。

三、问题与建议

(一)问题

1. 新型财产权利规制的法律缺位

土地权益是农民最大的财产权,赋予农民更多财产权利重在保障农民土地权益。随着中央有关政策的出台,农村承包经营权分离为承包权和经营权,且经营权进入市场流通,经营权人可以进行抵押、入股;农村宅基地使用权抵押进行试点;集体建设用地使用权也逐渐进入市场,形成城乡统一建设用地市场。但目前这些都停留在国家相关政策层面,缺乏相应的法律支撑。同时,许多财产权利制度创新是由政策或低位阶的法规规章以及各级法院结合实际能动司法予以实现,缺乏对财产权新发展规制的研究。面对网络虚拟财产等知识产品和债券、金融衍生品等信用产品,以及复合化、集合化和动态化的企业产权,传统的物权法等财产法律规范无法作出调整、解释,刚性的法定财产权体系要求突破。对于正在形成的排他性财产权,如商业特许经营权、排污权、电商平台经营权等新型财产性权利,尽管我国已通过司法解释、指导性案例等方式进行了确认,但仍缺乏统一的规制。不从法律上进行规制,就无法为这些权利的实践保护提供保障。

2. 财产权平等保护机制欠缺

我国宪法、民法等有关财产权的法律并没有明确确定各类产权的平等地位。《宪法》第13条规定“公民的合法私有财产不受侵犯”,但第12条规定的“社会主义的公共财产神圣不可侵犯”更具有优越性。同时,《物权法》规定私人财产因为公共利益可以被征收、征用,但对公共利益的界定却语焉未详,导致借公共利益之名侵害私人财产的现象难以规制。同时,对于国家、集体和个人拥有所有权的自然资源范围界定不清,国家所有权的客体过于宽泛。《物权法》第46条至第52条确定国家所有的物权范围包括:矿藏、水流、海域;城市的土地;属于国家所有的农村和城市郊区的土地;森林、山岭、草原、荒地、滩涂等自然资源;法律规定属于国家所有的野生动植物资源;无线电频谱资源;法律规定属于国家所有的文物;国防资产;铁路、公路、电力设施、电信设施和油气管道等基础设施。过于宽泛、抽象地界定国家所有权范围,导致国家对一些价值尚未显现或没有价值的资源置之不理,对于那些价值巨大的自然资源却与民争利,如发生在四川、江西的多起乌木所有权事件。

3. 部分财产权归属不清、权责不明

自然资源资产产权主体代表不清,政资、政企不分,缺乏自然资源资产市场独立运营以及必要的资产监管体制和制度。通常,国有自然资源所有权由国务院代理,集体土地由村集体组织代理,但没有进一步明确具体的责任主体。作为自然资源所有的主体,国家具有优越性,而集体却处于附属地位。同时,国家对自然资源资产的管理不区分公益性和经营性,公益性自然资源资产没有按公共、公益属性予以使用,经营性自然资源资产也未能完全进入市场进行运营。这种集自然资源行政管理职能和代行自然资源资产运行管理职能于一体的设计,导致各级政府自然资源资产管理部门管理不力,滥用资源、配置低效。此外,自然资源资产的统一登记体系尚未形成,资产核算体系和监管体系尚未建立。

(二)展望与建议

1. 坚持贯彻全面、平等、公平保护各类财产权利的原则

党的十八届四中全会通过的《中共中央关于全面推进依法治国若干重大问题的决定》提出:“要把公正、公平、公开原则贯穿立法全过程。”“必须以保护产权、维护契约、统一市场、平等交换、公平竞争、有效监管为基本导向,完善社会主义市场经济法律制度。健全以公平为核心原则的产权保护制度,加强对各种所有制经济组织和自然人财产权的保护,清理有违公平的法律法规

条款。”

随着改革的深化和多种所有制经济的发展，国有资本、集体资本不断壮大，个体、私营、外资等非公有资本和城乡居民私有财产也快速增加。各类财产权都要求有完善的产权保护制度作为保障。公有制经济财产权和非公有制经济财产权应当受到同等保护，以保证国有资产所有权、集体资产所有权、经营权以及各类企业法人财产权等不同所有制实现形式的产权都不受侵害。废除现有对非公有制经济各种形式的不合理规定，消除各种隐性壁垒，保证各种所有制经济依法平等使用生产要素、公开公平公正参与市场竞争、同等受到法律保护、共同履行社会责任。同时明确界定公共利益，并通过合理的程序予以保障，避免借用公共利益名义任意征收、征用私人财产。此外，财产权不仅包括物权、债权、股权，也包括知识产权等其他无形财产权。目前，我国民法典草案已经将虚拟财产、数据信息等纳入财产权体系之中予以确认，旨在全面保障财产权。

2. 加快相关立法进程，确认各类主体财产权及其法律保护机制

党的十八届四中全会通过的《中共中央关于全面推进依法治国若干重大问题的决定》提出“编纂民法典”，使得民法典再次进入公众视野。新一期行动计划在财产权部分也首先提及“有序推进民法典编纂工作，完善财产保障制度”。尽管我国已于2010年形成社会主义法律体系，但编纂民法典能解决现行法律体系存在的体系性缺失问题，加快国家治理体系的完善和国家治理能力的现代化。通过民法典的编纂，重新界定财产、财产权，为财产权提供更为全面的保护。

推动《土地管理法》修改及其配套法规立法工作。“十三五”规划指出：“深化农村土地制度改革。完善农村集体产权权能。”深化农村土地制度改革的核心和关键是从法律上赋予农民长期而有保障的土地财产权。目前，农村土地征收、宅基地改革、承包经营权分置、集体经营性建设用地入市等新改革任务试点工作启动，应对《土地管理法》《物权法》及其配套行政法规等进行修改，从法律上把农民土地使用权、宅基地使用权、住房财产权等纳入财产权保护范围。确定农村土地承包关系稳定并长久不变，赋予农民宅基地及其房屋所有人完整的财产权；确定宅基地使用权用益物权的性质，赋予其占有、使用、收益、转让、抵押的完整权利；实现农村集体建设用地同等入市、同等价格，建立城乡统一建设用地市场等。

此外，针对不断出现的新型财产权利也应有所规制，以构建完整的财产权

利体系。在权利主体上,确定涵盖国家、集体经济组织、企业、个人的财产权;在客体上,确认传统有体物的财产权外,肯定虚拟财产、个人数据信息等新型财产权利;在权利内容上,落实承包经营权、宅基地使用权、商标权等知识产权的财产权益。

3. 健全增加、保障财产收入的各项制度

一是继续完善财产征收征用制度。合理界定公共利益范围,细化规范征收、征用的法定程序,提高补偿标准。尊重农民意愿,通过听证制度保障农民的知情权、充分参与权与决定权。二是落实农村承包经营地、宅基地、农村房屋、集体建设用地等确权登记颁证工作。稳定农村土地承包关系,完善土地所有权、承包权、经营权分置办法,依法推进土地经营权有序流转。完善集体经济组织成员认定办法和集体经济资产所有权实现形式,将经营性资产折股量化到本集体经济组织成员。三是提高知识产权侵权成本,降低维权成本,健全知识产权的保护。四是确定企业财产权归属,保障企业的自主经营权。特别是在当下推进国有企业改革,允许民营资本进入,规范国企公司治理机制,确认、保护其财产权和创新收益。五是建立健全自然资源产权法律制度。根据自然资源的特性区分私有产权和共有产权,明确自然资源的所有者和管理者。对那些进入社会生产过程并能带来经济效益的非人工自然资源,可以清晰确定占有、使用和处分权利,但对诸如清洁空气资源、污染物排放权等有关生态系统和聚居环境的自然资源,则把占有权、使用权和处置权等赋予保护者或按市场需求有偿分配给有需求者,而无须过分关注所有权归属问题。同时,区分公益性资产与经营性资产,分类进行统一管理。

4. 构建财产权利交易平台

建立生态环境性权益交易、农村产权交易和知识产权运营交易、服务平台。新一期行动计划、"十三五"规划均提出生态环境性权益交易、知识产权交易等,要求建立健全用能权、用水权、排污权、碳排放权初始分配制度,创新有偿使用、预算管理、投融资机制,培育和发展交易市场。2014年国务院办公厅发布了《进一步推进排污权有偿使用和交易试点工作的指导意见》,提出试点地区在2015年年底前全面完成现有排污单位排污权的初次核定、2017年基本建立排污权有偿使用和交易制度的目标。《国家农业节水纲要(2012—2020年)》更针对农业领域提出了有条件的地区要逐步建立节约水量交易机制和构建交易平台。承包经营权分离后,经营权进入市场流通也需要相应的交易机制。这些交易平台的建设包括软件、硬件方面,涉及交易政策、定价机制、中介组织、线上交易网络平台等。对于知识产权交易平台，建立从实验研究、中试到生产的全过程科技创新融资模式，严格确定知识产权权益归属和利益分享机制，促进科技成果资本化、产业化。对于农地产权交易，应当建立在农民完全自愿的基础之上，集体经济组织或政府适当引导，引入第三方定价参考机制，合理分配集体、农户和其他权益人的利益。

第五节　健康权利

健康权是国际人权法及许多国家宪法所确认的一项基本人权。第二次世界大战之后，公共卫生问题和国家对公民健康权实现的积极责任受到普遍关注。1946 年世界卫生组织制定的《世界卫生组织宪章》规定："享受最高而能获致之健康标准，为人人基本权利之一。不因种族、宗教、政治信仰、经济或社会情境各异，而分轩轾。"健康权从此开始受到重视。1948 年发布的《世界人权宣言》第 25 条规定："人人有权享受为维持他本人和家属的健康和福利所需的生活水准，包括食物、衣着、住房、医疗和必要的社会服务；在遭到失业、疾病、残废、守寡、衰老或在其他不能控制的情况下丧失谋生能力时，有权享受保障。"在此之后，《经济、社会及文化权利国际公约》进一步对健康权作出了细致规定。[①] 健康权作为一项基本人权逐渐被认可。

一、背景与成就

健康权是一项基本人权。努力提高人民健康权保障水平，实现病有所医的理想，是人类社会的共同追求。中国高度重视保护和增进人民健康。经过中国人民的长期不懈努力，在当下中国，覆盖城乡的医疗卫生服务体系基本形成，疾病防治能力不断增强，医疗保障覆盖人口逐步扩大，卫生科技水平日益提高，民众健康权保障水平明显改善。[②]

---

① 《经济、社会及文化权利国际公约》第 12 条规定："一、本公约缔约各国承认人人有权享有能达到的最高的体质和心理健康的标准。二、本公约缔约各国为充分实现这一权利而采取的步骤应包括为达到下列目标所需的步骤：（甲）减低死胎率和婴儿死亡率，和使儿童得到健康的发育；（乙）改善环境卫生和工业卫生的各个方面；（丙）预防、治疗和控制传染病、风土病、职业病以及其他的疾病；（丁）创造保证人人在患病时能得到医疗照顾的条件。"

② 有关健康权权利保障的具体数据，参见《〈国家人权行动计划（2012—2015 年）〉实施评估报告》。

(一)基本建立了覆盖全民的医疗保障体系

中国是世界上最大的发展中国家,至2015年,我国人口总数已达到13.75亿。面对庞大的人口基数,我国基本建成了覆盖全民的医疗保障制度,医疗改革取得重大成就。目前,我国基本医保的参保人数超过13亿人,覆盖面稳固在95%以上。其中,全国共有2489个县(市、区)开展了新型农村合作医疗,超过8亿人参加了新型农村合作医疗保险,参合率为98.7%。根据人力资源和社会保障部发布的《2014年度人力资源和社会保障事业发展统计公报》,截至2014年年末,参加职工基本医疗保险人数为28,296万人;参加城镇居民基本医疗保险人数为31,451万人。由此可知,职工基本医疗保险、城镇居民基本医疗保险、新型农村合作医疗保险覆盖人数已经超过了13亿人。对于中国医疗改革的巨大成就,世界卫生组织称赞"中国的医改成就举世瞩目"。

(二)基本医疗卫生服务体系不断完善

经过长期发展,我国已经建立了由医院、基层医疗卫生机构、专业公共卫生机构等组成的覆盖城乡的医疗卫生服务体系。截至2013年年底,我国有医疗卫生机构97.44万个,其中医院2.47万个,基层医疗卫生机构91.54万个,专业公共卫生机构3.12万个;卫生人员979万名,其中卫生技术人员721万名;床位618万张。每千常住人口拥有医疗卫生机构床位4.55张、执业医师2.06名、注册护士2.05名。2004~2013年全国医疗卫生机构总诊疗人次由每年39.91亿人次增加到73.14亿人次,年均增长6.96%,住院人数由每年6657万人增加到1.91亿人,年均增长12.42%。

(三)各类传染性疾病得到有效控制

公共卫生是全民健康的基石。我国坚持预防为主,不断加大公共卫生投入,有效控制健康危险因素,消除了一大批重大疾病危害,有力提高了人民的健康水平。人均公共卫生服务经费由2011年的25元提高到2015年的40元。城乡居民免费获得建立健康档案、健康教育、预防接种等多项服务。我国已建成全球规模最大的传染病疫情和突发公共卫生事件网络直报系统;建成慢性病综合防控示范区265个,管理高血压患者8600多万人、糖尿病患者2400多万人。2015年5月我国提前一年宣布消灭致盲性沙眼,这是公共卫生领域的一项重大成就。为了预防传染性疾病,我国将14种疫苗纳入国家免疫规划,可预防15种传染病。目前已消除由野毒株引起的脊髓灰质炎,控制了麻疹、白喉、百日咳、破伤风等疾病,为人类降低传染病危害做出巨大贡献。我国曾是世界上乙肝高流行区国家,通过为所有婴儿接种乙肝疫苗,使5岁以下儿童慢性乙肝病毒感染率从近10%降至1%以下。世界卫生组织称，中国将乙肝疫苗纳入国家免疫规划这一成功的乙肝控制策略，为其他发展中国家树立了典范。

(四)全民健身公共体育设施大为改善

公共体育设施建设是改善国民体质与健康状况，提高中华民族整体素质，促进社会主义物质文明和社会主义精神文明建设所必不可少的保障条件。截至2015年，全国建成各类体育场地达到169万余个，人均体育场地面积达到1.57平方米。截至2014年，50%以上的市(地)、县(区)有全民健身活动中心，50%以上的街道(乡镇)、城市社区、农村行政村有体育健身设施。

(五)国民人均寿命大幅提高

人均预期寿命是国际社会衡量一个国家居民健康水平的重要指标。新中国成立之前，我国人均期望寿命只有35岁，而到2015年，我国居民人均预期寿命已达到76.34岁。虽然与一些发达国家仍存在一定差距，但目前我国人均预期寿命水平已位居发展中国家前列，高出世界平均水平近5岁，也高于同为“金砖国家”的巴西、俄罗斯、印度、南非。[①] 国民人均寿命的增长是一个国家健康权保障水平提高的最明显标志，我国用较少的投入获得了较高的健康绩效，创造了巨大的“健康红利”，赢得广泛的国际赞誉。

二、内容解析

(一)进一步促进基本公共卫生服务均等化

基本公共卫生服务均等化，是指每个公民，无论其性别、年龄、种族、居住地、职业、收入水平，都能够平等地获得基本公共卫生服务。从保障民众健康权的角度思考，基本公共卫生的服务均等化是保证民众获得最基本、最均等的公共卫生服务的有效手段，意味着人人享有相同的基本健康权保障。实现基本公共卫生服务均等化，有利于缩小城乡之间、地区之间居民基本公共卫生服务差距。在此，均等化提供服务是政府义不容辞的责任，而均等化分享服务则是居民的基本权利。

近3期人权行动计划均指出，要完善国家基本公共卫生服务水平，积极促进基本公共卫生服务均等化。3期行动计划之所以关注基本公共卫生服均等

① 例如，美国的总体预期寿命为79.3岁，澳大利亚、瑞士、新加坡、法国、加拿大等国家均达到或超过了82岁，日本的总体预期寿命为83.7岁。

化问题,是因为在目前中国,城乡之间、地区之间基本公共卫生服务不均衡问题的客观存在——城乡之间、地区之间基本公共卫生服务设施配套、医疗环境和医疗水平都存在一定差距。基本公共卫生服务不均衡问题的出现与地区间经济发展的不平衡、公共财政体制的不完善存在密切关联。我国从新中国成立之初就推行以工业为主导的非均衡发展模式,从而形成了城乡分割的二元经济结构。与此相适应,公共产品与服务的供给也一直是实行城市偏向型的非均衡供给制度。政府按照两种不同的体制对经济和社会进行管理,在基本公共服务的提供方面对城乡实行分而治之的政策。在此制度安排下,东中西部地区之间、城乡之间经济发展水平和公共财政能力差距不断加大,不同地区和人群之间公共卫生服务的可及性和服务水平差距也日益明显。从均等化的视角观察,中国公共医疗卫生服务发展大致经历了从新中国成立初期以“四苗六病”计划免疫、公费劳保和新农合保障制度为代表的“低水平、局部性覆盖”的均等化,再到 20 世纪 80 年代“开放搞活”口号下的效率优先。在经济社会发展不平衡的宏观背景下,基本公共卫生服务不均等趋势不断强化。

对此,第十届全国人大第四次会议通过的“十一五”规划纲要正式提出“逐步推进基本公共服务均等化”,党的十六届六中全会进一步明确提出要“完善公共财政制度,逐步实现基本公共服务均等化”,并以决定的形式把教育、卫生、文化等多个方面列入政府承担的公共服务范畴。2007 年第十七届全国人大会议报告和 2008 年政府工作报告也先后强调要转变政府职能,促进基本公共服务均等化。2009 年 1 月 21 日国务院常务会议审议并原则通过《关于深化医药卫生体制改革的意见》和《2009—2011 年深化医药卫生体制改革实施方案》,正式提出建立覆盖城乡的基本医疗卫生制度,实现人人享有基本医疗卫生服务的工作目标,并将促进基本公共卫生服务的逐步均等化列为 2009 ~ 2011 年五项重点改革内容之一。针对基本公共卫生服务均等化问题,第一期行动计划提出,促进基本公共卫生服务逐步均等化。从 2009 年开始,逐步在全国统一建立居民健康档案。定期为 65 岁以上老年人做健康检查,为 3 岁以下婴幼儿做生长发育检查,为孕产妇做产前检查和产后访视,为高血压病、糖尿病、精神疾病、艾滋病、结核病等人群提供防治指导服务。实施结核病等重大疾病防控、国家免疫规划、农村妇女住院分娩等重大公共卫生项目。开展为 15 岁以下人群补种乙肝疫苗、消除燃煤型氟中毒危害、贫困白内障患者复明、农村改水改厕以及为预防出生缺陷而进行的农村妇女孕前和孕早期补服叶酸等项目。第二期行动计划提出,促进基本公共卫生服务逐步均等化。

落实现有人均基本公共卫生服务经费不低于25元的标准,到2015年提高至40元以上。为城乡居民免费提供建立健康档案、健康教育、预防接种等多项服务。提倡无偿献血,保障血液安全。提高居民急救服务的可及性。新一期行动计划提出,促进基本公共卫生服务均等化。完善国家基本公共卫生服务项目和重大公共卫生服务项目,提高服务质量效率和均等化水平,适时调整基本公共卫生服务项目经费标准,项目经费继续向基层倾斜。鼓励社会力量兴办健康服务业,推进非营利性民营医院和公立医院同等待遇。健康权是一项基本人权,健康公平是一个社会公平正义的重要象征。因此,维护国民健康公平,既是一个国家社会公平正义的基础,也是经济社会发展的重要目标。促进城乡居民均等化享有基本公共卫生服务,既表明了政府对每一个人生存质量的关切,又彰显了政府维护健康公平的责任意识。

(二)提升基层医疗卫生服务能力

基层医疗卫生服务是我国整个公共卫生体系建设的最基础部分,提升基层医疗卫生服务是实现居民享有初级卫生保健服务、保障居民基本健康权的重要环节。通过提高基层医疗机构的卫生服务水平,能够将卫生服务资源有效引导到基层中,从整体上推动卫生体系的结构、功能以及布局的优化和调整,稳固基层卫生服务基础。近年来,我国政府出台了一系列有关医疗卫生的文件和政策,旨在推动改善基层卫生服务,改革我国整体的卫生服务体系,逐渐形成方便、快捷的卫生服务体系。但是,在各级政府推进基层卫生服务的过程中,仍然存在一定的问题,尤其是基层医疗卫生发展过程中存在服务质量比较低、政策扶持不够、人才培养不足、内部管理服务模式落后等问题,一定程度上限制了基层卫生服务的健康发展。

3期国家人权行动计划对基层医疗卫生服务建设均有规定。第一期行动计划提出,健全基本医疗卫生服务体系。从2009年起,3年内重点支持约2000所县级医院(含中医院)建设,使每个县至少有1所县级医院基本达到标准化水平;新建、改造3700所城市社区卫生服务中心和1.1万个社区卫生服务站。全面完成中央规划支持的2.9万所乡镇卫生院建设任务,改建扩建5000所中心乡镇卫生院,每个县1~3所。第二期行动计划提出,加强基层医疗卫生机构和全科医生培养基地建设。到2015年,通过转岗培训、在岗培训和规范化培训培养15万名全科医生。新一期行动计划提出,提升基层医疗卫生服务能力。以中西部地区为重点,每县重点办好1~2所县级公立医院(含县中医院),基层医疗卫生机构标准化建设达标率达95%以上。打造30分钟基层医疗服务圈。加强并规范化培养住院医师,每万人口全科医生数达到2名,每千人口执业(助理)医师数达到2.5名。在此,通过加强对基层医疗卫生服务机构的投入,调整基层医疗卫生服务机构的功能定位,提高基层医疗卫生服务机构的服务能力。通过加强基层卫生人才队伍建设和卫生信息化建设,不断提升基层医疗卫生机构服务能力和管理水平。逐步完善县、乡、村农村三级医疗卫生服务网络,建立分级诊疗、双向转诊良性互动的医疗服务机制,实现农村居民看病就医的方便、快捷、安全和有效。

(三)充分保障民众用药安全

药品安全关系到每一个人的身体健康和生命安全,是最大的民生、最基本的公共安全问题。保障民众用药安全是健康权保障的重要组成部分。改革开放以来,我国制药工业快速发展,已经走过缺医少药的阶段,成为全球第二大医药消费市场、第一大原料药出口国。并且,随着药品监管体制的逐步完善,我国药品安全形势总体稳定向好,质量安全水平不断提高,13多亿人用药安全能够得到保障。

用药安全关系民众生命健康问题,不能掉以轻心。党的十八大以来,党的多次中央会议都对食品药品安全工作作出了部署,提出了具体要求。党的十八届三中全会进一步把食品药品安全纳入国家公共安全体系,提出要完善统一权威的食品药品安全监管机构,建立最严格的、覆盖全过程的监管制度。在2015年5月中共中央政治局第23次集体学习时,习近平总书记进一步强调了食品药品监管作为公共安全体系的战略定位,强调要健全从中央到地方直至基层的食品药品监管体系,在源头防范、强化监管上用劲发力,切实把食品安全等政府该管的事情管住管好。这些重大决策部署和重要指示批示精神彰显了党中央、国务院保障人民群众饮食、用药安全的坚定决心。药品安全直接关系公众的生命健康,必须用最严谨的标准、最严格的监管、最严厉的处方、最严肃的问责来保障药品安全。对此,新一期行动计划首次提出要保障用药安全要求,将用药安全确定为健康权保障的重要内容。

新一期行动计划指出,完善基本药物制度,健全药品供应保障机制。健全药品检查、检验检测体系,加强药品不良反应监测。其中,完善基本药物制度是强化药品安全的有效途径。通过强化体制机制建设,坚持政府主导,发挥市场作用,进一步规范招标采购等机制,确保建立基本药物制度并使其走上正轨,确保药品安全有效、价格合理、方便可及。对实施基本药物制度的基层医疗卫生机构,采取综合改革措施,建立相应的补偿机制,保证基层机构正常运转。同时,健全药品供应保障机制也是保障用药安全的重要组成部分。通过严格把握药品上市关,加快推进药品审评审批制度改革,确保新上市药品的质量和疗效。积极推进仿制药质量疗效一致性评价,实现仿制药与原研药在临床上能够相互替代。并且,通过构建全生命周期监管体系,形成科学高效的全过程风险管控机制,积极保障用药安全。

(四)突出大健康理念,推动全面健身运动

健康权包括多个方面的内容,其中,健康维护权是指公民保持自己健康的权利,是健康权的重要组成部分。保持身体健康有多种途径,可以通过提高生活水平,加强营养来提高公民健康水平,也可以通过体育锻炼等积极手段和措施维护个人健康。原卫生部 2012 年发布的《"健康中国 2020"战略研究报告》显示,中国 83.8% 的成年人从不参加业余锻炼,其中城市为 73.2%。不锻炼者的时间主要用于上网、看电视等静态行为,其中以年轻人为甚,18 ~ 29 岁静坐行为时间最长,每天高达 5.4 小时。我国民众体育锻炼不足与运动理念有关,也与公共体育场地不足有关。作为广大居民强身健体、增进健康的重要物质载体,体育场地建设水平不仅能够反映一个国家或地区的社会经济发展水平,而且可以反映一个国家或地区的文明程度与民生状况。一直以来,场地都是制约民众参与体育锻炼的主要原因之一,中国体育场地建设规模和水平与广大居民的实际需求存在一定差距。《第六次全国体育场地普查数据公报》显示,2013 年我国平均每 10 万人拥有体育场地 124 个,人均体育场地面积 1.46m^2。而据相关统计,早在 1990 年,意大利每 10 万人拥有体育场地 212 个,德国 248 个,日本 206 个,芬兰 457 个。我国人均体育场地数量面积与发达国家差距明显,难以满足广大群众体育锻炼的需求。

早在 2002 年,中共中央、国务院在《关于进一步加强和改进新时期体育工作的意见》中便明确指出,"各级政府要重视体育设施建设,加强城乡公共体育设施规划,严禁侵占、破坏体育设施,要将体育场馆建设成为健康科学文明的阵地"。此外,还相继出台了《公共文化体育设施条例》《全民健身条例》《全民健身计划(2011—2015 年)》等政策文件,指导、督促与考核体育场地建设情况。对于公共体育设施建设,第一期行动计划提出,加强城乡社区体育设施建设,力争到 2010 年人均体育场地设施面积达到 1.4m^2,城市社区和农村村镇的公共体育设施条件明显改善。第二期行动计划提出,形成覆盖城乡的全民健身公共服务体系。落实《全民健身计划(2011—2015 年)》,各类体育场地达到 120 万个以上,人均体育场地面积达到 1.5 平方米以上。在此基础上,新一期行动计划提出,落实《全民健身计划(2016—2020 年)》,推动城市社区 15 分钟健身圈建设,实现基本公共体育服务乡镇常住人口全覆盖和行政村农民体育健身工程全覆盖。到 2020 年,每周参加 1 次及以上体育锻炼的人数达到 7 亿人,经常参加体育锻炼的人数达到 4.35 亿人,全国人均体育场地面积达到 1.8 平方米以上。可见,3 期行动计划均对公共体育设施建设提出了具体要求。行动计划的细致规定能够有效推动中国公共体育设施建设,推动全民健身运动的开展,保障公民健康权利的实现。

(五)不断提升国民预期寿命

人均预期寿命反映的是当前的死亡水平,是度量人口健康状况的最重要指标,也是衡量一个国家健康权保障水平的综合指标。它可以反映一个社会生活质量的高低,也可以反映社会经济条件变化对居民健康的影响以及医疗卫生事业的发展变化对人们寿命的影响,受到国际社会的普遍重视。20 世纪 90 年代,联合国开发计划署提出了全面反映各国经济社会发展水平的"人类发展指数",即将人均预期寿命作为人类发展指数的三大重要基础指标之一。"十二五"规划首次将人均预期寿命纳入了"十二五"时期经济社会发展的主要指标体系,明确提出 2015 年人均预期寿命比 2010 年提高 1 岁。2015 年我国人均预期寿命已达 76.3 岁,达到中高收入国家水平。对此,"十三五"规划再次将人均预期寿命纳入了经济社会发展的主要指标体系,并明确提出到 2020 年我国人均预期寿命在 2015 年的基础上再提高 1 岁。与国家五年规划相同步,第一期行动计划要求 2010 年人口平均预期寿命达到 73 岁,第二期行动计划提出到 2015 年,人均期望寿命达到 74.5 岁。新一期行动计划提出,到 2020 年,实现人均预期寿命增加 1 岁。

提高人均预期寿命,重点是降低死亡水平。其中,婴儿死亡率、5 岁以下儿童死亡率、孕产妇死亡率 3 项数字与人均预期寿命息息相关。很长一段时间以来,我国预期寿命增长主要贡献人群分布在生命两端,即 5 岁以下儿童和 60 岁以上老人。5 岁以下儿童死亡率的下降对预期寿命增长贡献达 46.1%,60 岁以上老人健康状况改善、寿命延长,对人均预期寿命增长的贡献逐渐升至 44.0%。随着医疗卫生服务水平的提高,我国婴儿和孕产妇死亡率持续下降。当前,我国 5 岁以下儿童死亡率已降至较低水平。在未来一段时间,降低中间年龄人群慢性病的早死亡率,将对人均预期寿命继续提高发挥重要作用。目前,我国每年约 960 万死亡人口中,85% 死于慢性病,脑卒中、癌症、慢性呼吸系统疾病和心脏病是前四位死因。全国现有 2.6 亿名高血压病患者,9700

万名糖尿病患者,1.2亿名肥胖人群及3300万名高胆固醇血症患者。不良的生活和饮食习惯,熬夜加班、暴饮暴食、吸烟酗酒,这些都是导致慢性病的原因。实现"人均预期寿命提高1岁"的目标,应当推广健康生活方式,提升群众健康素养,加强以慢性病为重点的重大疾病综合防控和重点人群健康保护,为人民营造健康的生产、生活环境。同时,持续加强医疗卫生服务体系建设,转变服务模式,不断提高服务能力和水平,保障人民群众健康。

三、展望与建议

在前两期行动计划的基础上,新一期行动计划对公民健康权保障提出了更多的要求和更高的目标。与此同时,中国医疗卫生资源特别是优质资源短缺、分布不均衡的矛盾依然存在,医疗卫生事业改革与发展的任务十分艰巨。对此,应当从以下三个方面进一步完善公民健康权保障。

(一)探索实现基本医疗保险城乡一体化

目前,中国基本建成了覆盖全民的基本医疗保障制度。但总体上来看,现行社会医疗保障制度与社会各阶层的期待还有一定差距,制度设计带有明显的城乡二元化色彩。从目前各项制度的运行来看,业务管理涉及人力资源和社会保障、卫生、民政、财政等部门,各种制度筹资标准和参保组织、待遇标准和保障水平、经办体制和服务方式等方面存在较大差距。机构重叠、职责交叉、政出多门造成管理分割、协调困难,导致部门之间的工作很难形成合力,政策的整体性、一致性和执行中的部门联动性都显不足。作为政府提供的面向全民的保障制度,医疗保障制度应当从国家未来发展需要和现有约束条件着眼,打破我国长期以来存在的城乡二元结构和身份限制,加快探索城乡一体化的基本医疗保障管理制度。

(二)进一步强化医疗卫生事业中的政府责任

长期以来,我国医疗卫生事业中存在政府与市场关系界定不清的问题。政府在医疗卫生事业方面财政拨款不足使医疗机构追逐利润,医院以营利为主而公益性不足。在中国医疗卫生事业发展过程中,应进一步明确政府与市场的关系。应当坚持政府在提供公共卫生和基本医疗服务中的主导地位,强化政府的公共医疗责任和医疗经费投入,增强政府对公共医疗的法律协调能力与管理体制建设。与此同时,政府应改变过去长期形成的医疗市场垄断现象,适当引入市场机制,充分发挥市场在医疗资源配置中基础性、决定性的作用,激发市场活力;动员多元社会力量的积极参与,完善竞争机制,不断满足社会公众多层次、多样化的医疗卫生需求。

(三)采取多方面措施加强基层卫生人才培养

与硬件条件不断改善相比,我国基层医疗卫生机构的"软件"建设相对薄弱,特别是人才队伍建设相对滞后,已成为制约基层医疗卫生机构进一步改善服务和提高水平的"瓶颈"。近两期行动计划均指出,加强对全科医生的培训。在此基础上,应当探索建立科学完备的全科医生培养制度。应当加强对全科医学教育的重视,积极引导高等医学院校进行教育教学改革,建立专门的学历教育、规范化培训教育与继续教育相结合的全科医生培养体系和教育制度,确保具有较高质量的适宜人才留在基层为广大人民群众服务。

第六节 受教育权

受教育权,是指公民享有从国家接受文化教育的机会和获得受教育的物质帮助的权利。受教育权既是《世界人权宣言》《经济、社会及文化权利国际公约》等国际性人权文件确认和保障的一项重要的社会基本权利,也是大多数国家宪法规定的宪法权利。享有受教育权是个人实现经济权利,求得生存和发展的基本前提,也是实现公民政治与自由的必要保证,还是个人实现文化活动权利和自由的重要条件。虽然只是20世纪才出现的宪法权利,但是随着世界范围内人们温饱问题的逐步解决,受教育权越来越受到关注。①

---

① 《经济、社会及文化权利国际公约》第13条规定:"一、本公约缔约各国承认,人人有受教育的权利。它们同意,教育应鼓励人的个性和尊严的充分发展,加强对人权和基本自由的尊重,并应使所有的人能有效地参加自由社会,促进各民族之间和各种族、人种或宗教团体之间的了解、容忍和友谊,和促进联合国维护和平的各项活动。二、本公约缔约各国认为,为了充分实现这一权利起见:(甲)初等教育应属义务性质并一律免费;(乙)各种形式的中等教育,包括中等技术和职业教育,应以一切适当方法,普遍设立,并对一切人开放,特别要逐渐做到免费;(丙)高等教育应根据成绩,以一切适当方法,对一切人平等开放,特别要逐渐做到免费;(丁)对那些未受到或未完成初等教育的人的基础教育,应尽可能加以鼓励或推进;(戊)各级学校的制度,应积极加以发展;适当的奖学金制度,应予设置;教员的物质条件,应不断加以改善。三、本公约缔约各国承担,尊重父母和(如适用时)法定监护人的下列自由:为他们的孩子选择非公立的但系符合于国家所可能规定或批准的最低教育标准的学校,并保证他们的孩子能按照他们自己的信仰接受宗教和道德教育。四、本条的任何部分不得解释为干涉个人或团体设立及管理教育机构的自由,但以遵守本条第一款所述各项原则及此等机构实施的教育必须符合于国家所可能规定的最低标准为限。"

一、背景与成就

(一)受教育权法律保障体系日趋完善

自20世纪80年代以来,全国人大及其常委会先后制定了《义务教育法》《教师法》《教育法》等一系列法律,确认了公民受教育权的详细内容。加上其他较低效力层次的教育立法,目前我国已初步形成以宪法确定的基本原则为基础,以教育法为核心,以教育专门法和行政法规为骨干,以教育规章、地方性法规和规章为主体的有中国特色的社会主义教育法律体系。

受教育权的最终价值在于实现每个公民的受教育自由,将受教育权设置为宪法权利,能够更加凸显受教育权的重要地位,强调国家对受教育权的保障义务,防止公权力对受公民受教育权的侵害。我国《宪法》第46条规定:"中华人民共和国公民有受教育的权利和义务。国家培养青年、少年、儿童在品德、智力、体质等方面全面发展。"通过这一条款,我们可以清楚地认识到受教育不仅是公民的一项权利,也是公民的一项义务,而国家对公民受教育权的实现负有主要义务和责任。父母或者其他监护人同样也有义务使其子女去接受义务教育。宪法之所以将受教育权设定为公民义务,是因为公民教育水平的提升是保证国家科学文化发展的重要前提。有效提高广大人民群众的科学文化素质,才能够促进我国科学技术的快速发展。因此,国家应当积极加大教育投入水平,创办各类型的教育机构和完善教育设施,以保证我国公民平等享有受教育权利。同时,公民自身也有义务积极接受教育,提高自身的文化素质和业务水平。

我国宪法赋予了公民受教育权,但仅原则性地规定了公民有受教育的权利,还需要立法机关通过立法的方式对公民受教育权的范围、标准、义务主体和救济办法等予以确认。《教育法》第9条规定:公民不分民族、种族、性别、职业、财产状况、宗教信仰等,依法享有平等受教育的机会;第37条规定:受教育者在入学、升学、就业等方面依法享有平等权利;第43条对一系列具体权利进行了罗列。根据上述法律规定,可发现受教育权的权利体系至少应该包括受教育的平等权、受教育的自由选择权、受教育的福利权。

《义务教育法》也对公民在义务教育阶段的受教育权作出了相应规定。例如,第4条规定:凡具有中华人民共和国国籍的适龄儿童、少年,不分性别、民族、种族、家庭财产状况、宗教信仰等,依法享有平等接受义务教育的权利,并履行接受义务教育的义务;第5条规定:各级人民政府及其有关部门应当履行本法规定的各项职责,保障适龄儿童、少年接受义务教育的权利。适龄儿童、少年的父母或者其他法定监护人应当依法保证其按时入学接受并完成义务教育。依法实施义务教育的学校应当按照规定标准完成教育教学任务,保证教育教学质量。社会组织和个人应当为适龄儿童、少年接受义务教育创造良好的环境。第11条:凡年满六周岁的儿童,其父母或者其他法定监护人应当送其入学接受并完成义务教育;条件不具备的地区的儿童,可以推迟到七周岁。第14条规定:禁止用人单位招用应当接受义务教育的适龄儿童、少年。

《未成年人保护法》同样对未成年人的受教育权作出了相应的保护性规定。例如,第3条规定:未成年人享有受教育权,国家、社会、学校和家庭尊重和保障未成年人的受教育权;第17条规定:学校应当全面贯彻国家的教育方针,实施素质教育,提高教育质量,注重培养未成年学生独立思考能力、创新能力和实践能力,促进未成年学生全面发展。该法强调,父母或者其他监护人必须尊重未成年人接受义务教育的权利,使得未成年人能够接受义务教育,不得强迫其辍学;第18条规定:学校应当尊重未成年学生的受教育权,不得随意开除学生。

(二)受教育权保障的实践成就

我国的教育事业,是在一个经济落后、文化教育很不发达的基础上发展起来的。在旧中国,全国人口中80%以上的人是文盲,学龄儿童入学率只有20%左右。根据国民党政府的统计,1947年全国高等专科以上学校仅有207所,在校学生只有15万人,1946年中等学校仅有5800所,在校学生只有2300万人。① 在各级各类学校中,受外国控制的教会学校和私立学校占很大比重。并且,学校分布极不合理。高等学校和中等专业学校多数集中在大中城市和沿海一些省份,中、小学也是大多数设在城镇,农村很少。内地、边远地区和少数民族地区教育事业更加落后。经过我国人民艰苦卓绝的努力,我国教育事业总体发展水平目前已进入世界中上行列。②

1. 学前教育毛入园率不断提升

近年来,中央不断加大对学前教育的投入,设立学前教育发展专项资金,

---

① 参见田正平:《关于民国教育的若干思考》,载《教育学报》2016年第4期。

② 有关受教育权权利保障的具体数据,请参见《〈国家人权行动计划(2012—2015年)〉实施评估报告》。

重点支持中西部农村地区加快构建县、乡、村学前教育服务网络,并对各地资助家庭经济困难幼儿、孤儿和残疾儿童入园进行奖补。仅在2010～2015年6年间,全国新建改扩建幼儿园12万所,在园幼儿的增量达到了前10年(2000～2009年)增量总和的2倍。截至2015年,全国共有幼儿园22.37万所,在园幼儿4264.83万人,学前3年毛入园率已达到75%。在全国新增幼儿园中,乡村和镇区新增幼儿园占比分别为32.23%和39.29%,二者合计高达71.52%。农村在园(班)幼儿人数也占在园幼儿总数的65%以上。

2. 义务教育普及程度大幅提高

义务教育普及率超过高收入国家平均水平,高中阶段教育毛入学率超过中高收入国家平均水平。截至2015年,全国共有义务教育阶段学校24.29万所,在校生1.40亿人,专任教师916.08万人,九年义务教育巩固率达到93.0%。全国高中阶段教育共有学校2.49万所,在校学生4037.69万人,高中阶段毛入学率87.0%。仅在2012～2015年,中央财政便安排中西部地区普通高中改善办学条件补助资金120亿元,支持中西部集中连片特困地区1542所学校改善办学条件,共惠及600多万名在校学生。中央与地方共同安排资金设立普通高中国家助学金,年生均1500元,自2015年春季学期起提高到2000元。2012～2015年国家发展改革委共安排专项资金170多亿元,支持1814所中职学校基础能力建设。中央财政共下达中职免学费补助资金417亿元,免除中等职业学校全日制在校生中所有农村学生和城市涉农专业、家庭经济困难学生学费。对全日制一二年级在校涉农专业学生和非涉农专业家庭经济困难学生发放国家助学金。2013年标准为每生每年1500元,2015年起提高到每生每年2000元,覆盖近40%的学生。

3. 高等教育蓬勃发展

目前,全国共有普通高等学校和成人高等学校2852所,其中普通高等学校2560所,成人高等学校292所。普通高等教育本专科在校生2625.30万人,成人高等教育本专科在校生635.94万人。自2014年7月起,国家助学贷款标准调整为全日制本专科学生每人每年最高8000元,全日制研究生每人每年最高12,000元。自2015年7月起,学生在读期间贷款利息全部由财政补贴,最长期限延长至20年。自2014年秋季学期开始执行新的全日制研究生国家助学金政策,资助标准为博士生不低于每生每年10,000元,硕士生不低于每生每年6000元。截至2015年,全国各类高等教育在学总规模达到3647万人,高等教育毛入学率达40.0%,我国主要劳动年龄人口受过高等教育的比例达到15.83%。

二、内容解析

(一)从普及义务教育向实现义务教育均衡优质发展

第一期行动计划指出,全面普及九年义务教育,对小学净入学率、初中毛入学率、初中3年保留率、青壮年文盲率等提出了一系列具体要求;提出积极推进义务教育均衡发展,把提高农村学校教育质量和改造城镇薄弱学校放在重要的位置。在此基础上,第二期行动计划要求进一步巩固九年义务教育普及水平,并对小学净入学率、初中毛入学率、初中3年保留率等内容提出了进一步的要求。同时指出,应当均衡配置教育资源。推进义务教育学校标准化建设,加强薄弱学校改造。推行教师在区域内流动,重点缩小区域内办学差距。资源配置向中西部、农村、边远、民族地区和城市薄弱学校倾斜。加快农村寄宿制学校建设,努力满足农村学龄儿童的寄宿需要。与前两期行动计划对九年义务教育提出一系列细致而明确的数字要求不同,新一期行动计划没有对九年义务教育提出进一步的要求,而是重点指出,应当促进义务教育均衡优质发展。加快推进城乡义务教育一体化进程,加快义务教育公办学校标准化建设。全面改善贫困地区义务教育薄弱学校基本办学条件。着力保障随迁子女在流入地平等接受义务教育。完善留守儿童教育服务体系。在义务教育问题上,新一期行动计划不论是在结构体例还是基本理念上,都产生了很大变化。从最初要求全面普及义务教育、进一步巩固义务教育,到新一期行动计划不再单列具体数据,从积极推进义务教育均衡发展,均衡配置教育资源,再到要求促进义务教育均衡优质发展,实现教育平等正成为义务教育事业发展的大方向。

我国政府受教育权保障理念的变化源自于中国教育保障事业的快速发展。2009年全国小学学龄儿童净入学率达到99.4%,初中阶段毛入学率达到99%,义务教育阶段的巩固率达到90.8%。义务教育整体保障水平已经达到较高水平,但仍有一定的提升空间。到2015年,小学学龄儿童净入学率进一步提升到99.88%,初中毛入学率为104%,九年义务教育巩固率为93%。这一系列数据表明,我国已实现了从基本普及九年义务教育到全面普及九年义务教育的跨越。一个13亿人口的大国在全球9个发展中人口大国中率先实现联合国提出的千年发展目标和2000年《达喀尔行动纲领》中提出的全民教育目标,使所有适龄少年儿童都有了受教育的机会。在全面普及九年义务教育后，中国教育事业所面临的主要矛盾便由教育普及问题转化为高质量的教育普及和优质均衡问题。进一步缩小义务教育阶段存在的多种差距，实现义务教育优质均衡发展成为我国受教育权保障事业新的目标。教育均衡要求在受教育群体之间平等地分配教育资源和份额，达到教育需求与教育供给的相对均衡。教育优质均衡以教育均衡发展为基础，是教育均衡发展的高级阶段。优质均衡就是在资源均衡的前提下，追求教育的优质，实现均衡和优质的统一。在优质均衡中，"优质"不是指向教育资源，而是指向教育质量。在这个意义上，优质教育均衡是指作为结果的教育质量的均衡。目前，我国教育优质均衡的重点是向农村、边远、贫困、民族地区进行教育资源倾斜，支持特殊群体教育，提高家庭经济困难学生资助水平，特别是积极保障农民工子女平等接受教育。

（二）积极普及学前3年教育

基础教育由学前教育、义务教育、高中教育3部分组成，是国家教育体系的根基所在。其中，学前教育有着极为重要的作用，其在促进幼儿早期身心健康发展、奠定进一步的教育基础、提高国民综合素质等方面的作用是无法被取代的。由于诸多历史和现实的原因，我国学前教育普及率一直低于其他各个阶段教育的普及率，同时也落后于世界上其他相同发展水平的国家。随着我国经济社会的不断发展，学前教育资源的提供与广大人民群众对学前教育需求之间的矛盾越发凸显，全国各地都出现了入园难、入园贵的情况。作为体现政府公共服务水平、保障民众受教育权的一项民生工程，学前教育逐渐被政府提上议事日程。党的十七大、十八大等都对学前教育的发展和普及提出了新的要求。

对于学前教育，第一期行动计划并未单列，仅在"全面普及九年义务教育"一条中指出，大中城市和经济发达地区适龄儿童基本能接受学前3年教育，农村儿童学前1年受教育率有较大提高。第二期行动计划则单独指出，积极发展学前教育。到2015年，学前3年毛入园率达到65%以上，学前1年毛入学率达到85%以上。"十二五"期间，中央财政投入500亿元重点支持中西部农村地区发展学前教育。地方各级人民政府实施学前教育3年行动计划，逐步完善城乡学前教育网络。在第二期行动计划要求积极发展学前教育的基础上，新一期行动计划指出，普及学前3年教育。扩大普惠性学前教育资源，学前3年毛入园率提高到85%。继续加大对中西部地区和薄弱环节的支持力度，基本建成覆盖城乡、布局合理的学前教育公共服务体系。在此可发现，3

期人权行动计划对学前教育的重视程度也呈现出了不断加强的趋势,由最初未单列学前教育,到新一期行动计划要求普及3年学前教育,行动计划对保障民众接受学前教育的权利不断重视。并且,近两期行动计划均指出,继续加大对中西部地区和薄弱环节的支持力度,重点支持中西部农村地区发展学前教育。随着我国城乡一体化战略的推广实施,提高学前教育的普及程度和教育水平是缩小城乡之间、东中西部之间差距的重要途径。在此,应当将新增教育资源重点向贫困地区和西部地区倾斜,逐步建立起以公共财政投入为主的农村学前教育成本分担机制,引导和激励地方完善学前教育公共服务体系。

(三)普及高中阶段教育,提升劳动年龄人口受教育年限

劳动年龄人口平均受教育年限是一个国家劳动年龄人口平均接受学历教育的年数,包括普通教育和成人学历教育。这是一项反映劳动者文化教育程度的综合指标,体现一个国家的人力资本水平和劳动者素质。提高劳动年龄人口平均受教育年限,是教育改革发展的核心目标。"十二五"时期,我国劳动年龄人口平均受教育年限从9.7年提高到10.23年,累计增加约0.5年。新一期行动计划明确要求到2020年,劳动年龄人口平均受教育年限达到10.8年。在九年义务教育已全面普及的情况下,进一步普及高中阶段教育,提高高中阶段毛入学率是保障公民受教育权的重要手段。

第一期行动计划仅提出全面普及九年义务教育,并未明确讨论高中阶段的教育问题。而第二期行动计划则明确提出,加快普及高中阶段教育。改善普通高中办学条件,提高教育水平和质量。到2015年,高中阶段教育毛入学率达到87%。在此基础上,新一期行动计划直接提出"普及高中阶段教育,到2020年,全国高中阶段教育毛入学率达到90%"。从"加快普及"到"普及",表明了国家对高中阶段教育的高度重视和实施决心。"普及"目标实现的关键在于政策落实,而"重中之重"是中西部地区与农村地区。党的十八届五中全会公报提出,率先从建档立卡的家庭经济困难学生实施普通高中免除学杂费。在全国范围内对家庭经济困难学生"实施普通高中免除学杂费"。"率先"这一提法表明,我国或将免除学杂费政策推广至全国范围内的普通高中。加上前期推进的中等职业教育免除学杂费,我国很可能在未来一段时间实现高中阶段教育免除学杂费。"免除学杂费"这一举措意义重大,将推动更多贫困家庭的孩子接受普通高中教育,极大地提高贫困家庭孩子的高中入学率,从而为普及高中阶段教育打下坚实基础。对此,新一期行动计划指出,继续加大对中西部贫困地区高中阶段教育的扶持力度。对建档立卡的家庭经济困难学生实施普通高中免除学杂费。

（四）完善职业教育体系和制度建设

我国的高中阶段教育包括普通高中教育、成人高中教育、中等职业教育。其中，中等职业教育是高中教育的重要组成部分。一直以来，我国政府都高度重视职业教育发展问题。在各级政府的大力推动下，我国职业教育体系不断完善。改革开放30多年来，我国中等职业教育发展迅速。至2014年，我国普通高中招生796.6万人，在校生2400.5万人，而中等职业教育招生628.9万人，在校生1802.9万人。其中，农村中等职业学校与普通高中规模大体相当。

第一期行动计划明确指出，加快发展职业教育。建设2000个专业门类齐全、装备水平较高、优质资源共享的职业教育重点专业实训基地，扶持建设一批县级职业教育中心、中等职业学校和100所示范性高等职业院校。第二期行动计划提出，2012年到2015年我国将大力发展职业教育。"十二五"以来，中央财政持续加大投入，年均增长超过50%，投入近500亿元，并建成了一批具有较高水平和示范作用的骨干学校、专业和课程。自2015年起，每年5月的第二周被国务院确定为"职业教育活动周"。2015年财政部、教育部、人社部联合印发《关于建立完善中等职业学校生均拨款制度的指导意见》。截至2015年12月，全国所有省份均已出台高职生均拨款制度，26个省出台中职生均拨款制度。在此基础上，新一期行动计划进一步指出，完善职业教育体系和制度建设；修改职业教育法；推动产教融合发展，完善校企合作制度；完善职业教育人才多样化成长渠道；支持欠发达地区职业教育发展；逐步分类推进中等职业教育免除学杂费。

（五）积极促进高等教育发展

在我国高水平大学建设中，"211工程"和"985工程"一直都是重要组成部分。第一期行动计划明确指出，继续实施"211工程"和"985工程"，加快推进高水平大学建设。但之后两期人权行动计划均未再强调实施"211工程"和"985工程"。这表明，国家在逐步调整高等教育发展理念。2016年6月教育部、国务院学位委员会、国家语委宣布一批失效规范性文件，其中包括《关于继续实施"985工程"建设项目的意见》《关于补充高等教育"211工程"三期建设规划的通知》。国家虽然并未在"211工程"和"985工程"存废问题上明确表态，但这一行为说明国家在建设高水平大学方面的理念已经产生了一定变化。未来我国高等教育建设重点将不再是"211工程"和"985工程"。

创新能力是一个国家和民族核心竞争力的重要标志，而高等教育是科技第一生产力和人才第一资源的重要结合点,在国家发展中具有十分重要的地位。对此,第二期行动计划指出,促进高等教育发展。结合经济社会发展和国家战略需要,提高教育质量和创新能力。新一期行动计划进一步指出,促进高等教育发展;实施高等学校创新能力提升计划。高等学校创新能力提升计划,是针对新时期我国高等学校已进入内涵式发展新形势的又一项体现国家意志的重大战略举措。高等学校创新能力提升计划的实施,对于大力提升高等学校的创新能力,全面提高高等教育质量,深入实施科教兴国、人才强国战略,都具有十分重要的意义。

三、展望和建议

(一)保障国家财政教育经费投入稳定增长

李克强总理曾指出,强国必先重教,重教必须尊师。各级党委和政府都要把兴学育才作为为政之先,一如既往地重视教育发展,无论财政收支压力有多大,我们对教育的支持力度不会减,向教师队伍倾斜的政策不会变,建设教育强国的决心不动摇。[①] 自 2012 年以来,国家财政性教育经费支出占国内生产总值连续 3 年保持在 4% 以上,财政支出总额中教育经费所占比例逐步提高。在此基础上,为保障国家财政教育经费投入稳定增长,应当进一步建立保证财政教育投入稳定增长的长效机制,对国家财政教育经费投入作出更加细致明确的规定。

(二)采取更多措施解决教育公平问题

追求教育公平是世界各国教育改革和发展的基本出发点和共同目标,也是社会主义制度的本质要求。只有保障教育公平,才能为人才成长提供公平环境,才能使社会公平成为可能。在现阶段,我国教育已进入提高质量、优化结构和促进公平的新阶段。新一期行动计划对于教育公平问题多有规定,如强调义务教育的均衡优质发展,优化区域间、城乡间教育资源配给问题,加强对中西部、农村地区、贫困地区、革命老区、民族和边远地区的教育投入等。但在高考公平问题上,新一期行动计划仅提出,深入实施中西部高等教育振兴计划,扩大重点高校对中西部和农村地区招生规模,并未提出更多解决方案。在未来行动计划制定中,应采取更多措施解决教育公平问题,尤其是高考公平

---

① 参见李克强:《进一步营造尊师重教社会氛围,以改革推动我国教育事业提质发展》,载《人民日报》2015 年 9 月 9 日,第 1 版。

问题。

第七节　环境权利

人类的生存和发展需离不开自然环境，对于环境的大规模破坏已经严重侵蚀了人类的生存条件和发展空间，作为一项人权的环境权利必须被认真对待。面对严峻的环境保护形势，新一期行动计划进一步加大治理强度，扩展治理覆盖面，强调机制和制度的优化。

一、背景与成就

人类社会进入工业革命以后，生产力飞速发展。伴随而来的环境问题也日趋严重，一系列环境公害事件不断震惊世界。1943 年 5 月至 10 月美国洛杉矶发生了严重的烟雾事件，大量汽车尾气产生的光化学烟雾，在 5 个月时间内造成 65 岁以上老人死亡 400 余人。1952 年 12 月英国伦敦由于冬季燃煤产生大量煤烟，引起大面积烟雾，发生严重烟雾事件，能见度突然变得极差，整座城市弥漫着浓烈的臭鸡蛋气味，居民普遍呼吸困难，短短几日即导致 4000 多人死亡，此后 2 个月内又有 8000 余人陆续丧生……自 20 世纪六七十年代起，环境污染、核辐射、资源耗竭、气候变化等全球环境问题在各现代化国家中全面爆发，人们逐渐认识到环境权利的意义，并对环境权利加以珍惜和维护。其间，具有里程碑意义的是 1972 年在斯德哥尔摩召开的“联合国人类环境会议”，会议通过了《人类环境宣言》，宣言鲜明指出“人类有权在一种能够过尊严和福利的生活环境中，享有自由、平等和充足的生活条件的基本权利，并且负有保护和改善这一代和将来的世世代代的环境的庄严责任”。同样意义深远的还有 1992 年在巴西里约热内卢召开的“联合国环境与发展大会”，会议通过了《里约环境与发展宣言》和《21 世纪议程》2 个纲领性文件以及《关于森林问题的原则声明》，签署了《联合国气候变化框架公约》和《生物多样性公约》。由此，环境问题尽管仍然面临诸多分歧、挑战，但总体而言，环境权利保护的国际共识不断扩展，国际合作亦不断深化。

我国在现代化进程中也不可避免地伴生了种种环境问题，1972 年即发生了大连湾污染事件、北京鱼污染事件以及松花江水系污染；随着中国工业化进程的加快和经济规模的不断扩大，对资源的利用、能源的消耗和废弃物的排放都在同步增长，资源、环境问题愈益凸显出来。为此，政府积极应对，不断探

索,推动了我国环境保护事业的发展。总体上讲,我国环境保护的历程大致可以分为5个阶段:①

第一阶段:从20世纪70年代初到党的十一届三中全会。1972年召开人类环境会议时,我国正处于"左"倾社会主义思潮中,当时的观点是"宁要社会主义的草,不要资本主义的苗","社会主义没有污染","说社会主义有污染是对社会主义的污蔑",我国不准备派代表参加。周恩来总理首先看到了污染的严重性,他强调不能将环境问题看成是小事,不要认为不要紧,不要再等了。在周总理的指示下,我国派出代表团参加了人类环境会议。会议后不久,1973年8月国务院召开第一次全国环境保护会议,提出了"全面规划、合理布局,综合利用、化害为利,依靠群众、大家动手,保护环境、造福人民"的32字环保工作方针。

第二阶段:从党的十一届三中全会到1992年。这一时期,我国环境保护逐渐步入正轨。1983年第二次全国环境保护会议,把保护环境确立为基本国策。1984年5月国务院公布《关于环境保护工作的决定》,环境保护开始纳入国民经济和社会发展计划。1988年设立国家环境保护局,成为国务院直属机构。地方政府也陆续成立环境保护机构。1989年国务院召开第三次全国环境保护会议,提出要积极推行环境保护目标责任制、城市环境综合整治定量考核制、排放污染物许可证制、污染集中控制、限期治理、环境影响评价制度、"三同时"制度、排污收费制度等8项环境管理制度。同时,以1979年颁布试行、1989年正式实施的《环境保护法》为代表的环境法规体系初步建立,为开展环境治理奠定了法治基础。

第三阶段:从1992年到2002年。里约"联合国环境与发展会议"召开2个月之后,党中央、国务院发布《中国关于环境与发展问题的十大对策》,把实施可持续发展确立为国家战略。1994年3月我国政府率先制定实施《中国21世纪议程》。1996年国务院召开第四次全国环境保护会议,发布《关于环境保护若干问题的决定》,大力推进"一控双达标"(控制主要污染物排放总量、工业污染源达标和重点城市的环境质量按功能区达标)工作,全面开展"三河"(淮河、海河、辽河)、"三湖"(太湖、滇池、巢湖)水污染防治,"两控区"(酸雨污染控制区和二氧化硫污染控制区)大气污染防治、一市(北京市)、"一海"(渤海)的污染防治(简称"33211"工程)。启动了退耕还林、退耕还草、保护天

① 参见周生贤:《我国环境保护的发展历程与成效》,载《环境保护》2013年第14期。

然林等一系列生态保护重大工程。

第四阶段：从 2002 年到 2012 年。党的十六大以来，党中央、国务院提出树立和落实科学发展观、构建社会主义和谐社会、建设资源节约型、环境友好型社会、让江河湖泊休养生息、推进环境保护历史性转变、环境保护是重大民生问题、探索环境保护新路等新思想、新举措。2002 年、2006 年和 2011 年国务院先后召开第五次全国环境保护会议、第六次全国环保大会、第七次全国环保大会，作出一系列新的重大决策部署，把主要污染物减排作为经济社会发展的约束性指标，完善环境法制和经济政策，强化重点流域区域污染防治，提高环境执法监管能力，积极开展国际环境交流与合作。

第五阶段：党的十八大以来。党的十八大将生态文明建设纳入中国特色社会主义事业总体布局，把生态文明建设放在突出地位，要求融入经济建设、政治建设、文化建设、社会建设各方面和全过程，努力建设美丽中国，实现中华民族永续发展，走向社会主义生态文明新时代。这是具有里程碑意义的科学论断和战略抉择，标志着我们党对中国特色社会主义规律认识的进一步深化，昭示着要从建设生态文明的战略高度来认识和解决我国环境问题。

这一总体历程呈现了我国环境保护事业的基本脉络，也奠定了我国未来环境保护事业深化发展的基础。国家人权行动计划对于环境权利的考察和指标设定也以此为根据，并尽可能地因应当下我国环境事业的现实需要和发展趋势。

经过不断的努力探索，我国环境事业与环境权利维护尽管仍面临种种难题和困境，但仍然取得了诸多突出成绩，总体而言，主要包含如下三个方面。

（一）环境法律制度不断完善

自新中国成立以来，国家以环境保护为对象，制定、颁布和修订了多项环境保护专门法以及与环境保护相关资源法，初步形成了适应市场经济体系的环境法律和标准体系，为环保领域实现有法可依奠定了基础。1973 年国务院批转《关于保护和改善环境的若干规定》，是我国环境保护立法的起点。改革开放以来，环境立法逐渐展开，目前已经形成了以宪法为基础，以《环境保护法》为主干，包括《环境影响评价法》《大气污染防治法》《循环经济促进法》《水污染防治法》《城乡规划法》《节约能源法》《可再生能源法》《固体废物污染环境防治法》《防沙治沙法》《行政许可法》《放射性污染防治法》《草原法》《水法》《清洁生产促进法》《海域使用管理法》《渔业法》《大气污染防治法》《气象法》《环境噪声污染防治法》《煤炭法》《农业法》《水土保持法》《野生动物保护法》《土地管理法》《矿产资源法》《森林法》《海洋环境保护法》《循环经济促进法》等法律在内的环境法律体系。此外,我国还制定了国家环境标准近1500项。环境标准和技术性规范的要求越来越严格,弥补了传统环境管制手段的不足,强化了环境管理。

近年来,环境立法工作逐渐转向修改和完善方面,特别是2014年,国家修改了《环境保护法》。修改后的《环境保护法》专章规定"信息公开和公众参与",明确了公众的知情权、参与权和监督权,即"公民、法人和其他组织依法享有获取环境信息、参与和监督环境保护的权利";明确重点排污单位应当主动公开环境信息,并规定了相应的法律责任;完善建设项目环境影响评价的公众参与,规定"对依法应当编制环境影响报告书的建设项目,建设单位应当在编制时向公众说明情况,充分征求意见"。另一个重要的修改内容则是完善公益诉讼制度,赋予相关社会组织(依法在设区的市级以上人民政府民政部门登记的相关社会组织,和专门从事环境保护公益活动连续5年以上且信誉良好的社会组织)提起环境公益诉讼的权利。此外,"新法"针对目前环保领域"违法成本低、守法成本高"的问题,强化了责任追究力度。

(二)环境污染防治能力和力度加大

环境权利保障水平不仅取决于法律制度完备与否,也取决于国家、政府的污染治理能力。近年来,我国继续提高环境污染防治能力,加大污染防治力度,有效降低了环境污染水平。①

重金属污染得到有效治理。2010~2015年中央财政拨付172亿元资金支持重金属污染治理。2014年全国铅、汞、镉、铬和类金属砷5种重点重金属污染物排放总量比2007年下降20%,重金属污染事件自2010~2011年的平均每年10余起下降到2012~2015年的平均每年不到3起。

水污染治理能力得到提升。2015年4月国务院发布《水污染防治行动计划》。全国地表水劣Ⅴ类水质比例自2001年的35.7%下降到2015年的8.8%。2011~2015年新增城镇污水处理能力4800万吨/日。2015年338个地级及以上城市集中式饮用水水源取水量达标率为97.1%。

空气污染治理力度加大。2015年8月修改《大气污染防治法》,以改善大气环境质量为目标,强化政府责任,完善治理大气污染的针对性措施。2011~

① 有关环境污染防治的具体数据,参见《〈国家人权行动计划(2012—2015年)〉实施评估报告》。

2015年化学需氧量、氨氮、二氧化硫、氮氧化物4项污染物排放量，分别下降12.9%、13.0%、18.0%和18.6%。2013年9月国务院印发《大气污染防治行动计划》，明确了10条35项综合治理措施，重点治理细颗粒物（PM2.5）和可吸入颗粒物（PM10）。2015年全国所有地级及以上城市已全部实施新环境空气质量标准。建成发展中国家最大的空气质量监测网，全国338个地级及以上城市全部具备PM2.5等6项指标监测能力。加强节能低碳标准化工作。2011~2015年实施百项能效标准推进工程，批准发布205项节能国家标准。2015年国务院办公厅印发《关于加强节能标准化工作的意见》。批准发布钢铁、水泥等10个行业温室气体排放标准，发布第五阶段车用油品国家标准。

（三）生态环境保护与建设不断加强

2010年国务院成立"2010国际生物多样性年中国国家委员会"，并于2011年更名为"中国生物多样性保护国家委员会"。环境保护部发布《中国生物多样性保护战略与行动计划（2011—2030年）》，启动"联合国生物多样性十年中国行动"。2011~2015年天然林资源保护工程投资达898亿元，约108万平方公里的天然林得到有效保护。持续推进"三北"等重点防护林体系建设、京津风沙源治理、岩溶地区石漠化综合治理、退牧还草等重点生态工程，启动新一轮退耕还林还草。2011~2015年已建成以自然保护区为骨干的生物多样性就地保护网络体系。建成自然保护区面积达147万平方公里，约占陆地国土面积14.84%。全国超过90%的陆地生态系统类型、89%的国家重点保护野生动物种类和86%的国家重点保护野生植物种类在自然保护区内得到保护。截至2015年年底，我国森林覆盖率为21.66%。新增水土流失综合治理面积26万余平方公里，超额完成计划预期目标。截至2014年年底，全国城市绿化覆盖率为40.22%，提前完成计划预期目标。

二、内容解析

梳理新一期行动计划与前两期行动计划关于环境权的内容，可以清晰地发现我国环境权保护理念的提升与政策、制度的完善，具体而言，主要体现在如下3个方面。

（一）环境保护强度显著提升

《中共中央关于制定国民经济和社会发展第十三个五年规划的建议》提出实行最严格的环境保护制度，中共中央、国务院印发《关于加快推进生态文明建设的意见》和《生态文明体制改革总体方案》，共同形成了深化生态文明体制改革的战略部署和制度架构。新一期行动计划明确回应了这一改革诉求,尤其强调“实行最严格的环境保护制度”。

“最严格环境保护制度”可以理解为,在当前经济社会发展阶段和技术水平条件下,为解决突出生态环境问题、确保生态环境阈值底线不被逾越和突破,以及满足生态文明建设目标需求和要求而制定的更具刚性和约束力且能够有效实施和执行的环境保护制度。它包括一系列具体目标、体系、执行与考核等内容。长期来看,最严格环境保护制度的改革思路应当围绕其内涵,面向生态文明建设要求以及环境质量改善的目标,根据环境保护制度的不足和差距,对当前的制度进行整体、系统和全面的改造,推动整个环境保护制度体系的刚性化,建立最严格的环境法治、环境管控和环境经济制度体系。①

在更高强度的环境保护战略指引下,新一期行动计划亦新增了诸多重要指标。

在水污染防治方面,设定了更明确的比例控制目标:“到2020年,达到或好于Ⅲ类水体比例超过70%,劣Ⅴ类水体比例小于5%,地级以上城市建成区黑臭水体控制在10%以内。化学需氧量、氨氮排放总量减少10%。”同时突出强调了“地下水超采得到严格控制”。

在大气污染防治方面,同样设定了明确的比例控制目标:“到2020年,地级以上城市空气质量优良天数比率超过80%,细颗粒物(PM2.5)未达标地级以上城市浓度下降18%,二氧化硫、氮氧化物排放总量减少15%。”

在生态建设方面,相比前两期行动计划,考察指标显著扩展,“到2020年,森林覆盖率提高到23%以上,湿地保有量稳定在8亿亩,自然保护地占国有面积稳定在17%以上,新增沙化土地治理面积1000万公顷,新增水土流失综合治理面积27万平方公里,国家森林城市达到200个,全国80%以上的行政村居民点绿化覆盖率达25%以上”。

在海洋资源环境保护方面,严格控制性指标指向了目前极为严峻的两个环境问题——围海造陆和过度捕捞。围海造地是沿海地区为缓解用地紧张而采取的一项开发举措,荷兰、日本、新加坡等国家也都靠填海来解决土地矛盾。在我国沿海一些人多地少的地方,用地更为紧张,向海洋要地就成了各地不约而同的选择。然而,在用地需求猛增、土地价格猛涨的利益驱使下,个别地方

① 参见俞海:《解读五中全会:用最严格制度保护环境,建设美丽中国》,载中国网:http://news.china.com.cn/txt/2015-11/03/content_36962448.htm,最后访问日期:2016年10月23日。

过度开发,不科学地填海造地、围滩造田,尽管增加了土地资源,但却对海洋资源造成了严重破坏。为了进一步约束围海造地,新一期行动计划提出“严格控制围填海规模,加强海岸带保护与修复,自然岸线保有率不低于35%”。另外,长期的过度捕捞在近海污染的助力之下使中国的渔业资源呈现严重的衰退趋势,同时,伴随着全球捕鱼数量逐渐逼近渔业可持续发展的极限值,过度捕捞也越发成为一项国际社会的共同危机,解决过度捕捞问题已经无法再拖延耽搁,新一期行动计划因而也特别强调了“严格控制捕捞强度”。

(二)从重点突破到全面突破

环境保护牵涉问题、事项极其广泛,要开展的工作亦千头万绪,前两期行动计划更注重以点带面,重点突破,新一期行动计划则反映出,我国在前期基础上已经形成了全面治理环境问题的能力、经验和决心。从新一期行动计划的内容来看,这种转变集中表现在以下两个方面。

其一,注重环境法治化进程中的重点突破。相较于第二期国家人权行动计划“修改环境保护法”的指标设置,新一期行动计划在既有环境权利保障实践经验与成果积累的基础上致力于实现成果的巩固和全面突破。一方面落实现行法律;另一方面协同推进配套制度和相关立法的出台,即“切实落实环境保护法和大气污染防治法,完善环境公益诉讼等配套制度。有序推进水污染防治法、土壤污染防治法、核安全法等立法规划项目进程”。通过落实现行法律、协同推进配套制度和相关立法的出台,环境法制将逐渐形成完整的覆盖面,从而为环境权利的全面保障奠定坚实基础。

其二,针对第一期、第二期行动计划未能予以关注的重大问题进行了专门部署,如提出了“制定实施土壤污染防治行动计划”“推动能源结构优化升级”“健全国门生物安全查验机制,防范动植物疫情疫病跨境传播和外来物种入侵”。

“制定实施土壤污染防治行动计划。”土壤是经济社会可持续发展的物质基础,如果土壤未能得到有效保护,将会对农产品安全、人居环境和生态系统造成严重危害。农作物吸收和富集某些污染物,影响农产品质量,造成减产,长期食用超标农产品可能危害人体健康。[①] 住宅、商业、工业等建设用地土壤污染可能通过呼吸、皮肤接触等方式危害人体健康。污染地块未经治理修复

① 自2011年以来,“砷毒”“血铅”“镉米”等事件频发,让重金属污染成为最受关注的公众事件之一,国土资源部曾公开表示,中国每年有1200万吨粮食遭到重金属污染。

就直接开发,会给有关人群造成长期的危害。另外,土壤污染可影响植物、动物和微生物的生长和繁衍,危及正常的土壤生态过程和生态服务功能,不利于土壤养分转化和肥力保持,影响土壤的正常功能。土壤中的污染物可能发生转化和迁移,进入地表水、地下水和大气环境,造成区域环境质量下降。当前,我国土壤环境总体状况堪忧,部分地区污染较为严重,切实开展行动防治土壤污染已成为一项越发紧迫的任务,也正因如此,"制定实施土壤污染防治行动计划"被纳入新一期行动计划之中。

"推动能源结构优化升级。"清洁低碳,已成为世界能源发展潮流。近年来,我国着力推动能源转型取得初步成效。国家能源局数据显示,"十二五"期间,我国以年均3.6%的能源增速保障了国民经济7.8%的增速,单位GDP能耗累计下降18.2%。在能源结构方面,水电、核电、风电、太阳能发电装机规模分别增长1.4倍、2.6倍、4倍和168倍,带动非化石能源消费比重提高了2.6个百分点。[①] 但是,也应当清楚地意识到,清洁能源消费量占能源消费总量的比重仍然较低,而煤炭消费量在能源消费总量的占比仍然保有绝对优势。[②] 与此同时,终端能源消费清洁替代任务仍然面临诸多现实问题的制约,如天然气替代受价格、输气管网等体制机制因素制约,电力替代也面临成本、基础设施、关键技术等因素制约。因此,能源结构优化升级仍有待进一步推进,清洁低碳能源体系的构建还需进一步付诸行动,新一期行动计划因应了当下能源革命的需求,着重关注了"推动能源结构优化升级"问题。

"健全国门生物安全查验机制,防范动植物疫情疫病跨境传播和外来物种入侵。"国门生物安全,是指国家检验检疫机关通过在出入境口岸设置防线,对出入境货物、人员、运输工具等实施检疫查验,防止外来有害生物入侵,避免和减少对一国的生态系统、生物多样性、农林牧渔业生产以及人类健康造成危害。因此,国门生物安全又成为生态环境安全、资源安全、农林业生产安全乃至经济安全的重要预防性措施和组成部分。当前,国际社会已形成普遍共识,把外来生物入侵和栖息地丧失、传统化学污染及气候变化共同列为当今全球四大环境问题。从近年来的形势来看,我国进境货物及旅邮检应检物种

---

① 参见陈炜伟:《"十三五"我国能源结构迈向清洁低碳》,载新华网:http://news.xinhuanet.com/fortune/2016-06/01/c_1118971496.htm,最后访问日期:2016年10月23日。

② 2015年的煤炭消费量占能源消费总量的64.0%,水电、风电、核电、天然气等清洁能源消费量占能源消费总量的17.9%。

类、来源更为复杂，新问题层出不穷，新业态不断发展，疫情疫病防控难度大幅增加。由此而言，环境权利的切实保障已经不可能仅仅停留在关注系统内部风险，对于国门生物安全必须给予更多注意力，通过健全国门生物安全查验机制，防范动植物疫情疫病跨境传播和外来物种入侵。

"建立海洋资源环境承载力预警机制。"当前，我国沿海地区开发利用海洋的热情空前高涨，海洋、海岸带经济已经成为国民经济新的增长点。与此同时，海洋资源和生态环境也遭到不同程度的破坏，海洋资源衰退、海洋环境污染加剧、海洋生态严重退化等问题随之凸显，部分区域海洋资源环境负荷已经处于超载过载状态，这将严重制约海洋的可持续利用和发展。虽然目前我国已建立形成较为完备的海洋环境监测评价工作体系，但针对海洋资源环境承载能力的实时动态跟踪能力不足，对海洋资源环境承载能力进行系统准确评估的水平还有待提高，距离科学指导限制性措施制定和实施还有较大差距。鉴于此，我国海洋资源环境承载力预警机制亟待建立健全。

（三）重视机制、制度创新和优化

党的十八大以来，体制、机制和制度创新成为一切领域改革的重点，新一期行动计划因应了环境保护领域的改革需要，对于机制、制度创新给予了特别关注，尤其是提出了"完善环境公益诉讼等配套制度""推行全流域、跨区域联防联控和城乡协同治理模式""建立健全排污权有偿使用和交易制度""建立企业环境信用记录和违法排污黑名单制度""健全生态环境损害赔偿制度"。

"推行全流域、跨区域联防联控和城乡协同治理模式。"跨区域、跨流域环境问题一直是我国环境保护面临的突出难题。近年来，环境保护区域、流域联防联控协作机制在推动联防联控、污染预警会商、统一相关标准、探索联合执法方面发挥了积极作用，但也仍然存在很多深层次的问题。(1)按行政区域分割管理，导致区域、流域环境保护全局性不够。一些地方政府因为各自的发展阶段、利益诉求不完全一致、各自为政，导致各地在环保目标、政策标准、执法尺度方面难以统一。(2)职责关系、事权划分有待进一步明确。一些需要各省(区、市)衔接配合的事项应该由中央直接负责，但这些事项往往涉及中央多个部门，缺少一个权威机构统筹协调，导致一些跨区的环境问题难以解决，突出的实例即是京津冀机动车尾气污染问题。(3)现有的协调机制比较松散，权威性不足。协作力度弱，效率不高，对于涉及各方利益的问题难以达成共识。① 鉴于此,完善区域大气污染防治联防联控协作机制,尤其是开展建立跨地区环保机构、按流域设置环境监管和行政执法机构试点,将会是我国未来一段时间内破解跨区域、跨流域环境难题的重点工作。与此同时,伴随着城镇化、工业化的不断深入,诸如城市产业升级使传统工业转移乡村、乡镇企业环境污染、天然植被与垦荒种植争地等环境资源问题使得环境治理必须对城乡进行协同考虑,“城乡协同治理模式”越来越需要被认真对待。

“建立健全排污权有偿使用和交易制度。”环境既是一种重要资源,同时又是一种公共产品。如何创新机制,发挥市场对环境资源的配置作用,是环境保护政策措施的重要内容。排污权有偿使用和交易制度以其政策的优越性、高效性和灵活性等特点,成为我国环境资源领域一项重大的、基础性的机制创新和制度改革。当然,排污权有偿使用和交易政策尚处于初步探索阶段,政策框架尚未整合完善,关键技术仍需要进一步研究,在总结地区试点的有益经验基础上,进行整体性的政策安排和制度构建,无疑将是下一阶段的重点工作。

“建立企业环境信用记录和违法排污黑名单制度。”长期以来,企业环境违法成本低、处罚手段单一是诸多环境问题未能得到有效矫治的重要原因。建立企业环境信用记录和违法排污黑名单制度,将有助于形成失信企业“一次违法、处处受限”的格局,失信企业在行政许可、公共采购、评先创优、金融支持、资质等级评定等工作中将受到多方面的限制,相反,守信企业则会得到多方面的便利。由此,失信惩戒和守信激励的机制将被注入环境监管体系之内,大幅改善环境权利保障的实效。

“健全生态环境损害赔偿制度。”由于目前存在法律不健全、技术支撑薄弱、社会化资金分担机制未建立等诸多问题,长期以来,生态环境损害得不到足额赔偿,生态环境得不到及时修复,需要尽快健全生态环境损害赔偿制度。由造成生态环境损害的责任者承担赔偿责任,修复受损生态环境,有助于破解“企业污染、群众受害、政府埋单”的困局,也有助于改变现行环境损害赔偿“重人身财产,轻生态环境”的不合理格局。

三、展望与建议

我国在保障和促进环境权利方面已经取得了诸多成效,但也仍然面临诸

① 参见王亦君:《陈吉宁:开展跨区域环保机构试点解决协调机制松散》,载中青在线网:http://news.cyol.com/content/2016-11/04/content_14491907.htm,最后访问日期:2016年10月24日。

多问题，例如，工业化、城镇化双轮驱动的环境压力大，产业、能源结构调整具有长期性、艰巨性；环境污染逼近临界，生态环境系统脆弱性明显加大，环境风险易发高发态势明显；污染型、高耗能型产业向中西部转移的形势加剧，区域环境保护不平衡性加大。① 要进一步实现和维护好公民的环境权利，仍需要诉诸更具建设性的环境保护制度改革、优化方案，就眼下的现实需要而言，至少在以下 3 个方面，我们具有进一步深化改革的必要和空间。

（一）优化环境政策工具

长期以来，我国在环境政策工具的选择上偏重命令控制型政策工具，强调行政命令，制定技术标准、绩效标准，以及对不达标企业的强制处罚。不可否认，此种管制方式对于改善环境问题发挥了重要作用。然而，其缺点也同样显著，具体表现在以下方面：(1)政府监管信息成本高。该类政策行政命令色彩浓重，使政府和企业的博弈长期锁定在非合作状态，政府信息获取成本大大提高，降低了效率。(2)命令控制型政策往往采取"一刀切"的标准，这使每个企业承担同样的污染控制负担，没有考虑到不同企业的成本差异。(3)命令控制型环境政策留给企业的可操作空间太小，在一定程度上阻碍了企业的技术创新。当企业的技术或者绩效水平达到规定的标准时，企业就没有动力再去创新改进技术——因为超过政府标准的技术水平不仅不会受到褒奖，还可能会使政府制定更加严格的规制。②

从发展需求和改革动向来看，市场型政策工具将被越来越多地适用。《生态文明体制改革总体方案》明确部署："构建更多运用经济杠杆进行环境治理和生态保护的市场体系，着力解决市场主体和市场体系发育滞后、社会参与度不高等问题。"其核心制度、措施将包括：健全企业环境信用制度、培育环境治理和生态保护市场主体、推行用能权和碳排放权交易制度、推行排污权交易制度、推行水权交易制度、建立绿色金融体系、建立统一的绿色产品体系等。前文已经提及排污权交易制度是新一期行动计划的一项重要指标，它也将是环境政策工具全面升级的一个重要突破点。目前，尽管排污交易权制度已经通过试点工作取得了一定的成果，但仍然存在诸多技术性难题有待进一步探

---

① 参见崔静：《从"概念图"到"施工图"——解读"十三五"时期我国环境治理新图景》，载新华网：http://news.xinhuanet.com/2015-12/15/c_1117467557.htm，最后访问日期：2016 年 10 月 24 日。

② 参见张武林：《环境政策工具演进脉络研究》，载《浙商管理评论》（第 1 辑）2014 年第 00 期。

索:(1)排污权初始分配;(2)排污权价格确定;(3)实际排放量核定;(4)排污权期限。[①] 在新一期行动计划实施期间,对于这些技术性难点的探索和突破将有助于带动排污权有偿使用和交易制度的完善,并进而推动环境治理的转型升级。

另外,公众环境保护意识(如低碳意识)的觉醒对于低成本、高效解决环境问题也有积极作用,因此公众参与也是对命令控制型政策工具和市场型政策工具的重要补充。《生态文明体制改革总体方案》亦专门强调:"引导人民群众树立环保意识,完善公众参与制度,保障人民群众依法有序行使环境监督权。建立环境保护网络举报平台和举报制度,健全举报、听证、舆论监督等制度。"

总体而言,通过引入市场型政策工具,鼓励公众参与,环境治理将形成政府、市场、公民社会三方力量相互联动的机制,进一步增强环境治理和环境权保障的有效性。值得注意的是,优化环境政策工具必须回应区域间污染型产业转移和治理能力不均衡问题,中央政府应考虑进行必要的政策协调,尤其是要在政策上给予西部更多支持,使西部在对东部的能源贡献中为自己留下相应的份额,能有更多的资金投入环境污染治理。同时,中央政府需要协调和保证合理的能源价格,这一举措除了可以支持西部的经济发展,还有利于抑制东部不合理的能源消费。[②]

(二)改进环境监察体制

环境权利的切实维护离不开有效的环境监察,从目前来看,环境监察体制中的一个重要问题是地方环境保护管理体制的优化。我国现行以块为主的地方环保管理体制存在"四个突出问题":一是难以落实对地方政府及其相关部门的监督责任;二是难以解决地方保护主义对环境监测监察执法的干预;三是难以适应统筹解决跨区域跨流域环境问题的新要求;四是难以规范和加强地方环保机构队伍建设。[③]

---

① 参见吴悦颖、张炳、王金南:《进一步完善排污权有偿使用和交易制度》,载《中国环境报》2014年9月5日,第2版。

② 参见林伯强、邹楚沅:《发展阶段变迁与中国环境政策选择》,载《中国社会科学》2014年第5期。

③ 参见荣启涵、杨维汉:《围绕"4个突出问题"推进环保机构监测监察执法垂直管理制度改革——访环保部副部长李干杰》,载新华网:http://news.xinhuanet.com/2016-09/23/c_1119616066.htm,最后访问日期:2016年10月25日。

2016年9月中共中央办公厅、国务院办公厅印发《关于省以下环保机构监测监察执法垂直管理制度改革试点工作的指导意见》,以加快解决现行以块为主的地方环保管理体制存在的突出问题。实施垂直管理制度改革也是完善环境监察体制的重要突破口。环保垂直管理制度改革,改体制、调机构、动人员,不只是机构隶属关系的调整,也涉及监测、监察、执法、许可、审批等环境治理基础制度的重构。全面落实垂改要求,将有力推动地方环保管理体制创新、明晰职责、完善制度、配套政策,提高环境管理的整体效能,提升生态环境治理体系和治理能力的现代化水平。

当然,改革方案推行之后,仍有问题需要进行观察和研究。例如,县级环保局将不再单设,而是作为市(地)级环保局的派出机构,在这种情况下,是否还需强调县级人民政府的属地负责作用,以及县级人民政府利用什么机构来进行环境监管,仍需要进一步研判。《环境保护法》中规定"地方各级人民政府应当对本行政区域的环境质量负责"的相应条款,也需要适当调整。此外,还需要考虑的是,在合适的时机和条件下,引入并强化公众问责机制,使新的环境监管体系可问责,增强环境监测监察垂直执法的独立性。①

(三)改善环境权的司法救济

环境权利的切实保障有赖于有效的司法救济,环境公益诉讼制度将是实现环境权司法救济的重要载体。

2015年1月修订后的《环境保护法》开始施行。2015年7月《全国人民代表大会常务委员会关于授权最高人民检察院在部分地区开展公益诉讼试点工作的决定》实施。一年来,全国各级法院以修订后的《环境保护法》的施行为契机,正确适用《最高人民法院关于审理环境民事公益诉讼案件适用法律若干问题的解释》《最高人民法院关于审理环境侵权责任纠纷案件适用法律若干问题的解释》《人民法院审理人民检察院提起公益诉讼案件试点工作实施办法》,履行了环境公益诉讼审判职能,在促进提升国家环境治理能力方面发挥了重要的作用。

然而,由于行政公益诉讼制度尚未建立、申请环境信息公开的适用条件不明确、生态环境损害救济实体法律依据的缺失、检察机关提起公益诉讼还在试点之中、相关配套制度未及时出台,以及涉及操作层面上的审理规程还需细

---

① 参见常纪文:《环境执法,垂直管理更要立体施治》,载《人民日报》2015年11月16日,第5版。

化,生态环境损害赔偿权利主体有待类型化等因素,环境公益诉讼的整体功效尚未充分发挥。① 为此,环境权利的司法保护,尤其是环境公益诉讼制度的完善仍然值得关注和期待,其改革的重点是:逐渐放宽原告资格限制,拓宽环境公益诉讼对象范围,进一步降低环境公益诉求门槛,以及尽早建立环境行政公益诉讼制度。通过对环境权利公益诉讼制度的完善,环境权利的救济渠道将会拓展、畅通,环境权利的维护也将更具实效。

① 参见孙茜:《我国环境公益诉讼制度的司法实践与反思》,载《法律适用》2016年第7期。

第二章　公民权利和政治权利

第一节　人身权利

人身权利是与人身、人格相关的非财产内容的权利。一般来说,它主要包括生命、健康、人身自由、婚姻自由、人格尊严、姓名、肖像、名誉和荣誉、个人秘密等权利。人身权利是最基本的人权,人的其他各项基本人权都以人身权利为前提。离开了人身权利,不仅谈不上享有政治、经济、社会、文化权利,而且人将被视为工具,而不成其为人。从一定意义上说,对人身权利的承认、尊重和保护程度,是衡量一个社会文明发展水平的重要标志。①

一、背景与成就

(一)人身权利法律保障体系日趋完善

1. 人身权利保护的国际标准

加强人身权利保障是国际社会的共识性事业,以《公民权利和政治权利国际公约》为代表的一系列国际人权法确立了保护人身权利的基本标准。② 除了《公民权利和政治权利国际公约》,还有《执法人员行为守则》(1979 年)、《联合国少年司法最低限度标准

① 参见刘海年:《中国法律关于人身权利的保障》,载《中国社会科学》1996 年第 4 期。

② 参见《公民权利和政治权利国际公约》第 9 条、第 10 条。

规则》(1985 年)、《保护所有遭受任何形式拘留或监禁的人的原则》(1988 年)、《联合国非法拘禁措施最低限度标准规则》(1990 年)等国际人权法律文件,共同建立了保护犯罪嫌疑人人身权利的总体准则,涵盖了人身自由、人身安全和人格尊严三个方面,涉及数项具体原则、权利,包括:禁止非法逮捕和羁押原则、禁止任意逮捕和羁押原则、被告知理由的权利、被迅速带见法官的权利、被释放等待审判的权利、在合理时间内接受审判或被释放的权利、获得法庭人身保护令的权利、获得赔偿的权利、人道待遇和尊重人格的原则。

2. 人身权利保护的国内法律

虽然只是签署但并未批准《公民权利和政治权利国际公约》,但中国依然遵照国际共同认可的标准和中国的实际情况建立了一套人身权利保障的国内法律体系。首先,中国民事法律将人身权利所包含的一系列内容落实为一项项具体的权利予以保障。其次,我国《刑法》明确以保障公民人身权利为立法宗旨,将一系列严重侵犯公民人身权利的行为规定为犯罪,以国家强制力为公民人身权利设防。最后,对于侵犯公民人身权利但恶性较小不构成犯罪的行为,以行政处罚的方式建立一整套规制办法。总之,遵照一系列国际人权公约的基本公式,结合自身实际情况,中国通过民事法、刑事法和行政法等多个维度建立了一整套严密的保障公民人身权利的法律体系。

2009 年 4 月 13 日中国政府发布了第一个以人权为主题的国家规划,即《国家人权行动计划(2009—2010 年)》,开启了以“目标治理”的方式推进中国人权事业发展的进程。2010 年年底,《国家人权行动计划(2009—2010 年)》开展了终期评估工作,行动计划规定的人身权利保障的各项目标和任务均如期完成。在总结第一期人权行动计划目标成就和治理经验的基础上,2012 年 6 月 11 日中国政府又制定发布了《国家人权行动计划(2012—2015 年)》,进一步强调了在刑事诉讼和执法工作中依法保障公民的人身权利。2012 ~ 2015 年,在中国政府和全国各族人民的共同努力下,如期完成了计划预定的人身权利保障的主要目标和任务。①

(二)修订完善刑事诉讼制度,明确“尊重和保障人权”

“尊重和保障人权”作为鲜明的亮点出现在《宪法》2004 年修订案中。8 年之后,也就是 2012 年 3 月 14 日,全国人民代表大会审议决定修改《刑事诉

---

① 有关人身权保障的具体数据,参见《〈国家人权行动计划(2012—2015 年)〉实施评估报告》。

讼法》。同年4月21～22日,来自中央政法委、全国人大常委会法工委、最高人民法院、最高人民检察院、公安部、国家安全部、司法部的有关人员就2013年1月1日新《刑事诉讼法》实施后将面临的相关问题进行认真梳理和研讨,并在很多方面达成相对共识,为贯彻执行新《刑事诉讼法》打下坚实基础。本次修改至少有两大亮点:一是把“尊重和保障人权”写入新《刑事诉讼法》总则,这也是目前所有部门法中唯一一部把“尊重和保障人权”作为总则内容的;二是修改内容非常广泛,几乎涵盖新《刑事诉讼法》的全部内容,包括管辖、回避、证据、缓刑、违法所得如何处理、查封扣押处置、死刑复核、强制治疗、讯问期间如何保证嫌疑人必要的休息、强制措施、庭前会议、简易程序的适用、减刑假释全程监督、危害国家安全犯罪、律师执业、非法证据排除、不得强迫自证其罪、侦查人员出庭作证、指定监视居住、鉴定人出庭、录音录像、律师执业权利保障、法律援助等问题。其中,相当一部分修改后的条文凸显了“尊重和保障人权”的理念。特别是在未成年人保护方面,本次修改把旧《刑事诉讼法》中关于未成年人犯罪的程序规定重新组织,作为专门一章,体现了对特殊群体的人权保障。①

(三)犯罪嫌疑人人身权利得到保障

刑事诉讼中的犯罪嫌疑人是诉讼的中心人物。作为诉讼主体,犯罪嫌疑人的权利受到法律的保障,但犯罪嫌疑人处于弱者地位,权利容易受到侵犯;尤其是犯罪嫌疑人的人身权利,受到司法侵害的可能性更大,或者说人身权利保障的难度更大。我国政府一直注重加强犯罪嫌疑人人身权利保障,最高人民法院、最高人民检察院、公安部发布相关规定,细化了逮捕、取保候审、监视居住等强制措施的适用条件、审批程序和告知程序。公安机关严格执行拘留、逮捕后24小时以内通知被拘留、被逮捕人家属的规定;在第一次讯问犯罪嫌疑人或对犯罪嫌疑人采取强制措施时,及时向犯罪嫌疑人告知其委托辩护律师、申请法律援助的权利。建立网上预约平台,公布预约电话,为律师会见提供便利。大力推进法律援助中心驻看守所工作站建设,确保在押人员及家属及时得到法律援助。辩护律师在侦查期间可以向侦查机关了解犯罪嫌疑人涉嫌的罪名及当时已查明的主要涉罪事实,以及采取强制措施的情况。以“不批准逮捕数”为例,2012～2015年全国检察机关不批准逮捕总数为816,379

① 参见葛天博:《秩序建构中“着眼于安排”与“着眼于现实”的正义偏差》,载《长江师范学院学报》2014年第2期。

人。其中,以无社会危险性不批捕340,491人,以不构成犯罪不批捕63,809人,以事实不清、证据不足不批捕379,290人,一系列严格的程序实实在在地保障了犯罪嫌疑人的人身权利。

(四)对羁押的监督更加严格,被羁押人的合法权益得到保障

公安机关对在押人员因病或因伤符合《刑事诉讼法》规定的可以取保候审或监视居住、不适宜继续羁押的,及时依法变更强制措施。2012～2015年全国检察机关对不具有羁押必要性的案件共提出释放或变更强制措施建议83,341人,办案机关采纳77,591人。刑事羁押期限监督得到全面强化。2012～2015年共发现超期羁押1974人,提出纠正1967人,已纠正1939人。2013年公安部组织修订《看守所建设标准》,新建、改建和扩建的看守所全面推行床位制。公安部会同国家卫生计生委开展公安监管场所医疗专业化、社会化建设,为在押人员建立医疗档案,由专业医疗机构负责日常医疗卫生工作。被羁押人入所体检、定期体表检查、收押权利义务告知、紧急报警等制度得到严格落实,对犯罪嫌疑人的提讯和还押制度得到严格执行,对被羁押人的安全风险评估、心理干预、投诉调查处理以及特邀监督员巡查看守所等制度和工作机制不断完善,制定多项涉及公安监管场所被监管人员人身权利、财产权利、诉讼权利的制度。人民检察院通过派驻看守所、监狱的检察机构建立检察官信箱、被监管人约见检察官、检察官与被监管人谈话等工作机制和制度,了解是否存在被监管人受到体罚、虐待、侮辱或者打击报复等违法情形,依法提出纠正意见并监督监狱、看守所予以纠正。2012～2015年全国检察机关因被监管人受到体罚、虐待、违法使用械具、禁闭等向监管机关提出纠正意见7770人次,已得到全部纠正。2015年3月发布实施的《监狱罪犯死亡处理规定》对监狱罪犯死亡的报告、调查处理、检察、责任追究作出了具体规定。

(五)严格禁止和惩处刑讯逼供等违法取证行为

对刑讯逼供等违法违规行为的监督和检查力度加强。2012～2015年检察机关对滥用强制措施、非法取证、刑讯逼供等侦查活动违法情形,提出纠正意见共869,775次。2015年共处理检察人员违法违纪208件243人。2012年以来,检察机关继续大力查处国家机关工作人员利用职权实施的侵犯公民人身权利的犯罪案件。依法全面取证和审查判断证据的规定得到严格执行。公安机关将收集的证明有罪或无罪、罪重或罪轻的所有证据归入案卷全部移送,并严格审查证据的真实性、合法性以及证明力。人民检察院对辩护律师提出的犯罪嫌疑人不构成犯罪、无社会危险性或者排除非法证据等意见都记录在案。案件侦查终结前，辩护律师提出要求的，公安机关应当听取辩护律师的意见，根据情况进行核实，并记录在案；辩护律师提出书面意见的，应当附卷。公安机关规范办案区的使用和管理，办案区与其他功能区实行物理隔离，保证犯罪嫌疑人在办案区内的饮食和必要的休息时间；犯罪嫌疑人被带到公安机关后，一律直接带入办案区，一律要有视频监控并记录。至2015年年底，各地已普遍完成执法办案场所规范化改造。

（六）社区矫正制度得到进一步完善

社区矫正是指针对被判处管制、宣告缓刑、裁定假释、暂予监外执行这4类犯罪行为较轻的对象所实施的非监禁性矫正刑罚。社区矫正的非监禁刑罚性质可以使其对象在不脱离社会、不脱离生活的情况下，借助政府、社区、社会爱心人士以及亲人的帮助更好地适应社会并且回归社会，实现再社会化。我国的社区矫正于2003年开始试点，2005年扩大试点，2009年在全国全面试行。2012年新修改的《刑事诉讼法》明确规定，对被判处管制、宣告缓刑、假释或者暂予监外执行的罪犯，依法实行社区矫正，由社区矫正机构负责执行。根据《刑法》和《刑事诉讼法》的有关规定，司法部会同有关部门共同制定《社区矫正实施办法》，对社区矫正的交付、执行和法律监督等作出了全面规定。加强教育管理，切实提高社区矫正质量，加强社会适应性帮扶工作，制定完善并认真落实帮扶政策，协调解决社区服刑人员就业、就学、最低生活保障、临时救助、社会保险等问题，为社区服刑人员安心接受教育矫正并融入社会创造条件。2014年10月15日最高人民法院、最高人民检察院、公安部、司法部联合出台《关于全面推进社区矫正工作的意见》，对全面推进社区矫正工作做出整体部署。截至2015年年底，全国已建立县（区）社区矫正中心1339个，累计接收社区服刑人员270.2万人，累计解除社区服刑人员200.4万人，在册社区服刑人员69.8万人，社区服刑人员在矫正期间重新犯罪率一直处在0.2%的较低水平。

此外，劳动教养制度被彻底废除也是保障公民人身权利的一项重大举措。1957年8月3日国务院公布了经过1957年8月1日全国人民代表大会常务委员会第七十八次会议批准的《关于劳动教养问题的决定》，意在管理“游手好闲、违反法纪、不务正业的有劳动力的人”。劳动教养并非《刑法》规定的刑罚，而是依据国务院劳动教养相关法规的一种行政处罚，公安机关无须经法庭审讯定罪，即可对嫌疑人投入劳教场所实行最高期限为4年的限制人身自由、强迫劳动、思想教育等措施。劳动教养制度在中国特定的历史下有积极作用，但由于存在“没有法律的明确授权和规范”“劳动教养对象不明确”“处罚过于严厉”“救济程序不完善”“规范不统一和司法解释多元化”等问题，在实际操作中可能出现有关部门滥用权力、非法限制公民人身自由的情况。对此，2013年11月15日《中共中央关于全面深化改革若干重大问题的决定》提出，废止劳动教养制度。2013年12月28日全国人大常委会通过了关于废止有关劳动教养法律规定的决定。决定规定，劳教废止前依法作出的劳教决定有效；劳教废止后，对正在被依法执行劳动教养的人员，解除劳动教养，剩余期限不再执行。这意味着已实施50多年的劳教制度被正式废止，公民人身权利免受侵犯得到了进一步保障。

（七）依法特赦服刑罪犯，彰显人道主义

在现代法治理念中，赦免是法律严苛的均衡器，是贯彻宽大政策的有效手段。作为带有人间温情的法律制度，赦免具有重大的法律价值，特赦凸显了国家法治的进步和人权的张扬。在纪念中国人民抗日战争暨世界反法西斯战争胜利70周年之际，国家主席习近平签署主席特赦令。2015年8月全国人大常委会作出决定，对4类服刑罪犯予以特赦。截至2015年年底，依法特赦服刑罪犯31,527人。同时，对无工作单位、无劳动能力、无生活来源、无法定赡养人的被特赦人员，依法按政策落实最低生活保障等措施，帮助被特赦人员顺利融入社会。赦免参加过抗战、解放战争的罪犯，因为这些罪犯事实上已经属于高龄，不可能再有较大的社会危险性；有选择地赦免新中国成立以来参加各种对外战争的服刑犯，既是感念那些卫国有功的人员，又注意了防范主观恶性较深、罪行严重的罪犯再度危害社会的可能；对年老、年幼罪犯的特赦，既体现了人道主义原则，也体现了中华民族恤老怜老的传统，承继中华优秀法律文化。①

二、内容解析

2016年9月29日在总结前两期国家人权行动计划实施经验的基础上，中国政府推出了第三个（新一期）以人权为主题的国家规划，即《国家人权行动计划（2016—2020年）》，从经济、政治、文化、社会、生态文明建设等各个领域明确规定了中国政府未来5年在促进和保障人权方面的目标、任务以及具体

① 参见高铭暄、赵秉志：《中国新时期特赦的政治与法治意义》，载《法制日报》2015年8月31日，第4版。

措施。与前两期行动计划相比,新一期国家人权行动计划在人身权利保障方面,显得更成熟,更趋完善,涉及公民人身的执法行为和司法行为、采取措施防范刑讯逼供、规范监管场所等各个方面。新一期行动计划关于人身权利保障的内容可以从以下几个方面来理解:

(一)确保依法行政,禁止行政机关在执法活动中侵犯公民人身权利

法的目的之一就是保障和实现人的权利。立法是确认人的权利,界定、明确处在不同利益集团、不同社会阶层的不同群体的权利的性质、类别、范围和实现途径;执法则是使立法所确立的人的权利,或虽未为立法所确立,但属于人作为人或作为社会成员所自然应具有的权利得以实现,包括提供权利实现的途径、条件,排除权利实现的障碍,防止权利滥用和制止侵权,追究侵权者的责任和给予被侵权者以救济等。因此,权利是执法的核心。但是,行政执法因为与人民群众的日常生活密相衔接,常常要与违规违法者"短兵相接",稍有不慎就可能发生行政执法侵害相对人人身权利的结果。因此,强化依法行政是保障公民人身权利的重点内容。就制度而言,虽已存在《人民警察法》《人民警察使用警械和武器条例》等法律、法规,但我们国家执法活动中的一些程序细节方面还相对粗糙,对人身自由安全的保障难以满足法的明确性、正当程序原则和比例原则等要求。这导致执法人员在面对突发暴力性犯罪时没有可供参考的特别明确的程序规定,无法及时果断采取合适的方式制止,导致执法行为中暴力的使用超过了制止对方可能的侵害目的。同时,有时候在执法行为中对暴力的使用没有超过制止对方可能的侵害,但因为没有严格的标准,执法人员可能被指责滥用行政强制权力。因此,具体执法程序权责的细化,无论对执法人员还是民众,都是迫切需要的。

我国《国家赔偿法》已经明确,行政机关及其工作人员在行使行政职权时存在下列情形的,受害人有取得赔偿的权利:违法拘留或者违法采取限制公民人身自由的行政强制措施;非法拘禁或者以其他方法非法剥夺公民人身自由;以殴打等暴力行为或者唆使他人以殴打等暴力行为造成公民身体伤害或者死亡;违法使用武器、警械造成公民身体伤害或者死亡;造成公民身体伤害或者死亡的其他违法行为。新一期行动计划在此基础之上又从权力来源、程序规范和责任追究等方面进一步对行政行为进行规范:首先,明确完善行政组织和行政程序法律制度,行政机关不得法外设定权力,没有宪法法律依据不得作出限制公民人身自由的强制措施和处罚,从源头上把控行政权力的合法性和正当性,杜绝行政权力的滥用。其次,着力完善执法程序,建立执法全过程记录制度,完善对涉及公民人身权利的行政强制措施实行司法监督的制度,从而保证行政执法活动在法定程序所限制的范围之内不越界、有秩序。最后,针对日常生活中发生较多的行政执法活动损害人身权利的情形,特别要求强化对公安执法办案活动的刚性约束,改革完善受立案制度、执法质量考评制度和执法过错责任追究制度,加强执法办案场所办案区使用管理,深化公安执法信息化建设,从而保障公安机关的执法活动在合法的范围内进行。当发生执法活动损害公民人身权利时,确保责任人依法被追究责任,相对人能够得到有效救济。

(二)严格对司法措施的审查监督,确保被羁押人的人身权利

被羁押人的人权保护是我国人权保护的重要组成部分。这些公民被关押在看守所或监狱这一相对封闭的环境内,被限制或者剥夺了人身自由,其个人合法权利很容易受到非法侵犯,更加需要特殊保护。我国从立法、司法、监管执法以及法律监督等多个方面为被羁押人的人权保护积极创造条件,努力保护被羁押人的人权。

被羁押人被羁押是对人身自由加以强制措施,因此限制公民人身自由的司法措施是否合法、适度就成为检验该司法措施是否损害被羁押人人身权利的重要内容。为有效搜集证据,查清犯罪事实,在犯罪侦查过程中需要对犯罪嫌疑人采取限制人身自由等强制措施。我国《刑事诉讼法》规定了拘传、取保候审、监视居住、拘留、逮捕5种限制人身自由的强制措施。在司法实践中,为有效打击犯罪,侦查机关有时会扩大对限制人身自由强制措施的适用范围,如果缺乏程序性违法的外部监督制度,对限制人身自由强制措施的超范围适用就为刑讯逼供、非法滥用侦查手段创造了空间,会极大威胁公民的人身权利。

为了防范侦查权的肆意滥用导致冤假错案,新一期行动计划首先要求完善对限制人身自由司法措施和侦查手段的司法监督,进一步完善刑事强制措施体系,约束侦查权规范行使。加强对刑讯逼供和非法取证的源头预防,健全冤假错案的有效防范、及时纠正机制。落实讯问犯罪嫌疑人全程同步录音录像制度,并逐步扩大其适用的案件范围,试行重大案件全程同步录音录像随案移送制度。健全刑事羁押必要性审查制度。发现不需要继续羁押或患有严重疾病不适宜羁押的,应当释放犯罪嫌疑人、被告人或变更强制措施。加强刑事羁押期限监督。预防和清理久押不决案件,严格落实换押制度、超期羁押报告制度及责任追究制度。严格执行指定居所监视居住制度。严格把握适用标准、适用期限,规范执行场所、执行方式,健全适用审批制度。制定看守所法,提升被羁押人权利保障的立法层级,完善配套法律法规和规章制度。严格落实监管场所的各项规章制度。完善被羁押人投诉处理机制,畅通被羁押人权利救济渠道。加强监管场所检察信息化建设,实现对监管场所的动态监督。

除对羁押行为进行审查,对羁押场所进行规范,新一期行动计划还从权利救济和责任追究两个角度强化对被羁押人人身权利的保障。律师是被羁押人权利的代理人,保障律师的正当权利对于保障被羁押人的权利免受不当侵害有着重要的意义。过去,对律师权利的保障着力于律师在起诉阶段和审判阶段的权利,而对律师在侦查阶段的权利保障还不够完善。《刑事诉讼法》仅规定犯罪嫌疑人在被侦查机关第一次讯问后或者采取强制措施之日起,可以聘请律师为其提供法律咨询、代理申诉、控告,犯罪嫌疑人被逮捕的,聘请的律师可以为其申请取保候审,规定受委托的律师有权向侦查机关了解犯罪嫌疑人涉嫌的罪名,可以会见在押的犯罪嫌疑人,向犯罪嫌疑人了解有关案件情况。新一期行动计划进一步要求完善侦查阶段听取律师意见的相关机制,使对律师权利的保障前进了一步。同时,新一期行动计划还规定,犯罪嫌疑人委托的律师提出不构成犯罪、无逮捕必要、不适宜羁押、侦查活动有违法犯罪情形等书面意见以及相关证据材料的,检察人员应当在审查逮捕意见书中说明是否采纳律师意见的情况和理由。同时,如果不合法地羁押公民、限制公民人身权利的活动得不到纠正,责任人不用承担相应的法律责任,被非法羁押人的权利就得不到救济,反而还会刺激更多的非法限制人身权利的事件发生。因此,新一期行动计划特别规定,要加大力度查处国家机关工作人员利用职权实施非法拘禁等侵犯公民人身权利的犯罪,确保非法侵害公民人身权利的行为都会受到应有的处罚。

(三)严格把握死刑适用条件,确保公民生命权利

死刑适用与和谐社会构建有着密切关联。一方面,通过适用死刑刑罚,可以惩罚和预防犯罪,维护和保障社会秩序的稳定和谐;另一方面,在死刑适用过程中,应当尊重和保障被告人人权,控制和减少死刑的适用,促进社会和谐。死刑是剥夺犯罪人生命的刑罚,严格把握死刑适用条件,在某种意义上,标志着法治发展的文明程度。近年来,我国在法律层面上已经对死刑进行了削减,切实降低死刑判决的数量和实际执行死刑的人数已成为我国刑事司法的重要目标。不过,宏观上“严控死刑”的价值追求常常与具体案件出现后的“生死”裁决权衡发生冲撞。虽然死刑判决的司法衡量因素从来都不是单一的,既有社会、法律因素,也有作为直接被害者主体的具体利益考虑,但其基本点却始

终应该是犯罪人自身的行为性质、客观危害和主观恶性,以及我们对于剥夺人的生命权利的刑罚的态度。

新一期行动计划要求,要强化死刑复核程序,进一步规范死刑复核监督程序。死刑复核程序的纠错功能直接涉及被告人的生命权,错判死刑的案件会极大地影响公众对法律的信仰和司法权威的树立,后果极其严重。因此,防止错杀不仅是死刑复核程序设置的初衷,更是死刑复核程序的第一位功能。但是,死刑复核制度如何发展完善？死刑数量是否能够进一步减少,何时能够达到可以公开的程度？少杀、慎杀应该达到什么样的程度,才能既最大限度地保障人权,又能有效打击犯罪？两者之间如何寻求到全社会可以接受的平衡？死刑复核制度是否应该朝诉讼化的方向推进？新一期行动计划并没有予以明确,仍然有待实践中进一步探索。

(四)加强对强制医疗、强制戒毒的监督,保障相关人的人身权利

强制医疗,是指国家为避免公共健康危机,通过强制对患者疾病的治疗,达到治愈疾病、防止疾病传播、维护公众健康利益目的,具有强制性、非自愿性、公益性等特点。强制医疗一般针对性病、吸毒、精神障碍、严重传染性疾病等,较为常见的是对精神病人的强制医疗。我国《刑事诉讼法》第 284 条规定:实施暴力行为,危害公共安全或者严重危害公民人身安全,经法定程序鉴定依法不负刑事责任的精神病人,有继续危害社会可能的,可以予以强制医疗。强制医疗的决定机关为人民法院,执行机关为公安机关。具体而言,人民法院负责强制医疗决定书的作出,公安机关负责强制执行。

中国将精神分裂症、偏执性精神病、分裂情感性障碍、双相情感障碍、癫痫所致精神障碍和精神发育迟滞伴发精神障碍 6 种疾病,列为严重精神障碍并进行在册管理。截至 2015 年年底,中国在册严重精神障碍患者已达 510 万人。[①] 就此而言,强制治疗既可为精神疾病患者提供精神卫生服务,又可避免他们对其他人的权利造成损害。同时也需要防止无精神疾病公民“被精神病”,以及一些应当被追究刑事责任的人通过“假精神病”逃脱制裁。对此,《刑事诉讼法》规定了强制医疗的救济途径,被决定强制医疗的人、被害人及其法定代理人、近亲属对强制医疗决定不服的,可以向上一级人民法院申请复议。新一期行动计划进一步提出,要规范强制医疗的执行、治疗、管理和监督,保障被强制医疗人员的权利。

---

① 参见王君平、李海博:《精神病人谁呵护》,载《人民日报》2016 年 11 月 18 日,第 19 版。

强制戒毒是指对吸食、注射毒品成瘾人员，在一定时期内通过行政措施对其强制进行药物治疗、心理治疗和法制教育、道德教育，使其戒除毒瘾。强制隔离戒毒是2008年6月1日起施行的《禁毒法》所规定的戒毒措施之一。强制隔离戒毒决定由公安机关下达，属行政强制措施。强制隔离戒毒的执行目前分别由公安机关和司法行政机关负责。强制隔离戒毒制度统一并取代了此前由公安机关负责的强制戒毒和司法行政机关负责的劳动教养戒毒，和自愿戒毒共同构成了现阶段我国戒毒措施的基本体系。由于强制隔离有可能出现损害被隔离人正当权利的问题，新一期行动计划明确要求，严格落实禁毒法和戒毒条例；依法规范强制隔离戒毒决定、提前解除强制隔离戒毒决定、延长戒毒期限决定的作出；提升戒毒医疗、康复水平，保障戒毒人员合法权利。

三、问题与展望

在前两期国家人权行动计划的基础上，新一期行动计划从规范涉及公民人身的执法行为和司法行为、采取措施防范刑讯逼供、规范监管场所等各个方面，对公民人身权利保障提出了更高要求。不过，中国政府关于公民人身权利保障仍有提升空间。

（一）应更加注重人身权利保障的制度建构与任务落实

我国《宪法》规定：中华人民共和国公民的人身自由不受侵犯。任何公民，非经人民检察院批准或者决定或者人民法院决定，并由公安机关执行，不受逮捕。禁止非法拘禁和以其他方法非法剥夺或者限制公民的人身自由，禁止非法搜查公民的身体。在此基础上，新一期行动计划提出，行政机关不得法外设定权力，没有宪法法律依据不得作出限制公民人身自由的强制措施和处罚。在此，新一期行动计划更多的是对宪法规定的重申和宣示，没有更多体现出宪法规定的行动和落实。人身权利属于公民权利与政治权利，其与经济、社会和文化权利明显不同，难以用可具体为数字的约束性指标来衡量，因此落脚点多在于制度的建构、完善和落实。

（二）被羁押人权利和律师权利保障尚有提升的空间

新一期行动计划规定要完善侦查阶段听取律师意见的相关机制，可考虑进一步赋予律师侦查阶段的在场权。侦查阶段是犯罪嫌疑人人身权利最易遭受侵害的阶段，同时也是犯罪嫌疑人最需要帮助的阶段。如果侦查人员对犯罪嫌疑人进行讯问时，犯罪嫌疑人有权要求其辩护律师在场提供法律帮助，辩护律师根据当事人的要求有权在场，对被羁押人人身权利的保障无疑会有进一步的提升。

(三)可进一步扩大关于侵害人身权利的刑事赔偿范围

目前,我国国家赔偿法贯彻的是无罪羁押赔偿原则,即只对那些有罪经再审程序改判无罪,且刑罚已经全部执行或部分执行的,国家才承担赔偿责任。可考虑扩大侵害人身权利的刑事赔偿范围,使那些起初被判处较重刑罚而后经过再审改判为较轻刑罚,其受害人实际执行的刑期超过改判后确定刑期的,也能够依法获得赔偿。

第二节　获得公正审判的权利

获得公正审判的权利,也被称为"获得公正审判权"或"司法救济权",通常是指人们在认为自己的权利受到侵害或与他人发生争议时,或面临刑事指控时,享有的要求法院启动审判程序,予以公正审理、作出公正裁判的权利。该项权利包含以下两个方面的基本内容。第一,诉诸法院的权利,即请求法院启动审理程序的权利。任何人在其权利受到侵害或与他人发生权利义务纠纷时,均有权向法院提起诉讼,请求法院给予司法救济;任何人在面临刑事指控时,均有权要求法定法院予以依法及时审理并作出裁判。具体表现为诉讼中的起诉权、自诉权、应诉权、反诉权、上诉权、再审请求权、宪法解释请示权等权利。第二,获得公正审判权,即要求法院予以公正审理并作出公正裁判的权利。主要表现为正当程序权和获得公正裁判权。[①] 获得公正审判权是保障公民获得公正司法的权利,是为了通过公正的审判,使违法犯罪者承担相应的责任,使权利受到侵害者得到补偿,从而实现公平正义。

一、背景与成就

获得公正审判权作为一项基本人权,已经得到了《世界人权宣言》《公民权利和政治权利国际公约》等国际人权宪章的确认和保障。《世界人权宣言》是所有人民和所有国家努力实现的共同标准。作为一个道德性文件和国际习惯法文件,《世界人权宣言》不仅要求尊重个人的尊严和自由,而且要求在所有层次为实现普遍享有人权做不懈的努力。《世界人权宣言》创设了一套自我包容、完整全面的国际人权系统,公正审判权位列其中,且被置于基本人权

---

① 参见黎晓武:《司法救济权研究》,苏州大学法学院2005年博士学位论文,第11~12页。

地位。1966年通过的《公民权利和政治权利国际公约》第14条对公正审判权作了比较详尽的规定。《欧洲人权公约》第6条、第7条,《美洲人权公约》第7条、第8条,《非洲人权和民族权宪章》第7条都对公正审判权作了规定。可见,国际人权公约和洲际人权公约都已把公正审判权作为基本人权加以确认和保障。关于公正审判权的内容可以归结为3点:一是所有人在法庭面前一律平等;二是法庭合格并且中立、独立;三是公开审判。以上内容在我国法律中也有具体体现,从宪法到各个部门法都能体现出公正审判权的要求,在价值追求上与公正审判权是一致的。

2009年4月13日中国政府发布了第一个以人权为主题的国家规划,即《国家人权行动计划(2009—2010年)》,开启了以"目标治理"方式推进中国人权事业发展的进程。2010年年底,第一期行动计划开展了终期评估工作,人权行动计划规定的公正审判权保障的各项目标和任务均如期完成。在总结《国家人权行动计划(2009—2010年)》目标成就和治理经验的基础上,2012年6月11日中国政府又制定发布了《国家人权行动计划(2012—2015年)》,进一步强调了要完善诉讼程序的法律规定,进一步保障诉讼当事人获得公正审判的权利,并从保障刑事被告人依法获得辩护、法律援助、申请回避等诉讼权利,保障律师在执业活动中的人身权、辩护权和辩论权,进一步完善证人、鉴定人出庭和证人保护制度,完善非法证据排除制度,执行《最高人民法院关于庭审活动录音录像的若干规定》,继续推进量刑规范化改革,进一步严格死刑审判和复核程序,修改《民事诉讼法》《行政诉讼法》等方面明确了未来几年公正审判权保障的目标和任务。

2012~2015年在中国政府和全国各族人民的共同努力下,如期完成了计划预定的公正审判权保障的主要目标任务。就基本诉讼制度而言,修改了《民事诉讼法》和《行政诉讼法》,建立小额诉讼制度、公益诉讼制度,完善了证据制度、裁判文书公开制度和审判监督程序等;增加了小额诉讼程序转为普通程序、举证责任分配原则等内容;规定被诉行政机关负责人出庭应诉制度;行政诉讼案件的审理程序和证据规则进一步完善,受到违法行政行为侵害的个人和组织获得司法救济权利的保障得到加强。① 保证公正审判权实现的其他具体举措包括:

---

① 有关公正审判权保障的具体数据,参见《〈国家人权行动计划(2012—2015年)〉实施评估报告》。

(一)非法证据排除制度得到完善,刑事司法中的人权保障取得重要进步

非法证据往往通过刑讯逼供、暴力、威胁、诱骗等不文明的方式获得,而最典型的就是被称为西方中世纪"证据之王"的口供。非法证据,特别是通过不文明手段获取的口供,会使刑事案件在实体判决中的人权保障功能失灵,严重侵犯公民基本人身权利和人格尊严。[①] 2013年最高人民检察院发布《关于侦查监督部门调查核实侦查违法行为的意见(试行)》,进一步完善了对侦查违法活动进行监督的工作机制。《最高人民法院关于适用〈中华人民共和国刑事诉讼法〉的解释》对证人出庭范围、鉴定人出庭范围、证人保护和作证补助等问题作了具体规定;设《非法证据排除》专节,明确规定申请排除非法证据的程序,以及取证合法性的审查、调查程序等内容,从而杜绝通过以"在肉体上或者精神上遭受剧烈疼痛或者痛苦"为核心判断要件的"痛苦规则",建立以内心自由为前提的"自白任意性规则",强力清除非法证据这一长期潜伏在刑事司法中的毒瘤。2013年最高人民法院发布《关于建立健全防范刑事冤假错案工作机制的意见》,规定:定罪证据不足的案件,应当宣告被告人无罪;采取刑讯逼供等非法方法收集的供述、未在规定的办案场所讯问取得的供述、未依法对讯问进行全程录音录像取得的供述以及不能排除以非法方法取得的供述,都应当予以排除。最高人民法院2014年工作报告提出:"坚决防止和纠正冤假错案。尊重和保障人权,恪守罪刑法定、疑罪从无、证据裁判等原则,严格排除非法证据。"这是最高人民法院第一次将"排除非法证据"等具体规则写进工作报告。报告同时也承诺:从错案中深刻吸取教训,强化证据审查,发挥庭审功能,与公安、检察机关分工负责、互相配合、互相制约,建立健全防范刑事冤假错案工作机制,坚守防止冤假错案底线。2015年的工作报告又进一步强调:"切实保障无罪的人不受刑事追究。落实罪刑法定、疑罪从无等法律原则,坚持公开审判、举证质证、法庭辩论等诉讼制度,保障当事人的知情权、陈述权、辩护权、申诉权。"2012~2015年各级人民法院依法宣判3369名被告人无罪。

(二)律师执业权利得到保障,犯罪嫌疑人、被告人的辩护权得到保障

辩护权,是指刑事被告人及其辩护人对被控告、被追究的犯罪,从事实、证据、法律、处刑等诸方面进行申辩、反驳、反证,以维护被告人合法权益,使案件

① 参见张永和:《刑事司法的人权保障功能切实发挥》,载《光明日报》2015年6月9日,第8版。

得到公正合法处理的权利。只有保障犯罪嫌疑人、被告人为自己辩护的权利，才能保障其能够获得公正审判的权利。2013 年最高人民法院、最高人民检察院、公安部、司法部联合发布《关于刑事诉讼法律援助工作的规定》，犯罪嫌疑人、被告人因经济困难没有委托辩护人的，可以申请法律援助；特定案件犯罪嫌疑人、被告人没有委托辩护人的，公安机关、人民检察院、人民法院应当通知法律援助机构指派律师为其提供辩护。律师是犯罪嫌疑人、被告人的代理人，能够为犯罪嫌疑人、被告人提供更为专业的辩护服务，因此，保证律师执业权利得到保障，对于犯罪嫌疑人、被告人的辩护权和公正审判权的实现意义重大。2015 年最高人民法院、最高人民检察院、公安部、国家安全部、司法部联合发布了《关于依法保障律师执业权利的规定》，进一步明确细化了律师的知情权、申请权、申诉权，以及会见、阅卷、收集证据和发问、质证、辩论辩护等方面的权利，提出了便利律师参与诉讼的措施，完善了律师执业权利保障的救济机制和责任追究机制；明确提出，律师因依法执业受到侮辱、诽谤、报复人身伤害的，有关机关应当及时制止并依法处理，必要时对律师采取保护措施。规定中 206 次论及律师，17 处论及权利，12 处强调执业权利……这在中国司法制度史上是第一次，在律师工作发展史上也是第一次，“或可誉为执业律师的《权利法案》”。①

（三）实行立案登记制，更为充分地保障当事人诉权

2014 年 10 月 23 日党的十八届中央委员会第四次全体会议通过了《中共中央关于全面推进依法治国若干重大问题的决定》，该文件第 4 部分《保证公正司法，提高司法公信力》第 2 项提出：优化司法职权配置。健全公安机关、检察机关、审判机关、司法行政机关各司其职，侦查权、检察权、审判权、执行权相互配合、相互制约的体制机制。改革法院案件受理制度，变立案审查制为立案登记制，对人民法院依法应该受理的案件，做到有案必立、有诉必理，保障当事人诉权。加大对虚假诉讼、恶意诉讼、无理缠诉行为的惩治力度。2015 年 4 月 1 日中央全面深化改革领导小组第十一次会议审议通过《关于人民法院推行立案登记制改革的意见》。为充分保障当事人诉权，切实解决人民群众反映的“立案难”问题，改革法院案件受理制度，立案审查制变为立案登记制。2015 年 5 月 1 日起，立案登记制正式开始实行。立案登记制与立案审查制的区别在于，在立案审查制下，法院要对诉讼案件进行实质审查后再决定是否受

---

① 魏涛：《认真对待律师的执业权利》，载《人民法院报》2015 年 10 月 12 日，第 2 版。

理,审查内容包括主体资格、法律关系、诉讼请求和证据等。由于一些法院对立案受理的控制过于严格,过分谨慎,诉讼门槛过高或开门太窄,一些应当立案受理的案件不能进入诉讼程序,同时由于法院案多人少、法律规定不明确等原因,也导致有的法院有时选择性立案,将一些棘手案件拒之门外。改立案审查制为立案登记制后,法院不再对起诉进行实质审查,而是对起诉形式要件进行一般性核对,对符合法律规定的起诉、自诉和申请一律接收诉状,当场登记立案,这在客观上扩大了法院的受案范围,能够更充分地保护当事人的诉权。2015年5月4日是全国法院实施立案登记制的第一个工作日。据不完全统计,4日当天全国法院立案数量超过67,000件,与2014年同期相比增幅超过20%,当场登记立案率超过85%。①

(四)推进量刑规范化改革,确保司法审判的公正性

量刑规范化,通俗地说,就是为了使“同案”趋于“同判”。近年来,量刑公正问题日益成为社会各界关注的焦点问题,人们对量刑公正的内涵和质量也有了更高的要求,即不仅要求量刑的结果应当合法、适当,而且要求量刑的过程应当公开、透明。应这一需要,人民法院提出要“贯彻罪刑相适应原则,制定故意杀人、抢劫、故意伤害、毒品等犯罪适用死刑的指导意见,确保死刑正确适用。研究制定关于其他犯罪的量刑指导意见,并健全和完善相对独立的量刑程序”。在此基础上,人民法院系统展开了量刑规范化改革。量刑规范化改革的主要任务是在现行刑罚制度比较粗放、法定刑幅度较大、裁量空间比较大的情况下,让法官的量刑更加公正和精细,确保量刑公平公正。量刑规范化改革的基本思路是:从实体方面和程序方面着手,双管齐下。在实体方面,改变传统的“估堆式”量刑,明确量刑的方法和步骤;将量化引入量刑机制,确立“定性分析和定量分析相结合”的量刑方法,统一法律适用标准,规范法官裁量权。在程序方面,引入量刑建议;改变以往定罪程序和量刑程序混为一体的做法,将量刑纳入法庭审理程序,建立和完善相对独立的量刑程序。通过制定量刑指导意见和量刑程序意见,达到统一量刑标准,规范量刑程序,保障量刑公正的目的。2010年9月最高人民法院制定《人民法院量刑指导意见(试行)》(已失效);最高人民法院、最高人民检察院、公安部、国家安全部、司法部联合制定《关于规范量刑程序若干问题的意见(试行)》。2013年12月最高人

① 参见李娜、潘从武:《85%案件实现当场登记立案,立案登记制首日全国法院立案6.7万件》,载《法制日报》2015年5月6日,第5版。

民法院发布《关于常见犯罪的量刑指导意见》,将故意伤害罪、强奸罪、抢劫罪、盗窃罪、诈骗罪、敲诈勒索罪等15种罪名纳入量刑规范化范围。最高人民法院决定从2014年1月1日起在全国法院正式实施量刑规范化工作。2016年最高人民法院发出《关于扩大量刑规范化罪名和刑种试点的通知》,将危险驾驶罪、非法吸收公众存款罪、集资诈骗罪、信用卡诈骗罪、合同诈骗罪、非法持有毒品罪、容留他人吸毒罪和引诱、容留、介绍卖淫罪8项罪名纳入量刑规范化范围。据统计,扩大量刑规范化范围后,适用量刑规范化的罪名将达到23种,案件数量占全国基层法院刑事案件的90%左右。①

(五)保障获得公正审判权的其他制度举措

除了以上新进展,国家人权行动计划还采取了其他制度和举措,进一步保障公民获得公正审判的权利,如进一步减少死刑罪名、严格死刑的司法适用。2015年8月《刑法修正案(九)》取消了9个罪名的死刑,适用死刑的罪名由原有的55个减少至46个。2012年最高人民检察院成立了死刑复核检察厅,严格死刑复核法律监督程序。自2012年以来,最高人民法院共发布56个指导性案例,其中3个案例涉及适用死刑的犯罪情节。死刑二审案件已实现全部开庭审理。办理死刑复核案件更加注重听取辩护律师意见。高级人民法院复核死刑案件,被告人没有委托辩护人的,应当通知法律援助机构指派律师为其提供辩护。另外,国家赔偿制度也得到了进一步的有效落实。2012~2015年各级人民法院共审结国家赔偿案件1.23万件。2015年最高人民法院、最高人民检察院联合发布《关于办理刑事赔偿案件适用法律若干问题的解释》,规范了终止追究刑事责任的情形,进一步解决了实践中因刑事案件久拖不决公民无法申请国家赔偿的问题。最后,实行全程同步录音录像制度,用科学技术手段保证公民获得公正审判权利的实现。2012~2015年全国已实现3512个人民法院网络全连通、数据全覆盖、业务全开通;建成1.8万多个科技法庭,实现重要案件"每庭必录";建成2160套远程讯问系统,实现上下级法院间或法院和看守所间的远程讯问。检察机关明确职务犯罪案件办案人员实施选择性录音录像、为规避监督而故意关闭录音录像系统等行为应承担相应责任。各地公安机关办案区讯问室和看守所讯问室普遍安装了录音录像设施,依法开展讯问犯罪嫌疑人录音录像工作。

① 参见陈学勇:《最高人民法院扩大量刑规范化罪名和刑种试点》,载《人民法院报》2016年5月26日,第3版。

二、内容解析

2016年9月29日在总结前两期国家人权行动计划实施经验的基础上,中国政府推出了第三个以人权为主题的国家规划,即《国家人权行动计划(2016—2020年)》。新一期人权行动计划从经济、政治、文化、社会、生态文明建设各个领域明确规定了中国政府未来5年在促进和保障人权方面的目标、任务。在公正审判权保障方面,新一期行动计划从尊重司法运行规律,建立以审判为中心的诉讼制度,提高司法公信力等方面,明确了进一步保障公民的公正审判权的任务和具体措施。新一期行动计划关于公正审判权保障的内容可以从以下两个方面来理解:

(一)尊重司法运行规律,确保司法审判的公正性

新一期行动计划关于尊重司法运行规律的目标任务表现在三个方面:

1.确保法院依法独立行使审判权

独立审判是宪法赋予人民法院的职责,人民法院依照法律规定独立行使审判权,不受行政机关、社会团体和个人的干涉。这使人民法院的审判工作能够忠实于法律和制度,忠实于人民利益,忠实于事实真相,保证人民在法律面前人人平等,保护公民的权益不受侵犯。确保法院依法独立行使审判权是针对我国近年来日趋严重的司法行政化倾向以及司法受到多种外界因素干扰提出的司法改革的总体目标。对司法的各种干预,使其丧失了维护社会公平正义的作用,造成了许多冤假错案和司法不公现象。因此,司法改革的主要目标是去除行政化,排除各种不应有的外界干扰,恢复司法本来的功能。为保证审判机关依法独立行使职权,必须建立地方党政机关、领导干部干预司法的阻隔机制。

新一期行动计划提出,一方面,要完善对领导干部干预司法活动、插手具体案件处理的记录、通报和责任追究制度;另一方面,要明确司法机关内部各层级权限,健全内部监督制约机制,完善对司法机关内部人员过问案件的记录制度和责任追究制度。我国宪法、法院组织法、检察院组织法和诉讼法均明确规定,人民法院、人民检察院依照法律规定独立行使审判权、检察权,不受行政机关、社会团体和个人的干涉。然而在现实中,一些领导干部干预司法活动的现象仍然时有发生。多年来,一些领导干部违法干预司法活动、插手具体案件处理,一直是影响司法公正的顽疾。其中,既有来自外部党政领导干部间接插手案件办理的情况,也有来自司法机关内部通过行政权力直接干预案件审理

的情况；既有以个人名义托关系、打招呼左右办案的现象，也有通过组织名义听汇报、发文件，对案件提倾向性意见的现象。此类活动无论是出于私人目的，还是出于地方和部门利益的需要，都是对司法机关依法独立行使职权的干扰，都是对司法公正的伤害。新一期行动计划不仅明确了记录制度，要求司法机关对领导干部干预司法活动全程留痕，而且规定了通报制度，由党委政法委对领导干部违法干预司法活动、插手具体案件处理进行通报，同时还规定了责任追究制度，由纪检监察机关对领导干部违法干预司法活动以及司法人员不记录或者不如实记录进行责任追究。3 项制度紧密衔接、层层递进，形成了一个完整而严密的预防权力干预司法的制度体系。

2. 规范司法解释和案例指导，统一法律适用标准

规范和统一法律适用标准，是司法解释最基本的职能。自新中国成立以来，最高人民法院发布了各种形式的司法解释数千件，为人民法院统一法律适用标准、准确适用法律、提高司法水平提供了坚实保障。同时，司法解释制度也存在一些问题，如主体不够统一、启动不够严谨、来源不够广泛、程序不够健全、形式不够统一等。改革和完善司法解释程序进一步提高了司法解释的质量，使司法解释能够更加准确地反映立法原意，无疑是统一法律适用标准、保证审判公正性的重要举措。

案例指导制度是最高人民法院根据中央关于司法改革的决策部署，为总结审判经验、加强监督指导、统一法律适用、提高审判质量、维护司法公正而建立的一项具有中国特色的司法制度。这项制度旨在通过统一发布对全国法院审判、执行工作具有普遍指导意义的典型案例，规范法官自由裁量权，着力解决类似案件或者案情基本相同但案件处理结果不相同的问题，同时通过典型案例发挥司法规范、指导、评价、引领社会价值的重要作用。案例指导制度有利于统一法律适用和裁判尺度。受我国各地经济社会发展不平衡、司法人员司法能力差异、地方执法环境不同等多种因素影响，我国司法实践中长期存在着“同案不同判”现象，影响了国家法律的统一适用，损害了司法公信力，人民群众反映强烈。建立案例指导制度，发布社会广泛关注、法律规定比较原则、具有典型性、疑难复杂或者新类型案例，为广大法官审理类似案件提供参考，可有效规范和限制自由裁量权，确保同类案件的法律适用基本统一，裁判尺度基本相同，处理结果基本一致。目前，最高人民法院已经从指导性案例的编选标准、编选程序、编选机构和发布形式等方面初步构建了我国案例指导制度的框架。截至目前，最高人民法院已经发布了 69 个指导性案例。新一期行动计

划进一步明确,要规范案例指导制度,加强案例指导工作的规范化、标准化和信息化建设,进一步完善案例指导工作机制,使案例指导制度进一步发挥出总结审判经验、统一裁判尺度、规范司法行为、实现司法公正的重要作用。

3. 全面贯彻证据裁判原则,贯彻疑罪从无原则

新一期行动计划要求,落实直接言词原则,严格落实证人、鉴定人出庭制度。严格实行非法证据排除规则,进一步明确非法证据的范围和排除程序。全面贯彻证据裁判原则要求,在审查判断证据、认定案件事实时,既要审查对被告人不利的证据,也要审查对被告人有利的证据;既要审查证据的客观性,也要审查证据的合法性。坚持任何证据未经质证不得作为定案根据的要求。对缺乏客观证据,主要依据供证一致定案的案件尤其要注重审查供述的真实性、合法性,审查据以定案的证据是否形成完整证据锁链,不放过任何疑点,使公正裁判奠基在严密的证据体系基础之上,切实把好公正裁判的证据关。2016年12月2日最高人民法院第二巡回法庭对原审被告人聂树斌故意杀人、强奸妇女再审案公开宣判,认为"本案缺乏能够锁定原审被告人聂树斌作案的客观证据,聂树斌作案时间不能确认,作案工具花上衣来源不能确认,被害人死亡时间和死亡原因不能确认;聂树斌被抓获之后前5天讯问笔录缺失,案发之后前50天内多名重要证人询问笔录缺失,重要原始书证考勤表缺失;聂树斌有罪供述的真实性、合法性存疑,有罪供述与在卷其他证据供证一致的真实性、可靠性存疑,是否另有他人作案存疑;原判据以定案的证据没有形成完整锁链,没有达到证据确实、充分的证明标准,也没有达到基本事实清楚、基本证据确凿的定罪要求"。因此,宣告撤销原审判决,改判聂树斌无罪。最高人民法院对"聂树斌案"最终作出的无罪判决,正是贯彻新一期行动计划所要求的"全面贯彻证据裁判原则,贯彻疑罪从无原则"的表现。

不过,关于非法证据排除制度,我国目前尚处于探索阶段,仍有许多问题需要研究解决,展望今后的改革,以下几点值得关注:(1)进一步完善非法证据排除的具体规则,提供更加明确的规范指引。完善非法证据排除制度,对非法证据的范围、认定标准和排除程序等问题作出更加细化、明确的规定。(2)重视培养非法证据排除的指导性案例,强化案例指导。如同其他法律规则一样,非法证据排除规则作为抽象规范,总有进一步解释的余地。为了统一法律适用标准,规范非法证据排除规则的适用,有必要加强案例指导,就相关具体问题提出明确裁判规则。(3)有必要系统地完善刑事证据规则体系,准确适用各类证据排除规则,避免不当适用。(4)完善非法证据排除的配套制

度。严格实行非法证据排除规则,有助于全面贯彻证据裁判原则,充分发挥庭审在查明事实、认定证据、保护诉权、公正裁判中的决定性作用。

(二)建立以审判为中心的诉讼制度,确保司法审判的公正性

新一期行动计划关于建立以审判为中心的诉讼制度的目标任务表现在以下几个方面:

1.加强诉讼参与人诉讼权利的保障

律师作为辩护人,通过在诉讼过程中发表意见,对存在争议的事实、证据进行质疑与辩护,从而将案件真相更加清晰地展现在法官面前,有助于法庭公正、不偏倚地查明案情。法律赋予了律师执业权利,关键在于在司法实务中有效保障律师执业权利。尤其是在案件进入法院审判阶段后,法官更应当重视律师执业权利的保障。在司法实践中,律师会见难、阅卷难、调查难等“老三难”状况尚未完全根除,发问难、质证难、辩论难等“新三难”又有所出现。如果说“老三难”主要显现于审判阶段之前,那么“新三难”就真切地反映出法庭审理阶段的问题:有的法庭不通知证人出庭致使质证难以开展;有的法官在审理中频繁打断或阻止律师质疑与发问,使得法庭辩论难以进行。凡此种种,反映出司法人员对律师执业权利的保障还不够重视。因此,新一期行动计划要求,要加强诉讼过程中律师的知情权、申请权、申诉权等各项权利的制度保障,落实相关法律赋予律师在诉讼中会见、阅卷、收集证据和发问、质证、辩论等方面的执业权利,保障律师依法行使辩护权、代理权。健全完善侦查、起诉、审判各环节重视律师辩护代理意见的工作机制,落实听取律师意见制度。禁止对律师进行歧视性安检,为律师依法履职提供便利,充分注重律师享有的执业权利,保障庭审中律师能够质得出证、讲得出理。另外,新一期行动计划还要求,要强化诉讼过程中当事人和其他诉讼参与人的知情权、陈述权、辩论辩护权、申请权、申诉权的制度保障,落实《刑事诉讼法》及相关配套法规制度关于法律援助的规定。

此外,与诉讼参与人的诉讼权利密切相关,新一期行动计划还明确规定,禁止让刑事在押被告人或上诉人穿着具有监管机构标识的服装出庭受审。在法院判决前的犯罪嫌疑人、被告人与未受到指控的人一样,除了其人身自由受到限制外,其享受的权利与正常人无异。着便装出庭受审,既顺应世界司法惯例,也是对法官无罪推定意识的强化。不穿识别服受审,是对被告人人身权利的“还原”和直接保证,去除了被告人出庭受审着装标准差别化、标签化,让刑事被告人“有尊严”地接受庭审,是对法治文明的彰显。

2. 进一步规范裁量裁判制度和规则

新一期行动计划从以下三个方面提出了要求。第一,完善刑事诉讼中认罪认罚从宽制度。认罪认罚从宽是宽容这一刑事诉讼重要内在价值的表现。如贝卡利亚所言,严峻的刑罚造成了这样一种局面:罪犯所面临的恶果越大,也就越敢于规避刑罚。为了摆脱对一次罪行的刑罚,人们会犯下更多的罪行。当前我国对刑事诉讼中认罪认罚从宽处理的规定散见于法律条文之中,没有形成一整套的法律制度。无论是"宽严相济"的刑事政策,还是"自首、坦白""简易程序""和解程序",都体现了认罪认罚从宽处罚的特征。由于种种原因,国家没有对从宽处罚制度作出专门规定,使认罪认罚从宽处理在司法实践中很难有效统一。现行《刑法》使我们从认知上很难把握认罪认罚从宽制度,散见于法律条文中的这些制度被人为地隔离开来,影响了对认罪认罚从宽制度共同本质的认知和理解,间接地妨碍了从宏观上对认罪认罚从宽制度的构建。就此,新一期行动计划进一步提出,明确被告人自愿认罪、自愿接受处罚、积极退赃退赔案件的诉讼程序、处罚标准和处理方式。第二,继续推进量刑规范化,规范法官的量刑裁量权,完善量刑程序,促进量刑公开、公正。进一步推进量刑规范化改革,可使对辖区内同一时期、案情相似的案件,所判处的刑罚可以实现基本均衡。司法量刑更加公正均衡、公开透明、廉洁高效,人民群众的公平正义获得感也会进一步的提高。第三,要求健全轻微刑事案件快速办理机制,有序推进刑事案件速裁程序改革。近年来刑事案件数量呈增多趋势,在刑事案件中,轻罪案件占有较大的比例。在刑事案件增多、司法资源有限、案多人少矛盾突出的情况下,通过创新工作机制,对刑事案件实行繁简分流,依法快速办理轻微刑事案件,以便把有限的司法资源集中于办理重大、疑难、复杂的案件,从而提高诉讼效率、保证办案质量,已成为司法工作改革的必然要求。总之,不仅要保证诉讼参与人参与的审判是公正的,还要尽量保证诉讼参与人参与的审判是有效率的。

3. 制定刑事被害人救助法,建立统一、规范的刑事被害人救助制度

刑事被害人是指遭受犯罪行为侵害的人,刑事被害人救助制度是规定对不能得到及时、有效赔偿的刑事被害人进行救济帮助的一种制度。饱经犯罪摧残后,民事赔偿又成水中月、镜中花,这对被害人来说,无疑是雪上加霜。因此,刑事被害人救助制度对被害人获得公正审判和救济权利的实现关系重大。针对目前司法实践中刑事被害人救助制度存在的资金难筹、程序烦琐、形式单一、启动及实施消极被动等诸多问题,新一期行动计划提出制定刑事被害人救

助法，建立统一、规范的刑事被害人救助制度，真正保证被害人获得公正审判，并得到有效救济。

三、问题与展望

新一期行动计划在前两期行动计划的基础上对公民公正审判权的保障提出了更多的要求和更高的目标。为了进一步优化公正审判权利实践，促进公民获得公正审判权利的实现，确保人民群众在每一个案件中都能感受到公平正义，我国保障公民获得公正审判的权利还有必要从以下两个角度予以完善：

第一，以根本大法确认司法救济权的基础性地位，以具体法律落实救济各项实体人权的诉权体系。在我国，公正审判权还没有得到宪法的应有确认，也没有在具体法律和诉讼制度上全面贯彻落实为完整的诉权体系。因此，生活中经常出现公民的宪法权利和法律权利受到侵犯却投诉无门，或在诉讼过程中遭遇司法机关的不公正对待却无可奈何的现象。为了改善人权司法保障状况，提高人权司法保障水平，应考虑以宪法确认公正审判权的基础性地位，并通过具体法律和诉讼制度设计和完善诉权体系，保障各项人权均有相应的渠道和方式可资救济。

第二，健全人民有序参与司法的渠道与机制，消弭民众与法律人之间巨大的认知分歧，扩大关于司法公正的"重叠共识"。民众对当前法院审判公正性的认同度较低，除了的确可能存在的司法腐败、外在因素的不当干预以及法院审判质量、法官个人素养等客观因素外，还有民众与法律人之间潜在的巨大的认知分歧这一主观因素。民众与法律人之间关于司法公正和司法独立的认知分歧影响了民众对司法的公正性评价。因此，应保障人民群众有序参与司法。人民参与既是对司法权的制约，也是对司法权的分享。人民通过参与司法可以监督司法，防止公共权力蜕变成为个别人谋利益的私器。同时，让人民参与司法也是引导人民认识司法规律、认同司法价值、习得法治精神的重要途径。通过司法参与，民众从"旁观者"转换为"参与者"，从客体转换为主体，通过视域和身份的"共识"达致理解和行动的共识，从而消弭人民与司法机关工作人员之间的认知分歧，扩大二者在人权救济与司法公正上的共识。

第三节　宗教信仰自由

一、背景和成就

尊重和保护宗教信仰自由是中国政府一项长期的基本国策。① 中国政府对于宗教事务的基本方针是,“全面贯彻党的宗教信仰自由政策,依法管理宗教事务,坚持独立自主自办原则,积极引导宗教与社会主义社会相适应”。②中国长期实行宗教信仰自由的政策,保护公民和在华外国人的宗教信仰自由。根据宪法、法律保护公民的宗教信仰自由,公民有信仰宗教的自由,也有不信仰宗教的自由。我国平等保护信教公民和不信教公民的合法权益,依法保障信教公民正常宗教需求,尊重信教公民的习俗。

除我国宪法上的宗教信仰自由规定外,《刑法》第251条、第300条也规定了对侵犯宗教信仰自由构成犯罪的条件与刑罚,制裁以宗教名义进行的各类犯罪活动。其次,《民族区域自治法》《香港特别行政区基本法》《澳门特别行政区基本法》《民法通则》《教育法》《义务教育法》《兵役法》《劳动法》《选举法》《城市居民委员会组织法》《村民委员会组织法》《广告法》未成年人保护法等都涉及了对宗教信仰自由权利的保护。此外,《宗教事务条例》《宗教社会团体登记管理实施办法》《宗教院校设立办法》《宗教教职人员备案办法》《宗教活动场所设立审批和登记办法》《宗教活动场所年度检查办法》等则将政教关系具体化,明确了政府对宗教事务的管理及保护责任。③

自《国家人权行动计划(2012—2015年)》实施以来,宗教信仰自由的政策得到进一步的落实,主要体现在:④

1. 正常宗教活动依法得到保护

国家宗教事务局颁布了《宗教院校教师资格认定和职称评审聘任办法(试行)》《宗教院校学位授予办法(试行)》,进一步保护宗教院校教师、学生的合法权益,推进宗教院校管理规范化。2012~2015年取消和调整12项宗

① 参见国务院新闻办公室发布的《新疆的宗教信仰自由状况》(2016年)。

② 《全面提高新形势下宗教工作水平》,载《人民日报》2016年4月24日,第1版。

③ 参见付子堂、张永和主编:《〈国家人权行动计划(2012—2015年)〉解读》,法律出版社2012年版,第205页。

④ 有关宗教信仰自由保障的具体数据,参见《〈国家人权行动计划(2012—2015年)〉实施评估报告》。

教事务方面的行政审批项目。

2. 宗教场所和院校建设得到有力支持

宗教活动场所和院校建设得到支持。2011～2015年支持西藏宗教活动场所设施改扩建项目总投资2亿元。截至2015年年底，玉树灾后宗教活动场所重建范围所涉及的5县17个乡镇的87座受损寺庙全部完成重建。西藏佛学院建设取得新突破，累计培训僧尼近2000人，设立尼姑部和多座分院。甘肃、青海藏语系佛学院，四川藏语佛学院新校区也即将竣工投入使用。2012～2015年国家累计投入近1500万元，支持和帮助伊斯兰教界修缮保护重点清真寺和有文物保护价值的宗教活动场所。中国伊斯兰教经学院改扩建项目已经实施完毕。2012年投资5.13亿元用于中国佛学院新校舍建设。

3. 朝觐和宗教国际交流工作有序开展

穆斯林群众朝觐活动保障工作不断完善。国务院建立伊斯兰教朝觐工作部际联席会议制度。朝觐群众住房、餐饮、交通等保障水平进一步提高，体检接种、境外医疗防疫和安保工作不断完善。中国宗教界已与80余个国家的宗教组织建立友好关系，开展交流活动。

4. 社会保障体系对宗教教职人员实现全覆盖

截至2013年年底，根据自愿原则，宗教教职人员医疗保险参保率达到96.5%，养老保险参保率达到89.62%，符合条件的教职人员全部纳入了低保和五保供养保障范围。

二、内容解析

（一）整体结构和体例的变化

1. 对于宗教组织的支持从“硬件支持”转向“软件支持”

《国家人权行动计划（2009—2010年）》提出：“尊重少数民族的信仰传统，保护少数民族宗教文化遗产。继续投入必要资金用于维修少数民族地区具有重要历史文化价值的寺庙和宗教设施。”与之类似，第二期行动计划提出：“帮助宗教界解决部分项目建设中的实际困难。支持中国佛学院新校舍的建设、改扩建中国伊斯兰教经学院。支持西藏和四川、云南、甘肃、青海四省藏区宗教活动场所设施的改建扩建项目。支持青海玉树地震灾后宗教活动场所恢复重建。加大对新疆等穆斯林聚居地区以及遭受自然灾害的清真寺的帮扶力度。”以上两期行动计划中，均有专门强调国家对于宗教组织物质或硬件层面的支持，最直接的就是国家加强对一些宗教活动场所的维修、扩建和改建。

反观《国家人权行动计划(2016—2020年)》,其不再保留具体的对于宗教组织的硬件支持的内容,而是从更为宏观的角度,强调国家如何为宗教组织加强自身能力的建设提供支持环境和相关的措施。新一期行动计划规定:“支持宗教界加强自身建设,提高自我约束、自我规范、自我管理能力。为宗教团体开展工作提供必要的支持和帮助。”从以上变化可以看出,在宗教组织的发展过程中,宗教组织自身的主体地位不断得到凸显,国家更多扮演的是辅助和协助的角色,并在宏观的政策上进行引导。具体来说,国家在支持宗教组织的能力提升中的变化具体包括:一是明确国家在这一过程中行为的合理边界。宗教组织是自身能力发展的主角,国家在这一过程中侧重为宗教团体开展工作提供必要的支持和帮助。换言之,宗教组织是主体,国家的支持和帮助不能替代宗教组织自身的发展。二是将宗教院校建设和宗教人才培养作为宗教组织自身建设的基础性工程。新一期行动计划规定:“办好宗教院校,加强宗教人才培养,提高宗教教职人员素质。”在一定时期内我国宗教院校建设滞后、正规的宗教教职人员数量不足,宗教教职人员数量与广大信教群众数量存在供需矛盾,为一些借宗教之名实行违法犯罪和从事恐怖活动的组织和个人提供了生存空间。国家支持宗教院校的建设和相关人才的培养,表明国家意识到宗教人才的培养与国家的安全利益是一致的。

2. 不再保留“消极性”的权利保障措施

第一期行动计划和第二期行动计划均有一些消极性的有关宗教信仰自由的保障措施。第一期行动计划规定:“依法保护正常的宗教活动,维护宗教团体、宗教活动场所和信教公民的合法权益。”“保护公民不被强制信仰或不信仰宗教、不因宗教信仰而受到歧视,保障宗教信徒的权益。”第二期行动计划规定:“保护公民不被强制信仰或不信仰宗教、不因宗教信仰而受到歧视。”“依法保护正常的宗教活动。”

新一期行动计划之所以不再保留类似的消极性权利保障措施,主要是基于两个考量:一是与国际上对于宗教信仰自由保障的理解相接轨。一般而言,国家(政府)对于这类权利的保护采取相对中立和消极的立场,只要有关宗教组织及其活动没有违反法律或侵害公共利益,政府一般不主动干预。二是此类措施禁止的行为本身与我国的宗教信仰自由政策相左,重复强调的现实意义有所降低。我国的政教关系是“政府引导、政治与宗教相对分离”,长期实行信教自由的政策。尽管政府在宗教事务中扮演着重要的角色,但鉴于政教相对分离的基本政策和立场,政府本身对于宗教事务的干预应该奉行相对谦虚的态度。政府的引导更多是宏观层面,是通过完善有关法律法规和政策为宗教组织的发展及其活动的开展提供良好的环境。因此,前两期行动计划中有关"政府保护正常的宗教活动"和"保护公民不被强制信仰或不信仰宗教"措施的时代意义有所减弱。

3. 不再保留关涉宗教但与宗教信仰自由不直接相关的权利保障措施

第二期行动计划提出:"制定解决宗教教职人员社会保障问题相关规定的实施办法。"新一期行动计划没有体现此项内容。虽然宗教教职人员的社会保障问题是关涉宗教组织内部稳定以及关涉能否构建和谐宗教与政府、宗教与社会关系的重要问题,但是宗教教职人员亦是群众中的群众,亦是中华人民共和国的公民,此类问题更多是涉及公民社会保障权利的问题。因此,新一期行动计划涉及宗教信仰自由的保障措施中不再保留相关内容。

4. 首次增加"遏制投资经营宗教场所行为"的内容

新一期行动计划规定:"遏制投资经营宗教活动场所行为,制止和纠正寺庙、道观被承包现象。"这是国家人权行动计划首次规定"遏制投资经营宗教场所",且明确指向佛教寺庙和道家道观"被承包""被经营"现象。宗教场所被用于商业目的开发,不仅损害了信教群众和宗教组织的利益和形象,也侵害了广大不信教群众和其他社会组织的利益,容易使宗教组织以外的个人和组织对宗教形成偏见和歧视。国家采取积极行动消除对宗教的歧视,与联合国1981年《消除基于宗教或信仰原因的一切形式的不容忍和歧视宣言》第2条的规定高度吻合。该宣言第4条规定:"凡在公民、经济、政治、社会和文化等生活领域里对人权和基本自由的承认、行使和享有等方面出现基于宗教或信仰原因的歧视行为,所有国家均应采取有效措施予以制止及消除。"投资经营宗教场所这一行为间接导致了宗教在社会和公众之中形象的丑化,不仅影响了宗教组织内部的和谐,也容易引发信教群众与不信教群众、宗教组织与非宗教组织之间的矛盾。因此,从构建良好的政教关系和营造有利于宗教自我成长和发展的社会环境出发,政府遏制投资经营宗教场所的行为具有现实的必要性和正当性。

(二)具体指标内容的解析

1. 总体思路上,明确以"法治化"统领宗教事务工作

第一期行动计划的工作思路是"全面贯彻宗教信仰自由政策,依法管理宗教事务,切实保障公民的宗教信仰自由"。第二期行动计划相应内容表述

为"贯彻宗教信仰自由的宪法原则,落实《宗教事务条例》,保障公民宗教信仰自由"。新一期行动计划则表述为"提高宗教工作法治化水平,落实宗教信仰自由的宪法规定"。

比较以上3期行动计划中有关宗教信仰自由的总体工作思路的文字表述可以发现,国家对"宗教信仰自由"的定位和认知不断深化,从"政策""宪法原则"上升为"宪法规定"。新一期行动计划明确指出"提高宗教工作的法治化水平"。以上工作思路的变化表明:一是国家推进宗教工作法治化的决心更加坚定。国家更加认识到,长期行政主导的宗教工作模式容易引发政府决策或行政行为的随意性,已经难以适应涉宗教的社会关系的复杂化、多元化、专业化的趋势。二是对于如何保护"宗教信仰自由"更具有实际的指向性。第二期行动计划表述为"贯彻宗教信仰自由的宪法原则",新一期行动计划表述为"落实宗教信仰自由的宪法规定"。从"贯彻原则"到"落实规定",表明国家在实施新一期行动计划中对于宗教信仰自由的保护将更具"指向性"和"针对性"。指向性,是指国家制定的有关宗教的法律法规和政策措施均要符合宪法上的有关规定;针对性,是指有关宗教信仰自由的任何规范性的法律文件和政策文件均要严格分解和宪法上有关规定的落实。

2. 修改《宗教事务条例》,保障广大信教群众的合法权益

新一期行动计划规定:"修改宗教事务条例,依法规范政府管理宗教事务的行为,保护广大信教群众合法权益。"同第二期行动计划"落实《宗教事务条例》,保障公民的宗教信仰自由"的表述相比,国家对于这一行政法规所要达到的法律效果有了新的变化:一是权益保障主体的扩大,从"公民"变为"信教群众"。这既包括具有公民身份的中华人民共和国公民,也包括那些还未办理户口、尚不具有公民资格的国内群众。根据立法目的解释,"信教群众"也可以扩大解释为包括在华的外国信教群体。二是根据"保障广大信教群众的合法权益"这一立法目的,修改的《宗教事务条例》所要调整的社会关系具有多元化的特征,意在构建和谐的政教关系。信教群众的合法权益不仅仅限于他们合法进行信仰自由的表达,还关涉与其他群体、组织的和谐关系的建立,因为"宗教关系包括党和政府与宗教、社会与宗教、国内不同宗教、我国宗教与外国宗教、信教群众与不信教群众的关系"。①

① 习近平:《发展中国特色社会主义宗教理论 全面提高新形势下宗教工作水平》,载《人民日报》2016年4月24日,第1版。

3. 赋予宗教组织在国际交流中更加积极的角色

联合国 1981 年《消除基于宗教或信仰原因的一切形式的不容忍和歧视宣言》第 6 条第 9 项有关思想、良心、宗教信仰等方面的自由权利即是“有在国内和国际范围内与个人和团体建立和保持宗教或信仰方面的联系的自由”。综观我国已经发布的 3 期行动计划，我国政府长期重视宗教组织的对外交流。第二期行动计划规定：“促进宗教文化交流。支持中国宗教界与国外相关宗教组织开展友好交流。”新一期行动计划规定：“积极开展对外宗教交流活动。”通过两期行动计划的有关表述对比可以看出，鼓励和支持宗教组织开展对外交流活动是中国政府的一贯政策，但政府在支持宗教组织开展对外交流活动上呈现出一定变化：一是宗教组织对外交流的领域得到扩大。第二期行动计划将宗教对外交流限定在“文化层面”，而新一期行动计划仅仅规定“积极开展对外宗教交流活动”。这表明，国内宗教组织对外交流的事项既包括文化层面的交往，也包括非文化层面的交往，但所有交往都必须符合有关法律的规定，都不得侵害国家的主权、安全和社会公共利益。二是宗教组织对外交流的对象多元化。新一期行动计划有关对外交流的表述中，没有具体列举宗教组织的交往对象范围，与第二期行动计划中明确“与国外相关宗教组织开展友好交流”形成了鲜明的对比。这意味着，国内宗教组织对外交往既包括与宗教组织之间的交往，也包括与友好的非宗教组织之间的交往。

4. 继续支持宗教组织积极开展公益慈善活动

第一期行动计划表述为“充分发挥宗教界在促进社会和谐和经济社会发展中的积极作用。鼓励和支持宗教界开展社会公益慈善活动，探索宗教服务社会、服务人群的方法和途径”。第二期行动计划表述为“鼓励宗教界开展公益慈善活动”。新一期行动计划则表述为“鼓励宗教界依法开展公益慈善活动”。以上 3 期行动计划的有关表述及其变化表明：一是国家鼓励宗教组织开展公益慈善活动是长期的政策。宗教组织开展公益慈善活动，既具有丰富的人力资源和相关经验，也与各大宗教的教义吻合。二是继续鼓励宗教界开展公益慈善活动，但必须在合法的行动边界内。国家试图通过完善有关法律法规，为宗教组织开展公益慈善提供更加规范的法律政策环境，防止一些组织和个人借慈善之名从事腐败活动或违法犯罪活动。

5. 国家在组织穆斯林朝觐工作中发挥更加积极的作用

穆斯林是因宗教形成的信仰伊斯兰教的少数群体，在我国则是信仰伊斯兰教的包括维吾尔族、回族、哈萨克族等 10 个少数民族，人口超过 2000 万。

保护因宗教而形成的少数人或少数人团体的信教自由在一些专门性的国际公约中得到了专门强调,包括《公民权利和政治权利公国际公约》第 27 条、1948 年《防止及惩治灭绝种族罪公约》第 2 条、1992 年《在民族或族裔、宗教和语言上属于少数群体的人的权利宣言》、1951 年《关于难民地位的公约》第 1 条等。国家保障穆斯林群众顺利完成朝觐工作,是保护因宗教形成的少数人群体信教自由的重要体现。对比新一期行动计划的相关表述,我们可以发现国家对于穆斯林的朝觐工作越发重视。新一期行动计划表述为"改进伊斯兰教朝觐组织服务工作,保障穆斯林群众顺利完成朝觐功课";第二期行动计划表述为"改进朝觐的组织、管理和服务工作,为穆斯林群众顺利完成朝觐功课提供便利和保障"。对比前两期行动计划的表述可以发现,国家在穆斯林群众朝觐的组织服务工作中的角色从"协助者"转变为"权益保护者",即不仅要为穆斯林群众朝觐提供便利和协助,更要确保他们顺利完成朝觐工作。

三、问题与建议

(一)问题

1. 立法相对落后

第一,宗教基本法缺位。

我国长期以来调整宗教领域的社会关系主要依靠国务院行政法规、国务院行政部门规章和地方政府行政法规。这与宗教工作法治化的趋势不相适应,也导致国务院行政部门和地方政府在立法上存在随意性。

第二,地方立法主导模式引发冲突。

由于全国人大没有制定宗教基本法律,宗教信仰保护的具体对象范围由各省(市、自治区)自行制定的行政法规予以确定。这样的立法模式客观上间接造成了我国地方宗教信仰自由政策的不统一。例如,同样一种宗教,在有些地区是合法的,而在另外一些地区至少是不受保护,抑或合法地位没有得到地方政府确认的,容易导致地方的公安、安全、宗教等有关行政部门对于一些宗教组织正常、合理的宗教活动造成侵扰,同时也额外增加这些部门的行政成本。

2. 行政管理存在误区

第一,对于宗教事务的干预未保持谦抑的态度。

尽管法律赋予我国政府管理宗教事务的权力,但从宗教信仰自由保护的"平等原则"出发,政府对于宗教事务的干预应保持相对谦抑的态度。在中国的法律语境下,按照宪法和有关法规确定的宗教信仰自由原则,所谓合法的 5

大宗教的活动场所均等满足信教群众基本宗教活动需求的前提下,政府将国家税收主动或过度用于某一特定宗教活动场所的营建和扩建,事实上就构成了对某一特定宗教的偏爱。

第二,对于宗教社会作用的认知尚未完全与国家重大战略的实施进行对接。

宗教组织除发挥宗教性的功能以外,亦能够通过自身教育资源的优势发挥非宗教性的社会作用。这种非宗教性的社会作用与国家现行的宗教工作基本方针并不冲突,是在宗教调整的社会关系之外发挥合理、有益的作用。总体而言,我国对于宗教社会角色的认知还比较保守,不符合宗教在未来国家重大战略实施中发挥积极作用的趋势。新一期行动计划将宗教社会作用的定位集中在“依法开展慈善活动”。但是,每个宗教组织均具有不同的特质。就我国伊斯兰教而言,其在历史上与“一带一路”沿线国家基于教缘、血缘形成的语言、文化纽带尚未充分挖掘,并未转化为服务国家对外利益拓展和话语传播的优势。我国“一带一路”战略的实施,亟须大量通晓伊斯兰文化和语言的记者、律师、外交官、教师等各类专业人才。目前,我国开设相关专业的国内高校数量有限,高校之外的唯一或主要能够为服务“一带一路”战略实施提供语言文化背景知识培训的权威机构就是伊斯兰教的教育机构。

(二)建议

1. 立法层面的建议

(1)研究制定宗教基本法的可行性

由于没有宗教基本法,我国法律中对于涉及宗教关系的立法调整主要依靠行政法规和不同行政部门、地区执行的部门规章或地方性法规,这容易导致不同地区、不同层级之间的法规出现冲突,也间接造成宗教信仰自由政策的不统一。公民在一些情形下难以确定自己的宗教信仰自由表达行为是否合法。因此,从促进宗教信仰自由政策的统一性出发,我国有必要就宗教基本法的制定展开立法调研,广泛听取宗教组织、信教群众、宗教事务管理人员等多方的意见。

(2)防止宗教行政立法中过度“借法扩权”

在我国没有宗教基本法的情况下,宗教法治化实际上主要就是行政部门和地方政府通过行政立法权加强对宗教事务的规制。因此,全国人民代表大会、省一级人民代表大会和具有立法权的较大市的人民代表大会应加强对同级政府有关行政立法的监督。在新一期行动计划实施期间,人大有必要加强对关涉宗教方面的行政立法的审查,对于明显加重信教群众或其他利益相关组织、人员义务的不合理规定,人大有权变更或撤销,防止关涉宗教领域行政法规对于宗教信仰自由的侵犯。

2. 政策层面的建议

(1)消除对于“政教关系”认知的误区

改革开放30多年来,随着宗教组织自我发展能力和自我定位的提高,宗教的社会化角色日益呈现出多元化的特征。我国传统宗教工作思路中对于“政教关系”(The Relationship between State and Church)的定位集中于“国家与教会”二元关系的认知已经日益不适应我国宗教事务管理的现实需要。为了更好地引导宗教与社会主义建设相适应,政教关系的认知应得到充实、丰富和提高:一是政教关系的定位趋向多元化。当前我国的政教关系不仅包括政治与宗教、宗教与政治的二元关系,也包括宗教与社会的日益复杂化和多元化的关系。宗教与社会的关系涵盖了信教群众与不信教群众、某一教派与其他教派、宗教与科学、宗教与经济、宗教与教育等领域。二是宗教工作的模式从行政管理模式转向社会化管理模式。鉴于日益复杂化的政教关系需要专业化的技术支持和良好的政策环境支持,政府对于宗教工作的总体思路也要从以往行政主导的模式转向“行政推动、社会支持”的模式,为宗教组织和信教群众处理多元化的社会关系提供必要的支持和帮助。

(2)正确、适度运用宗教资本服务社会发展

一是教职人员的培养或可考虑与民间宗教培训机构的互动与合作。一方面,对于那些得到信教群众支持以及对社会公共利益没有危害的民间资本运行的宗教培训机构,在我国宗教教职人员相对信教群众仍将在一定时期内呈现供求矛盾的情况下,各级政府或可考虑承认这类民间机构培养的“教职人员”在一定的地域内讲道传教的有效性与“合法性”。另一方面,政府或能够以相对开放包容的姿态,从维护信教群众的根本利益出发,考察一些民间宗教教育机构在人才选拔、课程设置、运作经营等方面的有益做法和经验,并推广到官方承认的宗教教育机构的实践环节中。此外,对于那些在宗教人才培养上确实取得显著成就的民间宗教教育机构,政府或可研究与它们合作办学的可行性。事实上,以浙江为代表的基督新教相对发达的沿海省份,一些地方政府一定程度上开始接纳和承认民间资本运作的宗教培训机构培养的神职人员,允许他们在有限的群体和空间内发挥宗教教育的作用。二是宗教教育机构或可适度服务“一带一路”战略实施中的人才培养工程。鉴于“一带一路”沿线国家多为信仰伊斯兰教的国家(一些还是政教合一的国家),从加强我国“一带一路”战略实施的有效性、可持续性出发,对于我国西北地区的伊斯兰

经学院的功能定位，或可考虑在满足培养宗教教职人员基本需求的前提下，协助政府和社会组织培养通晓阿拉伯语和伊斯兰文化的记者、律师、武官、学者等多元化的专业人才，改变我国伊斯兰语言和文化人才相对匮乏的局面。这些人才能够以语言文化纽带为优势，既服务于我国"一带一路"战略实施中的国家利益的拓展，也能更好地彰显饱含中国特质的宣传话语对外传播的吸引力和有效性。

(3)政教关系的处理和相互间距离的把握应坚持适度和必要原则

政府对于宗教场所的建设和投资应保持相对谦抑的态度。尽管我国依法加强对于宗教事务的管理，但政府要防止任何对于某一宗教或教派宗教活动场所的"积极投入"而引发不同宗教之间资源获取上的非对等地位，导致间接伤害部分信教群众和不信教群众的利益。

第四节　知情权与参与权

知情权，是指自然人、法人及其他社会组织依法享有的知悉、获取与法律赋予该主体的权利相关的各种信息的自由和权利。它既是一项程序性权利，也是一项实体性权利。随着理论与实践的发展，知情权的外延不断扩大，遍及公法和私法领域。公民参与权，就是指公民通过国家不断创造的各种合法途径参与公共事务的权利。公民参与权是一类权利，主要包括选举权、被选举权、担任公职权、参加听证权、参与民意调查权、提出意见及建议权等。

一、背景与成就

（一）我国知情权与参与权的历史发展与现状

新中国成立以来，中国公民的政治参与①经历了动员型政治参与、自发型

① "政治参与"还被分为政治参与和公众参与。公众参与，通常又称为公民参与或公共参与，指的是公民试图影响公共政策和公共生活的一切活动。通常认为，公众参与是比政治参与范围更广的概念。政治参与的行动领域是政治或行政领域中的活动，尤其指以竞争性选举为核心的参政议政活动，而公众参与则包含了政治参与以及公民在社会领域中的参与活动。就公民参与活动的层次而言，政治领域中的参与活动高于行政领域中的参与活动，而行政领域中的参与层次又高于社会领域中的参与活动。没有高层次的政治领域中的公民参与机制，行政、社会领域中的公民参与的实效就会大打折扣，甚至使参与行为形式化、仪式化。行政、社会领域中的参与活动成为制度，从形式走向实质。值得注意的是，当前中国公众参与的发展趋向是从基层社区领域扩大到行政领域与政治领域。

政治参与、理性自主型政治参与的历史发展过程。有些论者把政治参与分为两个时间段,从新中国成立至党的十一届三中全会为第一阶段,从改革开放至今为第二阶段。[①] 此外,根据参与主题的不同,把新中国成立至改革开放的第一阶段又细分为1949~1956年“以革命为主题的动员型政治参与”、1956~1966年“以社会主义建设为中心的动员型政治参与”、1966~1976年“以阶段斗争为主要内容的动员型政治参与”3个阶段;第二阶段则细分为1978~1989年“以追求民主和个人利益为中心的自发政治参与”和1989年至今“走向理性自主型政治参与”2个时段。[②] 公民政治参与在不同时段具有不同的实践模式与实现程度。

知情权的理念与精神在我国宪法和法律中均有某种体现。20世纪80年代开始,官方开始有意识地推行知情权相关的政策与法律。实践中的政务公开制度始于1987年党的第十三次全国代表大会。在党的十三大精神的推动下,为促进为政清廉,80年代后期开展了“两公开一监督”活动。在90年代初,开始全面推行村务公开。与知情权相关联的“公开”制度,则是在1998年出现在官方内部文件中,如1998年4月18日中共中央办公厅、国务院办公厅联合发布的《关于在农村普遍实行村务公开和民主管理制度的通知》。[③] 1998年最高人民检察院率先实行了检务公开。之后法院、公安、海关等重要司法和行政执法机关开始推行审判公开、警务公开和海关关务公开等措施。我国行政管理活动不断规范化、法治化。20世纪90年代以来,涉及人民重大切身利益的重大政府行为逐步实行听证制度。此外,1999年年初开始的政府上网工程,不仅是一项“为解决我国网络上的路多车少问题而采取的振兴我国新兴电子信息产业措施”,更是我国推行政治体制改革,实行政务公开保障公民知情权的一项最具有影响力和透明性的举措。[④]

2007年作为4项基本民主权利的重要内容,“知情权”和“参与权”被写入党的十七大报告。2008年施行《政府信息公开条例》,标志着我国政府信息公开制度的建立。2010年国务院发布的《关于加强法治政府建设的意见》第6

① 参见李翠霞:《中国公民政治参与特点的演变分析》,载《江苏省社会主义学院党报》2005年第3期。

② 参见祝天智:《当代中国政治参与模式的演进》,载《广东行政学院学报》2005年第2期。

③ 参见章剑生:《知情权及其保障——以〈政府信息公开条例〉为例》,载《中国法学》2008年第4期。

④ 参见汪习根、陈焱光:《论知情权》,载《法制与社会发展》2003年第2期。

部分“全面推进政务公开”中再次提出“加大政府信息公开力度;推进办事公开;创新政务公开方式”的要求。2013年党的十八大报告中,进一步明确了包括“知情权、参与权、表达权、监督权”4项公民民主权利。“健全权力运行制约和监督体系。坚持用制度管权管事管人,保障人民知情权、参与权、表达权、监督权,是权力正确运行的重要保证。推进权力运行公开化、规范化,加强党内监督、民主监督、法律监督、舆论监督,让人民监督权力,让权力在阳光下运行。”自此,知情权与参与权成为紧密相关的民主权利。保障人民知情权、参与权、表达权、监督权,是政府权力运行的重要保证。

(二)前两期人权行动计划的成就

随着两期国家人权行动计划的实施,我国在保障公民知情权与参与权方面取得了显著成就。①

政府信息公开进一步推进。国务院实施《政府信息公开条例》。重点推进行政审批、财政预决算、保障性住房、食品药品安全、征地拆迁等领域的信息公开。修改完善《审计署政府信息公开工作规定》。2015年审计署政务微信上线运行,中国审计报数字APP、中国审计数字出版网上线。2012～2015年国务院新闻办公室围绕党和国家重要会议、重大决策和重点工作,组织新闻发布会322场;党中央、国务院以及地方党委、政府共组织新闻发布会、吹风会9300余场。

司法公开继续深化。最高人民法院建立审判流程公开、裁判文书公开、执行信息公开3大平台。截至2015年年底,共发布裁判文书1448万份,被执行人信息3434.7万条。中国法院庭审直播网2015年共视频直播庭审3795次。截至2015年,人民检察院案件信息公开系统共发布案件程序性信息254万余件、重要案件信息102万余条、生效法律文书76万余份。

厂务、村务公开制度进一步落实。截至2015年9月,全国已建立工会的企事业单位中有493.1万家单独建立厂务公开制度,有410.6万家非公有制企业单独建立厂务公开制度,建制率达93%。全国90%以上的县(市、区)编制了统一的村务公开目录,91%的村建立了村务公开机制,92%的村建立了村务监督委员会或其他形式的村务监督机构。

2010年修改《选举法》。在2011年至2013年进行的各级人大代表选举

---

① 有关知情权与参与权权利保障的具体数据,参见《〈国家人权行动计划(2012—2015年)〉实施评估报告》。

中,城乡按相同人口比例选举的原则首次正式全面实行,体现了人人平等、地区平等和民族平等。民主党派和无党派人士在政协各种会议上发表意见、提出提案、反映社情民意信息的权利得到尊重和保障;人民团体和社会组织积极参与公共治理;工会组织和职工代表大会制度不断完善。

公众参与立法的渠道进一步拓宽。2015年修改《立法法》,拓宽公民有序参与立法途径,开展立法协商,完善立法论证、听证、法律草案公开征求意见等制度。2012~2015年通过"中国政府法制信息网"公开征求意见的法律、行政法规64部,提出意见28.3万余条;公开征求意见的部门规章465部,提出意见8.9万余条。在广泛征求各方面意见的基础上,2016年3月全国人大常委会审议通过《慈善法》,保护慈善活动参与者的合法权益。

基层群众自治制度更加健全。民政部制定《村民委员会选举规程》,98%以上的村委会依法实行直接选举。落实村(居)民会议、村(居)民代表会议、村(居)民议事会等制度,保障群众参与基层公共事务管理和决策。

社会组织成为人民群众参与社会治理和公共服务的重要渠道。社会组织结构不断优化、质量稳步提高。截至2015年年底,全国依法登记社会组织约66万个,全国各类社会组织收入约2600亿元,吸纳社会各类人员就业约850万人,各类社会组织接受捐款约900亿元。启动行业协会商会与行政机关的脱钩。积极培育发展非营利性民办学校、民办医院、民办养老机构等社会服务机构,满足人民群众日益增长的多样化公共服务需求。推动政府向社会组织转移职能和购买服务。探索社会组织特别是城乡基层社会组织开展协商。

二、内容解析

(一)体例结构重大变化

在3期行动计划中,知情权和参与权都是公民权利与政治权利的重要部分。随着知情权和参与权保障实践的推进与学理体例的发展,新一期国家人权行动计划将知情权和参与权合并在一节中加以规定,并从总体上要求,"多渠道多领域拓宽公民知情权的范围,扩展有序参与社会治理的途径和方式"。

学术研究中,作为公民民主权利的2项重要内容,知情权和参与权通常是2个独立的研究命题。而随着信息化时代的到来,知情权和参与权在实践中已成为紧密相关的2种权利。有序、有效的政治参与,必须以政务公开、公民充分享有信息为前提;同时,知情权不仅是公众参与和政治参与的重要保障,更是监督政府权力运行的重要保障。在4项民主权利之中,知情权具有基础性。只有知情权得到充分行使,当事人追求的其他权利才有可能充分实现。公法上,公民参与社会政治民主生活的基础之一是获取信息的自由和权利。一切真正的政治民主决定必然建立在参与者获取的充分而真实的信息基础上。① 参与权是民主政治权利的核心。民主社会中,公民参与公共事务的讨论和决策是行使其民主权最基本的途径。不同政治制度下,公民参与公共事务权的形式、范围和程度均不同。参与公共事务权是公民最基本的民主政治权利。② 知情权与参与权更是紧密相连。知情权的享有是实现参与权的必经过程,行使参与权必须先有知情权的行使为基础,否则实体权利的行使便违背行为有效性之基础的真实意志性。享有充分的知情权,是有效政治参与的前提。可见,享有知情权的最终目的是行使政治参与权。

知情权与参与权本是相互关联的宪法权利。我国《宪法》第 2 条和第 27 条主要规定了参与权。《宪法》第 2 条规定:"人民依照法律规定,通过各种途径和形式,管理国家事务,管理经济和文化事业,管理社会事务。"第 27 条第 2 款规定:"一切国家机关和国家工作人员必须依靠人民的支持,经常保持同人民的密切联系,倾听人民的意见和建议,接受人民的监督。"第 34 条规定:"中华人民共和国年满十八周岁的公民,不分民族、种族、性别、职业、家庭出身、宗教信仰、教育程度、财产状况、居住期限,都有选举权和被选举权;但是依照法律被剥夺政治权利的人除外。"宪法文本间接体现了知情权制度。第 27 条第 2 款规定:"一切国家机关和国家工作人员必须依靠人民的支持,经常保持同人民的密切联系,倾听人民的意见和建议,接受人民的监督。"这是专门规定参与权、表达权的宪法条款,在此处,知情权与参与权是有机统一的。

由此可见,知情权和参与权在理论与实践上具有非常密切的关联,新一期国家人权行动计划的体例调整具有合理性与科学性。

(二)指标增减情况

新一期行动计划知情权与参与权共 14 项指标。对前 2 个计划中的指标内容进行了调整,新增了更高的保障准则,精简了一些可能重复的指标。

1. 增加的指标部分

(1)增加了有关司法参与的指标。这又分为两个层面。第一个层面,是司法参与的人员构成上,特别强调针对司法机关"落实人民陪审员'倍增计

① 参见汪习根、陈焱光:《论知情权》,载《法制与社会发展》2003 年第 2 期。

② 参见白桂梅主编:《人权法学》,北京大学出版社 2011 年版,第 135 页。

划’”“进一步完善特约检察员机制”“完善人民监督员制度”。这原属于第二期行动计划“监督权”的内容,“扩大社会监督。加强特邀监察员、监督员、检察员工作。强化人民群众对行政机关、审判机关、检察机关等的监督”。在实践中,这些人员已经从原来的“监督”层面,发展到主动的“参与”层面上来。第二个层面,新增了一项关于司法过程中人民参与的指标,即“在司法调解、司法听证、涉诉信访等活动中保障人民群众参与。”

(2)增加了推进政务公开、政府信息公开的具体指标。前两期行动计划都将落实《政府信息公开条例》置于“知情权”较前的位置。当前,由于条例的法律位阶较低,保障公民知情权的《政府信息公开法》正在热烈的讨论中,新一期行动计划没有再拘泥于强调落实《政府信息公开条例》,而是顺应法治政府建设的进程,特别新增了“进一步推进权力清单和责任清单公开”这项指标。权力清单和责任清单是对政府行政行为的有力规范,推行权利清单和责任清单公开就是真正从制度上、政府运行的角度来强调政务公开的问题。

2. 精减的指标部分

(1)关于新闻发布制度和新闻发言人制度的指标。第一期行动计划知情权中提出“完善政府新闻发布制度和新闻发言人制度”。第二期行动计划知情权中提出“不断完善政府新闻发布制度、新闻发言人制度和党委新闻发言人制度”。由于这两项制度的最终目的是要解决政府信息公开问题,新一期行动计划已将其涵盖在行政行为公开、突发事件信息发布制度的诸项指标之中。

(2)关于选举权的指标。第一期行动计划“参与权”的第1项指标便是“完善人民代表大会制度,修改选举法,完善选举制度,逐步实行城乡按相同人口比例选举人大代表,适度提高各级人民代表大会中少数民族、归国华侨、妇女、基层工人、农民与农民工代表的比例,密切人大代表同选民的联系。切实保障人大代表依法行使职权”。其第2项指标则是“进一步把政治协商纳入决策程序,提高各民主党派和无党派人士参政议政实效。适当提高民主党派和无党派人士担任政府部门实职、尤其是担任正职干部的比例。尊重各民主党派和无党派委员在政协的各种会议上发表的意见,保障他们开展视察、参与调查和检查活动、提出提案、反映社情民意的权利”。第二期行动计划沿袭了这个体例,要求“实施选举法,保障公民的选举权和被选举权”以及“保障和支持民主党派和无党派人士参加国家政权,参与国家大政方针和国家领导人选的协商,参与国家事务的管理,参与国家方针政策、法律法规的制定和执行"。新一期行动计划并未设置相关指标。

(3)关于工会、妇联、青联参与权的指标。第一期行动计划参与权中"保障工会、妇联、青联等人民团体依照法律和各自章程开展工作,积极拓宽渠道,支持各人民团体参与社会管理和公共服务,维护群众合法权益。在制定相关法律法规和公共政策时,认真听取各人民团体的意见"。第二期行动计划参与权第4段"继续支持工会、共青团、妇女联合会等人民团体依法参与社会管理和社会服务。制定和修改相关法律、法规和政策时,认真听取各人民团体的意见"。新一期行动计划在此并未提及该问题。

(三)指标内容的深化发展

知情权有广义与狭义之分。广义的知情权包括寻求、接受、传递信息的自由,对象既包括官方信息,也包括非官方信息。狭义的知情权主要是指获取官方的信息、情报或信息的权利。[①] 在我国,作为宪法权利的知情权主要是狭义意义上的。新一期行动计划中知情权的指标主要包括行政(办事)公开、突发事件发布制度、司法公开。

参与权的内涵上主要包括两个方面:一是参与公共事务权。公民参与公共事务的通常包括:(1)选举公共权力的行使者。公民可根据自己的意愿直接或间接参与选举国家公职人员,由国家公职人员代为行使国家职权。(2)参与法律创制。公民可以直接或间接选举代表参与国家宪法和法律的制定,现在随着信息社会的发展,公民参与法律创制更加便利。在一些地方性法规中,甚至在法规出台前,就可以通过网络媒体广泛征求公民的意见。(3)参与公共决策。公民参与公共决策不仅体现民主,也是促进民生建设的重大举措。二是参与本国公务权。每一国家的公民都有权根据自己的意愿依照法定标准并经法定程序,使自身成为公共权力的行使者,从而参与国家权力的运行,参与对公共事务的处理,也就是公民担任国家公职的权利。[②] 新一期行动计划中参与权的指标涵盖了很多方面:立法参与、司法参与,强调人民参与的过程;社会自治层面,包括社会组织的参与、基层组织的参与等。

1. 推进权力清单和责任清单公开

关于政府信息公开,第一期行动计划"知情权"部分开头即强调落实《政

---

① 参见杜钢建:《知情权制度比较研究——当代国外权利立法的新动向》,载《中国法学》1993年第3期。

② 参见白桂梅主编:《人权法学》,北京大学出版社2011年版,第134~137页。

府信息公开条例》,“全面贯彻实施《政府信息公开条例》,对政府及相关部门的信息公开工作进行全面定期考核,检查督促具有公共事务管理职能的组织公开政务信息的情况,依法追究违反该条例主管人员和直接责任人员的责任”。第二期行动计划则从更宏观的角度,强调“推进政府信息公开”“实施政府信息公开条例,落实《国务院关于加强法治政府建设意见》”,并在此阐释了政府信息公开的原则性规定。新一期行动计划不再专门强调《政府信息公开条例》,而是落实到政府信息公开问题中最核心的问题,即权利清单和责任清单公开。

“权力清单和责任清单公开”是新一期行动计划就政府信息公开问题特别列出的一项指标。2013 年中央部署新一轮地方政府职能转变和机构改革工作时,就明确提出推行权力清单制度,要求“梳理各级政府部门的行政职权,公布权责清单,规范行政裁量权,明确责任主体和权力运行流程,严格按照法定权限和程序履行职责”。党的十八届三中全会进一步提出:“推行地方各级政府及其工作部门权力清单制度,依法公开权力运行流程。”2015 年中共中央办公厅、国务院办公厅联合印发《关于推行地方各级政府工作部门权力清单制度的指导意见》,规定了推行权力清单制度的目标任务和实现路径。推行地方各级政府工作部门权力清单制度,是国家治理体系和治理能力现代化建设的重要举措。该指导意见要求通过建立权力清单和相应责任清单制度,进一步明确地方各级政府工作部门职责权限。

落实权利清单和责任清单,就是要彻底践行职权法定原则,地方各级政府工作部门要按照透明、高效、便民原则,规范行政裁量权。通过公布权力清单,强化权力监督和问责。对不按权力清单履行职权的单位和人员,依纪依法追究责任。

2. 推进行政行为公开

第一期国家人权行动计划指出“逐步形成相对完整的政务公开制度体系”,并在乡镇一级、县市一级和省级分别强调了公开的重点。第二期行动计划从更加宏观的角度直接强调“推进政府办事公开”。2016 年 2 月中共中央办公厅、国务院办公厅印发了《关于全面推进政务公开工作的意见》,指出“公开透明是法治政府的基本特征。全面推进政务公开,让权力在阳光下运行,对于发展社会主义民主政治,提升国家治理能力,增强政府公信力执行力,保障人民群众知情权、参与权、表达权、监督权具有重要意义”。在“推进政务阳光透明”问题上,特别指出“全面推行权力清单、责任清单、负面清单公开工作,建立健全清单动态调整公开机制”,具体要求到“推行行政执法公示制度,各级政府要根据各自的事权和职能,按照突出重点、依法有序、准确便民的原则,推动执法部门公开职责权限、执法依据、裁量基准、执法流程、执法结果、救济途径等,规范行政裁量,促进执法公平公正”。

新一期行动计划在政务公开问题上,特别强调“推行行政执法公示制度”。行政执法公示制度是我国完善行政执法制度、打造阳光政府的重要一步,是行政执法制度体系中的重要组成部分,是政府信息公开的一个重要方面,能够加强民众对行政行为的监督,保障权力在阳光下运行。完善行政执法公示制度,为我国全面推进依法行政、建设法治政府打下了坚实的基础。

3. 加强互联网政府信息公开建设

互联网政府信息公开作为当代政府信息公开的一项重要实践,第一期行动计划提出“深入推进电子政务建设,逐步实现所有县级以上政府和政府部门建立政府网站,绝大多数政府机关和公共企事业单位开通热线电话”。在基础设施保障方面,新一期行动计划进一步提出“加强互联网政府信息数据服务平台和便民服务平台建设,提高政务公开信息化、集中化水平”。加强互联网政府信息公开建设,在于优化服务改革推向纵深的关键环节,对加快转变政府职能,提高政府服务效率和透明度,激发市场活力,提升社会创造力具有重要意义。2016 年 9 月国务院发布《国务院关于加快推进“互联网 + 政务服务”工作的指导意见》总结到,“近年来,一些地方和部门初步构建互联网政务服务平台,积极开展网上办事,取得一定成效”。指导意见在指导思想中提示道:“牢固树立创新、协调、绿色、开放、共享的发展理念,按照建设法治政府、创新政府、廉洁政府和服务型政府的要求,优化服务流程,创新服务方式,推进数据共享,打通信息孤岛,推行公开透明服务,降低制度性交易成本,持续改善营商环境,深入推进大众创业、万众创新,最大程度利企便民。”

4. 建立突发事件信息发布制度

第一期行动计划提出“依法、及时、准确发布自然灾害、突发事件和安全生产责任事故信息。及时向社会公布特大安全生产责任事故的调查、处理结果。”第二期行动计划并未提及这个问题。新一期行动计划则从更加宏观的角度提出“完善突发事件信息发布制度”。

2007 年实施的《突发事件应对法》对突发事件定义为“突然发生,造成或者可能造成严重社会危害,需要采取应急处置措施予以应对的自然灾害、事故灾难、公共卫生事件和社会安全事件。”该法第5条对突发事件应对作出了原则性规定:“突发事件应对工作实行预防为主、预防与应急相结合的原则。国家建立重大突发事件风险评估体系,对可能发生的突发事件进行综合性评估,减少重大突发事件的发生,最大限度地减轻重大突发事件的影响。”突发事件应对法主要对突发事件的预防与应急准备、监测与预警、应急处置与救援、事后恢复与重建等作出了规定。各级政府是突发事件信息系统的管理者,负有汇集、储存、分析、传输有关突发事件信息的职责。《突发事件应对法》第10条规定:“有关人民政府及其部门作出的应对突发事件的决定、命令,应当及时公布。”第53条规定:“履行统一领导职责或者组织处置突发事件的人民政府,应当按照有关规定统一、准确、及时发布有关突发事件事态发展和应急处置工作的信息。”《政府信息公开条例》第6条也规定:“行政机关应当及时、准确地公开政府信息。行政机关发现影响或者可能影响社会稳定、扰乱社会管理秩序的虚假或者不完整信息的,应当在其职责范围内发布准确的政府信息予以澄清。”

5. 完善司法公开

在公法领域,对等享有知情权是司法公正与法治的关键。在诉讼法领域中,原、被告或控辩双方在司法程序上一律平等。知情权不仅规定在实体权利体系中,而且也规定在程序法中。在程序法中,从原、被告彼此对诉讼事实的知晓,到辩护人对有关指控事实的调查取证;从法庭上的公开质证、辩论到审判和判决向社会公开的制度运作,知情权是维护司法公正的必要手段。①

完善司法公开,是新一期行动计划新增的部分,提出“推进警务、狱务、审判、检务公开”。强调了“依法及时公开执法司法依据、程序、流程、结果,建立生效法律文书统一上网和公开查询制度。”司法公开与司法公正是紧密相关的内容,在前两个行动计划中,主要规定在人身权利的部分。新一期行动计划将司法公开部分调整到了信息公开问题之中,更加准确地突出了司法公开的性质,逻辑、体系上更加科学。

6. 推动立法参与

国家制定法律的过程也是政治参与的过程。随着立法过程越来越制度化,政府部门、地方人大、学者专家乃至普通公众等都有了常规性的参与渠道

---

① 参见汪习根、陈焱光:《论知情权》,载《法制与社会发展》2003年第2期。

和机会。在参与过程中,不同部门和群体由于影响能力和行动能力的差异,参与的表现和成效也不同。社会行动者能够影响立法的主要原因有:一是该群体在利益普遍受损的情况下,能够采取制度内的维权行动;二是行动者在个体的维权过程中逐步建立了本群体的法律动员支持结构。①

新修改的《立法法》对立法参与作出了相关规定。第5条规定:“立法应当体现人民的意志,发扬社会主义民主,坚持立法公开,保障人民通过各种途径参与立法活动。”为了保障这一原则,《立法法》第36条规定:“列入常务委员会会议议程的法律案,法律委员会、有关的专门委员会和常务委员会工作机构应当听取各方面的意见。听取意见可以采取座谈会、论证会、听证会等多种形式。”第37条规定:“列入常务委员会会议议程的法律案,应当在常务委员会会议后将法律草案及其起草、修改的说明等向社会公布,征求意见,但是经委员长会议决定不公布的除外。”第38条规定:“列入常务委员会会议议程的法律案,常务委员会工作机构应当收集整理分组审议的意见和各方面提出的意见以及其他有关资料,分送法律委员会和有关的专门委员会,并根据需要,印发常务委员会会议。”第99条第2款规定:“前款规定以外的其他国家机关和社会团体、企业事业组织以及公民认为行政法规、地方性法规、自治条例和单行条例同宪法或者法律相抵触的,可以向全国人民代表大会常务委员会书面提出进行审查的建议,由常务委员会工作机构进行研究,必要时送有关的专门委员会进行审查、提出意见。”

第一期行动计划指出“推进决策民主化、科学化,增强决策过程中公众的参与度。”包括多个层次的内容:对于“群众利益密切相关的法律法规和公共政策”,在制定时原则上要公开听取意见;对于“重要法律法规”,要推进立法听证会;对于“重大政策措施”,制定时要公开听取意见;对于“重大决策”,要接受专家咨询或第三方论证。第二期行动计划指出“制定涉及重大公共利益和人民群众切身利益的法律、法规、规章时,向社会公开征求意见。”

新一期行动计划提出“提高立法公众参与度”,进一步要求“探索建立有关国家机关、社会团体、专家学者等对立法中涉及的重大利益调整论证咨询机制,拓宽公民有序参与立法途径,健全法律法规规章草案公开征求意见和公众意见采纳情况反馈机制”。这一要求具体包含了两个层次:第一个层次,特别

① 参见管兵、岳经纶:《立法过程中的公众参与——基于〈物权法〉和〈就业促进法〉立法参与的研究》,载《政治学研究》2014年第4期。

对于“国家机关、社会团体、专家学者”提出的,探索建立有关国家机关、社会团体、专家学者等对立法中涉及的“重大利益调整”论证咨询机制;第二个层次,面向“公众”提出的,扩宽公民有序参与立法途径,健全“法律法规规章草案”公开征求意见和公众意见采纳情况反馈机制。

7. 推进司法参与

司法参与权同时涵盖了知情权与参与权等多方面的内容。司法事务是国家事务中的重要一环。任何一项涉及司法行为的具体制度的形成,都必然受到本国政治经济制度、法律文化传统的深远影响,同时深受公民的思维方式及法治意识等现实状况的制约。因此,社会公众对司法活动是否享有广泛且深入地参与权就成为衡量一个国家法治发达程度的标尺之一。人民检察院和人民法院依据宪法的规定代表国家行使法律监督权和审判权,在诉讼过程中享有侦查(针对人民检察院的自侦案件)、审查起诉、提起公诉、抗诉以及审判等多项职权。公民参与这些司法机关的职权活动能够有效地监督司法权的行使。这种参与有助于增强当事人以及其他公民对司法权行使的认同感。公民的司法参与权表现形式多样,主要包括诉讼参与人的司法参与权、纠纷解决者的司法参与权、司法监督者的司法参与权。三大诉讼法规定了当事人广泛的诉讼权利,包括起诉、应诉、提出管辖权异议、申请回避、提供证据、提起反诉、上诉、申请证据保全和财产保全、请求调解、自行和解、放弃或变更诉讼请求、申请执行等。当事人可以通过行使诉讼权利,参与诉讼过程,对诉讼结果的产生施加影响,维护自身的合法权益。2014 年最高人民法院发布《关于全面深化人民法院改革的意见——人民法院第四个五年改革纲要(2014—2018)》,其中一个重要问题就是“构建开放、动态、透明、便民的阳光司法机制”。建立中国特色社会主义审判权力运行体系,必须依托现代信息技术,构建开放、动态、透明、便民的阳光司法机制,增进公众对司法的了解、信赖和监督。

在人民陪审员问题上,新一期行动计划要求“落实人民陪审员‘倍增计划’,拓宽选任渠道和范围,明确参审案件职权”。规范细化陪审制度,以人民陪审员的身份参与行使司法权,不仅能够发挥普通民众的常识在审判中的功能,也有益于法院权威的生成。法院的权威不仅源于深厚的文化传统和牢固的信念、由高素质的司法人员卓有成效的工作来维系、由精致的法律程序和技术进行确证,同时也离不开对审判权的合理配置、有效制约,且通过权力的有序运行和对审判权可能滥用的防范来保障。[①] 三大诉讼法及人民法院组织法中都提到,人民陪审员在执行职务时,与审判员有同等的权利义务。因此,根据我国的立法精神与行动计划的要求,应当通过有序扩大人民陪审员参与审理案件的范围,并修改关于担任人民陪审员的不合理限制,对人民陪审员的权利义务作出进一步合理的细化。

在特约检察员机制问题上,“进一步完善特约检察员机制,切实采取措施保障特约监察员依法履行职责,参与检察,谋议检务”。实行特约检察员制度,有利于检察机关广泛听取社会各方面的意见、建议,提高检察决策的科学化、民主化,增强执法透明度。特约检察员吸纳了各民主党派、工商联、无党派人士,工作制度逐步完善,工作形式越来越丰富。特约检察员积极参加检察机关重要会议,听取重要工作部署和进展情况的通报,参与案件调查和庭审观摩,开展专题调研,反映社情民意,充分发挥了参谋、咨询和监督作用。

在人民监督员问题上,“完善人民监督员制度。改革选任和管理方式,充分保障人民监督员的各项权利,进一步扩宽人民群众有序参与司法渠道”。2016年司法部会同最高人民检察院出台《人民监督员选任管理办法》,最高人民检察院出台《关于人民监督员监督工作的规定》。根据2份文件,人民监督员由司法行政机关负责选任管理,可对检察机关办理直接受理立案侦查案件工作中存在的11种情形实施监督:应当立案而不立案或者不应当立案而立案的;超期羁押或者延长羁押期限决定违法的;采取指定居所监视居住强制措施违法的;违法搜查、查封、扣押、冻结或者违法处理查封、扣押、冻结财物的;阻碍当事人及其辩护人、诉讼代理人依法行使诉讼权利的;应当退还取保候审保证金而不退还的;应当给予刑事赔偿而不依法予以赔偿的;检察人员在办案中有徇私舞弊、贪赃枉法、刑讯逼供、暴力取证等违法违纪情况的;拟撤销案件的;拟不起诉的;犯罪嫌疑人不服逮捕决定的。待条件成熟之后有必要将其列为我国检察机关活动中的一项正式制度,可通过修改《刑事诉讼法》《人民检察院组织法》,抑或是制定专门的人民监督员法将之固定下来。

并且,新一期行动计划特别强调了司法过程中的参与,较之前两期国家人

---

① 参见杨亚非:《论法院权威的生成——从英美法系的司法制度谈起》,载《法制与社会发展》2002年第1期。

权行动计划，新一期国家人权行动计划新增并特别强调“司法调解、司法听证、涉诉信访等活动中的人民群众参与”。

8. 进一步支持社会组织参与

一方面是推进社会自治。第一期行动计划中特别指出了修订《社会团体登记管理条例》《民办非企业单位登记管理暂行条例》《基金会管理条例》，保障社会组织依照法律和各自章程开展活动。在已取得成就的基础上，新一期行动计划提出“推进社会自治”，强调了“发挥市民公约、乡规民约、行业规章、团体章程等社会规范在社会治理中的积极作用”。

另一方面则是支持社会组织参与社会服务。第一期行动计划提出“加强社会组织建设与管理，增强服务社会功能”。鼓励社会组织参与社会管理和公共服务，在教育、科技、文化、卫生、体育、社会福利等领域兴办民办非企业单位，发挥行业协会、学会、商会等社会团体的社会功能。发展和规范各类基金会，促进公益事业发展。第二期行动计划“促进社会组织有序参与社会建设”。并特别提示要制定“慈善事业法”，修改“社会团体登记管理条例”“民办非企业单位登记管理暂行条例和基金会管理条例”。另外，还有“规范志愿服务活动，推动志愿服务事业发展”。新一期行动计划此处对于“支持社会组织参与社会服务”提出了新要求，即“发展社会工作服务机构和志愿服务组织，推进行业协会与行政机关脱钩，支持慈善组织有序发展，完善社会组织登记管理制度及政府向社会组织购买服务制度”。

9. 保障基层组织参与

新一期行动计划提出“修改城市居民委员会组织法，加快制定或修改村委会组织法配套法规。推进居务、村务公开建设，促进居民、村民民主参与”。第一期行动计划表述为“健全基层群众自治制度，扩大基层群众自治范围，完善民主管理制度”；村委会方面，“推动修订村民委员会组织法，提高农村村民自治和民主管理水平”；城市居委会方面，“进一步扩大城市居民委员会直接选举的覆盖面”。第二期行动计划从更宏观的角度指出“进一步发展和完善基层群众自治制度”。新一期行动计划此处缩减了范围，并将重心放在居民、村民的自治和民主参与，涉及《城市居民委员会组织法》《村民委员会组织法》等相关法律的完善和落实。

新一期行动计划提出“健全以职工代表大会为基本形式的企事业单位民主管理制度。推进企事业单位信息公开制度化、规范化建设，保障职工的知情权，有效参与民主管理。”第一期行动计划本职工代表大会方面提出“完善以职工代表大会为基本形式的企事业单位民主管理制度，支持职工参与管理，维护职工合法权益”；第二期行动计划表述为“完善职工代表大会制度和职工董事、职工监事制度，支持工会代表职工参与企事业单位管理。逐步实现已建工会的国有、集体及其控股企业职工代表大会制度全覆盖。”可见，新一期行动计划规定沿袭了上一期在职工代表大会建设方面的任务。

三、未来展望

新一期国家人权行动计划指出了未来5年内知情权与参与权的发展方向，不仅需要在立法上更加完善，还要在实施运行过程中切实保障公民的知情权与参与权。保障知情权和参与权已成为促进政治、经济发展和人权进步的国际潮流。

关于知情权，《世界人权宣言》第19条明确规定：“人人有权享有主张和发表意见的自由；此项权利包括持有主张而不受干涉的自由，和通过任何媒介和不论国界寻求、接受和传递消息和思想的自由。”《公民权利和政治权利国际公约》第19条将此项自由（权利）进一步细化，该条第2款规定：“人人有自由发表意见的权利；此项权利包括寻求、接受和传递各种消息和思想的自由，而不论国界，也不论口头的、书写的、印刷的、采取艺术形式的，或通过他所选择的任何其他媒介。”第3款补充该自由行使之界限：“本条第二款所规定的权利的行使带有特殊的义务和责任，因此得受某些限制，但这些限制只应由法律规定并为下列条件所必需：（甲）尊重他人的权利或名誉；（乙）保障国家安全或公共秩序，或公共卫生或道德。”公约条款对知情权进行了原则性的规定，并且是十分明确的。

就我国立法现状而言，除《宪法》第27条第2款对知情权有所涉及外，我国的政府信息公开制度主要基于《政府信息公开条例》而建立。条例第1条规定：“为了保障公民、法人和其他组织依法获取政府信息，提高政府工作的透明度，促进依法行政，充分发挥政府信息对人民群众生产、生活和经济社会活动的服务作用，制定本条例。”该条例第2章专章规定“公开范围”，仅有6

个条款。[①] 总体而言,政府信息公开制度的规则体系和执行体系还有待继续完善。并且,知情权救济机制的实效性不强。自各地方人民政府制定政府信息公开规定以来,各地已出现了有关政府信息公开的行政纠纷。然而,无论是从解决相关纠纷的过程,还是从救济机制运行的结果上看,效果都不很理想。特别是相对人无论是在政府信息公开行政复议,还是在相关诉讼案件中胜诉率均未达到较理想状态。[②]

关于参与权,《公民权利和政治权利国际公约》第25条作出如下规定:"每个公民应有下列权利和机会,不受第二条所述的区分和不受不合理的限制:(甲)直接或通过自由选择的代表参与公共事务;(乙)在真正的定期的选举中选举和被选举,这种选举应是普遍的和平等的并以无记名投票方式进行,以保证选举人的意志的自由表达;(丙)在一般的平等的条件下,参加本国公务。"学者指出,只有参与公共参与的权利以及选举权和平等担任公职的权利,才完全具有民主参与的性质。[③] 一般认为,第25条中包含的参与权包括:参与公共事务的权利、选举权和被选举权、有平等机会担任公职的权利。其中选举权和被选举权中也包含了普遍选举权、平等选举权、秘密投票、自由选举

---

① 根据《政府信息公开条例》,公开的方式主要有2种:一是"主动公开"条款。该条例第9条规定:"行政机关对符合下列基本要求之一的政府信息应当主动公开。"在此条款下它列出以下4项内容属于政府信息公开的范围:涉及公民、法人或者其他组织切身利益的;需要社会公众广泛知晓或者参与的;反映本行政机关机构设置、职能、办事程序等情况的;其他依照法律、法规和国家有关规定应当主动公开的。该条例第10条至第13条的规定是对第9条规定的重点强调与具体化,内容没有也不能超出第9条所规定的范围,且都为列举式。该条例第14条又规定:"行政机关应当建立健全政府信息发布保密审查机制,明确审查的程序和责任。行政机关在公开政府信息前,应当依照《保守国家秘密法》以及其他法律、法规和国家有关规定对拟公开的政府信息进行审查。行政机关对政府信息不能确定是否可以公开时,应当依照法律、法规和国家有关规定报有关主管部门或者同级保密工作部门确定。"此条规定的旨意是,在第9条规定的政府信息范围内,如果行政机关不能确定是否可以公开时,必须提请有关部门或者同级保密工作部门确定。二是"申请公开"条款。该条例第13条规定:"除本条例第九条、第十条、第十一条、第十二条规定的行政机关主动公开的政府信息外,公民、法人或者其他组织还可以根据自身生产、生活、科研等特殊需要,向国务院部门、地方各级人民政府及县级以上地方人民政府部门申请获取相关政府信息。"根据此条规定,虽然第9条规定的"主动公开范围"之外的政府信息,也可以划入公民"申请公开"的范围,但是,此条款又以"自身生产、生活、科研等特殊需要"为申请公开的前置条件。参见章剑生:《知情权及其保障——以〈政府信息公开条例〉为例》,载《中国法学》2008年第4期。

② 参见赵正群:《中国的知情权保障与信息公开制度的发展进程》,载《南开学报》(哲学社会科学版)2011年第2期。

③ 参见[奥]曼弗雷德·诺瓦克:《〈公民权利和政治权利国际公约〉评注》,毕小青等译,三联书店2008年版,第588页。

等应有之义。[①] 第25条的重心就是关于政治权利的程序保障。首先是如何参与的问题,从公约和宪法的对比来看,公共事务的决策权往往最终由某一个特定的国家机关来行使——我国的全国人民代表大会和地方各级人民代表大会的角色定位便是如此。该公约第25条也并不要求所有的决策都应该采用直接的民主形式,“直接或通过自由选举的代表参与公共事务”正好与宪法文本中“通过各种途径和形式,管理国家事务,管理经济和文化事业,管理社会事务”相对应。另外是平等担任公职的权利,任何公民都应该有资格成为国家权力的行使者,否则某些公民就永远被强制性地排除在国家权力体系之外,权力就将失去公共性色彩。[②]

我国《宪法》第34条可以和该公约第25条对应。在公共决策和担任公职两项制度设计上,我国宪法文本的制度机制与该公约大体上是吻合的。[③] 但是,我国公民现阶段政治参与的制度建设仍然是以动员性政治参与制度为主,而政治借助于行政和经济手段才能实现。在制度的规范下,公民的政治参与意识增强而参与能力较低。许多人不知道作为一个公民在政治生活中享有的权利和负有的义务、参与的途径和方法、如何运用法律武器来实现有效的政治参与。同时,对执行性参与的制度规范较多,而决策性政治参与的制度规范尚不完善。政府开放信息不足,人民群众对政治过程,尤其是对决策过程较少有明晰的认识和全面的了解。[④]

基于新一期行动计划,我国知情权和参与权保障至少可以从如下几个重点方面推动:

1. 应当完善法律规范来体现和保障知情权

虽然知情权通常被视为政府信息公开制度的宪法依据,但是从我国宪法具体条文来看,知情权并不能作为该制度的宪法依据。信息公开制度的宪法依据具有模糊性。《政府信息公开条例》第1条立法目的中并未明确政府信息公开制度的宪法依据。虽然作为行政法规,条例并不一定要表明“依据宪

---

① 参见[奥]曼弗雷德·诺瓦克:《〈公民权利和政治权利国际公约〉评注》,毕小青等译,三联书店2008年版,第597~612页。

② 参见李琦:《公民政治权利研究》,载《政治学研究》1997年第3期。

③ 参见刘连泰:《〈国际人权宪章〉与我国宪法的比较研究》,法律出版社2006年版,第90~91页、第95页。

④ 参见杜峰:《当代中国公民政治参与制度化研究》,南京师范大学马克思主义理论与思想政治教育专业2008年博士学位论文,第70~72页。

法”,但是作为建立一项制度的法规,则应当明确这一制度的宪法依据。因此,要切实保障人民的知情权,不但要通过制定信息公开法等举措,还需要通过修宪把知情权更明确地规定在宪法中,加大依法保护力度。此外,法律应该为知情权的实现提供一个有效的、更具有可操作性的途径。完善对知情权造成损害的侵权责任。应在立法上予以细化,对侵权者承担的责任按其涉及的不同法律关系及造成损害程度的不同而分别设定为民事责任、刑事责任和行政责任,并且要明确责任界限和责任方式及救济程序。

2. 进一步推进政府办事公开,进一步规范行政行为

行政过程信息公开是政府信息公开的核心内容之一,政务公开不仅要求结果公开,也要求过程公开。行政过程信息的公开程度是衡量政府民主程度、透明度的重要标准,是法治政府要求的重要方面。经过多年发展,我国政务公开初步形成了行政权力公开透明运行、政府信息公开、公共企事业单位办事公开的工作格局,同时也要看到,政务公开工作仍面临一些突出问题,与群众和社会舆论的期待还有差距。政务公开不是政府的权力,而是对社会公众应尽的义务。因此,政府行政行为应当真正坚持“以公开为常态、不公开为例外原则”,真正推进决策公开、执行公开、管理公开、服务公开、结果公开。

3. 不断创造途径,保障有序的政治参与

在国家层面应当通过民主法治建设,不断创造各种合法途径,满足公众日益增长的参与公共事务的要求。推进法治建设进程,保障公民参与权的现代法治理念及其规则越来越多地体现在我国立法、执法、司法领域等各个方面。① 扩大公民有序政治参与,既要坚持、调整和完善现有的政治参与制度,又要逐步拓展新型的公民政治参与制度,完善与之配套的其他制度。② 用法律的形式明确规定公民政治参与的主体、内容、方式、程序等方面,以保障有效、有序的政治参与。

第五节　表达权和监督权

表达权,是指公民或社会组织依法享有的,由宪法和法律确认、保障的,使

① 参见黄学贤、齐建东:《试论公民参与权的法律保障》,载《甘肃行政学院学报》2009 年第 5 期。

② 参见舒绍福:《“当代中国政治参与”学术研讨会综述》,载《国家行政学院学报》2009 年第 2 期。

用各种方式表达和传播思想、意见、观点、主张,而不受他人或组织非法妨碍或干涉的权利。从我国《宪法》第35条的规定来看,公民行使表达权的具体方式包括,言论、出版、集会、结社、游行和示威。监督权,是指公民监督国家机关及其工作人员的公务活动的权利。公民监督权的行使方式主要包批评和建议、申诉、控告、检举、选民监督等。除此之外,在中国的实践中,信访也被作为是一种兼具表达权和监督权属性的重要方式。

一、背景与成就

《世界人权宣言》在序言中指出,"一个人人享有言论和信仰自由并免予恐惧和匮乏的世界的来临,已被宣布为普通人民的最高愿望"。其第19条规定:"人人有权享有主张和发表意见的自由;此项权利包括持有主张而不受干涉的自由,和通过任何媒介和不论国界寻求、接受和传递消息和思想的自由。"国际人权法上的"表达权"外延较广,通常已涵盖了通过批评、建议、申诉、控告、检举等方式监督国家机关及其工作人员的权利。因此,国际人权法并没有严格地区分表达权和监督权,如《世界人权宣言》第20条第1款之"人人有权享有和平集会和结社的自由",一般也被理解为一种表达自由。

《公民权利和政治权利国际公约》对《世界人权宣言》中的规定进行了细化,其第19条第2款规定:"人人有自由发表意见的权利;此项权利包括寻求、接受和传递各种消息和思想的自由,而不论国界,也不论口头的、书写的、印刷的、采取艺术形式的、或通过他所选择的任何其他媒介。"《经济、社会及文化权利国际公约》实际上也规定了一项表达权,即第8条第1款规定:"本公约缔约各国承担保证……(丁)有权罢工,但应按照各个国家的法律行使此项权利。"罢工权是受雇人依法获得的在劳动争议不能解决时可用罢工的方式以对抗的自助性权利,罢工实际上是受雇人表达自身利益诉求的一种手段。我国1975年和1978年《宪法》规定公民享有罢工自由权,但1982年《宪法》则取消了相关规定。

当然,表达自由并非绝对。虽然形成意见的自由纯属精神领域,是不可限制的绝对自由,但意见表达则是思想的外在流露,会涉及他人与公共利益,因此必须做出合理限制。《公民权利和政治权利国际公约》第19条第3款对此专门规定:"本条第二款所规定的权利的行使带有特殊的义务和责任,因此得受某些限制,这些限制只应由法律规定并为下列条件所必需:(甲)尊重他人的权利或名誉;(乙)保障国家安全或公共秩序,或公共卫生或道德。"《儿童权利公约》第34条规定:“缔约国承担保护儿童免遭一切形式的色情剥削和性侵犯之害,为此目的,缔约国尤应采取一切适当的国家、双边和多边措施,以防止……(C)利用儿童进行淫秽表演和充当淫秽题材。”《儿童权利公约关于买卖儿童、儿童卖淫和儿童色情制品问题的任择议定书》则进一步明确规定:“缔约国应根据本议定书的规定,禁止买卖儿童、儿童卖淫和儿童色情制品。”

2007年党的十七大报告首次明确提出知情权、参与权、表达权、监督权,这被概括为“公民四权”。党的十八大报告继续强调,“健全权力运行制约和监督体系。坚持用制度管权管事管人,保障人民知情权、参与权、表达权、监督权,是权力正确运行的重要保证。要确保决策权、执行权、监督权既相互制约又相互协调,确保国家机关按照法定权限和程序行使权力。”可见,保障表达权和监督权是执政党对于人权保障长期坚持的重要内容。在这一背景下,连续3期国家人权行动计划都专门针对这2项权利设置了相关的具体指标。表达权和监督权作为基本人权从执政党关注的层面上升到国家层面,体现了对公民政治权利的尊重。

随着两期国家人权行动计划的实施,我国在保障公民表达权和监督权方面取得了显著成就。①

公民行使表达权和监督权的渠道进一步顺畅拓宽。互联网建设的长足发展使互联网成为公民行使表达权和监督权的重要平台。至2015年年底,中国网民规模达到6.88亿人,互联网普及率为50.3%。网民通过网络新闻评论、论坛、博客、微博、微信等互联网平台发表言论,对各级政府的工作提出批评和建议,对公务人员的行为进行监督。同时,报刊、广播、电视等传统媒体监督作用也得到有效发挥。国家新闻出版广电总局贯彻落实《新闻记者证管理办法》《报刊记者站管理办法》,保障新闻媒体及分支机构、新闻记者的合法采访权、舆论监督权。

行政问责、行政复议、行政诉讼制度进一步完善。2012~2014年各级行政复议机关共受理行政复议申请约34万件,审结32万余件,占受理案件总数的94%。最高人民法院下发《关于人民法院跨行政区域集中管辖行政案件的指导意见》,推进相关机制改革。截至2015年年底,已设立北京市第四中级人民法院、上海市第三中级人民法院等跨行政区划人民法院。

---

① 有关表达权与监督权保障的具体数据,参见《〈国家人权行动计划(2012—2015年)〉实施评估报告》。

公民信访渠道优化扩展。领导信箱、短信投诉、视频接访等信访渠道更加顺畅,并建立起人民建议征集制度。国家信访信息系统运行机制完善,受理办理过程全公开,接受公民评价和社会监督。全国所有省份和30个部委已经实现互联互通,网上信访逐步成为公民表达诉求的主渠道。

全国人大及其常委会监督力度不断加强。2015年修改《立法法》,加强对法规、规章和规范性文件的备案审查制度,明确规定主动审查、向审查申请人反馈及向社会公开制度。2012~2015年全国人大常委会开展12次专题询问和15项专题调研,检查了17项法律实施情况。2014年全国人大常委会办公厅制定《关于改进完善专题询问工作的若干意见》,将涉及改革难度大、存在问题多、社会关注度高、关系群众切身利益的报告议案确定为专题询问的选题,执法检查、听取报告、专题询问3种监督形式有机结合。2015年全国人大常委会检查《职业教育法》《消费者权益保护法》《水污染防治法》等6部法律的实施情况。对法规、规章和规范性文件的监督力度加大。截至2015年年底,相关部门已明令废止35部,全面修改24部,部分修改182部法规规章。2012年6月至2014年6月,处理了存在违法设定和实施行政许可、行政强制、行政处罚等问题的81部法规规章。特别对国务院取消和下放行政审批项目涉及的部门规章进行了集中审查和督促修改。

推进协商民主建设,人民政协积极探索和完善民主监督机制。2013年以来,全国政协创建"双周协商座谈会",以专题为内容、以界别为纽带、以专门委员会为依托、以座谈为方法,每年召开20次左右。开展专题协商、界别协商、对口协商、提案办理协商。

社会监督不断加强。最高人民检察院、司法部印发《深化人民监督员制度改革方案》。至2015年年底,全国共有人民监督员1.5万多人,聘任特约检察员3786人。人民监督员监督检察机关查办职务犯罪案件中"拟撤销案件"和"拟不起诉案件"共7974件,其中对212件案件提出不同意检察机关拟处理决定的意见,对检察机关查办职务犯罪工作中一些情形提出监督纠正意见992件,对检察工作和队伍建设提出建议156条。充分发挥互联网监督作用。近年来,中央纪检监察机构和最高人民法院、最高人民检察院等开设了举报网站,一大批通过互联网反映出来的问题得到了解决,为预防和惩治贪污腐败发挥了重要作用。

二、内容解析

(一)体例结构的重大改变

《国家人权行动计划(2016—2020年)》将表达权和监督权合并在一节中加以表述,这样的体例结构更加严谨。在《国家人权行动计划(2009—2010年)》和《国家人权行动计划(2012—2015年)》中,表达权和监督权被作为单独2节规定。从学术研究的角度来看,表达权和监督权可以被区别开来。但是在实践上,表达权与监督权存在不可分割的密切关联,如果为了过分地追求概念的区分,将这2项权利分列,反而会导致表达与实践中出现重复与混乱,不利于行动计划目标的充分实现和准确评估。

首先,公民行使表达权最主要的目的在于对国家机关及其公职人员进行批评和监督。表达权,是指公民或社会组织依法享有的、使用各种方式表达和传播思想、意见、观点、主张,而不受他人和组织非法妨碍或干涉的权利。虽然从一般定义来看,表达权之“表达”的内容非常广泛,既可以针对自然科学,也可以针对社会生活;既可以针对私人生活,也可以针对公共事务。但是作为一项基本政治权利,表达权之“表达”归根结底指的是政治表达,即公民对于国家公共生活表达思想、意见、观念和主张。这种表达直接指向国家的各项法律、法规、规章、政策等抽象行为,以及国家机关及其工作人员的各种具体行为。从表达权与人权的关系来看,人权不仅是生物学意义上的人享有的权利,更是社会学意义上的人必须享有的权利,人权保障的重心应是实现人在参与社会公共生活中的正当诉求。因此,承认表达权的根本理由不仅在于每一个人都有表达思想与意见的动物性本能,而在于每一个人都需要对公共生活表达自己的思想和意见,从而促使公共生活朝向有利于共同体整体福祉的方向发展。而这种关于公共生活的思想表达的具体表现便是,公民对于国家及其公职人员的各种行为进行建议、批评。从表达权与政治权利的关系来看,表达权之所以被确定为政治权利的一个重要方面,是因为表达权是实现政治民主的基石。表达权最主要的价值和功能就在于增进民主,促进公共决策及其执行的正当性和合理性。因此,那些与公共事务相关的政治性表达理应成为表达权保障的重点。这正是国际人权法没有专门区分表达权和监督权的原因。从我国表达权的法律渊源来看,表达权也更多地侧重于对政治表达的保护。我国《宪法》第35条列举了行使表达权的6项具体形式,即言论、出版、集会、结社、游行、示威,其中集会、结社、游行、示威都是典型的政治表达方式。从党的权威文件中,也可以进一步发现我国对待表达权的官方态度。“表达权”概念出现在党的十八大报告关于“健全权力运行制约和监督体系”的阐述中,其中指出“保障人民知情权、参与权、表达权、监督权,是权力正确运行的重要保证。要确保决策权、执行权、监督权既相互制约又相互协调,确保国家机关按照法定权限和程序行使权力”。可见,对于我国而言,表达权是一项与监督权息息相关的权利,保障表达权的重要目的就在于实现监督权。

其次,监督权的行使过程,必然伴随着表达权的行使。监督权,是指公民监督国家机关及其公职人员的公务活动的权利。监督的根本即是依照一定的标准对行为进行评价,特别是对于违反标准的行为进行否定性评价,并通过这种评价,对错误的行为进行纠正。这种评价并非自省性的评价,而是社会性的评价,只有当评价的内容传达到被评价者或相关主体,监督才得以成立。只有通过表达,才能进行这样的评价,这不仅是社会规范,更是不可违背的自然规律。监督权的实现方式主要包括,批评建议、申诉、控告、检举,这些也都是表达的方式。可见,监督权的实现必须通过表达权的有效行使。

最后,从前两期国家人权行动计划的指标设定与表述来看,表达权与监督权虽然被分列为两节,但其中的具体内容却存在较多重合。第一处是关于新闻媒体的表达权与监督权。新闻媒体的采访与报道活动是公民行使表达权的重要途径,同时新闻媒体也是公民对国家机关及其公职人员的行为进行监督的重要渠道。在实践中,公民依托新闻媒体行使监督权,必然伴随着公民通过新闻媒体、新闻媒体自身行使表达权,二者是目的与过程的统一。在前两期行动计划制定过程中,制定者实际上便已注意到了这一问题,却由于体例结构上对表达权和监督权的刻意区分而导致行动计划的具体表述出现了逻辑混乱。第一期行动计划在表达权一节中规定“加强对新闻机构和新闻记者合法权利的制度保障”,但同时又在这一指标中指出“依法保障新闻记者的采访权、批评权、评论权、发表权”,“批评权”正是“监督权”的一种具体形式。第二期行动计划也是如此,在表达权一节中指出,“加强对新闻机构和新闻从业人员合法权益的制度保障。依法保障新闻从业人员的知情权、采访权、发表权、批评权、监督权,维护新闻机构、采编人员和新闻当事人的合法权益”。此处甚至明确地使用了“监督权”概念。并且,由于新闻媒体活动兼具表达权与监督权的双重属性,前两期行动计划也不得不在监督权中对此问题进行重复规定。第一期行动计划监督权一节对此指标的设置是,“保障公民对国家机关和国家工作人员提出批评、建议、申诉、控告、检举的权利,发挥人民团体、社会组织和新闻媒体对国家机关和国家工作人员的监督作用”。其中,“发挥……新闻媒体对国家机关和国家工作人员的监督作用”,必然要求“加强对新闻机构和新闻记者合法权利的制度保障,依法保障新闻记者的采访权、批评权、评论权、发表权”。因此,这2项指标存在重叠。第二期行动计划也是如此,在其监督权一节中专门设置了关于新闻媒体的指标:“鼓励新闻媒体发挥舆论监督作用。畅通公民对国家机关及其工作人员提出批评、建议、申诉、控告、检举的渠道。”这项监督权指标与前面表达权的指标虽然表述不同,却指向着相同的实践。第二是关于信访制度。根据《国务院信访条例》对信访的定义,信访是指公民、法人或者其他组织采用书信、电子邮件、传真、电话、走访等形式,向各级人民政府、县级以上人民政府工作部门反映情况,提出建议、意见或者投诉请求,依法由有关行政机关处理的活动。可见,从手段上看,信访涉及公民的表达权,但从其目的上来看,则是对政府提出建议、意见或投诉请求,属于监督权的范畴。然而,前两期行动计划都只是在表达权一节中设置关于信访制度的指标,仅仅从手段上对待信访,却没有明确地表现信访制度的目的。除上述2处最为明显的问题之外,互联网言论、政治协商、国家机关主动征求公众意见、企事业单位职工的利益表达等行为都兼具表达权与监督权的性质,而前两期行动计划由于刻意分列表达权与监督权,或是片面地将上述问题归属于表达权,或是在表达权和监督权2节中进行重复规定。

在新一期行动计划中,表达权与监督权这2项无论在一般理论还是具体实践中都难以割裂的权利被合并为1节,并整合为“依法保障公民互联网言论自由”“建立对各级国家机关违法行为投诉举报登记制度”“完善信访工作制度与推进信访法治化”“修改行政复议法”“发挥传统媒体监督作用”“完善全国人大及其常委会宪法监督制度与宪法解释程序机制”“完善政协协商平台”“完善审计监督”8项具体指标。这8项指标中的大部分内容都同时涉及表达权和监督权的实现和保障。因此,这样的整合不仅使国家人权行动计划的表述更加精练,也避免了先前行动计划中出现的逻辑混乱和指标重复设置现象。这也有助于人们更加准确地理解各项指标的权利属性,避免片面地将“依法保障公民互联网言论自由”“完善信访工作制度与推进信访法治化”“发挥传统媒体监督作用”等指标界定为单一的表达权或监督权,从而能够在更高层次上保障行动计划得到正确认识和有效实施。这样的结构调整,意味着随着两期国家人权行动计划的实施,我国政府更加精准地认识到了表达权与监督权的密切联系。

（二）指标内容的深化发展

1. 依法保障公民互联网言论自由

新一期行动计划指出，“依法保障公民互联网言论自由。继续完善为网民发表言论的服务，重视互联网反映的社情民意”。

至2016年6月，我国网民规模达7.10亿人，上半年新增网民2132万人，增长率为3.1%。我国互联网普及率达到51.7%，与2015年年底相比提高1.3个百分点，超过全球平均水平3.1个百分点，超过亚洲平均水平8.1个百分点。[①] 随着我国互联网建设的突飞猛进，特别是博客、微博、微信等自媒体平台的兴起和移动互联网的发展，网络已成为公民发表言论、交流思想、监督国家机关及其工作人员的便捷途径，网络舆论监督也成为公民行使监督权的重要方式。较之于传统的监督方式，网络舆论监督的优势首先表现在其主体的广泛性，社会不同阶层、不同行业、不同文化层次的各类网民都能够成为监督的主体。这使网络上、社会上各种事务都有可能引起关注，尤其是政府及其工作人员对公权力的行使、各项涉及公共利益的公共事件，以及国家出台的各项法律、政策、举措往往都成为网民发表意见、提出批评建议的焦点。其次，网络环境具有平等性和匿名性，保证了话语权的平等，减少了公民提出建议、意见的顾虑。再次，互联网的信息传播具有多向性和互动性。通过自媒体，任何一个网民都既是信息的接收者，也是信息的传播者，在接受与传播信息的多向互动中，每一个独立个体的意见又能够得到整合和放大，形成强大的舆论影响力。最后，网络信息传播的广泛与高效，使网民们能够及时地获知各项公共事件。虽然这些事件与网民自己切身利益并无直接关联，却能激发起网民的公共意识，使得公民更为积极地行使表达权和监督权。

2016年4月19日习近平总书记在网络安全和信息化工作座谈会上指出：“要建设网络良好生态，发挥网络引导舆论、反映民意的作用。网民来自老百姓，老百姓上了网，民意也就上了网。群众在哪儿，我们的领导干部就要到哪儿去。各级党政机关和领导干部要学会通过网络走群众路线，经常上网看看，了解群众所思所愿，收集好想法、好建议，积极回应网民关切、解疑释惑。对广大网民，要多一些包容和耐心，对建设性意见要及时吸纳，对困难要及时帮助，

---

① 参见中国互联网络信息中心：《第38次中国互联网络发展状况统计报告》，载中国互联网络信息中心网：http://www.cnnic.cn/hlwfzyj/hlwxzbg/hlwtjbg/201608/P020160803367337470363.pdf，最后访问日期：2016年12月17日。

对不了解情况的要及时宣介,对模糊认识要及时廓清,对怨气怨言要及时化解,对错误看法要及时引导和纠正,让互联网成为了解群众、贴近群众、为群众排忧解难的新途径,成为发扬人民民主、接受人民监督的新渠道。对网上那些出于善意的批评,对互联网监督,不论是对党和政府工作提的还是对领导干部个人提的,不论是和风细雨的还是忠言逆耳的,我们不仅要欢迎,而且要认真研究和吸取。”这充分反映了我国政府对于依法保障公民互联网言论自由的坚定决心。

互联网言论自由与舆论监督是各期国家人权行动计划中的重要指标。在第一期行动计划表达权一节中,此指标被表述为“完善治理互联网的法律、法规和规章,促进互联网有序发展和运用,依法保障公民使用互联网的权益”。在第二期行动计划中,虽然没有专门设置保障公民互联网言论自由的指标,但这一指标实际上被包含在表达权下一项较为笼统的指标中,即“国家机关及其工作人员应当通过多种方式与公众进行交流,了解公众意愿,征求公众意见”。并且,在《〈国家人权行动计划(2012—2015 年)〉实施评估报告》中,也专门就此问题进行评估:“互联网信息平台丰富公民表达渠道。截至 2015 年年底,中国网民规模达到 6.88 亿,互联网普及率为 50.3%。网民通过网络新闻评论、论坛、博客、微博、微信等互联网平台发表言论,对各级政府的工作提出批评和建议,对公务人员的行为进行监督。”

从文本上看,新一期行动计划对此项指标的设计较前两期有较大发展。首先,新一期计划对保障公民互联网言论自由的表述更加全面。第一期行动计划仅仅从完善法律、法规和规章的角度进行论述,但这只是保障公民互联网言论自由的一个方面。新一期行动计划则更加强调“继续完善为网民发表言论的服务”,这里的服务就不仅意味着通过法律、法规、规章等规范性文件提供制度保障,也不仅要求有关机关和公职人员不得非法干涉网民合法的言论表达,更意味着政府应当通过积极做出合法且合理的具体行政行为,拓宽、畅通公民在互联网上表达意见、交流思想、提出批评的渠道。其次,新一期行动计划明确提出了“互联网言论自由”的概念,突出了这项指标的政治权利属性。第一期行动计划仅仅笼统地表述为“公民使用互联网的权益”,这种表述极易与文化权利混同。最后,新一期计划明确提出“重视互联网反映的社情民意”,突出了互联网言论对于落实监督权的重要性。较之于第二期行动计划笼统地表述“国家机关及其工作人员应当……征求公众意见”,新一期行动计划更加有针对性地反映了现实状况,突出了互联网言论自由的重要性。

当然,还应该客观地看到,目前互联网言论自由保障还存在不足,我国目前关于网络言论自由的法律制度相对不够完善。第一,专门针对互联网言论的法律立法层级较低,权威性不够。就目前而言,仅有《关于维护互联网安全的决定》是由全国人大常委会制定的,其余相关规范性文件大多为部门规章。第二,现有立法在价值取向上更倾向于行政管理,而非对权利人的保护。第三,网络言论自身的匿名性与互动性,也导致网络意见的廉价、网络谣言的多发、网络语言暴力等背离网络言论自由与舆论监督之根本精神的现象出现。

2. 建立对各级国家机关违法行为投诉举报登记制度

《国家人权行动计划(2016—2020年)》指出:"建立对各级国家机关违法行为投诉举报登记制度。畅通举报箱、电子信箱、热线电话等监督渠道,发挥社会监督的作用。"

前两期国家人权行动计划中都有与此相关的规定。第一期行动计划指出:"保障公民对国家机关和国家工作人员提出批评、建议、申诉、控告、检举的权利,发挥人民团体、社会组织和新闻媒体对国家机关和国家工作人员的监督作用。"第二期行动计划指出:"修改监察机关举报工作办法和关于保护检举、控告人的规定。对举报事项、举报情况以及举报人的信息严格保密,及时纠正阻拦、压制、打击报复举报人的行为,切实保护举报人的合法权益。"通过对比可知,新一期国家人权行动计划明确提出了"建立投诉举报登记制度"这项新要求,这使对社会监督的保障措施更加全面。

3. 完善信访工作制度与推进信访法治化

《国家人权行动计划(2016—2020年)》指出:"完善信访工作制度,推进信访法治化。健全诉访分离工作机制和涉诉信访终结机制。推进集控告、举报、申诉、投诉、咨询、查询于一体的综合性受理平台建设,实行网上信访,依法分类处理信访诉求,保障公民合理、合法诉求依照法律规定和程序就能得到合理合法的结果。"

信访,是指公民、法人或者其他组织采用书信、电子邮件、传真、电话、走访等形式,向各级人民政府、县级以上人民政府工作部门反映情况,提出建议、意见或者投诉请求,依法由有关行政机关处理的活动。信访制度是一项具有鲜明的中国特色的保障公民政治权利的制度。从权利类型归属上看,信访制度同时涉及公民的表达权与监督权;就其行为方式而言,信访是公民对自己的利益诉求进行表达的一种重要形式;就其目的而言,公民进行信访是为了对国家机关及其工作人员提出批评和建议,是行使监督权的重要途径。

前两期国家人权行动计划皆设置了有关信访制度的指标,第一期行动计划提出:“进一步拓宽和畅通信访渠道。通过开通绿色邮政、专线电话、网上信访、信访代理等多种渠道,使人民群众以书信、传真、电子邮件等书面形式表达诉求;建设全国信访信息系统,设立国家投诉受理办公室,建立健全人民建议征集制度,为人民群众表达诉求、反映问题、提出意见建议提供便利;坚持党政领导干部阅批群众来信、定期接待群众来访制度,完善党政领导干部和党代会代表、人大代表、政协委员联系信访群众制度,切实维护人民群众的合法权益。”

第二期行动计划提出:“健全群众利益诉求表达机制,不断畅通和拓宽信访渠道。落实信访条例,推广和完善‘绿色邮政’、‘网上信访’、‘专线电话’、‘视频接访’、‘信访代理’等做法。坚持各级领导干部阅批群众来信,推进领导干部接访下访,加强信访信息系统的建设和推广应用。继续加强国家投诉受理中心建设,构建快速高效受理群众诉求的综合平台。”

从指标的具体设置来看,除了推进受理平台建设、实行网上信访、依法分类处理信访诉求等关于拓宽和畅通信访渠道的程序性保障措施外,新一期人权行动计划对于完善信访制度提出了3项新要求。

第一,强调“推进信访法治化”。在当下中国,信访制度在不断发挥其独特作用的同时,其困境也日益显现。尤其是“涉诉信访”混淆了司法与行政、诉讼与非诉讼的界限,不仅加剧了治理的难度,也使所谓“信访不信法”被界定为国人有悖于法治思维和法治方式的行为特征。① 信访之所以在化解社会矛盾、解决纠纷中具有独特地位,在于这项制度的运作核心并非某项客观规则,而是信访人的信访诉求与政府的秩序追求之间的张力及其平衡。因此,不同于严格规范化的诉讼、复议等途径,信访往往突破司法程序限制。如若不能将信访纳入法治化轨道,势必影响法律权威,甚至将继续催生出各类极端手段的非正常上访,危害社会稳定,背离这项制度的设计初心。在全面深化改革与全面推进依法治国的大背景下,更应该将信访法治化作为完善信访制度重中之重。《信访条例》于2005年开始实施,为信访活动的“有法可依”提供了基础。对于信访法治化而言,在严格落实《信访条例》的基础上,还可以适时进行立法完善,以确保信访案件受理范围、处理标准、处理程序、处理依据的法治化。

① 参见范愉:《申诉机制的救济功能与信访制度改革》,载《中国法学》2014年第4期。

第二,提出“健全诉访分离工作机制”。诉访分离机制,即信访的司法分流机制,这是推进信访法治化的重要路径。信访制度最初并不是作为救济机制而设立的,其政治功能、监督功能、信息与民情传递等功能更受决策者的器重,被视为公民参政议政及权力监督的重要渠道。① 但是,由于信访制度具有效率上的优势和特点,使现实中大量的原本属于司法调整的权利救济诉求涌入信访领域,这实际上是信访功能的错位。特别是我国正处于利益格局深刻调整、社会矛盾易发多发的时期,信访量一直处于高位。因此,实施诉访分离机制,通过诉访分离,弱化信访的权利救济功能,把公民的诉求引向正式的司法救济渠道,提高司法救济的权威性和有效性,不仅能够缓解信访工作部门的压力,更能够使信访制度回归其本来的定位,推进信访的法治化,更好地保障信访人的利益。

第三,提出“健全涉诉信访终结机制”。《中央政法委员会关于进一步加强和改进涉法涉诉信访工作的意见》首次提出建立涉法涉诉信访终结制。所谓涉诉信访终结机制,是指已经进入涉诉信访程序的案件争议,在法院主持解决下,已经达到了可以终止标准,无须继续进行处理的,可以作出不再通过涉诉信访进行处理的决定。健全这一机制有利于遏制信访人的无限度上访,防止案件久拖不决,节省司法资源,重塑司法裁判的权威性和终局性,确保信访活动在法治化轨道中运行。2015 年 5 月司法部印发《司法行政机关信访事项终结办法》,围绕建立和完善司法行政机关涉法涉诉信访事项终结退出机制,防止信访案件终而不结、无限申诉,对依法终结的含义、终结条件的范围、终结决定的责任主体、终结案件的标准、程序等作出规定,确保终结质量,并对信访事项终结后信访人继续缠访闹访等行为明确了综合化解的措施和要求。

4. 修改行政复议法

新一期行动计划指出:“修改行政复议法,保障公民和社会组织通过申请行政复议对行政机关依法行政进行监督的权利。”这是新一期人权行动计划设置的一项新指标。

行政复议是在行政机关内部解决行政纠纷、实现权力制约和保护公民权利的重要制度。《中共中央关于全面推进依法治国若干重大问题的决定》指出:“加强对政府内部权力的制约,是强化对行政权力制约的重点。”可见,行政复议应当成为监督、制约行政权力的主渠道。自 2009 年《行政复议法》修

---

① 范愉:《申诉机制的救济功能与信访制度改革》,载《中国法学》2014 年第 4 期。

正并实施以来，行政复议制度在化解社会矛盾，维护和谐稳定方面取得了一定成效，一定程度上减少了人民法院审理一审行政案件的压力。然而，该制度在实际运行中也面临着一些困难：一是各级领导和行政机关对行政复议工作的重视程度还显薄弱，个别领导和行政机关对复议决定不予配合，甚至干扰办案。二是行政复议机构在人财物的配备方面明显不足，且呈现不均衡的状态。越到基层，行政复议机构面临的实际问题就越突出，不少基层人民政府法制工作机构尚不独立，或者编制严重不足，复议力量比较薄弱。三是行政复议机关的权威性较弱。除了已有的“意见书”和“建议书”以外，对本级政府的监督欠缺有效手段。四是新修订的《行政诉讼法》第26条第2款关于行政复议机关作共同被告的规定可能增加行政复议机关应诉的负担，容易导致行政复议机关拒绝收案等现实问题，最终影响公共利益。因此，有必要把行政复议制度、行政诉讼制度和行政信访制度进行统筹考虑，开展顶层设计，以进一步强化行政复议作为法治框架内监督行政权力的主渠道。自2014年起，修改《行政复议法》已连续3年列入全国人大常委会立法工作计划。

5. 加大对公务员违法违纪行为的监察力度

新一期行动计划将“加大对公务员违法违纪行为的监察力度”与“修改行政复议法”在同一项指标中提出，但应当明确的是2项指标应属并列关系，而非总分关系，因为行政复议针对的是行政机关的具体行政行为，并非公务员的违法违纪行为。

第二期行动计划曾设置了与此相似的指标：“严格落实预防和惩治腐败的各项法规制度，认真抓好领导干部廉洁自律各项规定的贯彻落实，切实加强对主要领导干部的监督，确保权力正确行使。充分发挥行政监察职能作用，坚决纠正损害人民群众根本利益的不正之风，解决群众反映强烈的突出问题。”虽然，在此问题上，新一期国家人权行动计划较第二期篇幅有所减少，但其措辞包含了一个关键变化，即监察的对象从“领导干部”变成了“公务员”，扩大了监察的对象范围。

2010年修订的《行政监察法》在加强行政监督、促进法治政府和廉洁政府建设、保持政令畅通、提高政府工作效率等方面发挥了重要作用。但是，随着“四个全面”战略布局的形成，面对依然严峻复杂的反腐败形势和日益艰巨繁重的任务，我国现有的监察体系存在监察力量分散、监察机关定位不准、监察对象范围过窄、监察机关独立性保障不够、监察手段有限、监察程序不够完善等问题亟待改善。[1] 习近平总书记在十八届中央纪委六次全会上强调,要扩大监察范围,整合监察力量,健全国家监察组织架构,形成全面覆盖国家机关及其公务员的国家监察体系。这一新论述反映出中央反腐败的新思路,即完善监督制度,做好监督体系顶层设计。对此,已有学者建议,将行政监察法更名为国家监察法,合并检察院反贪机构和审计机关,设立各级监察委员会,改革国家监察体制。[2] 目前,这样的改革试点已经开始。2016 年 11 月中共中央办公厅印发《关于在北京市、山西省、浙江省开展国家监察体制改革试点方案》。该方案强调,国家监察体制改革是事关全局的重大政治改革,是国家监察制度的顶层设计。深化国家监察体制改革的目标,是建立党统一领导下的国家反腐败工作机构。实施组织和制度创新,整合反腐败资源力量,扩大监察范围,丰富监察手段,实现对行使公权力的公职人员监察全面覆盖,建立集中统一、权威高效的监察体系,履行反腐败职责,深入推进党风廉政建设和反腐败斗争,构建不敢腐、不能腐、不想腐的有效机制。可以说,这项改革正是目前为止我国监察制度的重大创新,其试点成效及推广情况,应成为新一期国家人权计划的重要评估内容。

6. 发挥传统媒体监督作用

新一期行动计划指出:"发挥报刊、广播、电视等传统媒体监督作用,加强传统媒体与互联网等新兴媒体的互动,重视运用和规范网络监督。依法保障新闻机构和从业人员的知情权、采访权、发表权、批评权、监督权。"

新闻媒体是公民行使表达权和监督权的重要渠道,新闻媒体本身也就是表达权和监督权的重要主体。党的十八届三中全会提出,要"健全民主监督、法律监督、舆论监督机制,运用和规范互联网监督"。可见,舆论监督已被承认是与民主监督、法律监督同等重要的监督方式。在某种意义上甚至可以说,舆论监督是与立法权、司法权、行政权相并立的"第四种权力"。新闻媒体以其特有的公开性、广泛性和时效性,在实现舆论监督、推动政治民主、保障公民基本权利方面发挥着越来越重要的作用。首先,新闻媒体监督能够有效提升监督力度。一方面,新闻媒体能够通过常规报道、专题报道、批评报道等多种形式,将群众脑中所想、心中所忧呈现出来,引起社会的广泛关注与讨论;另一方面,新闻媒体通过曝光、批评报道、监督报道,对各种不文明现象以及违反政

① 参见马怀德:《通过修法完善国家监察体制》,载《学习时报》2016 年 7 月 14 日,第 A4 版。
② 同上。

治民主的行为进行监督批评,形成强大的社会压力,促成政府或相关部门的解决。其次,新闻媒体监督彰显理性力量。随着我国改革进入"深水区",类似食品安全、群体性事件等各种社会问题层出不穷,对当下政府的治理结构与观念提出了严重挑战。在此形势下,作为构建社会共识的基础资源,理性的力量就显得愈发重要。面对较为复杂的社会问题,限于教育背景、职业经历、社交范围等因素,普通民众往往难以形成充分认识。而报刊、广播、电视等传统新闻媒体的言论、报道,较之于网络言论的随意性与不可控性,具有相对较高的权威性和自律性,同时新闻媒体也具有相对充足的行业资源,能够有效地收集、传播各方人士的专业意见和利益诉求,将各方观点呈现在大众面前,为凝聚社会共识奠定坚实的基础。通过新闻媒体监督,利用媒体的现实影响力和权威性,既给社会大众以理性的思考空间,也对被监督者施以社会性监督,将被监督对象置于社会目光之中。理性的监督是最有说服力的监督,也是通过媒体放大后最具威慑力的监督。最后,新闻媒体具有舆论制约作用。舆论所表达的批评意见,往往带有一种难以抗拒的社会制衡作用;但是,如果舆论本身越过理性边界,则可能沦为泄愤或谋取私利的工具。新闻媒体不仅是舆论的反映者,也是舆论的引导者。通过有针对性和实效性的议题设置,客观和科学的议题分析,提出可行性的意见和建议,新闻媒体能够对社会舆论进行合理引导,保证舆论监督的质量,真正发挥舆论监督的作用。

新闻媒体的表达权和监督权,在各期国家人权行动计划中皆有规定。第一期行动计划在表达权一节中对此设置了两项指标。其一,"加强对新闻机构和新闻记者合法权利的制度保障,维护新闻机构、采编人员和新闻当事人的合法权益,依法保障新闻记者的采访权、批评权、评论权、发表权。继续推动电视台、广播电台、互联网以及报业的改革与发展,到2010年,千人日报拥有量力争达到90份,报纸普及率达到每户0.3份"。其二,"完善新闻出版、广播影视方面的法规。启动《出版管理条例》的修改,明确规定各级人民政府保护合法出版物的责任。研究起草《民间文学艺术作品著作权保护条例》。推进完善有关广播电视传输保障和电影的法律制度。"同时,还在监督权一节中要求"发挥……新闻媒体对国家机关和国家工作人员的监督作用"。

第二期行动计划也在表达权和监督权中分别指出:"加强对新闻机构和新闻从业人员合法权益的制度保障。依法保障新闻从业人员的知情权、采访权、发表权、批评权、监督权,维护新闻机构、采编人员和新闻当事人的合法权益。""鼓励新闻媒体发挥舆论监督作用。畅通公民对国家机关及其工作人员提出批评、建议、申诉、控告、检举的渠道。”

新一期国家人权行动计划较前两期逻辑更加严谨、指标设置更具有针对性。首先,表达权与监督权2节合并,明确了新闻媒体权利兼具表达权和监督权的双重属性,避免了指标重复设置。其次,更加突出了新闻媒体表达权和监督权的政治权利属性。第一期行动计划对日报拥有量、报纸普及率、著作权等问题加以规定,这些内容与文化权利有较大重复。而新一期行动计划则删除了这些容易冲淡政治权利主题的内容,重点强调“知情权、采访权、发表权、批评权、监督权”,突出了新闻媒体舆论的公共言论表达性质与监督功能,从而保证在实施与评估过程中,能够集中关注于新闻媒体表达与监督的实效。最后,对传统媒体监督和互联网言论自由进行区分,使指标设置更加有针对性。在当前的舆论监督体系中,传统媒体舆论与互联网舆论各具优势,是互为补充的关系。传统媒体由于其行业发展更加成熟、相关制度规制更加完善、话语资源相对权威,在其与互联网等新兴媒体的良性互动中,能够发挥舆论引导和理性制约作用,弥补互联网言论任意性和情绪化的局限。

7. 完善全国人大及其常委会宪法监督制度与宪法解释程序机制

新一期行动计划指出:“完善全国人大及其常委会宪法监督制度,健全宪法解释程序机制。加强备案审查制度和能力建设,把所有规范性文件纳入备案审查范围,依法撤销和纠正违宪违法的规范性文件。健全人大讨论、决定重大事项制度,各级政府重大决策出台前需向本级人大报告。”

作为国家权力机关的全国人大及其常委会的监督制度,是我国监督体系中最根本的环节,其监督范围非常广泛,既针对立法活动,也针对宪法和法律的实施。这是现代法治国家人民主权原则的重要体现,也是社会主义民主政治坚持人民主体地位的根本要求。

关于全国人大及其常委会的监督权,各期行动计划皆有相应表述。第一期行动计划指出:“贯彻落实各级人民代表大会常务委员会监督法,把关系改革发展稳定全局、影响社会和谐、人民群众反映强烈的突出问题作为监督重点,加强人大对行政机关、审判机关、检察机关的监督。2009~2010年,全国人大常委会将听取和审议国务院关于农村社会保障体系建设、促进就业和再就业等方面的报告,最高人民法院关于加强民事执行工作情况的报告,最高人民检察院关于加强渎职侵权检查工作情况的报告等专项工作报告;继续加强对国民经济和社会发展计划以及预决算的审查监督;认真组织开展对工会法、畜牧法、食品安全法等法律实施情况的检查工作,做好劳动合同法、义务教育法、未成年人保护法等执法检查报告所提建议的跟踪监督;进一步加强对规范性文件合宪合法性的审查监督。"

第二期行动计划则设置了2项指标。其一,"加强各级人大及其常委会对人民政府、人民法院、人民检察院工作的监督。加强对领导干部的监督,确保权力正确行使。"其二,"健全对规章和规范性文件的监督制度。按照有关规定认真研究办理个人和组织提出的审查建议。加强规章和规范性文件的备案审查工作,防止违法增加个人和组织的义务。"

从表述上看,新一期行动计划对此项指标的表述较前两期简练,但在前两期行动计划基础上,对全国人大及其常委会的立法监督提出了"把所有规范性文件纳入备案审查范围"这一重要的新要求。党的十八届四中全会通过的《中共中央关于全面推进依法治国若干重大问题的决定》也明确指出:"完善全国人大及其常委会宪法监督制度,健全宪法解释程序机制。加强备案审查制度和能力建设,把所有规范性文件纳入备案审查范围,依法撤销和纠正违宪违法的规范性文件,禁止地方制发带有立法性质的文件。"可见,这正是国家人权行动计划对全面推进依法治国重要战略部署的有力呼应。备案审查制度是立法监督主要方式,是维护国家法制统一的根本保障,也是防止不当立法削减公民权利、加重公民义务的根本手段。以往的认识往往狭隘地认为备案审查的对象仅仅是法律、法规和规章,而按照新一期行动计划和党的十八届四中全会《中共中央关于全面推进依法治国若干重大问题的决定》的要求,立法监督的对象应当扩大至所有的规范性文件。这意味着,行政机关在法定权限内制定的除行政法规或规章以外的决定、命令等抽象行政行为也应当纳入监督的对象范围。

8. 完善政协协商平台

新一期行动计划指出:"搭建政协协商平台,丰富协商内容和形式。以事关经济社会发展全局和涉及群众切身利益的实际问题为内容,开展广泛协商,完善民主监督的组织领导、权益保障、知情反馈、沟通协调机制。"

新中国成立60多年来,政治协商一直与人民选举一起作为中国特色社会主义民主政治的重要形式。通过人民政协进行政治协商是公民行使表达权和监督权的重要方式。政治协商制度是协商民主理论的现实表现。协商民主理论是基于反思以代议制为基础的民主政治制度而形成。有学者指出,"协商民主意味着一种事务受其成员的公共协商所支配的团体。……这种团体的价值将民主本身视为一种基本的政治理想,而不仅仅是可以根据某方面的平等或公正价值来解释的衍生性理想”。[①] 但是，我国的政治协商制度从本质上来说，并非产生自西方的协商民主理论，而直接生发自中国共产党领导的革命与建设实践。早在新民主主义革命时期，中国共产党就在同其他党派团体和党外人士团结合作的过程中形成了协商民主思想，并在民主政权建设中有效地进行了协商民主的初步实践。在新中国成立后，我国更是在国家制度的层面上将协商民主作为一种政治形式和组织形式。可见，政治协商制度是一项具有鲜明中国特色的民主政治制度。党的十八大报告首次明确提出“社会主义协商民主是我国人民民主的重要形式”，要求健全社会主义协商民主制度，推进协商民主广泛、多层、制度化发展。党的十八届三中全会再次强调，在党的领导下，以经济社会发展重大问题和涉及群众切身利益的实际问题为内容，在全社会开展广泛协商，坚持协商于决策之前和决策实施中。

在前两期国家人权行动计划中，皆有关于政治协商的表述。第一期行动计划在表达权和监督权 2 节中分别指出：“发挥社会组织在扩大群众参与、反映群众诉求方面的积极作用，增强社会自治功能。在各级政协中，应当增加社会组织代表比例，各级政府在制定重大法律法规和公共政策时，应当听取社会组织的意见和建议，行业协会、商会要收集行业、企业的意见和建议。学会、研究会要研究社会大众的呼声，基金会、公益性组织要反映弱势群体利益诉求和需求，城乡社区社会组织要了解社情民意，引导社会公众合理表达意见，有序参与公共事务。”“完善人民政协的民主监督机制。在知情、沟通、反馈环节上建立健全制度，畅通民主监督的渠道，提高民主监督的质量和成效。切实发挥政协提案、建议案在民主监督方面的作用，有关政府部门要认真办理政协提案和建议案，及时给予正式答复。”

第二期行动计划也在表达权和监督权 2 节中都设置了相关指标，“尊重和保障参加人民政协的各党派团体、各族各界人士在政协的各种会议上发表意见、开展视察、提出提案、反映社情民意、参与调查和检查活动等权利”。“充分发挥人民政协民主监督作用。加大参加人民政协的各党派团体和各族各界人士以建议和批评方式，对重大方针政策的贯彻执行和国家机关及其工作人员的工作情况的监督力度。”

由于表达权与监督权 2 节合并，新一期行动计划关于政协协商的指标表

---

① ［美］科恩：《协商与民主合法性》，载［美］詹姆斯·博曼、威廉·雷吉编：《协商民主：论理性与政治》，陈家刚等译，中央编译出版社 2006 年版，第 87 页。

述更加精练,避免了重复设置。在新一期行动计划中,政治协商与人民政协的关系有了更加准确的表述。在前两期行动计划的相关表述中,一般只涉及“人民政协”,而新一期计划则是使用了“政协协商平台”的概念。实际上,我国政治协商或民主协商的范畴非常广泛,人民政协只是政治协商最主要的平台。党的十八届三中全会通过的《中共中央关于全面深化改革若干重大问题的决定》提出:“构建程序合理、环节完整的协商民主体系,拓宽国家政权机关、政协组织、党派团体、基层组织、社会组织的协商渠道。深入开展立法协商、行政协商、民主协商、参政协商、社会协商。加强中国特色新型智库建设,建立健全决策咨询制度。”可见,除人民政协外,中国共产党、人民代表大会、人民政府、人民政协、民主党派、人民团体、基层组织、企事业单位、社会组织、各类智库等组织都能作为协商渠道,立法协商、行政协商、民主协商、参政协商、社会协商都是协商的形式。

9. 完善审计监督

新一期行动计划指出:“完善审计监督。健全有利于依法独立行使审计监督权的审计管理体制,建立具有审计职业特点的审计人员管理制度,基本形成与国家治理体系和治理能力现代化相适应的审计监督机制。对公共资金、国有资产、国有资源和领导干部履行经济责任情况实行审计全覆盖。”这是新一期国家人权行动计划的新增指标。

审计监督是指由专设机关依照法律对国家各级政府及金融机构、企业事业组织的重大项目和财务收支进行事前、事后审查的独立性经济监督活动。审计监督是我国监督权体系中不可或缺的一部分。我国《宪法》第91条规定:“国务院设立审计机关,对国务院各部门和地方各级政府的财政收支、对国家的财政金融机构和企业事业组织的财务收支,进行审计监督。审计机关在国务院总理领导下,依照法律规定独立行使审计监督权,不受其他行政机关、社会团体和个人的干涉。”国家审计通过跟踪监督公共资金和公共权力的运行,对地方各级党委、政府、审判机关、检察机关,中央和地方各级党政工作部门、事业单位和人民团体等单位的主要领导干部,以及国有和国有控股企业的法定代表人进行经济责任审计,不仅能够有效防止权力滥用,揭露贪污腐败现象,还可能及时查明各项治理政策和决策落实情况,为决策部门提供客观、可靠的信息,保障决策的科学性与综合成效。在前两期国家人权行动计划的基础上,新一期行动计划增加关于完善审计监督的专项指标,使国家人权行动计划对表达权和监督权的表述体系更加完整,也是我国人权事业建设全面推进原则的重要体现。

三、展望与建议

按照新一期行动计划的指标设置,新一期行动计划中关于表达权和监督权的指标实施与评估应注意如下问题:

首先,应完善表达权和监督权的相关法律制度。在全面依法治国的大背景下,实现各项人权保障的法治化,是实现公民政治权利的必然要求。完善相关立法,推进法律制度保障是表达权和监督权得到落实的根本前提。因此,应当进一步充实、完善下位法立法,使宪法中关于公民表达权和监督权的原则性规定得到更加具体的、更具可操作性的规定。其次,应当转变思路。就目前的情况而言,对表达权进行限制的立法多于对其进行有针对性保护的立法,这种本末倒置现象应该扭转。虽然政府主导是我国人权事业发展道路的重要原则,但是在保障人权的实践中,应该正确看待经济社会文化权利和政治权利的差异,正确认识积极人权和消极人权的不同保障方式。对于表达权和监督权这种典型的政治权利而言,应该强调的是减少干涉,而非强化约束。再次,完善对于侵害表达权和监督权的事前禁止和事后救济立法,增加表达权和监督权的可诉性。最后,应该秉持人权保障的全面推进原则,完善利于表达权和监督权实现的各项公共设施建设,特别是网络言论自由的实现必须依赖于国家互联网基础设施建设,而这些方面正是行动计划中文化权利部分所设置的指标。

另外,针对新一期行动计划的指标设置,还应该在行动计划的实施、监督与评估重点关注如下问题。第一,互联网言论自由与监督权相关立法较少且立法层级低的现象应当得到改善,适时推动全国人大或其常委会制定相关法律。第二,《信访条例》也存在立法层级较低问题。此外,在目前关于信访制度的改革实践中,诉访分离、涉诉信访终结机制等问题没有得到具体的法律表达,而且信访、行政复议、行政诉讼之间的关系没有在立法层面上理顺。因此,建议针对以上问题适时修改《信访条例》或制定《信访法》。第三,"修改行政复议法"是行动计划明确设置的指标。《行政复议法》的修改过程应该纳入新一期行动计划中期评估与动态监测中。同时,在行动计划终期评估时,不应仅仅将"完成修改"作为指标完成的标准,而应注重考察该法对保障公民表达权和监督权的制度设计。第四,监察制度改革试点不仅是国家保障监督权的重大举措,也涉及国家机构组织设置的重大调整,应该成为行动计划实施评估的重点问题。第五,应该注重对指标的实质性评估。虽然加强互联网、电信等基础设施建设是保障表达权和监督权实现的基本条件,但这些内容在根本上应划归到文化权利或基本生活水准权,对表达权和监督权的指标评估应该注重其实效,即考察公民依托这些基础设施实现表达权和监督权的程度和效果。

第三章　特定群体权利

第一节　少数民族权利

一、背景和成就

"民族平等"是我国处理民族关系的基本原则。我国发展和构建"平等、团结、互助、和谐"的社会主义民族关系。我国《宪法》明确强调，中华人民共和国是各民族共同缔造的统一的多民族国家。但是，由于历史上我国少数民族多数居住在边疆地区、偏远地区和贫困地区，因此我国对于少数民族权利的保障，在坚持民族平等的基础上，致力于为少数民族各项权利的发展和实现提供优惠，促进各少数民族能够平等享有各项公共资源。新时期，少数民族人权保障的各项法律政策和措施与民族地区发展和"全面建成小康社会""精准扶贫""实现中华民族伟大复兴的中国梦"等国家重大战略目标日益有机对接。[①] 我国《宪法》《民族区域自治法》《教育法》《民事诉讼法》《行政诉讼法》《刑事诉讼法》等法律均规定了对于少数民族公民的权利保障措施。《国家人权行动计划(2012—2015年)》的实施，使我国少数民族的人权发展事业进

① 参见《贯彻落实中央民族工作会议精神经验交流会在京召开　俞正声发表重要讲话》，载新华网：http://news.xinhuanet.com/politics/2016-07/15/c_1119227604.htm，最后访问日期：2016年11月1日。

一步繁荣,主要体现在:①

一是少数民族平等参与管理国家和社会事务的权利得到依法保障。55个少数民族均有本民族的全国人大代表。人口超过100万的少数民族都有本民族的全国人大常委会委员;在155个民族自治地方的人民代表大会常委会中,均有实行区域自治民族的公民担任主任或者副主任。自治区主席、自治州州长、自治县县长,均由实行区域自治民族的公民担任。少数民族公务员占全国公务员总数的比例已超过少数民族人口占全国总人口比例。

二是少数民族人才培养稳步推进。2012年以来,国家有关部门共选派西部地区和其他民族地区2100多名干部到中央国家机关和经济相对发达地区挂职锻炼。国家实施"西部之光""少数民族科技骨干特殊培养计划"等重大人才培养政策与项目,为西藏、新疆等西部地区培养专业技术人才3000多人。免费为民族地区定向培养拟从事全科医疗的本科医学生,中央财政按照每生每年(5年制本科)6000元标准予以补助。2013年以来,开展了民族地区农村卫生人员重点业务培训、县级医院骨干医师培训、全科医生转岗培训等项目。

三是少数民族的经济发展权利得到保障。2012~2015年中央财政安排少数民族发展资金148.24亿元,专项支持推进兴边富民行动、扶持人口较少民族发展以及开展少数民族特色村寨和少数民族传统手工艺品的保护与发展。国家安排中央预算内投资58亿元,用于帮助边境地区和人口较少民族聚居区的基础设施建设、群众生产生活条件改善和社会事业发展。2015年内蒙古、广西、西藏、宁夏、新疆5个自治区和贵州、云南、青海3个省的贫困人口从2012年的3121万人下降到1813万人。2012~2015年民族八省区国内生产总值从58,505亿元增加到74,736亿元;民族地区城镇常住居民人均可支配收入从20,542元增加到26,901元。

四是民族教育发展加快。对人口较少民族的农村义务教育阶段寄宿生按每人每年250元的标准予以生活费补助。对西藏自治区农牧民子女实行"包吃、包住、包学习费用"政策,并稳步提高经费标准,目前达到每年生均3000元。每年另行安排2000万元义务教育助学金,专项用于补助西藏自治区寄宿制贫困学生生活费。开展民族地区教育基础薄弱县普通高中建设项目,2012~2015年共安排中央预算内投资70亿元,支持民族地区318所普通高中

① 有关少数民族权利保障的具体数据,参见《〈国家人权行动计划(2012—2015年)〉实施评估报告》。

建设。继续实行对少数民族考生予以照顾的倾斜政策,2012～2015年国家民委直属高校共安排本科招生计划12.4万多名,其中民族八省区4.6万多名,中央部门高校和地方高校安排少数民族预科招生计划18.5万多名。2012～2015年少数民族高层次骨干人才计划共招收培养1.6万名硕士研究生、4000名博士研究生。

五是双语教育稳步推进。2015年从学前到普通高中,实施双语教育的学校有1.2万余所,双语教师22.54万人,接受双语教育的学生349.12万人。每年出版民族文字的中小学教材3500余种、1亿余册。

六是民族地区教育条件进一步改善。2012～2015年中央财政投入10.25亿元,支持5个民族自治区"国培计划"中西部项目和幼师国培项目,共培训中小学幼儿园教师87万余人次。教育部直属师范大学师范生免费教育为民族地区输送教师4.2万人;"农村学校教育硕士师资培养计划"为民族地区输送农村教师4364人。2011～2015年实施教育援疆项目528个,投入资金108亿元,培训教师13万人次,选派支教教师5300人。截至2015年,各类教育援藏项目达405个,援助资金9.38亿元,培训人员6829人次,人员援助3585人次。各类教育支援青海项目134个,援助资金6.7亿元。

七是少数民族文化得到保护。截至2015年年底,布达拉宫等9项分布在民族地区的自然、文化遗产被列入《世界文化遗产名录》。新疆维吾尔木卡姆艺术等14项和羌年等4项少数民族项目分别入选联合国教科文组织《人类非物质文化遗产代表作名录》《急需保护的非物质文化遗产名录》,在民族地区建成10个文化生态保护实验区。在已经公布的4批国家级非物质文化遗产代表性项目名录和4批国家级非物质文化遗产代表性项目代表性传承人名单中,全国共有479项少数民族非物质文化遗产代表性项目、524名非物质文化遗产代表性项目传承人入选。全国少数民族古籍解题书目套书《中国少数民族古籍总目提要》于2014年全部出版。

八是少数民族语言文字得到保护和发展。推进少数民族语言文字的规范化、标准化和信息化处理。立项研制了蒙古、藏、维吾尔、哈萨克、彝族等少数民族人名汉字音译转写规范。开展现代蒙古语常用词词表、藏文拉丁转写标准、现代维吾尔文学语言正字正音标准等研制工作。建设中国少数民族濒危语言数据库。设立并实施"中国语言资源保护工程"。截至2015年年底,有54个少数民族使用80余种本民族语言,21个少数民族使用29种本民族文字。全国有近200个广播电台(站),使用25种少数民族语言播音,出版民族文字图书的各类出版社有32家。全国已建成11个少数民族语言电影译制中心,可进行17个少数民族语种、37种少数民族方言的译制,2012～2015年共完成3000余部(次)电影的少数民族语言译制。

二、内容解析

(一)整体结构和体例的变化

第一,将涉及少数民族人才培养的内容整合归入少数民族教育权利的保障措施。第一期行动计划和第二期行动计划均涉及单列少数民族人才培养的措施。第一期行动计划在第4条中专门提出:"加强对少数民族人才的培养,并使各类少数民族人员就业的比重接近少数民族人口在全国总人口中的比重。"第二期行动计划在第2条中专门规定:"重视培养和使用各类少数民族人才。加大少数民族党政人才培养选拔力度。支持民族地区实施国家高技能人才振兴计划和农村人才支持计划。继续免费为民族地区农村定向培养全科医生和招聘职业医师,培养民族医药专业人才。"与前两期行动计划相比,新一期行动计划没有专门单列有关少数民族人才培养的内容,而是将相关内容整合并入有关少数民族教育权利的内容当中,规定:保障少数民族受教育权利……重视培养和使用各类少数民族人才。

从以上变化可以看出,国家对于少数民族教育权利保障范围的认知发生了一定的变化。少数民族接受教育的范围不仅包括义务教育、高等教育、职业教育等在校教育,也包括针对在职在岗的少数民族各类专业人才的培训和职业技能提升项目。这种认知的变化一定程度上是源于国家和社会教育观念的变化,即对于教育的认知从学校教育扩大到终身学习的教育。

第二,将原本归入教育权利的"双语教育"措施归入少数民族语言文字权利的内容。在第二期行动计划中,有关双语教育的措施归入教育权利的内容中。第二期行动计划规定:"加快发展民族教育。……积极稳妥推进双语教育,大力推进职业教育,加大师资培养培训力度,加强教育对口支援。"新一期行动计划第5条规定:"尊重和保障少数民族学习使用和发展本民族语言文字的权利。不断提高少数民族语言文字教育水平,在民族地区加强双语教学。"

将双语教育纳入保障少数民族语言、文字权利的重要措施,体现了国家对于双语教学功能定位认知的变化,即从原本加强双语教学过程中侧重族际语教学以提高少数民族接受教育和学习的能力,转变为相对注重双语教学过程中注重母语学习与族际语学习二者功能的平衡。

(二)具体指标内容的解析

第一,总体思路和原则上,注重少数民族权利保障与民族地区发展进行合理的对接,体现了我国在少数民族权利保护上理论和认知的重大变化。前两期行动计划在总体思路上,均是仅仅强调“民族平等”和“保护各少数民族的权利”的基本原则。第一期行动计划在总体思路中阐述到:“各民族一律平等,国家保障各少数民族的合法权益。”第二期行动计划则表述为“中国是统一的多民族国家,各民族一律平等,国家保障各少数民族的合法权益”。但是,新一期行动计划在继承既往的基本原则前提下,强调“国家把加快少数民族和民族地区发展摆到更加突出的位置,尊重和保障少数民族权利”。

以上变化表明,我国对于少数民族权利的保护在基本思路上呈现出以下新的特点:一是获得权利保障的身份资格从“民族认同”转向“国家认同”,对于少数民族人权保护的资源供给对象从特定群体扩大到特定区域。少数民族获得赖以实现其权利的各项资源并非仅仅基于“政治化”的民族身份,更主要源于国家依据宪法和法律的“平等原则”,从统筹区域协调发展的战略高度,依法将少数民族的集体发展同区域发展乃至整个国家的发展规划进行合理的对接。二是以区域发展带动少数民族人权保障的系统性与可持续性。少数民族权利保障是系统性的工程,应着眼于提高少数民族所在地区自我发展的能力。只有提高民族地区的自我发展能力,才能有效和持续增加包括少数民族在内的所有公民自我发展所需的各类经济社会资源,才能从根本上解决少数民族人权保障中能力不足、资源不足的根本性问题,最终实现各族人民的共同繁荣和共同发展。三是民族地区少数民族权利保障与主体民族权利保障是协同共进的,各族人民在长期的交往和互动中形成了利益共同体。在我国的多数民族自治地方,实行民族自治的少数民族并不占人口的多数。在长期以来的多元民族文化和生活方式的共荣与交融下,少数民族与当地主体民族已经形成“你中有我,我中有你”的政治、经济和文化命运共同体。只有充分保障民族地区各族公民的生存权和发展权,才能全面促进所在地区少数民族人权事业的发展和进步。

第二,平等参与国家和公共事务权利上,突出强调少数民族公务员队伍建设。对于保障少数民族参与国家和公共事务,第一期行动计划提出:“保障少数民族依法管理民族自治地方事务和参与管理国家事务的权利。保证55个少数民族都有本民族的全国人大代表,人口特少的民族至少也有一名代表。保证人口超过100万的少数民族都有本民族的全国人大常委会委员。继续保证在民族自治地方的人大常委会中均有实行区域自治的民族的公民担任主任或副主任,民族自治地方政府的主席、州长、县长均由实行区域自治的民族的公民担任。继续保证在中央和地方国家权力机关、行政机关、审判机关和检察机关都有相当数量的少数民族人员,参加国家和地方事务的管理。”第二期行动计划提出:“依法保障少数民族平等参与管理国家和社会事务的权利。保证在中央和地方国家权力机关、行政机关、审判机关和检察机关都有相应数量的少数民族成员。对少数民族公民报考公务员依法给予照顾。”新一期行动计划则表述为:“保障少数民族平等参与管理国家和社会事务的权利。提高少数民族参政议政能力。保证在中央和地方国家权力机关、行政机关、审判机关和检察机关都有相应数量的少数民族成员。加强少数民族公务员队伍建设,对少数民族公民报考公务员依法给予照顾。”

通过对比3期计划相应的表述,可以发现,新一期行动计划在继续注重“保障各级国家机关保留一定数量少数民族公务员”以及“为少数民族报考公务员提供照顾”这2项主要措施基础上,提出继续执行国内外普遍实施的针对少数人群体在就业、晋升中的“配额措施”外,注重“加强少数民族公务员队伍的建设”。这表明,国家对于少数民族知识精英参与国家和公共事务的管理在注重“机会均等”的基础上,即以一种“相对不平等”的措施垫高因语言、文化因素处于弱势地位群体的发展平台,保证少数民族知识分子在公务员队伍中的一定比例,也更加重视他们参与公共事务的能力建设,即通过业务能力培训、职业伦理培训、廉政文化培训等能力发展项目促进少数民族公务员队伍整体素质的提升,最终实现他们在参与国家和公共事务上的“实质平等”能力。

第三,经济权利保护上,严格经济发展的指标。除继续强调国家加大对少数民族地区经济发展的各类资源投入,保证民族地区经济发展水平高于全国平均水平,新一期行动计划在经济发展的指标上明确要求“到2020年在民族地区基本消除绝对贫困现象”。上述指标的制定,既反映了我国在少数民族经济权利保障上的持续性,同时也体现了鲜明的时代特征。民族地区绝对贫困现象的消除是“到2020年全面建成小康社会”以及国家实施的“精准扶贫”战略的重要组成部分。

第四,均等享有公共资源的权利上,明确强调国家支持义务和内地省区的帮扶。平等原则是有关国际人权公约中确立的保护少数民族人权的基本原则。1966年的《公民权利和政治权利国际公约》以及之后的《经济、社会及文化权利国际公约》也都在其第2条规定了保护少数民族的“平等待遇”原则。

《公民权利和政治权利国际公约》第2条规定："每一缔约国承担尊重和保证在其领土内和受其管辖的一切人享有本公约所承认的权利,不分种族、肤色、语言、宗教、政治或其他见解,国籍或社会出身、财产、出生或其他身份等任何区别。"《经济、社会及文化权利国际公约》第2条第2款规定:"本公约缔约各国承担保证,本公约所宣布的权利应予普遍行使,而不得有例如种族、肤色、性别、语言、宗教、政治或其他见解、国籍或社会出身、财产、出生或其他身份等任何区分。"这种平等保护,需国家采取积极的措施弥补少数民族由于历史、文化、经济等因素导致的在发展资源获取上的不对等地位。对于公共资源的获取,我国已经颁布的3期国家人权行动计划一直坚持国家对少数民族或民族地区进行积极投入的基本思路。同第二期行动计划相比,新一期行动计划除继续要求"缩小民族自治地方的城乡居民收入、义务教育、医疗卫生、社会保障与全国平均水平的差距"外,明确强调"推动国家公共服务资源向民族自治地方倾斜。加强跨省区对口支援和对口帮扶工作"。这体现了国家决心在未来5年内,进一步缩小公共资源供给的区际差异。少数民族公民,既有法律上赋予的公民身份,也有基于特定的宗教、语言和习俗等形成的民族和文化认同身份。如果在寻求个人发展机会和分享经济发展红利的过程中,他们受制于日益激烈的市场化竞争和个人社会资本的匮乏,将会日益处于被社会边缘化的地位。这种因个体差异导致的市场竞争的不平等地位,会在强烈的民族意识认同的心理刺激下,在少数民族内心中会顺势演化为族群之间对于经济发展资源争夺的非均衡地位。因此,国家推进民族地区公共资源供给的均等化,直接目的是促进少数民族和民族地区发展能力的提高,长远目的是通过制度性的手段保障少数民族个体获取资源的相对平等机会,来强化他们的国家公民身份认同,增强国家和中央政府对于少数民族的向心力和凝聚力。

第五,教育权利保护上,进一步明确和细化国家和内地省份对民族地区的支援义务。(1)在对口支援上,除继续办好内地民族班(内高班、内初班),保障民族地区的优秀生源能够享受同内地学生一样的优质教育资源外,同时要适当提高东中部省市职业院校招收民族地区学生的比例,帮助民族地区培养经济社会发展中急需的各类专业人才。仅"少数民族高层次人才骨干培养计划"实施的头5年(2006~2010年),就已招生4700多人,在校总数达到7900多人。① (2)在资源倾斜上,做到民族地区内部与区际的双重平衡。一方面,

① 参见国务院新闻办公室发布的《中国的民族政策与各民族共同繁荣发展》(2009年)。

国家要将教育资源继续向民族地区倾斜,进一步改善民族地区教育资源相对内地省份不均等的现状;另一方面,到2020年民族地区基本实现县域教育均衡发展,改变民族地区县与县、县乡之间教育资源分配的不均等状态。

第六,文化权利上保护上,民族文化传承与多元文化交融并重,侧重在多元文化的共荣中实现国家公民意识与民族意识的平衡。1992年联合国通过的《在民族或族裔、宗教和语言上属于少数群体的人的权利宣言》在第4条第2款中规定:"各国应采取措施,创造有利条件,使属于少数群体的人得以表达其特征和发扬其文化、语言、宗教、传统和风俗,但违反国家法律和不符国际标准的特殊习俗除外。"保护少数民族文化的传承和发展是我国的一贯政策,这在我国已经发布的3期国家人权行动计划中得到了很好的延续。但是,对于少数民族权利的保护应坚持以必要性原则为前提,即这种保护应有一定限度,至少以不能妨碍主体民族文化的传承或多民族国家的统一文化共同体意识的培养为限度。基于这样的思路,在新一期行动计划有关保障措施中,国家重视在少数民族文化权利的传承和多元文化的共荣中实现协同并进。一是继续做好民族文化的传承。第一期至第三期行动计划均有相应的内容。第一期行动计划提出:"促进少数民族文化发展。推出在国内外具有较大影响的少数民族文学、戏曲、音乐、舞蹈、美术、工艺、建筑、风情、服饰、饮食等文化艺术品牌。"第二期行动计划相应的内容表述为:"保障少数民族的文化权利。加大对少数民族特色文化保护工作的扶持力度,加强对少数民族文化遗产的保护,对濒危项目和年老体弱的代表性传承人实施抢救性保护,对少数民族非物质文化遗产集聚区实施整体性保护。"第三期,即新一期行动计划在相应的内容上则重点强调少数民族古籍的保护、抢救、整理、出版和研究以及民族文化产业的发展。二是在前两期行动计划的基础上,明确提出加强少数民族文艺作品创作生产,鼓励和扶持反映各民族文化交融、创新的现实题材作品。少数民族的文化既有传承的部分,也有发展的部分。民族文化的传承不是线性、单向或封闭的。在任何一个多民族国家,少数民族文化的发展都是与其他民族文化的发展共生共荣的。尤其在全球化时代,多元文化之间的日益交融发展是一个普遍的趋势。民族文化只有继承自身优良元素并广泛借鉴其他国家、其他民族文化中的优秀成分,才能在全球化的时代不断推陈出新。此外,对于中国而言,发展和创作展现多民族文化之间相互交融的文化艺术作品,既是强化宪法上规定的国家认同的精神,亦符合现代国家建构中不同文化背景群体相互交流和交往的精神需求。

第七，学习和使用本民族语言文字权利上，进一步重视少数民族语言的应用功能。保障少数民族公民使用本民族语言进行诉讼的权利。我国《民事诉讼法》《刑事诉讼法》和《行政诉讼法》均有“少数民族有权使用本民族语言进行诉讼”的规定，这一规定在民族地区得到了较好的执行，但在内地省份中，由于民族语言翻译人才的匮乏、翻译人员自身素质的限制、翻译标准的不统一等原因遇到诸多的障碍，并没有得到严格的执行。随着民族地区与内地省份人口双向交流的增多，尤其是内地城市中少数民族流动人口经济地位的提高和社会参与领域的扩大，国家显然意识到进一步保障内地少数民族使用本民族语言进行诉讼的现实必要性，以及在人才培养、翻译标准制定、翻译庭审程序规范化等方面投入更多资源的紧迫性。

第八，保障少数民族法律法规制定上，重点强调《城市民族工作条例》的修改是一大特色，进一步体现了我国对少数民族权利保障的空间范围开始注重民族地区与内地城市之间的协调。进入新世纪以来，随着西部民族地区、边疆民族地区与内地主流社会经济发展差距的拉大，一些少数民族为寻求教育、就业的发展机会和进一步分享改革发展的成果，纷纷进入内地的一些大城市长期或流动性地居住和工作，形成了少数民族自己的聚居社区。但是，这同时也导致因他们特定的文化和生活需求产生的与当地文化生态不相适应的各种社会问题。这类问题不是一成不变的，而是动态变化的。随着经济地位的改善，他们对自我发展期待不断提高，同时他们在自己的语言、文化、生活方式、子女教育等一系列问题上也均存在特定的需求；因此，修改《城市民族工作条例》是在新时期适应我国城市民族关系变化的背景下保障少数民族人权的适时之举，应当重点从文化、宗教、教育、生活、就业等全方位构建有利于城市少数民族融入主流社会、消除民族歧视和误解的法律制度和相应政策措施。

三、问题和建议

（一）问题

第一，少数民族人权保障政策亟待进一步适应国家现代化的发展。民族政策的制定和实施必须有利于国家统一、安全、发展，保障我国和平崛起的国家现代化发展目标的实现。伴随社会转型不断深入出现的工业化、信息化、城镇化、市场化和国际化进程加快，经济体制深入改革，社会结构重大改变，利益格局全面调整，思想观念复杂多元，社会问题集中出现。政府治理模式转变、分配体制改革、区域协调发展、城乡一体化等问题相互交织，给民族地区的社会管理和城市少数民族工作均提出了新的要求。如何适应社会转型的需要,及时完善与创新我国民族政策,准确发现并解决社会转型时期影响民族团结的负面因素,提高现有法律政策体系实施的可操作性,是全面提升民族地区创新社会管理水平和建设团结、互助、和谐的城市民族关系的实际需要。

第二,对少数民族权利保护政策实施情况的效果评估方法存在误区。伴随西部少数民族聚居地区经济社会发展水平与东部发达地区之间的差距持续扩大,区域发展不均衡、不协调问题没有得到实质扭转,民族地区依赖国家财政支持的局面未有根本改观。如何帮助少数民族及民族地区克服发展过程中遇到的困难,尤其是适应新时期社会管理变化发展的实际情况,围绕坚持各民族共同团结奋斗、共同繁荣发展的核心,通过全面评估法律政策实施效果,准确地发现民族政策实施中的薄弱环节,并有针对性地加以调整,是进一步加快民族地区经济社会发展、实现区域间协调均衡的客观要求。但是,现有的民族政策的评估方法侧重从政治经验、政治历史的角度评估涉及少数民族人权保护的各项政策落实前后数据的对比,对民族政策在政治、经济、社会、文化、心理等方面的实施效果缺乏全局性、体系化的评估标准,对政策实施的实际效果评估不足,没有及时发现民族政策实施中间存在的可能引发民族隔阂、民族歧视等重大、敏感问题。

第三,少数民族内部的阶层分化影响其群体内部平等分享公共资源和改革发展的成果。我国实行政治化的民族政策,但具体到经济社会发展导致的人口结构的调整、社会阶层分化、社会流动性变化、原住民与移民利益,就业资源分布、社会参与与社会排斥、利益诉求表达、化解社会冲突方式等具体因素,已经从内部对少数民族的资源分配产生了结构性的不平等。社会转型时期的阶层分化、利益主体多元化以及区域发展失调等社会问题伴随公平意识、权利意识、法治意识等的不断增强,对我国民族关系的影响不可低估。应当看到,我国在改革开放以前在计划经济条件下制定、形成的既有民族法律政策体系,如何去适应社会主义市场经济体制下民族工作遇到的新挑战、新特点,还有许多工作要努力去做。如何完善和创新符合中国国情和特点的民族工作理论和民族政策,并在新形势下坚持民族区域自治制度,提高现有法律政策实施的可行性,是巩固平等、团结、互助、和谐的社会主义民族关系的法律保障。

第四,对促进少数民族居民融入主流社会的政策措施在行动计划及有关法律政策中的体现不够充分。西藏及四省藏区的藏传佛教居民、西北穆斯林省区,尤其是新疆维吾尔自治区穆斯林居民,在语言文化、宗教信仰、历史传统、民族心理、生活习惯等方面与汉族居民有着极大差异。如何促进他们全面融入主流社会，与农民工融入主流社会的复杂性、长期性、特殊性，显然是不可相提并论的。如果他们因融入主流社会或者因到内地谋求发展，在就业、教育和公共服务等领域遇到排斥、限制或不公平对待，完全可能强化他们的民族意识和自我保护意识，从而疏远与主流社会的交往。这些情况将削弱民族政策实施的政治效果和社会效果。这些促进其融入主流社会的法律政策措施集中体现在如何保护城市少数民族的语言、文化、就业、教育等综合性的服务体系。我国历次国家人权行动计划均未专门地、集中地、重点地去突出或体现这个重要问题。

（二）建议

1. 继续丰富和发展中国特色的少数民族权利保障理论

通过发展中国特色的社会主义民族政策理论，带动我国少数民族权利保障理论的丰富和发展。要从理论上论证完善与创新我国民族政策的理论思路、战略目标、手段措施，为巩固和发展平等、团结、互助、和谐的社会主义民族关系提供既适应社会环境变化，又顺应国家战略需求的政策体系；提供既立足当下民族关系中的新问题，又着眼于国家战略发展目标的民族政策理论。要适应国家发展战略和西部开发对民族、宗教和统筹城乡发展的实际需要，探索和完善民族政策的新理论、新思路和新方法，形成既符合中国国情又适应世界潮流、既立足当下突出民族问题又着眼于国家边疆安全战略长远目标实现的理论和政策。

第一，理论思路上要平衡好“法治原则”与“社会宽容”原则的关系。以法律面前平等的宪法原则与尊重差异、包容发展的理论，充实中国特色社会主义民族政策的理论基础，对我国民族政策理论体系进行梳理，发展适应新时期巩固平等、团结、互助、和谐民族关系的新观点。一是少数民族的公民文化培育。应当依照宪法和民族区域自治法促进少数民族公民融入主流社会的制度安排和行为规则。社会应当倡导平等、多元、差异和包容的价值，既适应我国多元化、多样性的社会文化特点，又统一于培育国民文化的一致性。二是强化国家意识的价值导向。以促进少数民族公民快速融入主流社会为出发点，像对口支援、帮助西藏及四省藏区、新疆等地区经济发展那样，实施促进少数民族公民接纳主流文化并掌握主流社会交流工具的综合政策，强化各族公民信奉的国家共同体的精神纽带，利用少数民族的多样文化优势资源服务于国家发展战略和西部大开发总体目标的实现。

第二,找准理论发展的重点突破口。一是以宪法平等为核心,构建中国特色的民族政策理论体系,充实民族平等的形式平等与实质平等的政策体系。二是以“多样文化”为基础,发展尊重和保障少数民族的语言文字、文化传统等文化权利的政策体系。三是以“差异互补”为重点,发展保留、传承少数民族宗教信仰、风俗习惯等宗教事务的政策体系。四是以“包容共存”为导向,发展少数民族分享社会文明进步成果的法律政策体系,实现各民族的共同繁荣和共同进步。五是以“国家公民”为准则,构建公民不分民族、种族、宗教信仰等在法律面前一律平等,享有同样法律权利和履行同样法律义务的社会环境。六是以“共同家园”为宗旨,塑造社会成员的共同价值,即尊重群体差异、包容族群文化,提高国家文化的包容性、多样性和多元性。七是以“国家信赖”为目的,建立宪法和民族区域自治法保障各少数民族共同遵循的行为规则的法律机制,增强少数民族公民对国家的归属感、忠诚感和自豪感。

2. 以经验总结和实证调查为先导,为少数民族权利保障内容的充实和评估指标提供有价值的参考素材

第一,经验总结重实事求是。全面总结世界多民族国家应对民族主义的民族政策及其实施的成功经验与教训;总结中国近代、中华民国实施民族政策的有益经验与教训;总结新中国成立以来形成社会主义民族政策的理论思想、政治目标、制度措施,特别是改革开放以来适时调整和丰富充实的理论思路、价值核心、政策体系、法律制度;总结近10年来社会转型中民族问题表现的新情况、新特点和新问题;总结完善以民族区域自治为核心的民族政策体系的路径、内容与经验。

第二,实证调研突出重点。重点调查西藏及四省藏区、新疆维吾尔自治区对少数民族就业、少数民族教育、少数民族语言、双语教育、宗教寺院、宗教事务等政策实施效果的看法、建议和意见;调查打击西南凉山彝族聚居区、新疆维吾尔族聚居区毒品违法犯罪及相关法律政策实施的效果;调查母语为少数民族语言的西藏及四省藏区、新疆少数民族大学生及其毕业后就业、融入主流社会、平等参与社会和分享经济发展成果的现状;调查藏传佛教、伊斯兰教教职人员引导信教群众爱国爱教、消除恐怖主义和分裂主义生存土壤和空间的作用;调查西藏及四省藏区、新疆维吾尔族、凉山彝族等少数民族流动人口在内地的生存现状;等等。中央有关部门应以人权智库建设和发展为契机,委托在调查上述问题上具有地缘优势的西部人权研究机构开展系统性的调查和研究,为未来国家人权行动计划明确有关少数民族人权保障内容的导向、重点提

供参考。

3. 不断完善少数民族权利保障法律政策体系,突出其针对性、时效性与可执行性

认真研究着眼于国家少数民族事业发展规划的贯彻实施,和适应现阶段及今后国家战略发展的民族政策、民族法律制度及其实施保障问题,从可操作性、应用性、可行性、合理性的角度,完善和发展现行民族政策,逐步增进各民族共同繁荣和共同进步的政策选择与制度建设的预见性、战略性、针对性、持续性。

第一,法律法规层面。完善作为我国基本政治制度之一的民族区域自治制度的重点和主要内容是完善民族区域自治法,制定和完善保障少数民族合法权利的法律法规等民族法制体系;完善宪法、民族区域自治法等法律在民族自治地方的实施保障机制,提高少数民族公民的法治观念、增强自觉遵守法律的意识;将批准五个自治区自治条例的工作提高到在民族自治地方保证宪法实施、维护国家统一、反对任何形式的民族分裂行为的国家安全和战略发展高度;自治区加快制定单行条例,加大对少数民族语言、文化、风俗习惯、宗教活动场所等的保护力度,适应与境内外敌对势力进行斗争和增强对少数民族公民感召力的需要;民族自治地方进一步完善民族立法工作,立法重点转移到保障宪法、法律规定的公民基本权利在民族自治地方的贯彻实施,建议在不通晓汉语的少数民族自治地方实施少数民族语言法治教育,引导各族公民自觉遵守国家法律并通过法律途径表达和维护自己的合法权益,鼓励各族群众同各种违反国家法律、破坏民族团结和社会稳定、制造民族分裂的行为做斗争;按照少数民族人口比例,在国家机关、提供公共服务的组织、社会团体和金融机构中设置熟悉少数民族语言的职位,满足不通晓汉语的少数民族公民获得公共服务的需要,增强公共服务机构的亲和力等。

第二,制度措施层面。重点将少数民族公民分享经济社会发展成果和融入主流社会作为完善和创新中国特色社会主义民族政策体系的首要目标;完善实施民族政策的组织体制、工作程序、制度规范;完善工会、共青团、妇女联合会、残疾人联合会等人民团体在促进民族政策实施中的协调作用;建立村民委员会、居民委员会等基层群众组织及其他社会组织,保障少数民族语言文化、宗教信仰自由,维护国家统一、反对民族分裂的社会工作体系;充实省市对口支援西藏、新疆等少数民族地方经济社会发展制度的内容,完善国家帮助民族自治地方自我发展能力的政策体系;创新少数民族聚居地方的社会管理方

式,有效化解少数民族公民因利益诉求表达引起的社会纠纷;完善消除少数民族聚居自治地方的原住民与新移民之间在就业、教育和公共服务中的利益冲突的机制。

第三,保障机制层面。完善中国特色民族政策实施效果的新闻媒体监督制度、人民团体促进制度、基层组织的实施制度,各类社会组织的倡导制度、行政机关执法和人民法院审判的监督制度;创新少数民族公民正常的利益诉求表达、利益纠纷协调和利益冲突化解的工作制度,少数民族地区群体性事件的预警、应对机制;完善保障少数民族公民合法权利的社会组织帮助、国家干预与司法救济的多元纠纷化解机制,充分发挥法律在教育、指引少数民族公民行为规范中的作用,完善公民权利受法律平等保护的救济机制。

第二节　妇女权利

现代人权理论将女性作为独立的权利主体予以保护,女性应具有独立人格而受到尊重,任何对女性的歧视都将违反权利平等和尊重人之尊严的原则。鉴于妇女自身的特殊性及其对社会生活和人类发展的重要性,妇女权利应当有自己特殊的内容,妇女因其自然属性而衍生的特殊权利也应当属于人权的重要内容。

一、背景与成就

2015年9月27日习近平主席在全球妇女峰会上的讲话明确指出,妇女是物质文明和精神文明的创造者,是推动社会发展和进步的重要力量。没有妇女就没有人类,就没有社会。没有妇女解放和进步,就没有人类解放和进步。[①] 中国妇女占全国人口的半数,占世界妇女人口的1/5,是经济社会发展的重要力量。在发展中维护妇女权益,在维权中促进妇女发展,是实现妇女解放的内在动力和重要途径。保障妇女权益、促进妇女发展、推动男女平等,对国家经济社会发展和中华民族文明进步具有重要意义。这既是实现社会公平正义的应有之义,也是推动经济发展的强大动力。

---

① 参见《习近平全球妇女峰会演讲:没有妇女就没有人类》,载新浪网:http://news.sina.com.cn/c/nd/2015-09-27/doc-ifxifmki9556948.shtml,最后访问日期:2016年11月2日。

（一）保护妇女权利的法律体系更加完善

“中华人民共和国妇女在政治的、经济的、文化的、社会的和家庭的生活等各方面享有同男子平等的权利。国家保护妇女的权利和利益，实行男女同工同酬，培养和选拔妇女干部。”我国《宪法》第48条确立了男女两性在诸多基本权利面前的平等原则，从根本法的角度明确了我国对妇女人权保护的态度。从宪法的角度将妇女上升为法律主体，承认妇女权利问题，是我国实现人权保护、妇女权利保护最根本的法律依据。根据宪法的原则性规定，立法机关为实现妇女人权保障制定了一系列法律、法规，形成了一套较为系统的妇女权利保护法律体系。

第一，《妇女权益保障法》。这是我国全面保护妇女权利的基本法，也是我国实现人权保护的重要法律文件之一，该法保护广大女性的政治权利、人身权利、劳动权益、财产权益、文化教育权益及婚姻家庭权益的法律武器，弥补了宪法中保障性及制裁性条款规定的缺乏。2005年起实施的修改后的《妇女权益保障法》，更是在分析、研究和借鉴国内外妇女人权保护成功经验的基础上，增强了法律的适用性、可操作性和时代性，为妇女权利的实现提供了切实的保障。第二，《婚姻法》。2001年4月28日《关于修改〈中华人民共和国婚姻法〉的决定》在全国人大常委会上获得通过，在重申原法中的男女平等制度、一夫一妻制度、婚姻自由制度以及保护妇女和子女权益制度的基础上，还将中国改革开放多年来婚姻家庭生活中出现的新情况纳入其中，使妇女保护更具时代性。第三，其他法律、法规。《民法通则》《继承法》等民事法律均明确规定，妇女的人身权、财产权、人格权、继承权等受法律保护。《刑法》对有关强奸罪、拐卖妇女儿童罪、强迫他人卖淫罪、强制猥亵、侮辱妇女罪等侵犯妇女权益的犯罪行为加以严惩，形成威慑力。《劳动法》从劳动权的角度明确规定了对妇女权益的保护，要求妇女应享有与男子平等的就业权、获得报酬权、休息休假权、享有社会保险和福利权等。

（二）妇女参政、健康、受教育水平不断提高，妇女权益进一步得到保障①

第一，妇女享有平等参与国家和社会事务管理的机会。全国人大代表和全国政协委员中女性比重提高。第十二届全国人大共有女代表699名，占代表总数的23.4%，比上届提高2.1个百分点，是历届人大代表中女性比重最

---

① 有关妇女权益保障的相关数据，参见《〈国家人权行动计划（2012—2015年）〉实施评估报告》。

高的一届;有女常委 25 人,占常委总数的 15.5%,低于上届 0.7 个百分点;第十二届全国人大常委会现有女性委员 25 人,占委员总数的 15.5%。第十二届全国政协有女性委员 399 人,占委员总数的 17.84%,高于上届 0.1 个百分点;有女常委 38 人,占常委总数的 11.8%,比上届高 1.3 个百分点。2011 ~ 2013 年换届的新一届省级人大代表女性比例达到 24.76%;新一届省级政协委员中女性比例达到 22.22%。2015 年省级政府领导班子配备女性干部比例比 2012 年有明显提升。女性参与企业经营管理的比重提高。2015 年企业董事会中女职工董事占职工董事的比重为 38.4%,企业监事会中女职工监事占职工监事的比重为 38.9%,比 2010 年分别提高 5.7 个和 3.7 个百分点。女性公务员比例不断提高。近年来,中央机关及其直属机构新录用的女公务员占录用总人数的比例逐年提高,已经超过半数,2015 年达 51.9%,比 2011 年增加 12.5 个百分点;地方新录用公务员中女性占总人数的比例也有明显提高,由40.2% 提高到 44.1%。女性积极参与基层民主管理。2015 年居委会成员中女性比例为 49.2%,村委会主任中女性比例为 11.5%,村委会成员中女性所占比重为 22.9%,基层民主管理中妇女所占比重不断提升。

第二,妇女享有平等的就业权利。妇女就业规模继续扩大。据测算,2015 年全国女性就业人员占全社会就业人员的比重为 42.9%。城镇单位女性就业人员 6527 万人,占城镇单位就业人员的比重为 36.1%。女性专业技术人员持续增加。近年来,我国公有经济企事业单位中女性专业技术人员持续增加,2015 年公有制企事业单位中有女性专业技术人员 1458 万人,所占比例达 47.2%,其中女性高级专业技术人员 150 万人。实施机关事业单位处级干部和高级职称专业技术人员男女同龄退休。2014 年全国女性就业人员占全社会就业人员的比重为 44.8%。实施鼓励妇女就业创业的小额担保贷款财政贴息政策,2009 年以来,向妇女发放创业担保贷款 2607.04 亿元,扶持和带动近千万妇女创业就业。

第三,农村妇女依法享有土地权益基本得到落实。面向基层村委会开展法制宣传培训,加大村规民约备案审查纠正力度。在土地承包经营权确权登记颁证过程中,妇女的土地权益在登记簿和不动产权属证书上得到体现。

第四,妇女健康服务水平持续提高。2012 年 4 月国务院颁布实施《女职工劳动保护特别规定》,修改完善适用范围、禁忌劳动范围等内容,将法定产假时间延长到 98 天。2015 年全国女性参加生育保险的人数达到 7712 万人,人均生育待遇支出达到 16,456 元。2015 年 1205 万名计划怀孕夫妇获得免费检查,目标人群覆盖率平均达96.5%。仅在2011~2015年,农村孕产妇住院分娩项目累计补助近5000万人,农村孕产妇住院分娩率从2010年的97.8%提高到2015年的99.5%。孕产妇死亡率自2010年的30/10万下降到2015年的20.1/10万。截至2015年年底,有5195万名农村妇女接受了宫颈癌免费检查,747万名农村妇女接受了乳腺癌免费检查。

第五,立法保护妇女免遭家庭暴力伤害。2015年12月27日全国人大常委会通过的《反家庭暴力法》,专门设立了公安告诫、人身安全保护令和强制报告等制度。最高人民法院、最高人民检察院、公安部、司法部联合发布《关于依法办理家庭暴力犯罪案件的意见》,加强司法对家庭暴力的及时干预。2014~2015年最高人民法院先后公布15起涉及家庭暴力的典型案例。一些地方公安机关和人民法院积极探索运用公安告诫和人身安全保护令等手段,有效防范和及时制止家庭暴力。

第六,反对拐卖妇女犯罪行为取得新进展。国务院办公厅印发《中国反对拐卖人口行动计划(2013—2020年)》,加大对拐卖人口犯罪的整治力度。2014~2015年公安机关共破获拐卖妇女案件2412起。开展跨国打击拐卖妇女犯罪行为,促进湄公河次区域六国反拐合作进程。

(三)妇女权利保护国际交流与合作加强

中国积极履行性别平等与妇女发展的国际公约和文书,广泛开展妇女领域多边、双边的交流合作,加强与各国妇女组织的友好交往,注重对发展中国家妇女提供技术培训和物资援助,在推动全球性别平等与妇女发展中发挥了重要作用。

第一,认真履行妇女领域国际公约和国际义务。积极签署和批准相关国际公约和国际文书,认真履行公约所载义务,在法律、政策和规划制定中体现《消除对妇女一切形式歧视公约》的精神和原则,持续消除对妇女各种形式的歧视,依法保障妇女人权,积极推动性别平等。2003年和2012年分别提交执行《消除对妇女一切形式歧视公约》履约报告,2006年和2014年接受联合国消除对妇女歧视委员会的审议。2013年接待联合国人权理事会法律和实践中对妇女的歧视问题工作组访华。积极落实《北京宣言和行动纲领》及千年发展目标,将其纳入国民经济和社会发展规划及中国妇女发展纲要,努力实现各项目标。至2014年年底,提前完成减少极端贫困与饥饿、消除教育中的两性差距、降低孕产妇死亡率等目标。

第二,积极参与和推动全球及区域性别平等事业。高度重视与联合国机构的联系合作,支持联合国在性别平等和妇女发展领域的积极举措。推动联合国人权理事会通过中国倡议提出的“纪念第四届世界妇女大会暨《北京宣言和行动纲领》通过20周年”主席声明。2015年30余个国家和国际组织的100多名妇女界领导、杰出女性代表和专家学者,出席由中国宋庆龄基金会与联合国开发计划署联合主办的“妇女·发展·未来”中外妇女论坛。参与联合国妇女署规章制度和行动规划的制定,加大合作力度。① 积极承办和举办第四次世界妇女大会后续行动的相关会议、妇女与减灾、妇女与可持续发展等国际会议。积极促进区域性别平等,与联合国亚太经社会在亚太地区开展“提高解决性别问题能力、实现联合国千年发展目标”项目。结合担任2014年亚太经合组织东道主,主办妇女与经济论坛。在东盟与中日韩(10+3)框架下,主办东亚性别平等部长级会议。

第三,广泛开展妇女领域的双边交流与合作。将性别平等作为国家交流机制的重要议题,在中美、中法、中俄等国家交流机制中,举办不同主题的妇女论坛、研讨会和中外妇女文化周等活动,进一步增强相互间的友谊与互信。20年间,中国妇女领域的国际合作项目涉及妇女与健康、妇女与经济、妇女与教育、妇女与决策管理、妇女与环境、妇女与婚姻家庭、反对家庭暴力、减贫减灾等诸多领域。近10年,仅全国妇联就争取了百余个国际合作项目。在南南合作中注重对亚非拉发展中国家妇女的技术培训和物资援助,创办中外妇女交流与培训中心或派专家前往指导。近年来,中国向亚洲、非洲、拉丁美洲国家妇女提供多批小额物资援助,帮助她们改善工作和生活条件。②

第四,妇女和妇女组织参与国际事务更加活跃。2015年中国有女外交官1695人,占外交官总数的30.7%,其中,女大使12人、女总领事19人、女参赞132人,分别占同级外交官的7.9%、24.4%和30.4%。中国妇女组织积极参与联合国有关性别平等与妇女发展重要公约的审议活动,担任联合国《消除对妇女一切形式歧视公约》委员会委员,在《消除对妇女一切形式歧视公约》《北京宣言行动纲领》等国际公约和文书执行情况的审议中,撰写和递交非政府组织影子报告,并就性别平等与妇女发展的相关议题开展形式多样的交流

① 参见王春霞:《“妇女·发展·未来”中外妇女论坛在京开幕》,载《中国妇女报》2015年10月15日,第A2版。

② 参见国务院新闻办公室发布的《中国性别平等与妇女发展》(2015年)。

对话活动。①

二、内容解析

（一）保护原则的显著变化

与前两期人权行动计划侧重于实施男女平等、保护妇女合法权益不同，新一期行动计划将妇女权利的保护原则表述为“贯彻落实男女平等基本国策，全面实现《中国妇女发展纲要（2011—2020 年）》目标，消除性别歧视，改善妇女发展环境，保障妇女合法权益”。这是在继续贯彻落实男女平等基本国策、保障妇女合法权益基础上的进一步深化和扩展。具体而言，新一期行动计划比较显著的原则变化如下。

第一，明确提出消除性别歧视。消除性别歧视是贯彻落实男女平等基本国策的题中应有之义，也是实现性别平等的前提。性别平等是一个全球性议题，国际社会一直致力于实现男女平等。根据国际劳工组织的定义，性别平等是指“所有人，不论是男人还是女人，都能自由发展个人才能，在作出决定的时候不受成见、古板的性别角色和偏见的束缚。……性别平等并不意味着女人和男人要变得一样，但是他们的权利、责任和机会应该不取决于他们天生的性别”。2015 年在联合国总部召开的世界妇女峰会通过的《改变我们的世界——2030 年可持续发展议程》，便将性别平等确定为 2015 年后发展议程的第五大目标。② 在我国，造成性别歧视的原因主要有以下几方面：其一，传统文化偏见的影响。在传统的社会历史文化背景下，我国封建社会所形成的“男尊女卑”等思想根深蒂固，女性始终处于弱势地位，虽然今天已进入知识经济时代，法律也明文规定男女平等，并将男女平等作为一项基本国策，但是这种社会偏见和性别歧视依然存在。其二，用人单位利益驱使的影响。在市场经济条件下，人们讲求“经济人理性”，追求利润最大化、成本最小化。面对激烈的市场竞争，各单位都在追求利润的最大化，由于各种生理因素的影响，雇用女性的成本要高于男性。其三，相关的法律政策不健全，关于性别歧视，我国目前尚无一部综合性法律。

目前，我国已将男女平等作为促进国家社会发展的一项基本国策，始终坚

---

① 参见国务院新闻办公室发布的《中国性别平等与妇女发展》（2015 年）。

② 参见刘霞：《性别平等及妇女赋权成为第五目标》，载《中国妇女报》2015 年 8 月 5 日，第 A1 版。

持男女平等的宪法原则,不断完善法律法规,制定公共政策,编制发展规划,持续推进性别平等与妇女发展。早在1995年第四次世界妇女大会上,中国政府就向国际社会庄严承诺,把实现男女平等作为促进社会发展进步的一项基本国策,男女平等由此从观念意识变为国家意志。2005年修订的《妇女权益保障法》首次把男女平等基本国策以法律条文形式固定下来,明确了基本国策的法律地位。2012年党的十八大把男女平等基本国策写进全国党代会报告,则更进一步将其明确为执政党的追求。消除性别歧视是实现两性平等的具体要求,也是在贯彻落实男女平等基本国策基础上的进一步深化。

第二,更加重视妇女的发展。《中国妇女发展纲要(2011—2020年)》明确提出妇女全面发展、平等发展与协调发展的基本原则,这也是新一期行动计划所要坚持和实现的基本原则。① 妇女发展是社会发展中的一种性别视角,是通过每个妇女自由而全面的发展而最终实现妇女整体的发展,包括妇女主体意识的增强、自身素质能力的提高以及在政治、经济、文化、社会家庭等多个领域的地位提高。目前,中国妇女发展的任务是在社会发展的过程中消除性别歧视,逐步使妇女获得与男子平等的各项权利、社会地位和家庭地位,获得同男子一样参与发展的机会,最终实现男女和谐,共同进步。

人的全面自由发展是妇女发展的最终目标。人本质上是社会关系的总和,社会发展是个人发展的前提与基础。只有社会生产力高度发达,才能有每个人自由而全面的发展。妇女的发展具有重要意义。首先,女性同男性一样,都是历史的主体,共同创造了丰富的物质文明与精神文明。在人类历史中,妇女对推动历史进步做出了巨大贡献。进一步促进妇女发展,尊重妇女并提高其地位可以使妇女充分发挥其积极性和创造性,更好地投入到社会主义现代化建设事业中,为社会发展贡献自己的力量。并且,家庭是构成社会的基本细胞,妇女在家庭中扮演着重要角色,在人口再生产中起着特殊的重要作用。母亲是孩子的第一任教育者,提高妇女素质,对培育优秀的下一代十分关键。其次,构建社会主义和谐社会也要求进一步促进男女协调发展。协调发展既是经济、政治、文化的协调,也是两性发展的协调。妇女如果显著落后于男性,将会拖延整个社会进步的步伐,最终导致人的发展失衡。再者,妇女发展也是以人为本的题中之意。以人为本要求社会尊重人的权利,将人的发展视为发展的核心。以人为本也要求满足人不断增长的物质精神需求,推进人的全面发

① 参见国务院发布的《中国妇女发展纲要(2011—2020年)》(2011年)。

展。以人为本就是要将实现人的全面发展作为目标,人的全面发展包括了男性与女性的共同发展,否则就不是完全意义上的人的全面发展了。因此,社会要在全面协调可持续发展过程中更加关注妇女的发展。

(二)妇女权利保护更为全面,更加重视妇女发展环境

第一,全面保障妇女就业与职业发展权益。随着劳动关系市场化、契约化发展,中国女职工队伍不断壮大。女职工劳动保护的对象、利益诉求呈现出多层次、多样化,经济的快速发展和社会文明程度的提高,要求对女职工劳动保护更明确、更具体,标准更科学。首先,明确提出消除在就业、薪酬、职业发展方面的性别歧视。从原始社会到封建社会再到社会主义社会,从民风民俗到不成文的规定再到法律法规,妇女劳动权都受到不同程度的关注和保护。因为保护妇女劳动权,充分调动妇女的积极性、创造性,共同投入社会主义现代化建设当中,增强国家的综合国力,不仅是一个单纯的经济建设问题,而且是一个关涉国家兴旺、社会稳定、和谐发展的问题。然而,目前妇女在社会上的竞争能力明显低于男性,受传统思想影响,女性在就业中常常遭受歧视。许多用人单位在招聘过程中明确提出只要男性及禁止女性在工作期间怀孕、生育等不当要求,严重侵犯了女性的平等就业权利。现代人应该转变意识,理性意识到女人在怀孕、生育方面对社会文明延续做出的贡献,由此产生的成本应该由全体社会成员共同承担,而不应由女性独自承担。

其次,将女职工特殊劳动保护作为劳动保障监察和劳动安全监督的重要内容,实行年度考核。女职工特殊保护又称为女职工在劳动方面的特殊保护,是指根据女职工身体结构、生理机能的特点以及抚育子女的特殊需要,在劳动方面特殊权益的法律保障。对女职工实行特殊劳动保护,是世界各国普遍实行的一项法律制度。我国根据宪法保护妇女的原则,为了保护妇女在劳动中的特殊权益,在不同的历史时期发布过一些行政文件,指导各地加强女职工的劳动保护工作。各单位根据这些规定,也制定了不少措施保护女职工的特殊权益,建立了一些女职工保护制度。20 世纪 90 年代以来,在加强我国劳动法制的建设过程中,女职工劳动保护的法律保障受到重视。国务院于 1988 年发布了《女职工劳动保护规定》,这是新中国成立以来第一个正式实施的妇女劳动保护法规。各地方政府和有关部门根据这个规定,陆续制定了一些条例和办法,使我国女职工的劳动保护工作有了较为明确的法律依据。1995 年实施的《劳动法》第七章专章规范了女职工的特殊保护。1990 年劳动部颁发的《女职工禁忌劳动范围的规定》,对女职工在劳动保护方面作出了具体而特殊的保护规定。为减少和解决女职工在劳动中因生理特点造成的特殊困难,保护女职工健康,2012 年 4 月 18 日国务院第 200 次常务会议通过了《女职工劳动保护特别规定》,其中规定了用人单位应当遵守女职工禁忌从事的劳动范围,并在附录中详细规定了女职工在经期、孕期、哺乳期等禁忌从事的劳动范围。女性身体结构和生理机能的特点,决定了对女工应当给予特殊保护。另外,从下一代体质健康的角度出发,同样应当对妇女给予特殊保护。女职工担负着抚养下一代的任务,然而有一些作业环境对妇婴具有危害,例如,铅、苯、汞、磷、尼古丁等有毒物质通过胎盘进入胎儿体内,对胎儿发育产生不良影响;通过乳汁进入婴儿体内,对婴儿的健康也会产生不良影响。因此,将女职工特殊劳动保护作为劳动保障监察和劳动安全监督的重要内容,意义重大。

第二,进一步保障妇女的婚姻家庭权利。与前两期行动计划相比,新一期行动计划更加重视妇女的婚姻家庭权利。新一期行动计划明确提出设立男性职工带薪陪护分娩妻子的假期制度。基于产假制度创建新生儿父亲陪护假制度是对产假制度的重大发展。新生儿父亲陪护假是指新生儿父亲在孩子出生时专属享有的一项法定权利,一般为带薪休假,时间较短。在国际层面上,国际劳工组织对新生儿父亲陪护假没有建立国际标准,甚至没有提出任何建议。然而,至 2010 年,至少已有 49 个国家实行新生儿父亲陪护假制度,为父亲提供时间和经济能力照顾生育期的妻子和新生儿,以促进家庭性别平等和保护儿童利益。无论是在国际层面上,还是在国内层面上,长期以来“相夫教子”一直是社会赋予女性的一个必须承担的职责。这给女性的求职和诸多发展带来了极大的限制与约束,同时也不利于家庭生活中两性地位的平等与妇女权利的实现。随着时代的变迁,父亲在婴儿出生之后的陪伴和照顾问题开始受到人们的关注。1977 年陪护假在瑞典应运而生。新生儿父亲陪护假制度的出发点在于,它主张一个家庭中照顾孩子不再仅仅是母亲的工作,父亲同样可以成为孩子的主要照顾人。政策制定者希望以此来打破在育儿事务上根深蒂固的性别隔离。显然,从瑞典开始的这场育儿假革命具有全球影响。例如,欧盟于 1996 年 6 月推出父母假,明确指出采取这一做法是为了“鼓励男性承担同等分量的家庭责任”,“提高女性就业的比重”。由生育产假制度创建的新生儿父亲陪护假和父母育儿假制度,极大地推动了男女两性在有偿工作中的机会平等和无偿家务劳动中的责任分担,显著提高了生育保护水平。目前,为应对人口老龄化问题,我国采取的措施之一是在全国统一实施“全面两孩”政策,以鼓励生育。这在客观上要求建立新生儿父亲陪护假和父母育儿假等配套制度,促进对生育妇女的保护。

第三,明确指出贯彻落实反家庭暴力法。完善预防和制止家庭暴力多部门合作机制,以及预防、制止和救助一体化工作机制。鼓励和扶持社会组织参与反家庭暴力工作。家庭暴力是一个世界性人权问题,家庭暴力的广泛存在严重地侵犯了妇女的人权。家庭暴力不仅侵害了妇女的身体健康权,而且也给妇女带来了心理上的重创。对家庭而言,夫妻关系的紧张会导致家庭亲密度与生命质量降低,乃至家庭的破裂与瓦解。不仅如此,家庭的不和谐将会破坏整个社会的稳定与进步。在以男权为中心的社会中,社会提供给妇女的支持和资源相对较少,她们很难借助社会力量制止暴力,改善处境乃至保证自己的人身安全。由于缺乏对受害妇女提供有效支持和帮助的社会支持系统,家庭暴力往往得以持续存在。随着社会的发展以及性别观念的影响,家庭暴力问题在我国也日益凸显,据有关部门统计,我国家庭暴力的发生率在29.7%到35.7%之间,其中90%以上的受害人是女性。最高人民法院的调查统计显示,全国约有24.7%的家庭存在不同程度的家庭暴力;妇联系统每年受理4万到5万件家庭暴力投诉;近10%的故意杀人案件涉及家庭暴力。由于历史和现实的原因,我国对家庭暴力受害人的关注和保护都十分不足,家庭暴力成为阻碍社会和谐的重要因素。因此,反对家庭暴力势在必行。我国政府第一次明确使用"家庭暴力"这一概念是在《中国妇女发展纲要(1995—2000年)》第11款。2001年最高人民法院《关于适用〈中华人民共和国婚姻法〉若干问题解释(一)》第1条初步明确"家庭暴力"的内涵。2015年12月第十二届全国人大常委会第十八次会议表决通过了《反家庭暴力法》。此部《反家庭暴力法》是公权力在家庭暴力的立法新实践,打破了"法不入家门"的传统,对于尊重和保障人权具有重大意义。人身保护令制度正式写入法律,将推动我国人权保护迈向新的台阶。根据社会主义法治的要求,有法可依仅仅实现了反对家庭暴力的第一步,法律的实施更为重要。为了更好地贯彻落实反家暴法,国家各职能部门要切实履职尽责,社会公众要积极倡导支持,家庭成员要严格规范自身行为,形成政府主导、密切合作、齐抓共管、全员参与的良好局面。

第四,提出落实《中国反对拐卖人口行动计划(2013—2020年)》,有效预防和依法打击拐卖妇女犯罪行为。拐卖妇女是一项严重侵犯妇女人身权利等各项权利的犯罪行为,也是我国社会存在的一个严重犯罪问题,具有极大的社会危害性。目前,中国男性人口比女性多3000多万,加之一些地区"传宗接代""养儿防老"传统观念根深蒂固,出现不少买卖儿童现象。同时,社会管理不足也给不法分子以可乘之机。2013年3月2日国务院办公厅发布《中国反对拐卖人口行动计划(2013—2020年)》,对2020年以前如何有效预防、依法打击拐卖人口犯罪,积极救助、妥善安置被拐卖受害人,切实维护公民合法权益,设置总体目标及具体的措施和行动部署。计划依据有关国际公约和中国法律而制定,指出要进一步完善集预防、打击、救助和康复为一体的反拐工作长效机制,健全反拐工作协调、保障机制,细化落实各项措施,依法坚决打击、有效遏制拐卖人口犯罪,确保被拐卖受害人及时得到救助康复和妥善安置。为了有效预防和打击拐卖妇女犯罪,计划提出要完善预防拐卖人口犯罪的网络,综合整治拐卖人口犯罪活动重点地区,减少拐卖人口犯罪发生。建立和完善劳动用工备案制度,加强劳动保障监察执法,完善部门联动协作机制。其次,计划要求,严厉打击卖淫嫖娼违法犯罪,加强城乡结合部、"城中村"娱乐服务场所治安整治,改进失足妇女教育帮扶工作。加大拐卖人口犯罪活动重点地区综合整治力度。加强拐卖人口犯罪活动重点地区计划生育服务和孕情管理,减少意外妊娠和政策外生育,及时通报有关信息。最后,计划要求规范被拐卖受害人救助、安置、康复和回归社会工作程序。反拐要求确保被救人顺利回归家庭和社会,这是一项与解救同样重要的工作。政府与社会要联动帮助被救人回归。提升救助管理站、妇女之家、福利院等机构服务水平。在保护个人隐私的前提下,进一步做好被拐卖受害人及其家庭和所在社区工作,保障愿意返回原住地的被拐卖受害人顺利回归家庭和社区。为回归社会的被拐卖受害人提供必要服务,切实帮助解决就业、生活和维权等问题。①

第五,首次提出预防和制止针对妇女的性骚扰。近年来,性骚扰事件屡见报端,"性骚扰"已经从一个陌生的词汇变为一个不可回避的社会问题。在国际上,性骚扰是指那些虽然够不上强暴和耍流氓,但是确实侵犯了他人"性权利"的行为。在西方女权主义者看来,性骚扰就是在不平等的权力关系背景中被强加的性要求。这其实是为了把女性束缚于与男性的关系中,从而使她们处于次要地位。性骚扰侵犯的不仅仅是女性,也不仅仅是女性的人身权利,它侵犯的是人类所特有的一种最无形但又是最无价的东西:人的尊严。

1992年联合国消除对妇女一切形式歧视委员会通过了关于针对女性暴力的第19号一般建议,号召各国采取措施保护妇女免受性骚扰,并认为性骚扰是一种暴力。2005年我国《妇女权益保障法》修订,增加了"禁止对妇女实

---

① 参见国务院办公厅发布的《中国反对拐卖人口行动计划(2013—2020年)》(2013年)。

施性骚扰;受害妇女有权向单位和有关机关投诉”的内容。专门针对工作场所的性骚扰现象,2012年国务院出台的《女职工劳动保护特别规定》又明确规定,在劳动场所,用人单位应当预防和制止对女职工的性骚扰。上述相关规定加大了对妇女人格尊严和人身权利的保护力度,但也需要在实践中加以补充和完善。人类社会是由男女两性构成的,当越来越多的女性走出家门参与公共事务时,给女性一个安全的、没有性骚扰、没有性侵害的空间,是用人单位必须承担的社会责任。因此,进一步强调预防和制止针对妇女的性骚扰,要求全社会以及用人单位落实《妇女权益保障法》和《女职工劳动保护特别规定》关于性骚扰的防范措施就显得极为重要。

三、问题与建议

受社会主义初级阶段生产力发展水平和社会文明程度的制约与影响,中国的妇女发展仍面临诸多问题与挑战。就业性别歧视仍未消除,妇女在资源占有和收入方面与男性存在一定差距;妇女参与决策和管理的水平仍然较低;妇女受教育程度与男性存在一定差距;妇女的健康需求有待进一步满足;妇女发展的社会环境有待进一步优化;妇女的社会保障水平有待进一步提高。各阶层妇女利益需求日益呈现多元化,城乡区域妇女发展不平衡仍未全面解决。[①] 保障妇女权益、促进妇女发展、推动男女平等,对国家经济社会发展和中华民族文明进步具有重要意义。因此,我们应当创建一个普遍尊重人权和人的尊严、法治、公正、平等和不歧视的世界,一个让每个妇女和女孩都充分享有性别平等和一切阻碍她们享有权能的法律、社会和经济障碍都被清除的世界。

(一)在发展中维护妇女权益,在维权中促进妇女发展

发展离不开妇女,发展要惠及包括妇女在内的全体人民。国家与社会各方要始终从妇女生存发展的基本需求出发,着力解决关系妇女切身利益的现实问题,进一步优化妇女发展环境,为妇女全面发展、平等发展与协调发展创造条件。在发展战略的制定过程中,既要考虑我国国情、性别差异、妇女特殊需求,确保妇女平等分享发展成果,又要创新政策手段,激发妇女潜力,推动广大妇女参与经济社会发展。我国实践证明,推动妇女参加社会和经济活动,能有效提高妇女地位,也能极大提升社会生产力和经济活力。

---

① 参见国务院发布的《中国妇女发展纲要(2011—2020年)》(2011年)。

(二)加强对农村留守妇女的关注与保护

农村留守妇女是一个亟待关注和关爱的社会弱势群体。破解农村留守家庭的“留守”难题,改善留守妇女生存环境、发展条件,是各级政府、各级组织、社会各界的共同责任。目前,我国农村留守妇女占有不小的比例,其大多数缺乏生产发展相关技能以及受培训的机会;劳动强度较大,文化生活单一,精神生活匮乏等;而且,由于丈夫长期在外,婚姻家庭也不稳定。因此,国家和社会应营造关爱留守妇女的良好环境。推动村镇、社区建立完善的治安制度,确定专人为留守妇女提供法律援助,维护留守妇女的合法权益;加强对留守妇女的技能培训和政策扶持;组织留守妇女开展实用技术培训,提高留守妇女的参训比例;依托“妇女之家”,拓展实施关爱行动的载体和平台,加强对留守妇女的教育引导,深化对留守妇女的维权服务;促进农村剩余劳动力就地转移,从源头上减少留守妇女;大力发展县域经济,制定鼓励外出务工农民回乡创业的政策措施。推进农业产业化经营,大力发展农业龙头企业和专业合作组织。全力推进城乡一体化建设,促进农村剩余劳动力就地进入城镇就业,让农村务工者尽可能多地留在本地务工,有利于农民工兼顾农业生产和留守家属生活。

(三)加强妇女权益保护的民间组织建设

妇女性权益保障不仅要靠法律和国家机关部门,还要加强维护妇女权益的民间组织建设。各地妇联应积极发动广大妇女建立妇女权益保护的民间组织,给予一定的资金支持和法律支持,使妇女自身权益受到侵害时有地方可去,能够获得及时的关心与救助。

(四)为妇女权利保护与妇女发展营造良好的社会环境与文化氛围

加大男女平等基本国策的理论研究和宣传力度。推动将男女平等基本国策宣传培训纳入各级党校、行政学院教学计划和各级干部培训规划。多渠道、多形式宣传男女平等基本国策,使性别平等理念深入社区、家庭,提高基本国策的社会影响力。制定和落实具有社会性别意识的文化和传媒政策,制定促进两性和谐发展的文化和传媒政策。大力宣传妇女在推动经济社会发展中的积极作用。在新闻出版、广播影视以及文学艺术等领域,充分展示妇女参与和推动经济发展及社会进步的成就、价值和贡献。营造平等、和谐的家庭环境。通过开展多种形式的宣传教育活动,弘扬男女平等、夫妻和睦的家庭美德,倡导文明、健康、科学的生活方式和男女共同承担家庭责任。加强对传媒的正面引导和管理,提高媒体决策和管理者及从业人员的社会性别意识。禁止在媒体中出现贬抑、否定妇女独立人格等性别歧视现象。

第三节　儿童权利

保障儿童权利已成为现代社会共识。在古代中国,已有保护儿童权益的传统。早在2000多年前,孔子就提出了"蒙以养正"的观点;孟子的"幼吾幼,以及人之幼",堪称中国最早的儿童权益保护理论。与此同时,我国在很早以前就有了专门保护儿童的法律规定。[①] 除了相关法律规定之外,南北朝时期,出现了中国历史上最早的社会救助机构"孤独园"。唐宋时期建有"慈幼庄""举子仓""婴儿局"等类似现代儿童福利院的专门机构。上述保护措施都在一定程度上体现了人性化的法律价值观,体现了我国历史中对儿童的关爱和保护。[②] 古代中国对于儿童的保护,主要是基于对儿童年幼、体力与智识尚未发育健全,从而处于社会弱势群体的考量,是一种基于"爱护弱小"和"怜悯弱小"的传统道德观。现代人权理论中,平等的价值观衍生出对待儿童权利的平等价值观念。新的人权价值观认为儿童应当有他们独有的权利,不应受人支配,他们可以与成人一样平等地去享受其权利,拥有平等的权利主体地位。这也是我们在儿童权利法律保护过程中所应当遵循的法律价值。人权是独立的正义体系。人权价值观念的出现使世界各国开始重视儿童权利的保护,现在所确立的儿童发展权、生存权等概念也是从人权的内容中经过层层筛选提炼出来的。因此,无论是基于对弱者的爱护怜悯,还是基于普遍人权与社会正义之要求,对儿童权利的保障都理所当然。

一、背景与成就

我国有2.8亿名儿童,是世界上儿童人数最多的国家。让孩子们健康快乐成长,是每个家庭最大的愿望和期盼,也是国家走向繁荣富强的基础和支

---

① 例如,《礼记·曲礼上》载"七年曰悼,虽有罪,不加刑焉。"意思是7岁以下的儿童犯罪,是不用承担相应的刑事责任的。像这样的规定在《周官》中也有所记载。在隋朝的法律中,老幼犯罪还不用连坐。在我国历史上最著名的法典《唐律疏议》中也规定有上请制度,对待儿童虽有罪而不会被处以刑罚。清末《大清新刑律》规定"凡未满十六岁之行为不为罪,但因其情节,得命以感化教育",对待未满15岁犯罪的孩子还实行"感化教育"。

② 参见倪方六:《古代如何保护儿童权益》,载《北京晚报》2016年6月2日,文史版。

撑。[1] 儿童是一个民族、一个国家发展的未来和希望。儿童时期是人生发展的关键时期,为儿童提供必要的生存、发展、受保护和参与的机会和条件,最大限度地满足儿童的发展需要,发挥儿童潜能,将为儿童一生的发展奠定重要基础。儿童发展是国家经济社会发展与文明进步的重要组成部分,促进儿童发展,对于全面提高中华民族素质、建设人力资源强国具有重要战略意义。中国高度重视儿童发展,不断强化政府指导、部门合作、各界监督、共同参与的儿童保护工作机制,认真履行《儿童权利公约》及相关议定书规定,加快完善保护儿童权利的法律体系,健全儿童福利制度,推进教育公平和均衡发展,尽最大努力保护儿童权利、促进儿童权利实现,并取得了很大成就。[2]

(一)不断完善法律政策,形成系统化的儿童权利保护体系

1. 保护儿童权利的法律法规及我国履约状况

1991年3月中国政府签署了《儿童生存、保护和发展世界宣言》和《执行九十年代〈儿童生存、保护和发展世界宣言〉行动计划》。1992年加入《儿童权利公约》以来,中国已3次接受了联合国儿童权利委员会对中国履行公约的审查,积极履行公约义务,促进了儿童各项权利的实现。2008年中国批准了《儿童权利公约关于儿童卷入武装冲突的任择议定书》,并于2013年9月参加联合国儿童权利委员会审议中国执行《儿童权利公约》第三次、第四次合并报告,以及执行《儿童权利公约关于儿童卷入武装冲突问题的任择议定书》首次报告的对话会,介绍了中国执行公约的具体情况,对委员会提出的问题做了认真、全面的回答。此外,《联合国少年司法最低限度标准规则》《联合国预防少年犯罪准则》《儿童权利公约》《联合国保护被剥夺自由少年规则》及劳工方面保护儿童的公约等国际公约所确立的基本原则、标准和规范,在我国法律中都通过相应的条款得到了充分的体现和切实有效的贯彻。

2. 儿童权利保护的国内法律法规框架

自新中国成立以来,我国十分重视有关儿童权利的法律法规的制定,早在政治协商会议通过的《中国人民政治协商会议共同纲领》第48条中就提出了要在实施措施上保护儿童的健康。儿童权利的保护,在作为国家根本大法的宪法中得到了充分体现,首部《宪法》就规定:“国家通过法律保护婚姻、家庭

① 参见李克强:《在第六次全国妇女儿童工作会议上的讲话》,载《人民日报》2016年11月18日,第4版。

② 参见国务院发布的《中国儿童发展纲要(2011—2020年)》(2011年)。

和儿童”。现行《宪法》第46条和第49条都宏观地规定了国家要采取各种方式来保护儿童。1991年通过的《未成年人保护法》对儿童权益保障作出了全面规定。2006年、2012年分别对该法进行了修订。新的未成年人保护法体现了诸多优点:明确了未成年人享有的固有权利,更加强调给予未成年人特殊的照料和优先保护;明确了保护工作主体进行未成年人保护的工作原则,使法的实施更有针对性;明确执法主体,在部门的财政预算中给未成年人留有必要的比例;强调构筑以家庭为基础的保护模式,优化未成年人的发展环境,提倡全社会对未成年人予以关心。该法的核心在于强调在未成年人人身保护的过程中更加体现以人为本的精神。1999年我国通过的《预防未成年人犯罪法》和2006年通过的新的《义务教育法》,都是我国目前保护儿童权益的专门性法律。前一个侧重于预防儿童犯罪问题的出现;后一个则侧重儿童受教育权的保障,并禁止教师体罚学生。除以上专门性的法律法规外,儿童权利内容在我国的《刑法》《母婴保健法》《婚姻法》《民法通则》《继承法》《反家庭暴力法》《治安管理处罚法》等法律法规中都有体现。特别值得一提的是,2016年开始施行的《反家庭暴力法》标志着我国反家庭暴力工作迈出了实质性步伐。该法对家庭暴力的范畴、预防、处置、人身安全保护令和法律责任作出规定,首次以法律形式明确家庭暴力的范畴。最引人注目的是人身保护令和撤销监护人资格的规定,与家庭成员中儿童的保护紧密相关。这些法律法规为国家、社会、学校和家庭保护未成年人的合法权益提供了充足的依据。

各部委、各省市制定的保护儿童权利的相关条例、实施细则、各地的地方性法规以及纲领性文件,与宪法、法律共同构成了我国儿童权利法律保护的系统体系。我国从1992年起就实施了儿童发展纲要,使儿童保护工作步入快速发展轨道。目前,我国已经制定了3个儿童发展纲要。把儿童的发展保护问题纳入第十三个五年规划当中,体现出国家在战略层面上对儿童问题的充分重视。2013年3月我国出台了《反对拐卖人口行动计划(2013—2020年)》,将更有效地预防、依法打击拐卖儿童犯罪,切实维护儿童合法权益。民政部于2014年9月14日通过新的《家庭寄养管理办法》。新版本更加人性化、规范化、专业化,扩大了寄养儿童范围,提高了寄养家庭的准入“门槛”,明确了儿童福利机构主要承担的职责,还对寄养关系确立和解除程序进行了规范。新修订的《家庭寄养管理办法》充分体现了“儿童利益最大化”原则,并且关注了寄养儿童的情感和心理的疏导,对国内社会组织及境外社会组织在寄养中的角色也予以重视。新管理办法的出台将进一步推动家庭寄养工作向规范化、法制化发展,保障寄养儿童的基本权益,同时推动儿童福利法制体系的进一步完善。

(二)儿童生存、保护、发展的环境和条件得到明显改善①

第一,儿童健康权利得到有效保障,儿童健康、营养状况持续改善。至2015年,婴儿死亡率下降到8.1‰,5岁以下儿童死亡率下降到10.7‰。2014年儿童低体重发生率为2.6%,5岁以下儿童低体重率为1.48%。儿童免疫规划疫苗接种率达到97%以上,2014年平均接种率继续保持在99%以上。农村义务教育学生营养改善计划稳步推进。截至2015年10月底,全国22个省(区、市)的699个集中连片特困县开展学生营养改善计划国家试点,2115.16万学生受益;23个省的673个县开展地方试点,1090.78万学生受益。

第二,儿童教育普及程度持续提高。截至2015年,全国学前3年毛入园率达到75.0%,学前教育普及率达到中高收入国家平均水平。与此同时,学前教育资源快速扩大。各级政府积极扩大学前教育资源,截至2014年,全国幼儿园总量增幅为51.88%;班级数量、专任教师数量、保育员数量分别增长59.26%、87.05%和59.75%。小学净入学率99.9%,初中毛入学率为104%。中国九年义务教育普及率超过世界高收入国家的平均水平。高中阶段毛入学率为87%,高等教育毛入学率为40%,这2项都高于世界中上收入国家的平均水平。扩大残疾人受教育机会,基本实现30万人口以上且残疾儿童较多的县都有1所独立设置的特殊教育学校。着力解决随迁子女受教育问题,2014年全国义务教育学校共接纳随迁子女1294.7万人,其中80%在公办学校就读,10%由政府购买学位在民办学校就读。2015年29个省(区、市)近8万名符合条件的随迁子女在流入地参加了高考。民族自治地方普及九年义务教育的人口覆盖率达到100%。少数民族在校学生占全国在校学生总数的比重明显增长,从2002年到2014年,普通小学少数民族在校生比例由9.46%上升到11.2%,普通中学由7.40%上升到10.27%,普通高校由5.99%上升到7.67%。

第三,校车和校园安全状况持续改善。2012年以来,国务院制定了《校车安全管理条例》,教育部制定了《义务教育学校管理标准(试行)》等一系列规范性文件,完善校车、校园安全管理相关规定。截至2015年年底,全国已建立

① 有关儿童权益保障的具体数据,参见《〈国家人权行动计划(2012—2015年)〉实施评估报告》。

37 个安全教育实验区,覆盖 12.8 万所学校和 5200 万学生。

第四,留守儿童得到关爱,女童权利得到进一步保护。中央财政支持实施“农村留守儿童社区关爱服务试点项目”,20 多万留守儿童受益。2014 年以来,筹集社会爱心资金 6700 万元,在全国捐建 670 个“儿童快乐家园”。开展代理家长、结对帮扶、困境儿童救助等关爱活动,受益人数达 1312.9 万人次。国家持续开展打击和查处非医学需要的胎儿性别鉴定和选择性别人工终止妊娠行为的专项行动。2015 年全国出生人口性别比例已下降到 113.5,实现自 2009 年以来的七连降。《刑法修正案(九)》取消嫖宿幼女罪,完善对幼女免于性侵害的保护制度。

第五,儿童保护和救助工作进一步加强。儿童福利逐步由补缺型向适度普惠型转变,困境儿童救助和保障体系进一步完善。截至 2015 年年底,全国有儿童福利机构 1605 个,独立的未成年人救助保护机构 407 个,其中具有综合功能的儿童福利机构 478 个,社会福利机构儿童部 800 余个。2015 年被家庭收养的孤残儿童人数为 2.3 万人,占孤残儿童总数的 4.4%,全国救助机构共救助儿童 14.97 万人次。《刑法修正案(九)》加大了对拐卖妇女儿童犯罪收买方的刑事处罚力度,收买被拐妇女儿童的行为一律追究刑事责任。2014～2015 年全国共破获拐卖儿童案件 2216 起。截至 2015 年年底,全国打拐 DNA 数据库已为 4000 多名失踪儿童找到亲生父母。最高人民法院、最高人民检察院等有关部门先后下发《关于依法惩治性侵害未成年人犯罪的意见》《关于依法处理监护人侵害未成年人权益行为若干问题的意见》,加强对儿童的司法保护。贯彻落实《禁止使用童工规定》,在劳动领域维护儿童权益工作进一步加强。

二、内容解析

(一)儿童权利保护的基本原则进一步扩展

《国家人权行动计划(2009—2010 年)》与《国家人权行动计划(2012—2015 年)》都是根据儿童最大利益原则,集中保障儿童的生存、发展和参与的权利,即都是以联合国《儿童权利公约》为依据,寻求与国际条约的基本保障标准相一致。新一期行动计划更加贴近我国国情,具体为“坚持儿童优先原则,强化政府和社会保障儿童权益的责任,全面实现《中国儿童发展纲要

(2011—2020 年)》目标”。[①] 根据《中国儿童发展纲要(2011—2020 年)》的要求,该目标具体表现为:完善覆盖城乡儿童的基本医疗卫生制度,提高儿童身心健康水平;促进基本公共教育服务均等化,保障儿童享有更高质量的教育;扩大儿童福利范围,建立和完善适度普惠的儿童福利体系;提高儿童工作社会化服务水平,创建儿童友好型社会环境;完善保护儿童的法规体系和保护机制,依法保护儿童合法权益。[②] 这充分体现出我国当下对于儿童权利保护所坚持的“五项原则”:依法保护原则、儿童优先原则、儿童最大利益原则、儿童平等发展原则与儿童参与原则。新一期行动计划比较显著的原则变化如下。

第一,儿童优先原则的引入。儿童优先原则,也即儿童利益优先原则,是指在制定法律法规、政策规划和配置公共资源等方面优先考虑儿童的利益和需求。儿童优先原则既包括“应以儿童的最大利益为一种首要考虑”的最大利益原则要求,又突出了儿童利益保障的优先性,与其他 4 项保护原则拓展了儿童权利保护的范围,深化了儿童权利保障的要求。树立“儿童利益优先”的原则和理念是我国未成年人保护方面最重要、最根本的原则性问题,这对于推进国家、社会、学校、家庭等层面重视未成年人问题、保护未成年人合法权益具有重要意义,更对立法、司法、执法等环节有指导作用。儿童优先原则要求始终把儿童发展放在优先位置,全社会都要树立一切为了儿童的理念和道德。李克强总理在《第六次全国妇女儿童工作会议上的讲话》中明确指出,各级政府在公共政策制定实施过程中,要优先考虑儿童利益和需求,做到“三个优先”:一是坚持儿童教育的优先发展。二是推进儿童健康服务的优先供给。三是努力实现儿童福利的优先保障。

坚持儿童优先原则具有深刻的原因,具体表现在两个方面:首先,儿童期特别是儿童早期是儿童生理、心理发展的关键时期,也是儿童从不成熟逐步走向成熟的时期。为儿童成长提供必要的条件,给予儿童必需的保护、照顾和正确的教育,将使儿童获得良好的人生开端,为儿童一生的发展奠定良好基础。其次,早期投入对于开发人力资源,提高国民素质,提高经济和社会效益具有重要意义。研究表明,儿童期健康和智力的良好发展,有利于提高劳动生产力、就业质量、工资报酬、资产占有率,有利于社会消除贫困、降低失业率、犯罪率。不仅如此,国家的早期投入还有利于实现效益的最大化,任何有远见的政

---

① 参见国务院发布的《中国儿童发展纲要(2011—2020 年)》(2011 年)。

② 同上。

府都应该把儿童放在最优先考虑的位置。据世界银行统计,发展中国家因儿童期营养不良造成的疾病、劳动力部分和全部丧失带来的经济损失占国内生产总值的3%左右。国家对于儿童早期的投入,可以节省成年以后用于补偿教育、医疗保健、康复和社会保障等方面的费用,减轻国家的经济负担。

第二,政府和社会保障儿童权益的责任强化。通过强化政府责任,积极推动完善儿童权益保障相关立法,制定配套政策措施,健全工作机制,统筹各方资源,加快形成儿童保障工作合力。同时,积极孵化培育相关社会组织,强化社会责任,有利于动员引导广大企业和志愿服务力量参与儿童保障工作,营造全社会关心关爱儿童的良好氛围。例如,在困境儿童的保障工作中,强化政府和社会责任,可以有效充实和提升基层工作能力,充分发挥群团组织优势,广泛动员社会力量参与,建立健全覆盖城乡、协同配合的困境儿童保障工作体系。强化社会责任,有助于支持社会工作者、法律工作者等专业人员和志愿者针对困境儿童不同特点提供心理疏导、精神关爱、家庭教育指导、权益维护等服务。

(二)儿童权利保护更为全面

与前两期相比,新一期行动计划在儿童权利的保护范围、保护内容和保护方式等方面更为全面。具体表现在:

第一,明确提出修改未成年人保护法。近年来,我国侵害未成年人权益的事件、案件频发,关于修改未成年人保护法、加强对未成年人保护的声音不断响起。根据我国《未成年人保护法》规定,父母或者其他监护人不履行监护职责或者侵害被监护的未成年人的合法权益,经教育不改的,人民法院可以根据有关人员或者有关单位的申请,撤销其监护人的资格,依法另行指定监护人。但条文中的"有关人员或者单位"没有配套的规章明确,其他法律和法规中也没有规定,导致这些关键条款缺乏可操作性,严重影响了对未成年人合法权益的保护,也造成了法院审理此类案件时顾虑重重。同时,虽然《民法通则》和《未成年人保护法》均有剥夺监护权的规定,但司法实践中真正剥夺监护权的案件几乎没有。因为家长被剥夺监护权后由谁来照料孩子是一个十分现实的问题,在这方面也缺乏相关规定。因此,只有对《未成年人保护法》进行有效的修改,进一步加强《未成年人保护法》与其他法律的衔接,才能有效保护未成年人的合法权益。

第二,增加完善儿童监护制度的内容。在儿童监护方面,新一期行动计划首次指出,逐步建立以家庭监护为主体,以社区、学校等有关单位和人员监督为保障,以国家监护为补充的监护制度。在目前中国,因家长疏于监管而造成幼童发生意外,因为家庭暴力造成儿童伤亡,因为家长自身的品行造成抚养缺失等案例多有发生。尤其是在广大农村,由于缺少有效监护,监护问题比较突出,农村留守儿童的生活、教育、心理和安全都可能受到不利影响。因此,在传统的以家庭监护为主的基础上,还需要以国家监护为补充。国家监护是指国家通过一定组织机构对未成年人提供保护的监护制度。对未成年人的国家监护是第二次世界大战之后尤其是20世纪60年代以来,全球性儿童保护事业发展的客观要求和表现,是各国未成年人监护立法改革的方向和现行态势。英美法系国家将所有的未成年人,无论其是否有亲权人,都纳入国家监护的保护之下。大陆法系国家也规定有详尽的国家监护制度。目前,在一定程度上发展我国的国家监护制度有其合理性。同时,完善针对儿童的监护体制也需要社区、学校等有关单位和人员的有效参与。

另外还提出,完善并落实不履行监护职责或严重侵害被监护儿童权益的父母或其他监护人资格撤销的法律制度。近年来,父母实施严重家庭暴力、虐待、性侵害未成年子女事件屡见报端,引起社会广泛关注和新闻媒体深度报道。媒体舆论和专家学者深入讨论处于监护缺失或监护失当困境的未成年人无法及时得到政府和社会有效保护的问题,建议政府在未成年人监护监督、监护干预、国家监护等方面发挥主导和兜底作用,呼吁尽快制定未成年人监护干预措施,落实依法撤销失职监护人监护资格的法律规定,依法保护未成年人合法权益。对此,最高人民法院、最高人民检察院、公安部、民政部于2014年联合印发《关于依法处理监护人侵害未成年人权益行为若干问题的意见》。其中规定有性侵害、出卖、暴力伤害未成年人,以及胁迫、诱骗、利用未成年人乞讨等行为的监护人,将被人民法院判决撤销其监护人资格,以切实维护未成年人合法权益,加强未成年人行政保护和司法保护工作,确保未成年人得到妥善监护照料。同时,对拒不履行监护责任、侵害未成年人合法权益的监护人,提请人民法院依法撤销监护人监护资格、另行指定监护人,确保未成年人得到妥善监护照料,并要求失职监护人依法继续负担抚养费用,这是贯彻落实未成年人权益优先原则,切实维护未成年人合法权益的具体而重要的体现。

第三,在保障儿童健康权方面补充加强未成年人心理健康引导。未成年人正处在身心发展的重要时期,随着生理、心理的发育和发展,随着社会阅历的扩展和思维方式的变化,特别是面对社会竞争的压力,在学习、生活、人际交往、升学就业和自我意识等方面会出现大量心理困惑或问题。切实加强未成年人心理健康教育，认真解决未成年人的心理问题，对于培养未成年人良好的心理素质和意志品质，促进未成年人健康成长和全面发展，具有十分重要的意义。目前，未成年人犯罪有明显上升的趋势，未成年人的精神状况不容乐观，据相关数据显示，我国未成年人自杀的比例呈上升趋势，有明显的低龄化趋势。情绪问题和抑郁心理正成为困扰青少年甚至儿童心理健康的最大障碍。由于缺乏自我调节能力，未成年人一旦遭遇心理困扰往往很难解决，如果社会、家庭、学校不及时给予足够的引导和关怀，未成年人很难依靠自身走出困境。因此，应进一步加强未成年人心理健康教育工作，将未成年人的心理健康作为一件大事来抓，切实解决好未成年人的心理健康问题，为加强心理健康教育和未成年人的健康成长打好基础。

第四，加强儿童财产权益保护的内容成为亮点。新一期行动计划指出，依法保障儿童的财产收益权和获赠权、知识产权、继承权、一定权限内独立的财产支配权。这是我国首次在人权行动计划中明确提出儿童财产权的内容。财产权是人类固有的不可或缺的一项权利，未成年人也不例外。我国法律明确指出，未成年人与成年人在法律上享有平等的民事权利。未成年人有自己独立的法律人格，也有属于自己的财产权。未成年人财产权指的是未成年人对财产享有的所有、使用、收益等权利。由于年龄、心智成熟程度不高，法律对未成年人的民事行为能力进行了一定限制，使其无法自主支配财产，其财产权由其父母或其他监护人代为行使。这样一种法律安排具有其合理性，但与此同时，未成年人的财产权利也极易遭受其父母或其他监护人的非法侵犯。随着社会经济的高速发展，未成年子女通过继承、遗赠、赠予、奖励、劳动获酬等方式获得的财产数额和种类都明显增多，父母或其他监护人非法侵害未成年子女财产权事件时有发生。未成年人财产权利的主体地位必须获得法律上的承认，对其进行特别的保护，防止外界侵犯，保障未成年人正常的生活。

第五，加强校园及周边社会治安综合治理，预防和制止校园暴力。校园是未成年人主要的活动场所，校园安全直接关系到未成年人的健康成长。学生是祖国未来的栋梁，每一个学生都享有在安全的环境、良好的风气中学习的权利，而创造这种环境与风气是国家、学校和社会义不容辞的义务。近几年，我国青少年校园暴力频发，越来越多校园欺凌的视频在网络上曝光，引起了社会各界的普遍关注与热议。据不完全统计，仅 2015 年，媒体报道的具有一定社会影响的校园暴力事件就有近百起，其中以发生在未成年学生之间的暴力行为居多；2016 年一项千人调查显示，73.3% 的学生受访者表示身边曾经发生过校园暴力事件。另外,法制舆情监测中心发布的研究报告显示,在2015年1月至5月媒体曝光的40起校园暴力事件的参与者中,高中生占比为32.5%,初中生占比高达42.5%。校园暴力呈现出低龄化、高频率、手段残忍等特点,对受害人身体损伤重、精神创伤大,造成了非常恶劣的社会影响,社会危害性较大。因此,预防和制止校园暴力势在必行。①

第六,增加关爱困境儿童的内容。首先,在困境儿童关爱方面,全面构建覆盖市、县、乡镇(街道)、社区四级儿童福利保障和服务体系,实施县级儿童福利机构和未成年人保护机构建设规划。健全困境儿童保障制度。"十三五"规划纲要明确指出,切实加强未成年人权益保护,公平参与并更多分享发展成果。为困境儿童提供保障,是社保兜底机制的重要内容,也是家庭、政府和社会的共同责任。困境儿童是儿童中的弱势群体,也是社会各界应当普遍关注的一个群体。做好他们的保障工作,使他们跟其他儿童一样健康成长意义重大。近年来,在党中央、国务院的高度重视和关注下,困境儿童面临的问题总体上得到了较好解决,但仍有一些儿童因家庭经济贫困、自身残疾、缺乏有效监护等原因,面临生存、发展和安全困境。为困境儿童营造安全无虞、生活无忧、充满关爱、健康发展的成长环境,是家庭、政府和社会的共同责任。做好困境儿童保障工作,关系儿童切身利益和健康成长,关系社会稳定和文明进步,关系全面建成小康社会大局。由此,2016年6月国务院发布《关于加强困境儿童保障工作的意见》,针对困境儿童面临的突出困难和保障工作中存在的突出问题提出解决方法,要求加强困境儿童分类保障,建立健全困境儿童保障工作体系。该意见以促进儿童全面发展为出发点和落脚点,坚持问题导向,优化顶层设计,强化家庭履行抚养义务和监护职责的意识和能力,综合运用社会救助、社会福利和安全保障等政策措施,分类施策,精准帮扶,为困境儿童健康成长营造良好环境。

其次,加大对农村留守儿童的关爱保护力度。近年来,随着我国经济社会的发展和工业化、城镇化进程的推进,一些地方农村劳动力为改善家庭经济状况、寻求更好发展,走出家乡务工、创业,但受工作不稳定和居住、教育、照料等客观条件限制,有的选择将未成年子女留在家乡交由他人监护照料,导致大量农村留守儿童出现。农村劳动力外出务工为我国经济建设做出了积极贡献,

① 参见《调查:近五成初中学生遭受校园欺凌后选择沉默》,载《中国青年报》2016年5月27日,第7版。

对改善自身家庭经济状况起到了重要作用,客观上为子女的教育和成长创造了一定的物质基础和条件,但也导致部分儿童与父母长期分离,缺乏亲情关爱和有效监护,出现心理健康问题甚至极端行为,遭受意外伤害甚至不法侵害。这些问题严重影响儿童健康成长,影响社会和谐稳定。进一步加强农村留守儿童关爱保护工作,为广大农村留守儿童健康成长创造更好的环境,是一项重要而紧迫的任务。做好农村留守儿童关爱保护工作具有重要意义。农村留守儿童和其他儿童一样是祖国的未来和希望,需要全社会的共同关心。做好农村留守儿童关爱保护工作,关系到未成年人健康成长,关系到我国未来公民的整体素质。党中央、国务院对做好农村留守儿童关爱保护工作高度重视。加强农村留守儿童关爱保护工作、维护未成年人合法权益,是各级政府的重要职责,也是家庭和全社会的共同责任。2016 年 2 月国务院针对留守儿童问题发布了《关于加强农村留守儿童关爱保护工作的意见》,明确要求各地区、各有关部门要充分认识加强农村留守儿童关爱保护工作的重要性和紧迫性,增强责任感和使命感,加大工作力度,采取有效措施,确保农村留守儿童得到妥善的监护照料和更好的关爱保护。

三、问题与建议

儿童权利保护涉及个人、家庭、国家以及整个社会的共同努力,要以促进未成年人健康成长为出发点和落脚点,坚持依法保护,不断健全法律法规和制度机制,坚持问题导向,强化家庭监护主体责任,加大关爱保护力度,逐步减少儿童留守现象,确保儿童健康快乐成长,各项权益得到有效保障。进一步解决儿童发展面临的突出问题,促进儿童的全面发展和权利保护,仍然是今后一个时期儿童工作的重大任务。

(一)强化儿童权利保护法律的落实

我国虽然颁布了一系列有关儿童保护的法律法规,规定了儿童在生命、健康、人格尊严、接受教育等方面的基本权利。但与此同时,现行法律缺乏惩戒性,缺乏一套可落实的司法程序。目前,我国没有明确的、专门的儿童保护机构,没有制定强制报告制度,没有国家监护权的具体法律规定。

(二)不应以发展的名义伤害儿童的正当权利

在我国的家庭生活中,漠视和侵犯儿童权利的现象依然较为严重。多数家长关心儿童的学习成绩,而儿童的身体健康、心理健康被放到次要位置。并且,很多家长没有把孩子当作一个独立的权利主体,不懂得在日常生活中尊重孩子的权利,不懂得与孩子平等地交流、沟通,有的家长和老师甚至觉得“棍棒教育”是为了孩子好。在此,需要全社会转变儿童发展理念,增强对儿童权利的尊重。

(三)发展专业儿童保护公益组织

目前,国内专业开展儿童保护项目的公益机构相对较少。此类公益项目的执行需要大量的志愿者参与,更多的心理辅导,完善的医疗资源和临时收养监护的机构,以及政府相关职能部门的协助,法律的进一步完善等条件。在此情况下,国家及相关职能部门更应该采取措施协助关爱儿童公益机构的建立与发展,并制定相关的法律法规予以规制。

(四)大力发展普惠性学前教育

围绕促进教育公平、提升教育质量两大重点,着力统筹推进县域内城乡义务教育一体化改革,推进义务教育均衡发展。深化教育综合改革,特别要加强创新创业教育,加强儿童学前教育,增加儿童学前教育的师资投入与公办幼儿园建设,对私立幼儿园予以有效地支持与监管,着力培养学生的社会责任感、创新精神和实践能力。

(五)将对留守儿童的关爱制度化

面对我国留守儿童数量之大的现实,以及我国留守儿童的生活现状,仅通过一般的关爱措施难以有效解决留守儿童中存在的具体问题。应当从制度建构层面思考如何解决留守儿童问题。例如,明确规定家庭对留守儿童的监护责任,明确规定学校对留守儿童的监护职责,以及农村儿童随父母入城就读的相关制度规定等。

第四节 老年人权利

老年人的幸福生活本身也是社会发展的目的。但世界范围内,老年人却面临着特殊和紧迫的人权挑战——年龄歧视、暴力和虐待、体面的工作、获得生产资源、法律行为能力、社会福利和社会保障、健康是最亟须关注的一些领域。我国经济社会的发展转型与人口结构的变化共同促成了养老制度转型与人口老龄化两项问题的耦合。一方面,养老制度正在经历从传统模式向现代模式的转变,社会经济条件的变化或多或少地改变了人们的养老观念和养老方式。“‘孝’作为一种政治意识形态必定是同一定的生产力水平和生产关系相联系的,因此我们今天的市场经济将并且也确实正在侵蚀着传统的‘孝’,

至少社会正在发生一些显著的变化。”①另一方面，人口老龄化的加剧，“我国人口老龄化态势明显，2014 年 60 岁以上人口占总人口的比重已经超过 15%，老年人口比重高于世界平均水平”。② 新一期行动计划以现实问题为导向，基于以往成就，对未来老年人权利保障工作做出崭新谋划。

一、背景与成就

保护老年人合法权益，是我国立法的一项重要原则。并且，当代中国的宪法和法律具体化了尊老敬老传统。一方面，法律对传统道德上的尊老敬老行为进行规范化和秩序化；另一方面，宪法还把对人的尊重和关爱透过法律文本的形式规范化，对于老弱病残等弱势群体加以特殊保护。我国宪法和法律确认的老年人权利包括老年人的生活保障权、健康保障权、精神慰藉权和参与社会发展权等多个方面。

《宪法》规定了老年人的退休权、获得社会保障和物质帮助权、人身权特别保护等。《宪法》第 44 条有关退休权规定：“国家依照法律规定实行企业事业组织的职工和国家机关工作人员的退休制度。退休人员的生活受到国家和社会的保障。”第 45 条有关物质帮助权规定：“中华人民共和国公民在年老、疾病或者丧失劳动能力的情况下，有从国家和社会获得物质帮助的权利。国家发展为公民享受这些权利所需要的社会保险、社会救济和医疗卫生事业。”第 49 条有关养老权和人身保障权规定：“成年子女有赡养扶助父母的义务。禁止破坏婚姻自由，禁止虐待老人、妇女和儿童。”除《宪法》规定以外，1996 年颁布的《老年人权益保障法》是维护老年人合法权益的专门法律，确认了公民养老权作为具体法律权利，构建了老年人权利保障体系。

第一期行动计划针对老年人权利提出：“逐步完善老年人社会保障制度，推进老年人服务体系建设，保障老年人的各项合法权益。”第二期行动计划提出：“实施老年人权益保障法，逐步完善老年人社会保障制度，推进老年人服务体系建设，保障老年人合法权益。”随着两期国家人权行动计划的实施，我国在老年人权利保障方面取得了显著成就。③

---

① 苏力：《波斯纳及其他》，法律出版社 2004 年版，第 176 页。

② 习近平：《关于〈中共中央关于制定国民经济和社会发展第十三个五年规划的建议〉的说明》，载《人民日报》2015 年 11 月 4 日，第 2 版。

③ 有关儿童权益保障的具体数据，参见《〈国家人权行动计划（2012—2015 年）〉实施评估报告》。

社会养老保障体系逐步健全。23个省(区、市)建立了高龄津贴制度,20个省(区、市)建立了经济困难老年人养老服务补贴制度,8个省(区、市)建立了失能老年人护理补贴制度,20个省(区、市)实施了老年人意外伤害保险制度。

社会养老服务体系快速发展。截至2015年年底,全国共有养老机构和设施11.5万个,居家养老服务设施已基本覆盖城镇社区和50%以上的农村社区。全国养老床位671.7万张,每千名老人拥有床位30.3张。

老年人文化生活更加丰富。截至2015年年底,全国共有老年学校7.63万个;建有180个国家级、500余个省级社区教育实验区、示范区,老年人占参与社区教育总人数的60%以上;有老年类报纸24种,老年类期刊24种。通过全国文化信息资源共享工程、国家数字文化网和"中国文化网络电视"等多种渠道提供各类适合老年人的数字文化资源。

二、内容解析

随着老龄社会进程的加剧,每一项挑战都因现有的人权保护框架中规范和实际操作的缺陷而变得更加严峻。这些挑战涉及公民权利、政治权利、经济权利、社会权利和文化权利的各个方面。权利体系的构建,将推进、深化和更准确地界定老年人权利,有利于义务主体尊重、保护和实施所规定的权利,为老年人权利的支持、提供坚实基础。

新一期行动计划提出:"弘扬敬老养老助老社会风尚,实施老龄互助关爱工程,构建人口老龄化应对体系,切实维护老年人合法权益。"在前两期行动计划取得的成果基础之上,新一期行动计划对老年人权利的指标内容进行了深化发展,突出了养老服务体系、老年人医疗卫生保障、老年人的发展权、老年人监护制度、发展保障老年人的社会组织等问题。较于前2个行动计划,新一期行动计划新提出了构建"人口老龄化应对体系"。

(一)全面建成养老服务体系

第一期行动计划"构建以居家养老为基础、社区照料为依托、机构养老为补充的老年人服务体系"。特别提到了养老服务体系"以社区为平台",通过"多种方式"来实现,并且特别将"推进老龄服务设施建设"作为一项独立的指标。对此确定了新增农村五保供养服务机构供养床位,新增城镇孤老集中供养床位的数量;提出建设"老年护理院";制定了农村乡镇敬老院、老年活动中心和综合性老年福利服务中心建设的覆盖率。第二期行动计划特别指出"实施《社会养老服务体系建设规划(2011—2015 年)》",在该项指标中确定了2015 年新增加日间照料床位和机构养老床位的数量。除此之外,支持民办非营利性养老机构建设。

近年来,随着我国老年人权利保障水平的提高,新一期行动计划力图推动中国"养老模式"的转变,详细阐释了"养老服务体系"——以居家为基础、社区为依托、机构为补充,功能完善、规模适度,覆盖城乡、医养结合的养老服务体系。全面开放养老市场,并制定了 2020 年"养老服务设施覆盖率"的指标。

不同社会经济发展背景的国家和地区对养老服务体系概念的界定不尽相同,养老服务体系的内容会随着社会经济的发展而不断变化,但是其根本要点始终是根据老年人的需求和老年人的自身特点,由家庭、国家或社会提供物质帮助和社会服务,提高老年人的生活质量。因此,养老服务体系包括一个国家或地区实行的养老服务政策、服务项目及服务内容的总和。养老服务体系的形成,其宗旨就是老年保障水平与老年生活质量的提高。① 目前,我国城市中普遍存在的养老服务模式是家庭养老、居家养老和机构养老以及依托社区开展的多样化的养老服务。

家庭养老,是指完全依靠家庭养老的方式。如依靠老年人自己,或者依靠儿女来满足老年人对物质生活的需要,满足老年人的日常生活照料,以及满足老年人精神生活的慰藉。在我国,家庭养老是一种具有悠久历史的传统美德,并且一直是城市养老的主要模式。结合当前的国情条件,在未来很长一段时间内,我国社会仍然会是以家庭养老为主。对老人来说,生活在熟悉的住所,保持原有的生活方式和人际关系,既符合心理需求,又利于身体健康。② 我国《老年人权益保障法》规定,老年人养老主要依靠家庭,家庭成员应当关心照顾老年人。但不可否认,随着经济的发展、社会的进步,传统的仅仅依靠家庭养老的模式正经历着变革。

机构养老,是指让老年人入住到养老机构进行养老的一种养老方式。这些机构主要包括养老院、敬老院、老年公寓等。机构养老主要分为福利机构养老和老年公寓养老 2 种类型。福利机构一般由政府出资创办,比如敬老院。

① 参见王石泉:《中国老年社会保障制度与服务体系的重建》,上海社会科学院出版社 2008 年版,第 99 页。

② 参见林两贞:《家庭养老的存在空间与优化》,载《福建省社会主义学院学报》2001 年第 2 期。

机构养老具有多样性,可以使具有不同需求的老年人找到适合自己的养老方式。机构养老弥补了传统的家庭养老的不足。我国政府每年都会向养老机构投入一定比例的资金,用来支持养老机构的建设和发展;同时,也提倡和鼓励老年人到专门的养老机构养老,接受相应的养老服务。政府的投入改善了机构养老的服务水平,也在一定程度上推动了我国机构养老的发展。

社区养老,就是把家庭养老和机构养老的最佳结合点集中在社区养老的方式。让老年人住在自己家里,在继续得到家人照顾的同时,由社区提供除了居家养老之外的其他多样化的养老服务活动。社区为各种养老服务方式的开展提供了一个可供利用的平台,依托社区开展的各种养老服务活动从本质上说是一种助老服务。1982年联合国《老龄问题国际行动计划》指出:社会福利服务以社区为基础,并为老年人提供范围广泛的预防性、补救性和发展方面的服务,以便使老年人能够在自己家里和他们的社区进而尽可能独立生活,继续成为参加经济活动的有用公民。1991年《联合国老年人原则》指出:老年人应得到家庭和社区根据每个人社会的文化价值体系而予以照顾和保护。1992年联合国第47次大会提出,把社区作为改善养老环境的目标,要求支持以社区为单位,为老年人提供必要的照顾,并组织由老年人参加的活动。《老年人权益保障法》第35条明确提出:发展社区服务、逐步建立适应老年人需要的生活服务、文化体育活动,疾病护理与康复等服务设施和网点。这些都为发展社区养老服务提供了政策依据和努力方向。

在我国很长一段时间内,一种极具影响力的观念认为,占中国社会主流的家庭养老功能弱化存在必然性,而国家、社会应当承担起养老的主要责任。同时,养老经济保障上,我国正在经历以家庭养老为主向以社会养老为主过渡。① 确实,当前的一个社会现实是,独生子女家庭增多,老年人同子女分开居住在数量上激增,对老人的生活照顾或精神慰藉精力有限,使家庭养老功能弱化;而社会化养老适应了伴随社会发展而来的家庭养老职能逐渐分离到社会专业化部门的趋势。从市场需求及养老观念角度来看,认为我国老龄人口基数庞大,市场需求及市场缺口大,养老观念有所进步,对多样的社会化养老方式认可程度不断提高,成为必然性的思想根基。② 这样一种观点认为,跨入

---

① 参见王爱珠:《正确理解家庭养老和社会养老的科学涵义——评〈中华人民共和国老年人权益保障法释义〉若干观点》,载《复旦学报》(社会科学版)1998年第2期。

② 参见于潇:《公共机构养老发展分析》,载《人口学刊》2001年第6期。

老龄化社会以后,我国传统的养老方式和养老观念向社会养老转变,对养老服务机构的需求也迅速增加。政府应采取各种积极措施,加强养老服务机构建设,构建良好的社会养老服务体系。但这样一种强调机构养老的观点与中国民众的养老观念存在极大差异。事实上,家庭养老在我国社会中一直扮演了重要的角色,并且在未来很长一段时间内,我国社会仍然会是以家庭养老为主。

家庭成员之间互相扶持,既是法律和道德的要求,也是稳定家庭关系的需要。家庭不仅承担着老年人的经济供养功能,更重要的是可以为老年人提供生活照料和精神慰藉,提高老年人晚年生活的幸福指数。中国人强调家庭的文化传统决定了,只有相对少数的中国人愿意在机构中养老,绝大多数要靠家庭养老。虽然家庭养老正在向社会养老过渡,但家庭养老依然是养老的最主要形式,并受到大众的深刻认同。"中国家庭养老的弱化是中国传统家庭养老的弱化,而不是现代家庭养老的弱化。"①虽然现实的变迁已经使人们在生活中不得不接受新型的家庭关系,家仍然是每个人的归宿和向往,传统的养老文化对于中国人的养老观念仍然具有很深的影响,人们的心中依然保留着对晚年生活的憧憬。养老体系建设不仅要尊重养老问题的普遍规律,也要不断发掘本土养老的特色,努力建设基于我国现阶段国情,吸收传统养老文化精华,借鉴国外优秀的养老制度的全面的养老体系。实际上,从第一期行动计划以来,国家对家庭、社区与机构在整个养老服务体系中的定位发生了重要变化。第一期行动计划提出,"构建以居家养老为基础、社区照料为依托、机构养老为补充的老年人服务体系"。此时,在国家政策层面,仍然是"机构养老为支撑"的模式。2011 年"十二五"规划纲要中明确了"建立以居家为基础、社区为依托、机构为支撑的养老服务体系"。2012 年全国人大常委会在修订《老年人权益保障法》过程中,修订者结合中国国情和国际经验,在法律层面明确提出了"居家养老"模式。2013 年国务院出台的《关于加快发展养老服务业的若干意见》中也提出,"到 2020 年全面建成以居家为基础、社区为依托、机构为支撑的,功能完善、规模适度、覆盖城乡的养老服务体系。生活照料、医疗护理、精神慰藉、紧急救援等养老服务覆盖所有居家老年人"。处于养老模式的转变期,第二期行动计划没有再提及整体的养老模式的问题,但特别提示了家庭养老的定位,"健全家庭养老支持政策",具体而言是要"健全家庭养老

① 姚远:《对中国家庭养老弱化的文化诠释》,载《人口研究》1998 年第 5 期。

保障和照料服务扶持政策”。2014年被称为中国“养老元年”,这一年国家连续出台了有关促进养老产业发展的相关政策文件,说明国家已经将老龄化提升为国家战略。[①]“十二五”期间,我国机构养老快速发展,与此同时,国家也出台了一系列鼓励居家和社区养老的政策。2016年“十三五”规划纲要则指出“积极开展应对人口老龄化行动”,“建设以居家为基础、社区为依托、机构为补充的多层次养老服务体系”。“十二五”规划到“十三五”规划,从“机构为支撑”到“机构为补充”,一词之变折射出“十三五”乃至更长的未来时期,我国养老政策的新思路。这一调整适合国情,符合中国人居家养老的文化传统,适应了中国未来养老的新方向,更是反映出养老服务体系在我国的深入发展,反映出我国养老政策的新思路。同时,从国家对养老服务财政投入、资源利用的角度来说也是最优选择。

(二)健全老年医疗卫生服务体系

第一期行动计划在“修订《老年人权益保障法》”的问题上,提及老年人医疗方面的法律保障。第二期行动计划整体上提出“完善老年人基本医疗保障体系”。新一期行动计划则更加具体地要求健全“防治结合、多元发展”的老年医疗卫生服务体系。

解决老年人医疗问题,是从根本上保障老年人的生存权和健康权。在公共服务社会化的趋势下,老年人健康权保障正在由单一的政府导向型向多元化市场导向型转化,使得老年人医疗保障、实现健康权更具有灵活性、专业性。健康权作为一项基本人权,国家有责任和义务保障老年人的此项权利,进一步建立老年人医疗保障制度。我国政府长期探索建立和完善老年人医疗保障机制,扩大基本医疗的覆盖面,建立包括基本医疗保险、退休职工大病医疗保险、老年人社会医疗救助等多层次的老年医疗保障体系,解决老年人“病有所医”的问题。

2015年7月国务院总理李克强主持召开国务院常务会议,会议指出,到2017年年底建立覆盖完善的大病医保体系。要发挥商业保险的作用,将商业保险和社会保险结合起来,发展大病医保,减轻老百姓的医疗负担。2015年党的十八届五中全会指出,“建立更加公平更可持续的社会保障制度,实施全民参保计划,实现职工基础养老金全国统筹,划转部分国有资本充实社保基

---

① 参见《聚焦“十三五”中国式养老》,载新华网:http://news.xinhuanet.com/gongyi/yanglao/2015-11/24/c_128459375.htm,最后访问日期:2015年11月24日。

金,全面实施城乡居民大病保险制度”,强调了“全民参保”“养老金全国统筹”的社保制度。“全民参保”“职工基础养老金的全国统筹”是2020年做到“应保尽保”的重要内容和最终目标。只有实现了全民参保和养老金的全国统筹,才能从根本上解决我国目前养老制度碎片化问题,提升养老基金的全国统筹能力和财务平衡能力,建立起养老的社会保障制度。

紧接着,卫生计生委、民政部、发展改革委等联合制定了《关于推进医疗卫生与养老服务相结合的指导意见》,全面部署进一步推进医疗卫生与养老服务相结合。该意见提出,到2017年,医养结合政策体系、标准规范和管理制度初步建立;到2020年,符合国情的医养结合体制机制和政策法规体系基本建立,医疗卫生和养老服务资源实现有序共享,覆盖城乡、规模适宜、功能合理、综合连续的医养结合服务网络基本形成,基层医疗卫生机构为居家老年人提供上门服务的能力明显提升。要建立健全医疗卫生机构与养老机构合作机制。要鼓励养老机构与周边的医疗卫生机构开展多种形式的协议合作,建设医疗养老联合体等多种方式,为老年人提供一体化的健康和养老服务。

另外,在政府提供社会保障的基础上,家庭仍然应当正视对老年人的医疗支持。研究表明,家庭特征对老年人家庭医疗负担具有显著影响。一方面,老年人家庭年收入对家庭医疗负担具有显著影响,老年人家庭年收入越高,越愿意给予老人更多医疗上的支持;另一方面,家庭年收入、子女供养费对家庭医疗负担具有显著影响。[①] 理论上家庭年收入越高,生活条件越好,子女给予老人的经济医疗支持应越多,家庭医疗费支出相应增加,这是符合实际经验的。因此,保障老年人生存权、健康权,政府主导的老年人社会保障体系、医疗卫生服务体系主要解决的是基本医疗的问题,是最基本的保障,而家庭依旧是老年人医疗和健康的重要支持。

(三)加强老年人优待工作与社会福利

《老年人权益保障法》第3条规定:“老年人有从国家和社会获得物质帮助的权利,有享受社会服务和社会优待的权利,有参与社会发展和共享发展成果的权利。”其第五章专门规定了“社会优待”。第52条规定:“县级以上人民政府及其有关部门根据经济社会发展情况和老年人的特殊需要,制定优待老年人的办法,逐步提高优待水平。”第53条规定:“各级人民政府和有关部门

① 参见杨清红:《医疗保障对老年人家庭医疗负担的效应分析》,载《财经科学》2013年第9期。

应当为老年人及时、便利地领取养老金、结算医疗费和享受其他物质帮助提供条件。”第二期行动计划提出“完善老年人优待办法。积极为老年人提供各种形式的照顾和优先、优待服务,逐步提高老年人的社会福利水平”,将“老年人优待”直接对应到“老年人社会福利”。新一期行动计划继续延续此项工作任务,提出“加强老年人优待工作,完善老年人社会福利制度和救助制度”。

早在2001年,民政部就制定了《老年人社会福利机构基本规范》,旨在“加强老年人社会福利机构规范化管理,维护老年人权益,促进老年人社会福利事业健康发展”,并强调了此为“强制性行业标准”。社会福利机构的标准化管理,标志着我国社会福利事业的科学化管理水平有了新的提高。老年人作为福利对象,在保障和服务的方式上目前我们主要有集中供养和分散供养2种方式。集中供养,即采取国家供给,建立机构、设施和院舍,由国家对服务对象、服务机构提供资金;分散供养主要针对五保对象,除了集中供养之外采取国家供给的方式,把老年人主要安置在家庭之中,国家提供相应保障,并且时常派遣一些服务人员。因此,老年人的福利制度,不仅是收入的保障,还是对服务的保障。老年人福利政策具体散见于关于养老保险方面的一些政策,关于医疗保险的政策,关于农村实行新型合作医疗制度的政策,关于城市普遍实施和农村试点实行的最低生活保障的政策,关于农村五保供养制度的规定,关于城乡贫困人口实行医疗救助和生活救助的政策,等等。

(四)建立完善老年人监护制度

“建立完善老年人监护制度”是新一期国家人权行动计划关于老年人权利保障的新增指标。

《老年人权益保障法》第4条规定:“国家和社会应当采取措施,健全保障老年人权益的各项制度,逐步改善保障老年人生活、健康、安全以及参与社会发展的条件,实现老有所养、老有所医、老有所为、老有所学、老有所乐。”老年人监护制度的内容主要包括家庭赡养和扶助。其赡养人是指老年人的子女以及其他依法负有赡养义务的人;而扶助人是指老年人与配偶有相互扶养的义务,并且由兄、姐扶养的弟、妹成年后,有负担能力的,对年老无赡养人的兄、姊有扶养的义务。第14条明确规定:“赡养人应当履行对老年人经济上供养、生活上照料和精神上慰藉的义务,照顾老年人的特殊需要。”该法同时规定,老年人的婚姻自由受法律保护,老年人有权依法处分个人的财产。

子女及其他家庭成员的赡养和扶助包括赡养人和扶养人对老年人给予的经济上的供养和生活上的照料。敬老养老是中华民族的传统美德,但近些年来，伴随着社会转型，传统的养老观念和养老方式受到了冲击，不管是在农村还是在城市，侵犯老年人权益的现象经常出现，有时还较严重，比如歧视、漠视老年人，子女不赡养老年人，甚至侮辱、虐待、遗弃老年人。针对这些情况，《老年人权益保障法》第74条规定："老年人与家庭成员因赡养、扶养或者住房、财产发生纠纷，可以申请人民调解委员会或者其他有关组织进行调解，也可以直接向人民法院提起诉讼。"第75条规定："干涉老年人婚姻自由，对老年人负有赡养义务、扶养义务而拒绝赡养、扶养，虐待老年人或者对老年人实施家庭暴力的，由有关单位给予批评教育；构成违反治安管理行为的，依法给予治安管理处罚；构成犯罪的，依法追究刑事责任。"第76条规定："家庭成员盗窃、诈骗、抢夺、侵占、勒索、故意毁坏老年人财物，构成违反治安管理行为的，依法给予治安管理处罚；构成犯罪的，依法追究刑事责任。"

其他部门法也规定了家庭赡养和扶助。如《婚姻法》第20条规定："夫妻有互相扶养的义务。一方不履行扶养义务时，需要扶养的一方，有要求对方付给扶养费的权利。"第21条规定："父母对子女有抚养教育的义务；子女对父母有赡养扶助的义务。子女不履行赡养义务时，无劳动能力的或生活困难的父母，有要求子女付给赡养费的权利。"第29条规定："由兄、姐扶养长大的有负担能力的弟、妹，对于缺乏劳动能力又缺乏生活来源的兄、姐，有扶养的义务。"由此，作为被赡养人或被扶养人的老年人，当合法权益被侵犯时可以通过司法途径寻求救济。

对于家庭成员虐待、遗弃老年人的行为，我国《婚姻法》和《刑法》也有明确规定，受害人可以依据法律规定维护自己的合法权益。《婚姻法》第43条规定："实施家庭暴力或虐待家庭成员，受害人有权提出请求，居民委员会、村民委员会以及所在单位应当予以劝阻、调解。对正在实施的家庭暴力，受害人有权提出请求，居民委员会、村民委员会应当予以劝阻；公安机关应当予以制止。实施家庭暴力或虐待家庭成员，受害人提出请求的，公安机关应当依照治安管理处罚的法律规定予以行政处罚。"第44条规定："对遗弃家庭成员，受害人有权提出请求，居民委员会、村民委员会以及所在单位应当予以劝阻、调解。对遗弃家庭成员，受害人提出请求的，人民法院应当依法作出支付扶养费、抚养费、赡养费的判决。"第45条规定："对重婚的，对实施家庭暴力或虐待、遗弃家庭成员构成犯罪的，依法追究刑事责任。受害人可以依照刑事诉讼法的有关规定，向人民法院自诉；公安机关应当依法侦查，人民检察院应当依法提起公诉。"《刑法》第260条规定："虐待家庭成员，情节恶劣的，处二年以下有期徒刑、拘役或者管制。”①

(五)推进服务老年人的公共文化设施建设

第一期行动计划提出“丰富老年人的精神文化生活”,具体要求积极兴办各类老年大学和老年学校,在西部地区建立老年活动中心。第二期行动计划依旧将“丰富老年人精神文化生活”作为一项重要指标,将具体工作重心放到了加大对老年大学建设的财政投入,扩大老年大学办学规模,并制定了到2015年老年协会的指标。其中,结合社区养老实践的发展,在提升老年人健康权方面,第二期行动计划制定了“推动建设老年友好型城市和老年宜居社区”的指标,从宏观的角度提出了“友好型”“宜居”的发展方向。新一期行动计划继续深入开展以社区养老推动老年人健康权的实现,并将其具体到“社区体育设施”建设上。

《老年人权益保障法》第71条规定:“国家和社会采取措施,开展适合老年人的群众性文化、体育、娱乐活动,丰富老年人的精神文化生活。”但是目前,老年文化建设与老年人日益增长的精神文化需求并不能完全适应,我国老年人的精神文化生活保障情况还需要很大的提升。老年人文化氛围不浓,公共文化设施为老人服务的功能有待进一步提高,老年文化产品和服务供给不足等。

2012年全国老龄办颁布《关于进一步加强老年文化建设的意见》,该意见指出,加强老年文化建设是推动社会主义文化大发展大繁荣的必然要求。随着我国人口老龄化的快速发展,老年人精神文化需求越来越丰富,参与文化活动的热情越来越高涨,老年文化建设在社会主义文化建设总体布局中的地位和作用越来越重要。加快老年文化建设,满足老年人文化需求,丰富老年人精神生活,增强老年人精神力量,是推动社会主义文化大发展大繁荣的内在要求,是构建不分年龄、人人共享老龄社会和谐文化的重要任务,对于推进经济社会科学发展,实现家庭和睦、代际和顺、社会和谐,具有重要意义。

(六)建立健全老年人宜居环境政策法规和标准规范体系

新一期行动提出“建立健全老年人宜居环境政策法规和标准规范体系。”保障老年人精神文化生活,提供老年人的活动场所,最终是为了创造出老年人的宜居环境。现代老年宜居环境,意味着适合老年人居住生活的城乡环境、社区环境和家庭环境,为老年人提供舒适合理的公共设施、生活服务设施、护理

① 刘灵芝:《论公民养老权的可诉性》,载《河北法学》2011年第6期。

服务设施。

在2015年修订的《老年人权益保障法》也专门新增了“宜居环境”一章，将加强老年宜居环境建设提高到了立法高度。第60条规定：“国家采取措施，推进宜居环境建设，为老年人提供安全、便利和舒适的环境。”第61条规定：“各级人民政府在制定城乡规划时，应当根据人口老龄化发展趋势、老年人口分布和老年人的特点，统筹考虑适合老年人的公共基础设施、生活服务设施、医疗卫生设施和文化体育设施建设。”

“老年宜居环境”是顺应人口老龄化形势的发展提出来的一个新理念。老年宜居环境建设关系到全体公民老年期的生活和生命质量，是积极应对人口老龄化的一个重要举措。《中国老年宜居环境发展报告(2015)》是我国发布的第一部老年宜居环境发展蓝皮书，综合反映了我国老年宜居环境建设的发展状况。蓝皮书总结了我国老龄宜居环境建设取得的成果。一是老年宜居环境的建设政策创制的力度加大；二是各地老年宜居环境建设的步伐有所加快，老年宜居项目的市场热度出现陡增；三是目前老年宜居环境建设出现了纵深的发展。不过，虽然当前老年宜居环境建设在政策、实践以及市场等方面取得了较快的发展，但整体来看，我国的老年宜居环境建设仍然处在初步阶段，存在诸多突出问题，比如，公共政策支持体系需要不断完善，老年宜居环境建设区域发展出现失衡，老年宜居项目偏离市场需求，主要表现在一些项目过于高端，社区老年宜居水平亟待提升等。

2016年全国老龄办、国家发改委等25个部门联合发布了《关于推进老年宜居环境建设的指导意见》，意味着我国完成了关于老年宜居环境建设的顶层设计。该指导意见从老年人居住、出行、健康、生活服务、敬老社会文化环境五个方面提出了老年宜居建设的意见和目标，预计到2025年，我国将基本建立安全、便利、舒适的老年宜居环境体系。

(七)大力支持老年社会组织发展

第一期行动计划提出“培育为老年人服务的非营利性民间组织”。第二期行动计划特别提出“扩展老年人法律援助渠道”，重点为高龄、独居、失能和行动不便老年人提供维权服务。而新一期行动计划的侧重点放在了“扩大基层老年协会在城乡社区的覆盖率”。

党的十八大报告明确提出，大力发展老龄服务事业和产业。鉴于老龄事业发展过程中广泛存在政府失灵和市场失灵的双重失灵状况，第三部门的作用逐步凸显，成为政府和市场的有益补充。老年社会组织作为老年群体自己的组织,是第三部门的组成部分之一。针对社会老龄化程度日益加剧的现状,培育扶持社会组织参与养老事业,各级地方政府采取了多种措施培育养老服务的社会组织。

加快发展养老服务业,应在政府主导下,充分发挥社会力量的主体作用。社会组织在发展养老服务业中发挥着重要的作用。一方面,社会组织辅助政府加强养老服务行业管理。在社会主义市场经济条件下提供社会养老服务,政府必须转变职能,发挥市场配置资源的决定性作用,把行业管理和服务职能主要交给社会组织,使其担负起专业化养老服务提供者和服务行业管理者的功能,协助政府调查行业发展状况,拟定发展规划,提出供政府参考的法律法规条文和各类服务标准、规范。另一方面,社会组织对于提升养老服务专业化水平有着重要的作用。社会组织一般是按照现代社会专业分工要求建立和运作的,社会组织参与养老服务,可以充分发挥自身专业优势,促进专业人才遴选和培养,为服务队伍专业化建设奠定基础;提升行业管理与服务水平,推行行业标准规范,提高养老服务质量。

三、未来展望

根据新一期行动计划的要求,要进一步提升老年人权利的保障水平,应根据我国的具体国情,充分参考老年人权利保障的国际标准,不断完善并落实相关法律法规,健全老年人社会保障体系,发展多元养老体系。

(一)充分参考老年人权利保障国际标准,提升我国老年人权利水平

《世界人权宣言》作为一部综合性人权文件,不仅涉及公民权利和政治权利,还涉及经济、社会和文化权利。该宣言第2条明确了所载一切自由和权利的主体范围,但该条没有明确指出老年人,而以"其他"的表述方式对未明确指出的主体加以概括,老年人也应在此之列。该宣言明确提出了由于衰老而应享受的保障体现在第25条第1款规定中。这几个条款是首次在国际人权文书中针对老年人权利保障的规定,但仅仅只是间接地作出一般性的规定,而且只限于"必要的社会服务"和"社会保障"。并且,第25条将老年人与"失业、疾病、残废、守寡"归于"失能"类别,看成一种风险和负担。可见,公约缺乏对老年人问题特殊性与老年人权利的认识。

同样地,《公民权利和政治权利国际公约》和《经济、社会及文化权利国际公约》也只是间接涉及老年人权利保护。《经济、社会及文化权利国际公约》涉及老年人面临挑战的几个具体权利,分别是:工作权(第6条、第7条)、享受

社会保障的权利(第9条)、享有适当生活水平包括食物、衣着和住房的权利(第11条)、享有能达到的最高标准身体健康的权利(第12条)、受教育的权利(第13条)。[①]《公民权利和政治权利国际公约》中,也没有特别提及针对老年人政治权利保护。第25条规定每个公民平等参与国家事务的权利,第26条规定平等和非歧视原则。这些条款中没有特别提及"年龄",但一般认为,基于年龄的区分,应归入第26条所指"其他身份"类适用于老年人。

除了以上《世界人权宣言》和2个相关解释外,还有几个专门性的国际条约提到了与"年龄"有关的权利保护。其中,1979年《消除对妇女一切形式歧视公约》是联合国人权条约中第一个明确提出禁止年龄歧视的公约,其第11条保证男女平等的基础上享有的权利中提到在年老情况下在第5款中规定享有"社会保障权"及"带薪度假的权利"。[②] 1990年《保护所有移徙工人及其家庭成员权利国际公约》中,禁止年龄歧视的范围被扩大,第7条所列举的禁止歧视的理由将"年龄"包含其中。[③]

1982年的《老龄问题维也纳国际行动计划》,是联合国有关老龄问题第一个国际性文件,从此以后,老年人状况开始引起国际社会的重点关注。该行动计划集中在家庭、社会福利、健康及收入保障等方面提出了一些概括性的原则和建议,重申《世界人权宣言》的基本权利应充分地、不折不扣地适用于老年人。

1991年12月16日联合国大会通过《联合国老年人原则》(第46/91号决

---

① 经济、社会和文化权利委员会一般性意见当中涉及了较多的老年人权利的问题。例如,《有关老年人经济、社会和文化权利的第6号一般性意见》《有关可达到的最高标准的健康权利的第14号一般性意见》《有关工作权利的第18号一般性意见》《有关社会保障权的第19号一般性意见》《有关经济、社会与文化权利方面的非歧视问题的第20号一般性意见》《有关人人有权参与文化生活的第21号一般性意见》。

② 1979年《消除对妇女一切形式歧视公约》第11条第1款e项规定:"享有社会保障的权利,特别是在退休、失业、疾病、残废和老年或在其他丧失工作能力的情况下,以及享有带薪度假的权利。"

③ 1990年《保护所有移徙工人及其家庭成员权利国际公约》第1条第1款规定:"本公约,除此后另有规定外,适用于所有移徙工人及其家庭成员,不分性别、种族、肤色、语言、宗教或信念、政治见解或其他意见、民族、族裔或社会根源、国籍、年龄、经济地位、财产、婚姻状况、出身或其他身份地位等任何区别。"第7条规定:"缔约国依照关于人权的各项国际文书,承担尊重并确保所有在其境内或受其管辖的移徙工人及其家庭成员,享有本公约所规定的权利,不分性别、种族、肤色、语言、宗教或信念、政治见解或其他意见、民族、族裔或社会根源、国籍、年龄、经济地位、财产、婚姻状况、出身或其他身份地位等任何区别。"

议),鼓励各国政府尽可能将独立、参与、照顾、自我充实和尊严等五项原则纳入国家方案。虽然是一项大会决议,但这项文书依然没有法律约束力。《联合国老年人原则》中对“独立原则、参与原则、照顾原则、自我充实原则、尊严原则”①等逐一列举,并倡导各国政府尽可能地将这些原则纳入本国国家政策和法律文件中。随后于1992年通过的《2001年全球老龄目标》和《世界老龄问题宣言》,进一步加深了国际社会对老年人基本福祉要求的了解。

2002年第二次老龄问题世界大会上通过了《马德里老龄问题国际行动计划》,并经联合国大会第57/167号决议认可。该计划在很大程度上改变了原有的政策框架,集中在老年人的人权与发展问题上,提出两大主要目标:一是全面实现老年人基本权利和自由;二是确保老年人充分享有经济、社会和文化权利,并消除一切形式的暴力和歧视。《马德里老龄问题国际行动计划》一直指导着国家层面老年人政策和方案的制定,鼓励各个区域、各个国家拟订与老年人相关的计划,并倡导国际合作,为各国之间以及国家与各种民间组织之间开展对话提供了一个国际框架。

(二)落实老年人权利保障的宪法法律

公民不问其年龄如何,均应保障其基本权利,使其享有健康及文化生活最低保障标准,已成为人类社会共同的福利政治理念。② 宪法规定了公民在年老的情况下有从国家和社会获得帮助以满足衣食住行医等基本生存需求的权利,政府负有保障老年人生活的责任。我国的历史传统中历来重视老年人的尊严和权利。因此,应当以传统伦理上的“孝”为基础,以法定化的尊老传统为依据,推进老年人宪法法律权益保障。③ 老年人权益保障法总则强调了老年人权利保障的基本原则,即“保障老年人基本权益原则”“协调发展原则”“共同责任原则”,该法同时对“社会保障”“社会服务”“社会优待”“宜居环境”等相关具体问题逐一作出规划安排。

(三)培育老年人的社会参与,提升老年人的尊严感

老年人权利保障需要广泛的社会参与。《联合国老年人原则》中提出的“参与原则”是指老年人参与国家和社会发展,也参与到社会和家庭生活;“照

---

① 参见陈雄、张敏、肖明月:《联合国老年人原则对中国应对老龄化问题的启示》,载《湖南工业大学学报》(社会科学版)2015年第1期。

② 参见李德龙:《论老年人基本权利之宪法保障》,载《南京工业大学学报》(社会科学版)2006年第1期。

③ 参见陈雄:《老年人宪法权利保障的道德根基研究》,载《湖南社会科学》2013年第5期。

顾原则”是指老年人的健康要在既合乎人道又安全可靠的环境中得到保护和康复。《联合国老年人原则》对参与和照顾原则表述为“老年人应始终融合于社会,积极参与制定和执行直接影响其福祉的政策,并将其知识和技能传给子孙后辈”;“老年人应能寻求和发展为社会服务的机会,并以志愿工作者身份担任与其兴趣和能力相称的职务”;“老年人居住在任何住所、安养院或治疗所时,均应能享有人权和基本自由,包括充分尊重他们的尊严、信仰、需要和隐私,并尊重他们对自己的照顾和生活品质做决择的权利”。

提升老年人的尊严,最集中、最概括地体现了社会对老年人的人道关怀。老年人有权利过着有尊严和有保障的生活。与此同时,无论老年人个人境遇和背景如何,老年人均应受到公正的对待。《联合国老年人原则》对尊严原则表述为“老年人的生活应有尊严、有保障,且不受剥削和身心虐待”;“老年人不论其年龄、性别、种族或族裔背景、残疾或其他状况,均应受到公平对待,而且不论其经济贡献大小均应受到尊重”。在全社会广泛开展敬老宣传教育活动,树立尊重、关心老年人的社会风尚。《老年人权益保障法》第 65 条提出:“国家和社会应当重视、珍惜老年人的知识、技能、经验和优良品德,发挥老年人的专长和作用,保障老年人参与经济、政治、文化和社会生活。”

(四)健全以政府为主导的老年人社会保障体系

政府承担保障老年人基本权益的责任,是实现老年人生存权和发展权的重要内容。在社会保障主体多元化的背景下,政府依然是主要的责任主体。国家承担保障老年人基本权益的责任,要求政府建立一整套有关老年人权益保障的制度,制定和完善法律、法规;在老年人权益保障经费的来源上承担重要责任,应将保障经费纳入政府财政预算。养老社会保障由社会保险、社会救济、社会福利、优抚安置等组成,其中社会保险是养老社会保障的核心内容。《老年人权益保障法》第 28 条规定:“国家通过基本养老保险制度,保障老年人的基本生活。”第 34 条规定:“老年人依法享有的养老金、医疗待遇和其他待遇应当得到保障,有关机构必须按时足额支付,不得克扣、拖欠或者挪用。国家根据经济发展以及职工平均工资增长、物价上涨等情况,适时提高养老保障水平。”

(五)发展多元养老体系

在新一期人权行动计划的推动下,中国未来 5 年内将会采取具体措施,切实落实和保障老年人权利,建立起“以居家为基础、社区为依托、机构为补充”的养老体系。“现代养老体系,是一种以养老文化为依托,以各种养老模式为框架,在一定社会发展阶段中,老年人口经济保障、身心健康和尊严生活的支持系统。"①养老体系的建立是一项系统工程,必须基于对传统养老文化的充分把握和老年人现实状况的全面了解,还涉及养老服务、就业制度、生育政策、社保体系和医疗环境等方方面面。养老体系的完善也离不开国家、社会和家庭的共同努力,只有充分发挥各自职责,才能保障养老体系的实现。

以当前我国国情,家庭养老、居家养老和依托社区开展的养老服务活动是我国最为适合的养老模式,是承接家庭养老向社会化养老转变的重要载体。事实上,居家养老、家庭养老、社区养老和机构养老并不是割裂开的,许多老年人并不是孤立地选择单一的养老模式,而是多种养老模式并存。在家庭养老和社会养老方面并非非此即彼的选择,要充分发挥每一种养老方式的作用,实现不同养老方式之间的补充配合。

各级国家机关、人民团体、企事业单位及其他组织都应当按照各自的相关职责,做好本系统、本单位老年人权益保障工作。机关、事业、企业单位的离退休人员工作部门,更应率先做好老龄工作,在贯彻《老年人权益保障法》中起示范作用。要特别重视发挥城乡社区养老服务的作用,为居家的老年人提供生活照料、紧急救援、医疗护理、精神慰藉、心理咨询等多样服务。商业化的家庭照顾服务,是当前被大众接受的一种养老选择。但是,"在机构养老和居家养老模式的运行机制上需要政府的监管,防止纯市场化行为及纯商业化机构的泛滥"。②

社会互助应当成为老年人权利社会保障的必要补充。保障老年人的合法权益,应积极动员社会力量参与到这一工作中,多层次、多途径为老年人提供社会服务,建立全国的为老服务照顾网络。在以家庭为依托的基础上,应充分发挥政府和社会两方面的作用,通过采取各种手段鼓励、提倡和引导社会主体自觉参与到社会保障工作中,以分担政府的责任。

第五节　残疾人权利

我国有悠久的保护残疾人的思想和实践。但古代中国对于残疾人的保

---

① 李辉:《论建立现代养老体系与弘扬传统养老文化》,载《人口学刊》2001 年第 1 期。

② 程晓舫、夏双研、徐清:《中国社会养老体系建设的研究新思路》,载《人口与发展》2014 年第 2 期。

护，主要基于认为残疾人身体、智力等方面有“欠缺”，属于社会弱势群体，故才应对他们施以援手。这通常是人作为伦理存在的自然反应。真正将残疾人作为权利主体来对待，承认残疾是多样化生命存在状态之一，从而强调国家在残疾人权利保护上具有责任，主要源于近现代西方的人权理论和社会正义理论。正是基于人权的普遍性和社会正义的要求，残疾人作为人类的基本组成部分，同时作为相对处于社会结构中不利地位的一类人，其权利保障即成为现代国家不可推卸的责任。

一、背景和成就

目前，我国各类残疾人数量已超过8000万。保护残疾人的合法权益，促进残疾人平等地参与社会事业、共享社会发展成果，是中国文明进步程度的重要衡量标准之一，也是我国实现依法治国。建设社会主义法治国家的重要内容。通过多年的努力，包括《国家人权行动计划（2009—2010年）》《国家人权行动计划（2012—2015年）》的顺利实施，我国残疾人保障事业取得了显著成就。

（一）残疾人权利立法保障成就显著

早在1956年，我国就批准了《改善战地武装部队伤者病者境遇之日内瓦公约》。此外，1987年批准了世界劳工组织通过的《残疾人职业康复和就业公约》；2008年批准了《残疾人权利国际公约》以及涉及残疾人非歧视、平等参与等方面的《经济、社会及文化权利国际公约》等。我国一直重视自身所应该承担的国际法义务，切实采取措施落实相关国际法文件精神，通过长期的努力，建立起残疾人权利保护的国内法体系。该体系的特点是：

首先，一般法与专门法相配合。我国《宪法》第45条规定：“中华人民共和国公民在年老、疾病或者丧失劳动能力的情况下，有从国家和社会获得物质帮助的权利；国家发展为公民享受这些权利所需要的社会保险、社会救济和医疗卫生事业；国家和社会保障残废军人的生活，抚恤烈士家属，优待军人家属；国家和社会帮助安排盲、聋、哑和其他有残疾的公民的劳动、生活和教育。”在宪法的指引下，选举法、兵役法、行政许可法、公务员法、刑法、民法通则、物权法、婚姻法、继承法、劳动法、义务教育法、刑事诉讼法、民事诉讼法、行政诉讼法等一般性法律都增加了保护残疾人权利的条款。同时，国家也适时出台针对残疾人权利保护的专门规定。1990年全国人大常委会制定并通过了《残疾人保障法》，该法于2008年进行了修订。新修订的《残疾人保障法》更加明确政府在发展残疾人事业、维护残疾人权益中的责任。进一步明确禁止对残疾人在教育、就业、文化生活等方面的歧视,提高了法律的可操作性。另外,1994年颁布的《残疾人教育条例》、2007 年的《残疾人就业条例》也属于专门性法律文件。

其次,中央法与地方法相互配合。为了有效落实残疾人权利保障的中央立法,各地方立法机关结合本地实际,切实有效地制定实施细则、办法,构成了与中央法律协调配套的规范体系。根据 2015 年中国残疾人事业发展统计公报显示:仅 2015 年,制定或修改了关于残疾人的专门法规、规章省级 7 件、地市级 6 件;制定或修改保障残疾人权益的规范性文件省级 27 件、地市级 69件、县级 242 件。

最后,法律与政策相互配合。除了上述法律外,政策对残疾人权利保障同样发挥了巨大作用。从 1988 年开始,国务院批准《残疾人事业五年计划纲要》,其后每隔 5 年连续出台,极大地促进了我国残疾人权利保障的发展。从2009 年开始,经国务院批准,国务院新闻办公室连续发布 3 期国家人权行动计划,都专门就残疾人权利保障提出了具体的要求,设定了合理目标。2016年《国民经济和社会发展第十三个五年规划纲要》对保障残疾人基本权利、提升残疾人服务保障水平提出新的明确要求。国务院继 2015 年印发《关于加快推进残疾人小康进程的意见》《关于全面建立困难残疾人生活补贴和重度残疾人护理补贴制度的意见》后,于 2016 年 8 月 3 日印发《“十三五”加快残疾人小康进程规划纲要》,对“十三五”时期改善残疾人生活状况和帮助残疾人共享全面小康社会做出了全面部署。

(二)不断提升法律实施水平,将规范目标转成现实成果①

在残疾人教育方面,目前全国共有特殊教育普通高中班(部)109 个,在校生 7488 人,其中聋生 6191 人,盲生 1297 人。残疾人中等职业学校(班)100个,在校生 8134 人,毕业生 5123 人,其中 3761 人获得职业资格证书。全国有8508 名残疾人被普通高等院校录取,1678 名残疾人进入特殊教育学院学习。截至 2014 年年底,共有盲文图书藏量 67.19 万册,盲人阅览室座席数 2.1 万个。盲文出版物出版规模大幅提升。

在残疾人平等就业方面,2015 年城镇新就业残疾人 26.3 万,其中集中就业残疾人 6.8 万,按比例安排残疾人就业 6.6 万,公益性岗位就业 1.2 万,个

① 有关残疾人权利保障的相关数据,参见《2015 年中国残疾人事业发展统计公报》。

体就业及其他形式灵活就业10.4万，辅助性就业1.3万。全国城镇就业人数430.2万；1678.0万农村残疾人在业，其中1323.2万残疾人从事农业生产劳动。39.3万人次城镇残疾人接受了职业培训。

在推进残疾人社会保障方面，截至2015年年底，城乡残疾居民参加城乡社会养老保险人数达到2229.6万，参保率75.4%，60岁以下的参保残疾人中有422.1万重度残疾人，其中391.5万得到了政府的参保扶助，代缴养老保险费比例达到92.8%。有247.6万非重度残疾人也享受了全额或部分代缴养老保险费的优惠政策。领取养老金待遇的人数达到883.8万人。城镇残疾职工参加基本养老和医疗社会保险人数稳定在300万左右，城乡1088.5万残疾人纳入最低生活保障范围；城镇集中供养残疾人和农村五保供养残疾人分别达到11.4万和66.6万；517.7万和440.1万符合条件的城乡残疾人分别享受了稳定的生活补贴和护理补贴。265.5万城乡残疾人得到了其他救助救济。截至2015年，全国普遍建立了困难残疾人生活补贴制度和重度残疾人护理补贴制度。1088.4万城乡残疾人纳入最低生活保障范围，近2230万残疾人参加城乡居民社会养老保险，302.3万残疾人参加城镇居民基本医疗保险。

在无障碍建设方面，法规、标准进一步完善。全国共出台了451个省、地市、县级无障碍建设与管理法规、规章和规范性文件；1618个市、县、区系统开展无障碍建设；全国开展无障碍建设检查6445次，无障碍培训近3.6万人次；为14.7万户贫困残疾人家庭实施了无障碍改造；为71.3万残疾人发放了残疾人机动轮椅车燃油补贴。

二、内容解析

2016年9月《国家人权行动计划（2016—2020年）》发布，继续将残疾人权利保障作为重要内容，确定了未来5年尊重、保护和促进残疾人人权的目标和任务。与前两期行动计划相比，新一期行动计划既注重残疾人权利保障本身的纵向连续性发展要求，也强调残疾人权利保障横向覆盖面的拓展，具体体现在：

（一）残疾人权利保障理念的拓展

第一，关于残疾儿童受教育保障，新一期行动计划引入了全纳教育的理念。新一期行动计划强调“提升残疾人受教育水平。完善特殊教育学校布局，健全随班就读支持保障体系，努力为残疾儿童提供全纳教育”。这里出现的“特殊教育”“随班就读”“全纳教育”，正体现了我国残疾儿童受教育权保障理念的变迁轨迹。

新中国成立后,国家开始重视残疾儿童的教育。为改善残疾儿童受教育状况,政府出台了残疾人特殊教育政策,针对残疾儿童设立特定的盲、聋、哑学校,对残疾儿童实行特殊教育。这种教育模式是我国残疾儿童受教育权保障实施的主流模式。至2015年,全国共有特殊教育普通高中班(部)109个,在校生7488人,其中聋生6191人,盲生1297人。① 20世纪80年代,在世界范围内掀起了一场"回归主流"的运动,其核心理念是尽量将残疾儿童安置在普通学校中,让他们在这些普通学校里接受教育,以便更好地适应社会生活。该理念逐渐在世界教育领域内成为共识,也影响了我国的残疾人教育理念。1986年的《义务教育法》明确了地方政府对残疾人的特殊教育责任。同年国务院转发了《关于实施义务教育法若干问题的意见》,其中第32条明确规定:"把不妨碍学习的残疾儿童吸收到普通中小学上学。"1987年国家为了解决残疾儿童"上学难"的问题,开始提倡和推行随班就读。1988年公布的《中国残疾人事业五年工作纲要》首次提出特殊儿童"随班就读"的概念,它强调7～16岁学龄残疾儿童在普通学校随班就读完成小学和初中义务教育的问题。后来,国家将残疾儿童随班就读正式定为发展特殊教育的一项政策。这一时期国家还开展了盲、聋、智力障碍3类特殊儿童随班就读的实验,许多试点县探索了开展特殊儿童随班就读的办法,积累了丰富的经验。"随班就读"成了设立特殊学校之外的另一种实现残疾儿童受教育权的指导原则。让特殊儿童进入普通学校,与普通儿童一起学习,体现了尊重儿童差异,平等对待所有学生,消除隔离和社会排斥,满足学生多样化的需求,充分开发每个孩子潜能的多重价值。而"随班就读"实践背后的支撑,恰恰是"全纳教育"理念。

早在20世纪60年代之前,几乎所有特殊教育机构都实施隔离式教育,根据医学、心理学的角度鉴定,把残疾看作残疾者自身存在的一种缺陷,这种缺陷使残疾儿童无法在普通学校就读。将残疾儿童分门别类地安置到特殊教育学校,用特殊的方式实施教育,特殊教育服务机构也应运而生。特殊教育学校很大程度上解决了残疾儿童求学无门的困境。但是随着社会的发展,人们开始关注作为个体的人与这个社会发生的关系。在这一过程中人们开始意识到人自身的特征与周围的社会环境发生的互动。在一定的情况下,这种互动就限制了人的能力,并对这个人的生活造成了障碍,而这种障碍又进一步限制了

① 数据来源:《2015年中国残疾人事业发展统计公报》。

其在社会上作为人本该享有的权利和机会。特殊教育“隔离”的一面日益被人们认识,其对残疾学生所造成隐形歧视和不公也越来越为人们诟病。

将残疾儿童置身于特殊学校固然更容易满足他们的特殊需求,帮助他们弥补自身缺陷带来的障碍,但不能忽视的事实是,特教模式忽略了融合的价值,剥夺了残疾儿童与其他非残疾儿童的交往机会,剥夺了这部分群体表达自身生存状态和欲求的自由。由于在特殊学校中,残疾儿童的周围都是和他们一样的残疾儿童,他们生活在封闭、残缺、狭隘的群体和状态下,学生对外面的世界缺乏了解,其所得到的归属感和安全感其实只是被隔离下的一种幻象。长此以往,残疾儿童会渐渐意识并接受社会对他们这类群体的定义以及社会对这类群体未来发展的预测,标签效应和烙印效应使他们不能从残疾的阴影里解脱出来。

因此,1994 年 6 月 7 日至 10 日,联合国教科文组织在西班牙王国萨拉曼卡市召开了“世界特殊教育大会”并颁布了《萨拉曼卡宣言》,明确提出了“全纳教育”(inclusive Education)的思想。所谓“全纳教育”,是指教育应当满足所有儿童的需要,每一所普通学校必须接收服务区域内的所有儿童入学,并为这些儿童都能受到自身所需要的教育提供条件,尤其强调“有特殊教育需要者必须有机会进入普通学校,这些学校应将他们吸收在能满足其需要的,以儿童为中心的教育活动中”,并号召所有政府以“法律”保证全纳教育原则的采用,将所有儿童招收进普通学校,除非有不得已的原因才作别种选择。教育的目标就是要达到全纳,减少和消除排斥现象。

比较 3 期行动计划,第一期行动计划仍在强调“在中西部地区,新建和改扩建一批特殊教育学校”,第二期行动计划则设定了“推动残疾儿童以随班就读方式接受义务教育”目标,而新一期行动计划鲜明地表达了“全纳教育”理念,提出在未来 5 年,对残疾儿童受教育权的保护应坚持以“全纳教育”为发展目标,这是我国残疾儿童受教育权平等保护理念上的新进步、新亮点。

第二,新一期行动计划关于全面推进无障碍环境建设部分,进一步拓展了无障碍环境“无障碍”的内涵。

(1)从无障碍设施到无障碍信息

在西方,“无障碍环境”概念核心最早也是集中在无障碍设施上。19 世纪在瑞典就有关于无障碍环境建设的实例。从 20 世纪 50 年代开始,欧洲社会开始强调残疾人等特殊群体应该“回归社会”和“正常化”,建筑设计要考虑残疾人等特殊群体的需求等议题被提出来。1961 年美国国家标准协会制定了世界上首个无障碍标准。在1990年通过的《美国残疾人法》明确涵容了通用设计理念,这是第一次以立法的形式保障通用设计。随着无障碍理念的传播,无障碍环境法规和行业标准也逐步建立。在1968年美国制定的《建筑障碍法》中,明确指出在以后的公共建筑物的建造过程中,要考虑残疾人的需求,为残疾人的生活方便提供条件。1970年美国制定的《城市公共交通法》,明确要求在以后由政府出资投入的公共交通方面都要考虑残疾人的出行方便。制定于1973年的《联邦援助高速公路建设法案》明确要求由政府出资修建的高速公路在设计之初就应考虑残疾人的需求。

我国无障碍环境理念的提出与实践相对较晚,在1985年才提出了"为残疾人提供更好的生活环境"的倡议。1986年我国有了第一部无障碍环境建设的规范——《方便残疾人使用的城市道路和建筑物设计规范》。该条例为我国无障碍环境的实践提供了依据,也为我国无障碍环境建设提供了基础标准。1990年的《残疾人保障法》是我国保护残疾人法律权益的核心法律文本,该法在1991年实施时,无障碍环境在我国还没有形成统一的概念,关于无障碍环境只在第七章有少量的介绍,对于无障碍环境的内容没有详细的规定。2008年重新修订《残疾人保障法》时,有了重大变化,以专章形式就物质环境无障碍及信息交流无障碍作出详细规定。《残疾人保障法》第53条规定:"无障碍设施的建设和改造,应当符合残疾人的实际需要。"第55条规定:"公共交通工具应当逐步达到无障碍设施的要求。有条件的公共停车场应当为残疾人设置专用停车位。"第53条规定:"新建、改建和扩建建筑物、道路、交通设施等,应当符合国家有关无障碍设施工程建设标准。"

与此同时,地方政府也逐步认识到无障碍环境建设的重要性,关于无障碍环境建设的一系列地方性法规和政策出台,如《北京市无障碍设施建设管理规定》《广州市无障碍设施建设管理规定》《上海市无障碍设施建设管理规定》《大连市城市无障碍设施建设管理规定》。这些地方性的法规、实施办法和政策都在落实《残疾人保障法》中建设无障碍环境的内容。2010年实施的《广州市无障碍设施建设管理规定》中增加了许多无障碍环境的规定,如第59条规定:"新建、扩建城市道路、车站、停车场、码头、商场、宾馆、影剧场等公共活动场所,应当进行无障碍设计和建设,并设立国际通用的无障碍标志,现有大型公共场所不方便残疾人进出的通道,应当进行无障碍改造。"在北京市的实施办法中还规定:逐步增加无障碍公交车和出租车的数量,公共停车场应当按照停车位总数2%的比例设置无障碍停车位,比例不足一个的至少设置一个,等等。

然而,很容易看到,我国的无障碍环境理念主要集中于物质环境无障碍,建设的重点也主要集中于在公共场所建立坡道、设置残疾人的专用停车位,在公共场所设有残疾人专用的无障碍卫生间,增设无障碍的公共交通工具等方面。

到第一期行动计划时,信息无障碍成了新的着力点,"采用盲文、手语、字幕、特殊通信设备等辅助技术或替代技术,为残疾人接受和传播信息、参与社会生活创造条件。开办电视手语节目,开设广播电台残疾人专题节目,推动影视作品加配字幕工作",这些指标设计都突破了物质设施的范畴。到了第二期行动计划时,无障碍设施与信息无障碍变成并列的指标,"在全国创建无障碍建设市、县、区。加强铁路等公共交通工具的无障碍设施建设。加强信息无障碍建设"。

新一期行动计划突出"全面"推进无障碍环境建设,并且比第二期行动计划设计了更细致的指标要求。"全面"一方面要求继续"确保新(改、扩)建道路、建筑物和居住区配套建设无障碍设施,推进已建设施无障碍改造";另一方面强调"加强政府和公共服务机构网站无障碍改造,推动食品药品信息识别无障碍和影视节目加配字幕、手语,促进电信业务经营者、电子商务企业等为残疾人提供信息无障碍服务"。尤其在信息无障碍建设上提出几个重要方面:一是加强政府和公共服务机构网站无障碍改造。信息技术的发展日新月异,互联网已经成为社会生活的重要部分,要有效实现残障人的互联网无障碍环境构建,尤其要促进电信业务经营者、电子商务企业等为残疾人提供信息无障碍服务。二是推动食品药品信息识别无障碍。食品药品是最基本的民生大问题,保障促进残障人在食品药品信息识别的无障碍,是切实推进残障人基本人身权利保护的重要着力点。三是影视节目加配字幕、手语。这些都可以表明,对"无障碍"的理解突破单一的物质环境无障碍而拓展到形式更加多样的无障碍已经成为共识。

(2)从家庭服务无障碍到社区服务无障碍

为残障者提供服务的理念,在西方社会经历了重大演变,即从以机构式为主的服务到"去机构"的社区服务。以前,人们对待残障者的想法和做法是将障碍者集中起来照顾,多数残障人由家人照顾,少数进入正式服务系统——全日型机构,如孤儿院、养老院、精神病院,对于残障人生活的想象也局限于家庭与住宿机构。西方从20世纪五六十年代开始转为强调"去机构化";到了20世纪七八十年代,出现了来自障碍者的、强调自主与选择自立生活的诉求,而社区逐步被认为是残障者融入生活和社会共同体的最好空间。

第一期行动计划对家庭无障碍、社区无障碍均没有提及。第二期行动计划提出“开展残疾人家庭无障碍设施改造,为贫困残疾人家庭提供改造补助”。2012～2015 年,为残疾人创造居家无障碍环境做了大量工作:编制并出版《家庭无障碍建设指南》,开展专门的技术培训。2014 年 7 月发布的《加强老年人家庭及居住区公共设施无障碍改造工作的通知》对包括残疾人在内的老年人家庭及居住区公共设施无障碍改造提出了要求。国家补助完成 67.5 万户贫困残疾人家庭无障碍改造。这些成就都是集中于家庭空间的“去障碍”,但社区无障碍仍然是比较陌生的概念。

新一期行动计划开创性提出“推进精神障碍患者社区康复服务”。这是回应国际视野下障碍者回归思潮的重要行动。“社区”一词源于拉丁语,原意是亲密的关系和共同的东西,现在多是强调公共空间中人群内部成员之间的文化维系力和内部归属感。让残障者走出机构,融入社区,在社区公共空间实现交往合作,是社区无障碍建设的真正目的。新—期行动计划规定,“到 2020 年,基本实现每个地级市拥有 1 所精神卫生社会福利机构,70% 以上的县(市、区)设有精神障碍社区康复机构或通过政府购买服务等方式委托社会组织开展康复工作”,这是无障碍理念进一步丰富的必然要求。

(二)残疾人权利保障指标设计的新特点

1. 保障对象的分类更精细

根据不同的标准,可以对残疾进行不同的分类,权利保障面对不同对象时,侧重点也就有所不同。基于残疾对人的影响不同,常将其划分为视力残疾、听力残疾、语言残疾、智力残疾、精神残疾和肢体残疾等不同残疾类型。新一期行动计划提出“有条件的公共图书馆全部设置盲人阅览区域或阅览室。鼓励盲用读物和残疾人题材图书出版。实施《国家手语和盲文规范化行动计划(2015—2020 年)》。”这就是针对视力残疾人、听力残疾人权利保障而设定的明确任务。根据医学标准,将伤残的严重程度区分为重度残疾、中度残疾、轻度残疾。根据主体的年龄,分出残疾儿童群体与成人群体,以突出残疾儿童群体可能面临的多重弱势的情况。根据残疾人所在家庭的经济水平,分出困难残疾人和其他残疾人。我国实行残疾人注册登记管理制度,由此实践中又分出持证残疾人和无证残疾人等。新一期行动计划所设定的目标任务,可以说将上述不同标准下划分的主体都囊括在内了。比如,“制定实施《残疾预防和残疾人康复条例》。为残疾人提供基本康复服务,以残疾儿童和持证残疾人为重点,实施精准康复服务”,突出残疾儿童和持证残疾人的康复保障;“全面实施困难残疾人生活补贴和重度残疾人护理补贴制度”，强调对困难残疾人和重度残疾人进行补贴。

2. 保障内容上有推进、有新意

(1) 残疾人的生存权

生存权作为权利束，一般包括最低生活保障、生活救助保障、基本社会福利保障、一般社会服务保障等，是残疾人享有平等发展机会的前提。第一期与第二期行动计划对这些底线权利都做了详细要求，经过多年努力，该权利保障获得较大发展。新一期行动计划一方面强调“全面实施”已有的困难残疾人生活补贴和重度残疾人护理补贴制度；另一方面提出优先保障残疾人基本住房。这是面对近年我国住房民生难题，有针对性地保护残疾人的举措。在落实最基本生活保障的基础上，实现残疾人基本民生兜底保障。

(2) 残疾人的发展权

发展权是残疾人真正改变自身困境，实现个体价值的重要保障，其基本内容包括享有康复服务权、平等受教育权、平等劳动权等。发展权保障是3期行动计划的重点内容，而新一期行动计划仍有自己的特点。

在残疾人的康复服务方面，前两期行动计划侧重于康复辅具支持和托管康复服务2个领域。新一期行动计划，一是强调康复服务的制度化，制定实施《残疾预防和残疾人康复条例》；二是突出以残疾儿童、持证残疾人为重点，实施精准康复服务；三是加强专业康复机构建设，尤其是康复大学建设，培养康复专业技术人才；四是专门针对精神障碍患者社区康复服务进行了指标设定。新一期行动计划提出，到2020年，基本实现每个地级市拥有1所精神卫生社会福利机构，70%以上的县(市、区)设有精神障碍社区康复机构，或通过政府购买服务等方式委托社会组织开展康复工作。

在残疾人平等受教育权保护上，相较之前两期行动计划，新一期行动计划在残疾人免费教育年限问题上有重大突破，提出“提供包括义务教育和高中阶段教育在内的12年免费教育”。对于残疾儿童的高中阶段教育，第二期行动计划指出“促进残疾人接受高中阶段教育”，而新一期行动计划明确表述为提供包括“高中阶段在内的12年免费教育”，此举能够有效提升残疾儿童的受教育权保障水平。再有，“建立为不能到校学习的重度残疾儿童送教上门服务的制度”，这一指标针对无法通过特殊学校、随班就读等实现受教育权的重度残疾儿童，仍然体现了该项权利保障的细化和深入。

在残疾人平等劳动、就业权保障上，除坚持加强职业技能培训、扩大就业范围等,新一期行动计划注重平等就业权的规范保护,既要求完善残疾人就业创业扶持政策,又强调健全公共机构为残疾人提供就业岗位制度。发挥政策的灵活性和制度的稳定性优势,从规范角度完善平等就业权保障。另外,在推进按比例就业、税费减免、专产专营等基础上,新一期行动计划提出对残疾人自主创业、灵活就业、辅助性就业、网络就业的政策扶持。

(3)残疾人参与政治、公共管理和社会生活权利

在残疾人平等参与社会生活,发展和利用自己的艺术和智力潜力,使用自己特有的文化和语言,平等参与文化、体育、娱乐等活动方面,新一期行动计划指出,要加强残疾人文化权益保障,增加在公共文化场所配备适合残疾人使用的文化娱乐器材,有条件的公共图书馆全部设置盲人阅览区域或阅览室,鼓励盲用读物和残疾人题材图书出版,实施《国家手语和盲文规范化行动计划(2015—2020 年)》等。这些举措旨在促进残障人平等地参与社会生活,最大限度地融入社会公共生活。

(4)全面推进无障碍环境建设

比较第二期行动计划提出的"加速推进无障碍环境建设",在残疾人无障碍建设目标设定上,新一期行动计划突出了"全面"推进无障碍环境建设。经过上一个行动计划的实施,我国的无障碍建设与改造取得明显进步。在制度建设方面,修改实施了《残疾人航空运输管理办法》《无障碍设计规范》,印发了《关于加强村镇无障碍环境建设的指导意见》,制定实施了《网站设计无障碍技术要求》,推进无障碍环境建设制度化、规范化。要求在所有列车设置残疾人专座,允许导盲犬乘坐火车。要求在城市道路、建筑物公共停车场增设无障碍停车位,在人行道交通信号设施安装盲人过街音响信号装置。国家补助57.3 万户贫困残疾人家庭进行无障碍改造。而此次"全面推进无障碍环境建设"目标进一步扩展到:第一,要确保新(改、扩)建道路、建筑物和居住区配套建设无障碍设施;同时,推进已建设施无障碍改造,落实其功能的真正发挥;加大贫困重度残疾人家庭无障碍改造工作力度。第二,信息无障碍方面,加强政府和公共服务机构网站无障碍改造,推动食品药品信息识别无障碍和影视节目加配字幕、手语,促进电信业务经营者、电子商务企业等为残疾人提供信息无障碍服务。第三,进一步完善残疾人驾车服务措施。这是回应残疾人迫切社会需求的举措。

(5)残疾人的司法权利保障

司法权利本质上同样是一个权利束,整体上属于救济性权利。《残疾人

权利国际公约》第 13 条第 1 款专门强调了残障者获得司法保护(access to justice,又译为“实现司法正义”)的权利:“缔约国应当确保残疾人在与其他人平等的基础上有效获得司法保护,包括通过提供程序便利和适龄措施,以便利他们在所有法律诉讼程序中,包括在调查和其他初步阶段中,切实发挥其作为直接和间接参与方,包括其作为证人的作用。”作为救济性权利,残障者平等“获得司法保护”(access to justice)是前文所述的残障者所有权利的保障性基础,“无救济无权利”,可见其价值和意义非同小可。

第二期行动计划在此问题上提出“健全残疾人法律救助工作协调机制。完善残疾人法律救助制度,依法维护残疾人权益。”尽管行动计划的实施取得了不少进步,第二期人权行动计划评估报告对我国残疾人司法权利保障所取得的进步也给予了肯定,但该项权利的整体保障水平仍然较低。新一期行动计划在指标设计上进行了拓展,在坚持继续推进司法救助的同时,要求“完善残疾人获得法律援助、法律服务制度”。同时,要求“严厉打击侵犯残疾人合法权益的违法犯罪行为”“畅通残疾人群体的利益表达渠道”。这三个方面的措施完成了从表达诉求到提供司法支持(包括救助、援助、服务),再到救济受害的逻辑闭合链,这是充分保障残障人平等司法权的重大推进。

(三)残疾人权利保障坚持制度建设与物质投入两手抓

我国残疾人权利保障总体上遵循宪法上“禁止基于残疾的歧视”这一原则。我国宪法规定,中华人民共和国公民在法律面前一律平等,公民不分民族、种族、性别、宗教信仰、教育程度、财产状况等,一律平等地享有宪法和法律所赋予的权利和义务。贯彻这一宪法原则,表现在保障残疾人权利上就是禁止基于残疾的歧视。我国《残疾人保障法》总则中规定:残疾人在政治、经济、文化社会和家庭生活等方面享有同其他公民平等的权利;残疾人的公民权利和人格尊严受法律保护;禁止基于残疾的歧视,禁止歧视侮辱侵害残疾人,禁止通过大众传播媒介或者其他方式贬低损害残疾人人格。这些规定与《残疾人权利国际公约》明确规定的“缔约国应当禁止基于残疾的歧视,保证残疾人获得平等和有效的法律保护,使其不受基于任何原因的歧视”相一致。

在残疾人权利保障上,新一期行动计划制度建设和物质投入两手抓。在我国全面推进依法治国的总目标下,坚持人权保障制度先行符合法治建设的基本原理。新一期行动计划在残疾人权利保障目标上,第一句话即是“健全残疾人权益保障制度”,具体包括:全面实施困难残疾人生活补贴和重度残疾人护理补贴制度,建立残疾儿童康复救助制度,制定实施《残疾预防和残疾人康复条例》,建立医疗机构与残疾人专业康复机构双向转诊制度,建立为不能到校学习的重度残疾儿童送教上门服务的制度,健全公共机构为残疾人提供就业岗位制度,完善残疾人获得法律援助、法律服务和司法救助制度。

但是,有制度无实施,有纸上的法无行动中的法,是法治建设和权利保障的大忌。要有力地落实制度,通常必须有国家和政府的大力投入作为后盾,所谓"徒法不能以自行"。新一期行动计划虽然没有像前两期行动计划在残疾人扶贫问题上有直接表述,但设定了许多物质投入指标。比如,在开展残疾人康复服务上,要求加强省、市、县级残疾人专业康复机构建设,支持二级综合医院转型建立以康复医疗为主的综合医院或康复医院,建设康复大学,培养康复专业技术人才。到2020年,基本实现每个地级市拥有1所精神卫生社会福利机构,70%以上的县(市、区)设有精神障碍社区康复机构或通过政府购买服务等方式委托社会组织开展康复工作。加强残疾人就业培训与服务,为中西部地区50万名农村贫困残疾人提供实用技术培训,实现城镇新增50万残疾人就业。

三、残疾人权利保障的问题与建议

(一)残疾人权利保障的问题

总体而言,我国残疾人权利保障仍存在一些问题。

一是整体贫困状况短时期难以改变。目前,残疾人仍是贫困人口中贫困程度最深、扶持难度最大、返贫率最高的特困群体。据调查显示,按照国家2300元(2010年不变价)的贫困线标准,40%以上的农村残疾人生活在贫困线以下。残疾人家庭人均收入仅为全国平均水平的60%左右,而城乡残疾人人均医疗保健支出分别是全国人均支出的1.56倍和2.09倍。残疾人家庭恩格尔系数比全国居民家庭恩格尔系数高出8.1个百分点。虽然我国近年扶贫工作取得巨大进展,但短时间内整体解决残疾人贫困问题是不可能的。

二是社会保障状况城乡差距大。长久以来,在我国城乡二元结构的设计深刻影响着社会保障制度上的二元分化。相对于城镇而言,农村残疾人的社会保障严重缺失,在西部地区尤为突出。比如,无证残疾人多分布在农村,常流于残疾人保障各类资源分配与占有之外。

三是残疾人权利保障视野有盲点。我国目前残疾人权利保障重点集中在经济、社会、文化权利领域。对残疾人同样重要的政治权利、参与社会管理的权利,关注和保障力度都明显不够。残疾人作为现代社会的构成人员,与其他公民平等地享有参与国家政治生活、社会公共管理、社会生活的权利。这些权利对于肯定残疾人的社会主体地位，提高其政治地位具有重要价值。即使新一期行动计划提及了一点“畅通残疾人群体的利益表达渠道”——这是落实残疾人表达、参与、建议、监督等民主权利的重要方式，但仍然需要进一步通过制度、措施等来加以落实。

另外，根据我国批准的《残疾人权利国际公约》以及《缔约国根据〈残疾人权利公约〉第三十五条第一款提交的条约专要文件准则》，国家应确保残疾人可以在双方自由表示的充分同意基础上结婚和建立家庭；使残疾人有机会了解计划生育、协助生育及领养或抚养方案；向有需要的残疾父母提供适当协助以便其履行养育子女的责任以及确保亲子关系；不以子女残疾或父母一方或双方残疾为理由使子女与父母分离；支助残疾儿童的父母和家属以防止隐藏、遗弃、忽视或隔离残疾儿童；避免把父母无法提供照料的残疾儿童安置在照料机构，确保由大家庭提供替代性照顾，并在无法提供这种照顾时，在更广泛的社区范围内提供家庭式照顾；防止对残疾人特别是女童和妇女进行强制绝育等。然而，遗憾的是，3 期行动计划并未提及该权利。

四是残疾人司法权利保障力度低。联合国开发计划署与武汉大学公益与发展法律研究中心、武汉东湖社会发展研究院等机构合作联合完成的一项研究表明，目前我国残障人在法律需求层面面临的困境依然不容小觑：残障人的纠纷分布现状反映出其生活很大程度上仍然被局限在家庭领域以及工伤、交通事故等人身伤害领域，而较少具有参与社会生活其他领域的机会；残障人的权利意识有限，特别是在社会歧视与偏见的影响下，不相信自己有采取法律行动解决纠纷、保护权利的能力；与此相关，残障人的社会性别意识还有待提升；残障人不太了解相关法律；残障人难以获得经济上可负担的法律服务，也很少知道法律援助；残障人生活中的许多权利议题，难以通过司法渠道解决；司法全过程中缺乏无障碍与合理便利支持，难以及时有效回应残障人的法律需求。而在服务供给层面面临的问题则集中反映为：法律服务提供者，包括律师、法律服务工作者，以及公检法等部门工作人员，缺乏残障新理念和平等意识；法律机构的无障碍设施有待完善；法律部门的内部工作流程对当事人的残障信息不敏感；社会力量的参与有限，包括残联、妇联等群团组织的维权部门，社区残联协理员，以及其他残障人组织（Disabled Persons Organization，DPO）参与促进残障人获得司法保护的力量有限；通过法律渠道解决残障人纠纷、实现其权利的方式还不够多样化，并未完全纳入法治化体系，而且缺乏法律赋能视角。

(二)残疾人权利保障的建议

残疾人人权保障是一项长期的事业,要坚持一种可持续、渐进的视角,有计划有步骤地推进其发展完善。

第一,继续坚持理念更新。理念是价值和精神的集中体现,对于制度建构和实践具有重要的指导作用。中国残疾人的权利保障实践多年,在理念更新和拓展上也取得了宝贵的进展,诸如关于"残疾"的理解,已经渐渐突破单一的"医疗模式"局限。虽然本次行动计划文本在话语选择上仍然沿用"残疾人",而没有选择更能体现"社会障碍"这个维度的"残障人",但应该承认,人们关于社会模式的残障理念已经有越来越多的认知,有越来越多的人了解并接受了《残疾人权利国际公约》所秉持的"残障"定义:残障是一个动态标准,是一个演变中的概念,是伤残者和阻碍其在与所有人平等的基础上充分切实参与社会的各种态度和环境障碍相互作用所产生的结果。因此,需要继续就残障理念理解进行拓展,加大医疗模式、社会模式等理论研究,加大残障人权利意识启蒙与教育。同时,逐步摒弃正常与不正常的思维定式,强化残障是一种生活方式,是生命多样性的一种表现,同样值得社会的尊重和保护,改变"矫正"思维。另外,去除话语污名化。语言是文化的反映,也是文化的载体。去除话语污名化,是在社会层面重构残障文化的一个切入点。从语言入手,致力于话语称谓的改变,从而树立新的残障理念和重建健康的残障文化。

第二,健全残疾人权利法律保障体系。进一步倡导全国层面的立法,推进法律规范体系内部协调。残疾人权益保障的法律规范分散于不同的法律部门,以不同的法律渊源形式存在,彼此之间重复、矛盾的情形仍不鲜见,这影响了内在统一有机联系的残疾人权利法律保障体系化。应当考虑在条件成熟时,适时制定专门的残疾人反歧视法。同时,要将残障人权利保护的视角、"非歧视"视角引入中央立法,例如,正在起草的法律援助法、看守所法,正在讨论中的民法典等。在地方立法及相关的实施细则制定中,涵盖残障视角,比如,在《反家庭暴力法》的地方性实施细则中加入残障平等视角等。继续加强法律规范的可操作性,清理明显滞后于社会发展的规范,修订某些容易引起误解的法律条文,提升现有法律制度的合法性、合理性、社会适应性和可实施性。

第三,合理配置残疾人权利保障的各种力量。保障残疾人基本权利,是国家和社会的共同责任。从整体上看,残疾人保障不仅仅局限于政府,而应该是国家的法定职责、企业的社会责任、公民的伦理责任3者的有机结合。残疾人权利保障事业是全社会的共同事业,仅仅依靠政府是不够的。传统中国社会是“大政府、小社会”格局，政府是全能型的。改革开放以来，在推进社会主义法治建设过程中，这种社会结构格局有所改变。目前，国内社会力量发展迅猛，大量非政府组织、民间社会力量，包括慈善组织等数量增长很快。其中有一些社会组织是专门为残疾人服务的非官方组织机构和社会团体，比如由残疾人组成或以残疾人为工作对象的各种事业单位、民间机构、社区组织和社会企业等。这些社会组织承担着为残疾人提供具体服务的任务。一方面，政府应该提供更多的税收优惠和政策便利，鼓励这类组织开展各类针对残疾人的互益性或公益性的活动；另一方面，这些组织应依照市场原则展开公平竞争，不断提升服务质量和服务水平，切实为残疾人排忧解难。要使全社会更多力量投入到残疾人人权保障事业上来，同时要根据不同主体的特点，合理安排这些残疾权利保障的力量。

第四，加大投入，创建各类支撑条件。继续坚持分类保障、重点精准扶持原则，着力弥合城乡差距；注重优先、重点扶持、救助、保障处于最困难境地的残疾人原则。2015 年残疾人扶贫开发成效显著，贫困残疾人生产生活状况得到进一步改善。226.8 万贫困残疾人得到扶持，其中 118.3 万人通过扶贫开发实现脱贫；接受实用技术培训的残疾人达到 72.7 万人次。康复扶贫贴息贷款扶持 54.9 万农村残疾人，残疾人扶贫基地达到 6693 个，安置 11.4 万残疾人就业，扶持带动 25 万残疾人户。这些重点经验要注重推广，以点带面，实现规模化效应。

第五，加强残疾人组织、机构、专业队伍建设。加强残疾人专职、专业和志愿者队伍建设；加快残疾人康复、教育、就业、维权、托养、文化体育、社会工作等专门人才培养。不断改善残疾人专业服务机构条件，完善功能，规范管理，扩大受益面，提高服务水平。尽快研究制定残疾人服务领域的国家和行业标准，完善行业管理政策，加强对残疾人服务的支持引导和监督管理。建设残疾人人口综合数据管理系统和中国残疾人服务网，做好残疾人社会保障与服务统计以及残疾人状况监测。

第四章　人权教育和研究

“教育不是灌输，而是点燃火焰。”古希腊哲学家苏格拉底的这句话传达了教育的真谛，同时也奠基了我们当代的人权教育理念。打开《世界人权宣言》，里面赫然写着：“教育的目的在于充分发展人的个性并加强对人权和基本自由的尊重。”人权教育不仅要释放对人的身体的压抑，还要卸下对人的思想的束缚，塑造自由、平等、独立且独一无二的人，照亮人的价值和尊严，传递信任、宽容和友爱的氛围。就此而言，人权教育的意义并不只在于它本身是一项人权的基本内容，而更在于它指向对真正的人的培养。要实现这一崇高的目标，需把人权教育视作一种传承和向未来的延续，并不断通过人权研究补给人权教育的素材。

一、背景与成就

我国人权教育与研究事业的进步与党和国家对人权的认识发展密切相关。1985 年 6 月邓小平同志曾讲道：“从人权的观点提出问题。这就要问，什么是人权？首先一条，是多少人的人权？是少数人的人权，还是多数人的人权，全国人民的人权？西方世界所谓‘人权’和我们讲的人权，本质上是两回事，观点不同。”①可以说，这为人权议题的提出奠定了基调，之

① 邓小平：《邓小平文选》（第 3 卷），人民出版社 1993 年版，第 125 页。

后的人权教育和研究都是围绕这一问题而展开。1991 年 11 月 1 日国务院新闻办公室发布了《中国的人权状况》白皮书,首次以政府文件的形式明确指出“人权”这个伟大的名词,是中国需要继续促进的崇高目标。而无论是在白皮书的前言中,还是在白皮书的各个章节中,都可以看到人权教育和研究的重要意义。如前言中提出的“中国人民从自己的历史和国情出发,根据长时期实践的经验,对人权问题形成了自己的观点,并制定了相应的法律和政策。”同时,白皮书还阐述了中国人权的广泛性、公平性、真实性 3 个显著特点等。这些观点的形成、特点的提炼,本身就与领导人对人权的理解和人权学者对中国人权的研究密不可分。此外,在政治权利、经济社会文化权利、司法人权保障、宗教信仰自由、计划生育、少数民族、残疾人等章节中都能看到对教育的强调,这也说明人权教育从一开始就被注入我国的人权发展事业之中。

2009 年 4 月 13 日国务院新闻办公室发布《国家人权行动计划(2009—2010 年)》,指出国家将“有计划地开展形式多样的人权教育,普及和传播法律知识和人权知识”,并将“继续鼓励高等院校开展人权理论研究与教育”。随后我国又分别于 2012 年 6 月 11 日和 2016 年 9 月 29 日发布了《国家人权行动计划(2012—2015 年)》《国家人权行动计划(2016—2020 年)》两期行动计划。回顾前两期行动计划,我国在人权教育与研究方面取得了如下几个方面的成绩。

第一,国家通过多种形式的人权教育传播人权理念,普及人权知识,公民的人权意识和维权能力明显提高,全社会尊重和保障人权的意识普遍提升。

第二,在九年义务教育中,增加了法律和人权方面的教学内容。在小学阶段的《品德与生活》等课程中,引导儿童热爱生命、热爱生活、熟悉儿童权利。在初中阶段的《思想品德》课程中,介绍了 17 项关于法律和人权方面的内容以及未成年人保护法等法律法规。从 2012 年开始,各中小学根据新修订的义务教育各学科课程标准,结合学生年龄特点,在课程教材中融入人身权利、受教育权利、经济权利等学习内容,让学生了解了公民依法享有的基本权利和应当承担的义务,增强了学生的权利意识。在高中阶段的《思想政治》等课程中,介绍了宪法规定的公民权利和义务以及国际人权公约的有关内容。

第三,高校和科研院所成立人权研究机构近 30 个,数十所高校开设了人权法和人权教育课程,南开大学、山东大学、中国政法大学等高校招收和培养人权方向的硕士和博士研究生。近年来,教育部先后在南开大学、广州大学、中国政法大学、西南政法大学、中国人民大学、复旦大学、武汉大学、山东大学设立了 8 家国家人权教育与培训基地。多所高校自主开设了“人权概论”通识课,“人权法学”“国际人权法学”“人权法专题”等公选课,人权教育课程得到充实。并且,国际人权法等 3 部人权法教材入选“普通高等教育‘十一五’国家级教材规划”。中国政法大学、西南政法大学自主设置了人权法学二级学科,开始招收培养人权法学、人权政治学、人权哲学等研究方向的硕士、博士研究生。

第四,国务院新闻办公室与 8 家国家人权教育和培训基地先后举办了 140 期以上的人权知识培训班,对各级党政干部、司法系统干警、干部以及媒体从业人员等进行人权知识培训。中央党校和各级党校普遍把人权纳入教学内容,对各级领导干部进行人权知识教育。在公安机关开展人民警察核心价值观教育活动,培养民警的法治意识、程序意识、证据意识和人权意识。全国县级公安局长、监狱长、司法局长分别接受集中培训,强化人权法治意识。

第五,中国人权研究会、中国人权发展基金会以及国家人权教育与培训基地开展人权理论研究。先后编辑出版了《中国人权在行动》《中国人权建设 60 年》《中国人权事业发展报告》等人权书籍以及《人权》《人权研究》《中国人权评论》《残障权利研究》等学术刊物。编写了《人权知识读本丛书》等人权培训教材,面向社会大众普及人权知识。《人权》杂志、中国人权网等媒体积极促进人权知识的普及。举办或参与国际学术会议,大力开展与国内外同行的学术交流。

第六,电视台、广播电台、报纸、期刊、网络媒体等以播发消息、评论、连线、解读、访谈、微博、微信互动等多种形式,积极传播人权知识,促进人权观念深入人心,形成了国家尊重和保障人权、公民遵法守法的良好社会环境。

二、人权教育与研究的国际标准与中国目标

2016 年 9 月 29 日国务院新闻办公室发布《国家人权行动计划(2016—2020 年)》,至此,我国已经发布了 3 期人权行动计划,标志着中国人权事业进入了有计划、持续稳健、全面推进的新阶段。值得注意的是,与前两期人权行动计划不同,新一期行动计划专章设立了“人权教育与研究”,在提出人权教育指标的基础上,增加了对人权研究的要求。这意味着党和国家开始以更加积极的姿态面对人权教育与研究事业。

在人权教育、培训领域,3 期人权行动计划可归纳为以下三方面内容:(1)在中小学教育中进行人权教育;(2)在高等教育中进行人权教育;(3)对公

务人员、执法人员和军人进行人权培训。结合国际文件考察,第 1 项实际上是《世界人权教育方案第一阶段(2005—2007 年)行动计划》所重点推进的内容。诚如其前言所载:“具体而言,这本小册子所载的《世界人权教育方案第一阶段(2005—2007 年)行动计划》,侧重的是将人权教育纳入中小学系统。”①第 2 项、第 3 项则是《世界人权教育方案第二阶段(2010—2014 年)行动计划》着力推进的内容,这在其前言中也有明示:“世界方案(2005—2009 年)②的重点是学校系统。在这五年成就的基础上,第二阶段(2010—2014 年)的重点在于进一步指引未来公民和领导者的人,如高等教育机构,以及富有尊重、保护和实现他人权利之重任的人,从公务员、执法人员到军事服务人员。”③更进一步,在《世界人权教育方案第三阶段(2015—2019 年)行动计划》中,再次重申了前两个阶段的内容,并提出了新的要求:“加强前两阶段实施情况并促进对媒体专业人员和新闻工作者人权培训的行动计划。”④

相比人权教育的内容,我国 3 期行动计划在人权研究上的要求相对较少,且除了第一期中“支持中国人权研究会在全社会组织人权理论研究和实地调查研究”,第三期中“提升高校、科研院所开展人权重大理论与实践问题研究的能力,设立人权理论研究国家科研专项”这两个具有一定指向性的要求外,其他多是像“建设中国特色新型高端人权智库”“开展设立国家人权机构必要性与可行性研究”这样的指示性要求,并没有具体指明研究内容,没有体现出清晰的计划。

从时间维度观察,联合国的 3 个阶段执行时间为 2005 ~ 2007 年、2010 ~ 2014 年、2015 ~ 2019 年,我国的 3 期行动计划正好与此相扣,并结合我国实际有机融合了相关内容。尤其值得注意的是,我国新一期行动计划增加的面向幼儿教师、中小学教师开展人权知识培训恰是在联合国第三阶段方案中新增的内容。此外,我国还在 2016 年印发实施了《青少年法治教育大纲》,这更是

---

① 联合国教育、科学及文化组织、联合国人权事务高级专员办事处:《世界人权教育方案第一阶段(2005—2007 年)行动计划》(2006 年)。

② 世界人权教育方案第一阶段的时间范围,按联合国教科文组织和人权高专办的文件,应为 2005 年至 2007 年,但在第二阶段的文件中,此处的确是将第一阶段的时间段界定为 2005 年至 2009 年。特此说明。

③ 联合国教育、科学及文化组织、联合国人权事务高级专员办事处:《世界人权教育方案第二阶段(2010—2014 年)行动计划》(2012 年)。

④ A/HRC/27/28:《世界人权教育方案第三阶段(2015—2019 年)行动计划》(2014 年)。

体现出我国在积极吸收国际有益经验基础上的制度自觉和自我提升。将有关人权教育与研究的国际标准与我国3期计划指标做比较,将有助于发现我国在理念、中小学教育、高等教育、对公职人员与企事业单位人员的教育及发挥人权基地和人权机构作用等方面的进步。

(一)国际法依据和中国理念

目前,人权教育已被纳入许多国际文书和文件之中。《国际人权宪章》尤其是《世界人权宣言》作为全世界"努力实现的共同标准",[①]凭借其巨大的感召力,深刻影响着后续的国际文书和文件,其有关人权教育的阐述凝结着人权研究的成果,奠基着人权教育的基础理念和内容。《世界人权宣言》规定:"1948年12月10日,联合国大会采认世界人权宣言,请求它的会员国公布该宣言,并'在无政治的考量下,在各级学校及教育机构里,传播、张贴、研读及解说其内容。'"同时在序言中提及:"努力通过教诲和教育促进对权利和自由的尊重,并通过国家的和国际的渐进措施,使这些权利和自由在各会员国本身人民及在其管辖下领土的人民中得到普遍和有效的承认和遵行。"[②]《经济、社会及文化权利国际公约》中也规定:"教育应鼓励人的个性和尊严的充分发展,加强对人权和基本自由的尊重,并应使所有的人能有效地参加自由社会,促进各民族之间和各种族、人种或宗教团体之间的了解、容忍和友谊,和促进联合国维护和平的各项活动。"[③]此外,在冷战结束后最重要的国际文书——1993年《维也纳宣言和行动纲领》第一部分第33段更对人权教育做了专门强调:"世界人权会议重申,依照《世界人权宣言》和《经济、社会及文化权利国际盟约》以及其他国际人权文书,各国有义务确保教育的目的是加强对人权和基本自由的尊重。"[④]并在第一部分第33段至第34段和第二部分第78段至第82段载明:

33.世界人权会议重申,依照《世界人权宣言》和《经济、社会及文化权利国际公约》以及其他国际人权文书,各国有义务确保教育的目的是加强对人权和基本自由的尊重。世界人权会议强调有必要在教育方案中加进人权主

---

① [瑞典]格德门德尔·阿尔弗雷德松、[挪威]阿斯布佐恩·艾德:《〈世界人权宣言〉:努力实现的共同标准》,中国人权研究会组织翻译,四川人民出版社1999年版。

② 参见《世界人权宣言》。

③ 参见《经济、社会及文化权利国际公约》。

④ 参见《维也纳宣言和行动纲领》。

题，要求各国都采取这样的做法。教育应增进各民族、所有种族或宗教群体之间的谅解、容忍和友谊，能鼓励联合国为实现这些目标开展活动。所以，从理论和实践上开展人权教育，传播适合的资料，对于促进和尊重不分种族、性别、语言或宗教的所有个人的人权，可以发挥重要作用，应成为国家和国际一级教育政策的组成部分。世界人权会议注意到，资源紧张、体制不健全，都可能成为迅速实现这些目标的障碍。

34. 应当更加努力，根据要求援助各国，以创造条件，使每一个人都能享受普遍的人权和基本自由。促请各国政府、联合国系统和其他多边组织大量增加拨付给有关方案的资源，这些方案旨在建立和加强国家立法、国家机构和有关基础设施，通过培训、讲授和教育、大众参与和公民社会等方式坚持法治和民主、协助选举和提高人权意识。

……

78. 世界人权会议认为，必须开展人权教育、培训和宣传，以便促进和实现社区与社区之间的稳定和谐关系，促成相互了解、容忍与和平。

79. 各国应努力消除文盲，使教育目标针对充分发展人格，加强对人权和基本自由的尊重。世界人权会议呼吁所有国家和机构将人权、人道主义法、民主和法治作为学科纳入所有正式和非正式教学机构的课程。

80. 人权教育应包括各项国际和区域人权文书所载的和平、民主、发展和社会正义，以便达成共识和了解，从而增强对人权的普遍承诺。

81. 考虑到国际人权和民主教育大会 1993 年 3 月通过的《世界人权和民主教育行动计划》和其他人权文书，世界人权会议建议各国特别考虑妇女的人权需要，制订具体方案和战略，保证最广泛地进行人权教育和散发宣传资料。

82. 各国政府应在政府间组织、国家机构和非政府组织的协助下，促进对人权和相互容忍的认识。世界人权会议强调有必要加强联合国从事的世界公众宣传运动。它们应发起和支持人权教育，有效地散发这一领域的公众宣传资料。联合国系统的咨询服务和技术援助方案应能够立即响应各国的要求，帮助它们进行人权领域的教育和培训活动，特别是教育各项国际人权文书和人道主义法律所载的标准，并将这些标准适用于军队、执法人员、警察和医疗专业人员。应考虑宣布联合国人权教育十年，以推动、鼓励以及重点突出这些教育活动。

现在,除了《世界人权宣言》《维也纳宣言和行动纲领》外,在包括《消除一切形式种族歧视国际公约》(第7条)、《经济、社会及文化权利国际公约》(第13条)、《禁止酷刑和其他残忍、不人道或有辱人格的待遇或处罚公约》(第10条)、《消除对妇女一切形式歧视公约》(第10条)、《儿童权利公约》(第29条)、《保护所有移徙工人及其家庭成员权利国际公约》(第33条)、《残疾人权利公约》(第4条和第8条)、《国际人口与发展会议行动纲领》(第7.3段和第7.37段)、《德班宣言和行动纲领》(《宣言》第95段至第97段;《行动纲领》第129段至第139段)和德班审查会议成果文件(第22段和第107段),以及2005年世界首脑会议成果文件(第131段)中都能看到有关人权教育的表述,这些都已成为人权教育的法理依据。

可以说,我国3期人权行动计划均对此国际法有所贯彻,以一个个具体指标来落实国际人权法律所规定的标准。如在第一期行动计划中有述:2009~2010年期间,国家将结合普法活动,积极依托现有的义务教育、中等教育、高等教育、职业教育体系和国家机关内的培训机构以及广播、电视、报刊、网络等多种媒体,有计划地开展形式多样的人权教育,普及和传播法律知识和人权知识。在第二期行动计划中有述:广泛开展各种形式的人权教育和培训,在全社会传播人权理念,普及人权知识。

不过,无论是《国际人权宪章》《维也纳宣言和行动纲领》,还是其他的国际人权文件,虽然都为人权教育提供了基本理念支撑和内容框架,但人权教育并不仅只有这些具体的权利内容,还应有对人权价值的传递和人权实践的理解。就此而言,人权教育者并不能仅仅陷在严格法律实证主义者与法律程序主义者对国际法、国内法的认识中,还应当有人权形而上学或社会科学的理解,而这也与人权研究关联起来。鉴于此,我国在新一期行动计划中提出:在2016~2020年期间,加大人权教育与培训力度,提高全社会人权意识;搭建人权研究平台,为人权事业发展提供智力支持。然而,从国际国内来看,虽然在一些文件中零散地提出了人权研究的要求,但难见专门指引人权研究的材料,人权研究更主要是人权学者尤其是法学领域学者自发展开。考虑到人权教育的内容既是人权研究的对象,也常常是人权研究的成果,所以只有从人权教育的内容反观人权研究,才可见人权研究的存在。

(二)中小学教育中的人权教育

在世界人权教育第一阶段的方案中,对中小学教育提出的要求包括:

17. 从这个意义上说，人权教育能促进以权利为基础的教育，应将之理解为一个进程，其中包括：

(a)“通过教育学习人权”：确保学习的所有组成部分和进程（包括课程、材料、方法和培训）都有利于学习人权；

(b)“在教育中学习人权”：确保在教育制度中尊重所有行动者的人权，并实践权利。

18. 因此，小学和中学教育制度中的人权教育包括：

(a)政策—集体制定并通过以人权为基础的一致的教育政策、立法和战略，包括改善课程，制定对教师和其他教育工作者的培训政策；

(b)实施政策—采取适当的组织措施并为各利益有关者的参与提供方便，从而规划实施上述的教育政策；

(c)学习环境—学校环境本身也能尊重和促进人权和基本自由。通过现实活动，学校环境使学校所有的行动者（学生、教师、职工、行政人员和家长）有机会行使人权。它使儿童能自由表达观点和参加学校生活；

(d)教学—所有的教学进程和手段都是以权利为基础的（例如，课程的内容和目的、参与式的民主做法和方法、适当的教材，包括审查和修改现有的课本等）；

(e)教师和其他人员的教育和职业发展—通过任职前培训和在职培训，为教员和学校领导提供必要的知识、理解、技术和能力，以推动在校内学习和实践人权，并提供适当的工作条件和状况。

20. 在学校系统中进行和平教育、公民意识和价值教育、多元文化教育、全球教育和可持续发展教育的全部努力均在其内容和方法上包括了人权的原则。必须使其中的每一项都参照本行动计划，推动以权利为基础的教学方式。这种教学方式不局限于教学本身，而旨在联系国家教育改革，为系统改善学校部门提供机会。①

我国在前两期行动计划中要求：“在中小学教育中逐步增加法律和人权方面的教学内容。充分利用思想品德课等课程，培养学生的公民意识和权利意识，树立民主法治、自由平等、公平正义理念，形成健康的人际观念、集体观

① 联合国教育、科学及文化组织、联合国人权事务高级专员办事处：《世界人权教育方案第一阶段（2005—2007 年）行动计划》（2006 年），第 18 ~ 19 页。

念以及国家和社会观念。”“中小学人权教育根据中小学生的年龄特点,采取灵活多样、生动有趣的方式进行。通过丰富多彩的课外实践活动,使学生在亲身体验中,接受人权教育,养成健全人格。在教学以及学校管理方面,积极推动教学与学校管理方式的改革,倡导教师与学生的民主平等、积极互动关系,鼓励学生参与班级与学校的民主管理,让学生在一种平等、民主关系的体验和实践中,增强民主、法治、人权意识。”“在高级中学,除了进行一般性的人权观念培育外,要在有关课程中,系统开展有关中国宪法‘公民的基本权利与义务’教育和国际人权知识的教育。”[①]“加强中小学人权教育。将人权知识融入相关课程,纳入学校法制教育。开展适合青少年特点的人权教育活动,推动中小学依法治校和民主管理,营造尊重人权的教育环境。”[②]

在世界人权教育第三阶段的方案中,除了对中小学教育提出“要推进和巩固世界方案前两个阶段作出的努力,需要对前两个阶段开展的规划、协调、实施和评价进程以及任何有关的国家实施计划进行评估……可将前两个阶段收集的任何基线数据与分析结果进行比较,以便确定取得的进展”“根据分析结果,可以制订推进和巩固当前努力的战略,并将其纳入世界方案第三阶段的实施计划中”[③]外,还提出了“向从事正规和非正规教育和培训的教育工作者,特别是从事儿童与青少年工作的教育工作者,提供人权教育和培训”[④]的要求。作为对这一要求的回应,我国又在新一期行动计划中进一步要求:“把人权知识纳入国民教育内容。以灵活多样的形式将人权知识融入中小学教育教学活动中。面向幼儿教师、中小学教师开展人权知识培训。”这充分展示出我国始终注重吸收国际有益经验,不断提升人权教育水平的努力。

(三)高等教育中的人权教育

在世界人权教育第二阶段的方案中,对高等教育提出的要求包括:

1.政策及相关执行措施。高等教育政策,包括立法、行动计划、课程、培训政策等,应旗帜鲜明地促进人权教育,将人权融入整个高等教育系统中。应与

① 《国家人权行动计划(2009—2010年)》。

② 《国家人权行动计划(2012—2015年)》。

③ A/HRC/27/28:《世界人权教育方案第三阶段(2015—2019年)行动计划》(2014年),第7页。

④ A/HRC/27/28:《世界人权教育方案第三阶段(2015—2019年)行动计划》(2014年),第6~7页。

所有有关方面合作，以参与的方式制定政策，履行一个国家提供和促进良好教育权利的国际义务。为了行之有效，政策需要一个连贯的执行战略，包括拨付适当的资源，建立协调机制，以确保一致性、监测和问责。

2.教授与学习的过程和工具。引入或改进人权教育需要采取反映人权价值观的综合性教授和学习办法。人权作为一个横向问题融入所有学科之中，并引进具体的人权课程和方案，特别是多学科和跨学科的人权方案。实践和方法是民主的和参与式的。资料和课本宣传人权价值观。建立相关的支助和资源。

3.研究工作。高等教育机构发展新知识，并推进人权领域的批评性思考，这种思考又反过来指导人权和人权教育的政策和实践。通过现行经验的评估和比较研究，研究工作可以有助于确定和传播好的做法，并在这些做法的基础上开发新型方法和工具；研究工作还可指导经验和评价活动。研究工作可通过交流、奖学金和研究金得到推进。

……①

以此为参照，我国结合国情作出了一定的针对性要求，如在第一期行动计划中要求：“继续鼓励高等院校开展人权理论研究与教育。选取若干高等院校进行人权教育的调研，鼓励高校学者开展人权研究，推动制定高等院校人权教育规划。鼓励高等院校面向本科生开设人权公共选修课，面向法学专业本科生开设人权法课程。推进人权法教材的编写以及教学课件的开发。选取若干开展人权教育较早的高等院校作为人权教育与培训基地。”在第二期行动计划中要求：“鼓励高等院校开设人权公选课程和专业课程。支持人权相关学科和专业建设，鼓励开展人权理论研究。”新一期行动计划又提出：“继续支持高校开展人权通识教育，进一步加强人权方面的学科和方向研究生的招生和培养。提升高校、科研院所开展人权重大理论与实践问题研究的能力，设立人权理论研究国家科研专项。”

(四)对公务人员、执法人员和军人进行的人权培训

在世界人权教育第二阶段的方案中，对公务员、执法人员和军人的人权培训提出的要求包括：

---

① 联合国教育、科学及文化组织、联合国人权事务高级专员办事处：《世界人权教育方案第二阶段(2010—2014年)行动计划》(2012年)，第4~5页。

1. 培训政策和其他有关政策。培训政策规定,人权培训是职业资格和晋升的强制性条件,与特别弱势的群体打交道的官员需要受到专门培训。人权培训纳入职前和在职培训课程。培训由专门人员施行,建立评价和效果评估机制。因为培训不应是一项孤立的工作,而是全面能力建设战略的一部分,所以应对本行业所有政策和法规进行审查,以确保其未违背人权标准,而是促进本行业对人权的贡献。

2. 培训过程和工具。培训内容与受众相关,反映其作用和责任、机构和组织文化以及适用的具体标准。培训方法和做法实用,使用参与式和提高认识的技术,培训建立在同侪学习和职业自尊基础之上。培训材料和课本促进人权价值观。

3. 学习和工作环境。行为守则和职业伦理等政策规定促进该行业对人权的贡献,将人权纳入所有工作领域,促进、承认和奖励好的做法,推动与更广泛社区的互动与合作。①

我国第一期行动计划载明:“有重点地开展针对公职人员的人权教育培训,特别是针对公安、检察院、法院、监狱、城管、行政执法机构等特定执法机构和人员的人权教育培训。各执法部门根据自己的工作特点制定人权教育培训计划,加大对人权保护方面的法律法规的宣传教育,推动人权知识教育常态化、经常化、制度化。组织专家编写人权培训专门教材。选取一些有条件的国家机关和城市作为人权教育培训的示范单位,进行跟踪监测。”第二期行动计划则提出:“将人权教育纳入公务员培训计划。强化对公务人员的人权教育培训。支持人权研究机构编写人权培训教材,参与人权培训工作。”新一期行动计划以更具针对性地要求对《关于完善国家工作人员学法用法制度的意见》进行落实,并把人权教育作为加强国家工作人员学法用法工作的重要内容。将人权知识纳入党委(党组)的学习内容,列入各级党校、干部学院、行政学院的课程体系,列为法官、检察官、警察等公职人员入职、培训必修课。由此可见,我国无论是接受人权教育的主体范围,还是具体学习的内容都较国际文件的要求更广,更为体系化,要求也更加严格。尤其值得指出的是,对“公检法司”4个与人权联系更密切、更关涉重大的机构,以及对中国共产党领导干

① 联合国教育、科学及文化组织、联合国人权事务高级专员办事处:《世界人权教育方案第二阶段(2010—2014年)行动计划》(2012年),第5~6页。

部的人权教育要求的着重强调,是与我国近年来的法治建设、司法制度改革相协调的,这充分表现出约束权力的理念目标。

(五)面向企事业单位的人权教育

值得一提的是,虽然国际文件中较难见到有关企事业单位的人权教育标准,但是我国在充分考虑经济社会巨大发展的基础上,提出:"鼓励并推动企事业单位普及人权知识,形成尊重和保障人权的企业文化。"①"支持和鼓励企事业单位加强人权教育、培训,培育人权文化,在境内外投资中将尊重和保障人权作为决策的重要考虑因素。"②这也展示出我国在"工商业与人权"这一国际人权议题上的重视,体现了我国始终秉持的将人权普遍性与中国的具体国情相结合的人权保护理念。

(六)新闻媒体的人权理念传播作用

值得一提的是,我国3期行动计划均对传统新闻媒体和新兴媒介传播人权的理念提出了要求,比如,"充分利用广播、电视、报刊、网络等大众传播媒体对公众进行人权知识的普及。鼓励中央新闻媒体和地方新闻媒体开设人权专栏、专题。支持《人权》杂志、'中国人权网'和其他民间人权网站的发展,充分利用互联网等新媒体开展人权知识普及教育"。③ "鼓励新闻媒体传播人权知识。提高全民人权意识,形成全社会重视人权的舆论氛围。"④"支持新闻和网络媒体设立人权专题频道或栏目,普及人权知识,传播人权理念。"⑤不难看出,国家之所以重视新闻媒体,原因在于其能够借助自身功能,广泛地传播人权理念和知识,以另一种方式营造人权氛围,展开人权教育,引发人权反思,但是对新闻媒体的人权传播少有针对性的可供参考的国际指导性文件,只在联合国人权事务中心1995年发布的《关于设立和加强促进和保护人权的国家机构的手册》中有过关联国家人权机构的表述:

158. 由于媒介在公众舆论的形成和表达上起着十分重要的作用,因而可以成为负责增进人权意识的国家机构的极为重要的伙伴。国家机构应当制定战略,查明宣传方案的哪些方面最好有媒介参与。媒介可通过以下一些方式

① 《国家人权行动计划(2009—2010年)》。
② 《国家人权行动计划(2016—2020年)》。
③ 《国家人权行动计划(2009—2010年)》。
④ 《国家人权行动计划(2012—2015年)》。
⑤ 《国家人权行动计划(2016—2020年)》。

协助国家机构:

——向大众宣传国家机构的存在、担负的职能和开展的活动;

——对社会进行教育,使人们了解自己享有的人权、为他人担负的义务以及为了落实这些权利和义务而建立的结构;

——散发一般性的人权资料及国家机构的意见和建议,包括调查或探访结果;

——突出报道国内或国际情况或问题,表达国家机构对这些情况或问题的人权方面的见解。

159. 有些国家机构聘用公共关系专家或新闻官员,以确保充分利用所有的媒介渠道来促进人权。即使在没有这方面的专家的情况下,国家机构也应当作为重要的第一步,确保人们普遍从报纸、电视和无线电广播中知道其存在。在这方面,积极利用免费或有补贴的广播时间或报纸版面可作为一项重要战略。国家机构还应采取措施,确保工作人员接受传播技能培训,包括进行采访和撰写新闻稿。①

(七)人权教育与培训基地和国家人权机构的作用

人权研究更多的是作为人权教育内容的支撑而隐性存在。在前两期人权行动计划中,这种教研功能主要是借助于国家人权教育与培训基地的作用而展开。我国在过去 8 年中设立了 8 家国家人权教育与培训基地,用以一体推进人权的教研活动,同时借助"中国人权研究会、高等院校和社会科学研究院所的人权研究机构,充分利用教学、科研平台,多渠道开展国际交流与合作,努力培养具备国际视野的人权领域高级专门人才"。"支持中国人权研究会在全社会组织人权理论研究和实地调查研究,举办人权知识培训班和讲座等形式多样的人权知识教育和普及活动。"②而在新一期行动计划中,我们可以看到,对教研的要求不再限于人权教育与培训基地,而是在继续强调人权教育的基础上,提升了人权研究工作的重要性:"规范国家人权教育与培训基地工作。到 2020 年,再增加 5 家人权教育与培训基地。规范基地管理,创新基地运作模式,加强人才队伍建设,加大资金投入,建设中国特色新型高端人权智

---

① 联合国人权事务中心:《国家人权机构——关于设立和加强促进和保护人权的国家机构的手册》(1995 年),第 47 ~ 49 页。

② 《国家人权行动计划(2009—2010 年)》。

库。”“开展设立国家人权机构必要性与可行性研究。”

对此,我们从联合国的3个阶段方案中,可以有所借鉴:

在第一阶段的方案中,提到“促进学校制度中人权教育的规划、执行和评价过程的四个阶段”,①要求:

在阶段1,分析学校制度中人权教育的现状,提问“我们已走到哪一步?”

在阶段2,确定优先次序,并拟定国家执行战略,提问“往何处去?如何行动?”

在阶段3,执行和监测,提出“往目标前进”的指导思想;

在阶段4,评价,提问“是否已取得成功?多大的成功?”②

在第二阶段的方案中,同样提到“对高等教育中的人权教育和公务员、执法人员和军人的培训的计划、执行和评估的国家进程提出四个步骤”:③

步骤1,分析上述领域中的人权教育现状;

步骤2,确定优先事项,并拟定国家执行战略;

步骤3,执行和监测;

步骤4,评价。④

并要求研究回答“与谁有关?”“协调机制有哪些?”“国家执行具备何种支助?”⑤

而在第三阶段的方案中,有针对性地提出以下研究要求:

步骤1:对世界方案第一阶段和第二阶段取得的进展进行评估研究,并就面向媒体专业人员和新闻工作者的人权培训情况开展全国基线研究。可由政府协调部门开展上述研究,也可由最相关的行为方在各目标领域单独开展研究。

步骤2:制订一项旨在加强世界方案第一阶段和第二阶段实施成果的国家战略,促进面向媒体专业人员和新闻工作者的人权培训。在步骤的基础上,将与相关利益攸关方密切磋商并力求他们参与的有关措施包括……(c)基于

---

① 联合国教育、科学及文化组织、联合国人权事务高级专员办事处:《世界人权教育方案第一阶段(2005—2007年)行动计划》(2006年),第22页。

② 同上书,第22~24页。

③ 联合国教育、科学及文化组织、联合国人权事务高级专员办事处:《世界人权教育方案第二阶段(2010—2014年)行动计划》(2012年),第6页。

④ 同上书,第6~7页。

⑤ 同上书,第7~8页。

研究结果设定优先事项,同时考虑到最紧迫的需求和/或可以利用的机会;

步骤3:实施、监测和评价国家战略。①

不难看出,无论是分析和设问,还是执行、监测和评价,抑或基线调查、磋商、设定优先事项,都是以具体的人权研究为依托。当然,结合我们新一期行动计划,**在人权研究事项上实际包括2项最核心的人权研究的要求——人权智库和国家人权机构**,不仅如此,它实质上在民间社会和国家层面对人权研究和人权教育两个方面都提出了要求。

从我国指导智库建设的文件《关于加强中国特色新型智库建设的意见》来看,智库要立足国情,充分体现中国特色、中国风格、中国气派;开展前瞻性、针对性、储备性政策研究,着力提高综合研判和战略谋划能力;坚持求真务实,理论联系实际,强化问题意识,积极建言献策,提倡不同学术观点、不同政策建议的切磋争鸣、平等讨论。充分发挥出咨政建言、理论创新、舆论引导、社会服务、公共外交等重要功能。这也成为人权智库建设的基本指引。

就国家人权机构而言,根据1993年《关于国家机构的地位的原则》(以下简称《巴黎原则》)的要求,可以看到:

权限与职责

应有关当局的要求,或通过行使其在不须向上级请示径行听审案件的权力,在咨询基础上,就有关促进和保护人权的任何事项,向政府、议会和任何其他主管机构提出意见、建议、提议和报告;并可决定予以公布;

……

(f)协助制定人权问题教学方案和研究方案并参加这些方案在学校、大学和专业团体中的执行;

(g)宣传人权和反对各种形式的歧视特别是种族歧视的工作,尤其是通过宣传和教育来提高公众认识以及利用所有新闻机构。

组成和独立性与多元化的保障

1.国家机构的组成及其成员的任命,不论是通过选举产生还是通过其他方式产生,必须按照一定程序予以确定,这一程序应提供一切必要保障,以确保参与促进和保护人权的(民治社会的)社会力量的多元代表性,特别是要依

① A/HRC/27/28:《世界人权教育方案第三阶段(2015—2019年)行动计划》(2014年),第17~19页。

靠那些能够促使与以下各方面代表,或通过这些代表的参与,建立有效合作的力量;

(a)负责人权和对种族歧视作斗争的非政府组织、工会、有关的社会和专业组织,如律师、医生、新闻记者和著名科学家协会;

(b)哲学或宗教思想流派;

(c)大学和合格的专家;

(d)议会;

(e)政府部门(如果包括它们,则它们的代表只能以顾问身份参加讨论)。

在《国家人权机构——关于设立和加强促进和保护人权的国家机构的手册》中,提出:

国家机构甚至可请一个具有特殊专门知识的组织从事特定调查或研究。许多国家机构在进行研究或调查时,通常都与有关的非政府组织磋商。国家机构可以决定在实际一级进行合作,开展联合活动以及就双方关注的专题合作开展调查或研究项目。①

可由一个文件和培训中心提供关于人权专题的多种研究和教学材料。②

并不是所有宣传活动都需要单独开展。通过鼓励或参与其他方面旨在增进人权意识和对人权了解的活动,国家机构可有效地利用社区内已经存在的结构。国家机构应当知晓社区内可加利用的各种资源,并研究如何能够最有效地利用这些资源。③

正如已经指出的那样,国家机构可在活动期间从人权角度找出现行法律的问题或缺陷,可在该机构的职权中列明在此情况下应遵循的程序。不过,一般而言,该机构需要在每一阶段主动采取行动,它必须:

——发现法律缺陷;

——联系国内和国际标准研究其对人权的影响;

——找出负责执行或监督所涉法律的政府有关部门或机构;

① 参见联合国人权事务中心:《国家人权机构——关于设立和加强促进和保护人权的国家机构的手册》(1995年),第38页。

② 同上书,第45页。

③ 同上书,第47页。

——与该部门或机构或议会进行联系或向其报告情况。①

有关国家人权机构,就像没有标准的模式一样,国家人权机构没有任何标准的名称。根据不同的区域、法律传统和常见的用法,国家人权机构可有以下几种名称:公民权利保护者、专员、人权委员会、人权研究所或中心、监察员、议会人权监察员或人权专员、公设辩护律师/保护者、议会人权倡导者,等等。②值得注意的是,这里面“人权研究所或中心”的称谓表明了国家人权机构具有的人权研究职能,正如联合国人权高专办的文本《国家人权机构:历史、原则、作用和职责》所言,为数不多的机构属于人权研究所或中心这一类别……人权研究所或中心的成员通常具有非常广泛的代表性,从而可使社会各阶层的代表聚集一堂。……其广大成员通常不直接参与决策工作(这是由专业工作人员负责的工作),而是制定人权中心据以开展工作的总体政策框架。人权中心也往往更注重于开展人权研究。③

由此可见,国家人权机构要求在人权教育和人权研究上尤其是人权研究上更具统筹力,这也提出了更高要求。

参照国际文书和文件中有关人权教育与研究的内容,我国新一期行动计划虽在前两期计划的基础上做出了关键补足,但仍有相当多值得挖掘、借鉴的地方,尤其是如何将这些国际准则与我国的具体国情、鲜活的人权实践相衔接,需进一步总结和思考。

通过以上 3 期人权行动计划的对比归纳可以看到,在人权教育与研究章节的内容中实际上始终包含着教育与培训、研究、传播三大方面的内容。人权教育、培训和研究的主体包括国家、学校、科研机构、学术团体、媒体,人权教育的对象包括公职人员、各年龄段的学生、社会民众等。而行动计划也始终遵循经济、社会和文化权利,公民权利和政治权利,少数民族、妇女、儿童、老年人和残疾人 5 类特定群体的权利,人权教育和研究,人权条约履行和国际交流合作

---

① 参见联合国人权事务中心:《国家人权机构——关于设立和加强促进和保护人权的国家机构的手册》(1995 年),第 56 页。

② 联合国人权事务高级专员办事处:《国家人权机构:历史、原则、作用和职责》(2010 年),第 12 页。

③ 同上,第 18 页。

五大板块的稳定体例。[①] 所有这些编排都与《国际人权宪章》[②]和如《维也纳宣言和行动纲领》《世界人权教育方案第一阶段(2005—2007 年)行动计划》《世界人权教育方案第二阶段(2010—2014 年)行动计划》等国际文件的内容范围相匹配,而这也成了国内人权教育和研究的基础参照或起点。

三、特点、问题及建议

中国政府以制订并实施国家人权行动计划的形式推进中国人权教育与研究的工作取得了长足进步。通过 3 期行动计划的制订与实施,尤其是党的十八大以来,第二期、第三期行动计划的推进落实,人权教育与研究领域越发凸显出中国特色:第一,始终注重参照国际准则、结合中国实践,重视从社会发展中提炼人权议题,既直面中国的人权现实,也审视西方人权理论;第二,始终注重多主体、多依托、多途径推进,对公务人员、教师、学生、企事业单位人员、公众,依托国家机关内的培训、义务教育、中等教育、高等教育,结合国家普法活动,利用电视、报刊、网络等多种媒体,有计划地开展形式多样的人权教育;第三,形成了教育、研究和宣传多位一体,国家、学校、科研机构、学术团体和媒体上下一体的持续稳健的人权教研体系。

(一)3 期行动计划的特点

虽然前两期行动计划没有专章提出“人权教育与研究”,但实际上,从发布第一期行动计划以来,我国就一直在教育、科研并重地开展人权工作,致力于向全社会传播人权理念、普及人权知识,提高全社会人权意识,借助教研活动为人权概念“脱敏”。具体而言,有以下几个特点:

---

① 在第一期行动计划中,因为当时中国遭遇了罕见的自然灾害,所以当期增加了《四川汶川特大地震灾后重建中的人权保障》一节,还特别体现了《农民权益的保障》一节的内容。但在章的安排上与后两期并无变化。从第二期开始,从各章题目上去掉了“保障”二字,并增加了《实施和监督》一章。

② 一般而言,学界把《世界人权宣言》《经济、社会及文化权利国际公约》《公民权利和政治权利国际公约》统称为《国际人权宪章》,但也有学者在上述范围之外加上《公民权利及政治权利国际公约任择议定书》,或者再加上《联合国宪章》中的人权条款。还有极少数学者认为《国际人权宪章》还应包括《消除一切形式种族歧视公约》《禁止并惩治种族隔离罪行国际公约》《消除对妇女一切形式歧视公约》《禁止酷刑和其他残忍、不人道或有辱人格的待遇或处罚公约》在内。学界对《国际人权宪章》外延的理解并不一致。笔者认为宪章应指最具有基础性价值的最重要文本,基于此,本书所指《国际人权宪章》仅包括《世界人权宣言》《经济、社会及文化权利国际公约》和《公民权利和政治权利国际公约》。

第一,着力对国家工作人员进行人权教育与培训。3期行动计划都有专门指标要求对公职人员开展人权教育,尤其是公安、检察院、法院、监狱、城管、行政执法机构等特定执法机构的人员以及党委(党组)人员。这种对特定人员的教育并非是随机、应景的活动,而是“有重点”“有培训计划”“有专门教材”的“常态化”“经常化”“制度化”的人权培训教育活动。

第二,注重在不同教育层次上开展人权教育。3期行动计划都强调要在小学、中学和高校中讲授人权知识。在第一期行动计划中提出了3种层次教育中的具体目标指向,要求结合青少年的特点,在小学和初中阶段侧重参与、体验、实践,形成初步的意识和观念,在高中阶段侧重有一定的系统训练,并要有一定的关于“中国宪法‘公民的基本权利与义务’教育和国际人权知识的教育”,到大学阶段,则需要通过开设人权公选课等人权课程等方式进行系统的人权训练,这点在第二期和新一期行动计划中也有体现,新一期行动计划还将人权教育扩展到了幼儿教师,更强调了开展人权通识教育和研究生教育的要求。对比3期行动计划可发现,义务教育阶段的人权教育强调融入式教育,高中阶段对人权教育的要求偏向于从参与到专业的过渡,大学阶段则逐渐偏向于专业式教育。

第三,鼓励在高等院校开展人权教育与研究,推动教育与研究的相互转化、支撑。3期行动计划都对高校提出了教育和研究的双重要求,体现出教学、研究并重特征。如第一期行动计划提出:“继续鼓励高等院校开展人权理论研究与教育。”第二期行动计划提出:“支持人权相关学科和专业建设,鼓励开展人权理论研究。”新一期行动计划虽没有明确并述教育与研究,但是从指标来看,教研并重的理念仍旧存在,并体现出提升高校研究功能的倾向,如“进一步加强人权方面的学科和方向研究生的招生和培养。提升高校、科研院所开展人权重大理论与实践问题研究的能力,设立人权理论研究国家科研专项”。

第四,推动对企事业单位人员的人权教育,形成尊重和保障人权的企业文化。对比3期行动计划,对企事业单位人员的人权教育培训在第一期行动计划中并没有体现,但从2010年开始,这一要求开始受到重视。从第二期行动计划“鼓励并推动企事业单位普及人权知识,形成尊重和保障人权的企业文化”到新一期行动计划“支持和鼓励企事业单位加强人权教育、培训,培育人权文化,在境内外投资中将尊重和保障人权作为决策的重要考虑因素”的措辞转化,可以看到从鼓励到支持和鼓励,从概括地要求形成人权企业文化,到提出具体背景中的人权要求。这一方面说明,在积极适应国际国内经济社会发展背景下,中国政府积极调整人权教育与研究策略的态度;另一方面也体现出,我国通过及时地将经济形势与人权时势相结合,提升对工商业领域的人权保护。

第五,支持、鼓励、利用大众媒体传播人权理念,形成重视人权的社会氛围。对人权教育与研究而言,传播媒介与学校一样重要。3 期行动计划都提出借助广播、电视、报刊、网络等大众传媒普及人权知识的要求,并且在第一期行动计划中,还特别强调了中央和民间媒体,尤其是网络等新媒介的共同作用,传统与新兴、纸质与电子、中央与地方联动,立体地助力人权知识的传播,使人权教育的功能和作用更有效地呈现出来。

第六,提升学术团体在人权教育与研究中的作用,面向大众组织、参与开展人权教育与研究。第一期行动计划强调了"支持中国人权研究会在全社会组织人权理论研究和实地调查研究,举办人权知识培训班和讲座等形式多样的人权知识教育和普及活动",同时也提出"鼓励、支持人权研究会、高等院校和社会科学研究院所的人权研究机构,充分利用教学、科研平台,多渠道开展国际交流与合作,努力培养具备国际视野的人权领域高级专门人才"。虽然文本中只是单独地提及"人权研究会"在人权教育和研究上的作用、任务,但这实际上已经隐含了由学术团体参与人权教研工作的议题,与此同时,文本中关于教育和研究的内容要求——注重实地调查,进行国际交流与合作,培养具有国际视野、国内实践经验的人才——也与学术团体的性质和功能相契合。

第七,越发重视发挥人权教育与培训基地及有特定目标的人权机构的作用。在总结前期设立3家国家人权教育与培训基地经验基础上,第二期行动计划提出设立国家人权教育与培训基地的要求,而新一期行动计划再次提出增加国家基地,同时提出规范国家基地的管理,创新国家基地的运作模式,加大国家基地资金投入。如前所述,新设立的8家国家基地在人权教育研究领域取得了丰硕成果。而与国家"由上至下"推进中国人权事业发展不同,国家基地作为国家与社会之间的重要沟通桥梁,是以一种"由下至上"的进路推进中国的人权教育与研究工作,这正与国家顶层设计形成互补。也正是在总结经验、检审不足的基础上,国家再次提出设立国家基地,并增加了对国家基地的要求。更重要的是,新一期行动计划提出"建设中国特色新型高端人权智库和开展设立国家人权机构必要性与可行性研究"的要求。建设国家人权智库的要求有利于进一步促进人权研究机构转型,增强服务党中央决策、服务国家发展能力,同时也将更加促进人权教育与研究工作的开展。

第八,强调将人权教育与法律教育、公民教育相结合,与日常生活相融合,与受众的特点相匹配。人权与法治、人本身、人的日常生活息息相关,人权教育也应当与法律教育、公民教育、日常生活相关联,以人的个性及具体情况为基本依托是贯穿于3期行动计划“人权教育”(或“人权教育与研究”)指标之中的一个重要理念。与之相适应,我们能在3期行动计划中看到“国家将结合普法活动、积极依托现有的……教育体系和国家机关内的培训机构以及……多种媒体,有计划地开展形式多样的人权教育,普及和传播法律知识和人权知识”“在中小学教育中逐步增加法律和人权方面的教学内容”“培养学生的公民意识和权利意识,树立民主法治、自由平等、公平正义理念,形成健康的人际观念、集体观念以及国家和社会观念”“将人权知识融入相关课程,纳入学校法制教育”“把人权知识纳入国民教育内容。以灵活多样的形式将人权知识融入中小学教育教学活动中”“加大对人权保护方面的法律法规的宣传教育”“鼓励开发民众喜闻乐见的人权教育产品,通过灵活多样的形式,寓教于乐”“将人权知识纳入党委(党组)的学习内容”等。

(二)问题及建议

从三期人权行动计划的制订、实施及对前两期的实施评估中,可以看到国家在推动人权事业尤其是人权教育与研究事业方面的不断进取。国家在人权问题上的基本理念是:承认和尊重人权的普遍性原则,但同时认为人权普遍性原则必须与各国国情相结合。实际上,国家积极推动人权事业向前发展,除了清醒认识国内形势外,还特别注重与国际人权文书的要求相调适、相对接。在人权教育与研究方面更是如此。与此同时,也要看到人权教育与研究计划也存在与国际文件不一致、与现实经验不相协调的地方:第一,在指标编排上,存在前后不统一的情况,如针对中小学、高校的人权教育在第一期行动计划中有所区分,而在第二期、第三期中未作区分;第二,缺少针对职业教育领域人权教育的计划要求,也少有针对不同职业的人权保障的研究;第三,部分指标要求存在太过概括的情况,如国家人权机构可能涉及不同层级、不同机构、不同职能,行动计划中缺少具体的维度;第四,在我国人权教育与研究中,学术团体的数量仍旧较少,力量仍显单薄,国家人权基地的功能尚未完全彰显。

综上所述,今后推行人权教育与研究应注意遵循以下原则:第一,人权教育与研究应充分考虑历史传统和社会形势,挖掘文化传统中的积极因素,对文化多样性保持中立态度,对现实背景中的各种问题要客观审视,反对偏见与歧视。第二,人权教育与研究要适应经济社会发展形势,要注重与国际接轨,提升国内和国际交往中的人权意识。第三,将人权教育纳入国家教育系统,以及对人权教育工作者、公务人员、执法官员、媒体专业人员和新闻工作者的人权培训,需要立足于有关国情、优先事项、能力和现有工作的全面战略。第四,需谨记,在包括法律、新闻研究、医学及政治和社会科学在内的几乎所有学科中,人权都可以成为一个研究领域。人权教育与研究不仅应包括传统的公民权利、政治权利、经济权利、社会权利和文化权利,还应涵盖发展权等权利,将教研的目标指向推进各类人权平衡发展、整体发展。第五,人权教育与研究不仅仅是一国政府的责任,还应注重发挥高校、学术团体、科研机构和社会组织的作用。第六,人权教育与研究是一项长期的、系统的事业,需要在教、研之间形成良好的互动和良性循环。

考虑到国家人权机构在教育与研究方面的功能涵括性、地位重要性,也需注意针对新一期行动计划中新增的"开展国家人权机构必要性与可行性研究"做进一步要求:及时确立国家机构的职能范围,在以下几个方面做出考量:(1)作为政府和人民的人权信息来源;(2)协助引导舆论,并促进人权意识和对人权的尊重;(3)就全国范围内可能存在的并且也是政府请其关注的人权事态进行审议、讨论并提出建议;(4)就政府请其关注的有关人权事务的任何问题反馈咨询意见;(5)对有关促进人权的立法现状、司法决定和行政安排加以研究并密切注意,并就此编写以及向有关当局提交报告;(6)担负政府可能交付给它们的与该国加入的国际人权文书所规定的国家责任有关的任何其他工作。[①] 当然,这些职能的履行应建立在具有良好的研究和传播能力基础之上。

明确界定国家机构的各项职责,在以下几个方面做出考量:(1)就任何有关人权的事宜(包括立法和行政规定以及任何侵犯人权的情况)向权力机构、政府部门和任何其他主管机构提出建议、主张和报告;(2)促使国家的法律、惯例与国际人权标准取得一致的可能性;(3)研判批准并考量国际标准;(4)对国际文书规定的报告程序提供支持;(5)协助编制、实施人权教学和研究方案,推动宣传和教育来提高公众的人权意识;(6)同联合国、区域机构及其他国家的国家机构进行合作。

① 联合国人权事务中心:《国家人权机构——关于设立和加强促进和保护人权的国家机构的手册》(1995 年),第 18 ~ 19 页。

此外,国家机构还可鼓励大学行政人员和教师制定关于人权的专门课程或把人权内容纳入现有的方案。对于从事研究的学生及有兴趣授课或向学生提供材料的教师,国家机构也可给予教研协助。当然,同样重要的是在正规教育系统之外推行人权方案。国家机构可与专业团体、工会、社区和非政府组织协作,为特定对象编写非正规教育材料。①

① 联合国人权事务中心:《国家人权机构——关于设立和加强促进和保护人权的国家机构的手册》(1995年),第52页。

第五章 人权条约履行和国际交流合作

第一节 国际人权公约的履行

一、《经济、社会及文化权利国际公约》

《经济、社会及文化权利国际公约》(International Convenant on Civil and Political Rights)于1966年12月16日通过、1976年1月3日生效,由序言及5个部分组成,共31条。该公约是第21届联合国大会通过的人权领域最重要的国际公约,与《公民权利和政治权利国际公约》合称为"国际人权宪章"。《经济、社会及文化权利国际公约》主要涉及工作权、休息权、工会权、粮食权、住房权、健康权、受教育权、男女平等权利等经济、社会及文化领域的权利保护问题。其中,工作权、社会保障权、财产权、健康权、受教育权、文化权等权利是当下中国深化改革重点关注以及亟待进一步落实发展的权利。

(一)背景

《经济、社会及文化权利国际公约》通过后,我国在较长一段时间内并未加入。到20世纪90年代中期,经过长期的不懈努力,《经济、社会及文化权利国际公约》所规定的各项权利在中国宪法及各项单行法律中已有较全面的体现。中国签署和批准《经济、社会及文化权利国际公约》的条件已基本成熟。1997年

10 月 27 日时任中国常驻联合国代表秦华孙大使在纽约联合国总部代表中国政府正式签署《经济、社会及文化权利国际公约》。在中国恢复对香港地区、澳门地区行使主权前,英国和葡萄牙作为缔约国分别将该公约延伸适用于香港地区和澳门地区。中国在加入《经济、社会及文化权利国际公约》时向联合国秘书长交存的批准书中表示,该公约适用于香港特别行政区和澳门特别行政区。依照《香港特别行政区基本法》和《澳门特别行政区基本法》的规定,《经济、社会及文化权利国际公约》通过特别行政区的法律予以实施。2001 年 2 月 28 日中国第九届全国人大常委会第二十次会议作出批准《经济、社会及文化权利国际公约》的决定。同年 3 月 27 日,时任中国常驻联合国代表王英凡大使向联合国秘书长安南交存了由时任国家主席江泽民签署的批准书。至此,中国人权保护工作进入了一个全新的历史阶段。2001 年 6 月 27 日《经济、社会及文化权利国际公约》正式对中国生效。中国在很短的时间内完成了一系列签署和批准该公约的法律程序,反映了中国承诺促进和保障其公民充分享有各种经济、社会、文化权利的坚定决心和信心。

(二)履约情况

自从《经济、社会及文化权利国际公约》被批准以来,中国政府高度重视该公约履约工作,并于 2003 年 6 月 27 日向联合国经济、社会及文化权利委员会提交了执行该公约情况的首次报告。根据"一国两制"原则,中国履约报告包括内地、香港和澳门地区 3 部分,其中香港、澳门地区分别由两个特区政府自行撰写。在中国外交部的协调下,最高人民法院、教育部、建设部、卫生部、国家民委、国务院新闻办等多个部门组成了起草工作组,历时 1 年之久最终形成报告定稿。报告共近 200 页,配有近 30 幅图表,全面、系统地介绍了中国执行该公约的情况。

2005 年 4 月 27 日至 29 日,经济、社会、文化权利委员会第 34 次会议正式审议中国履约报告。时任中国常驻日内瓦联合国办事处及瑞士其他国际组织代表团大使沙祖康率领由 30 多人组成的代表团与会并回答了问题。5 月 13 日经济、社会、文化权利委员会通过关于中国履行公约报告的"结论性意见",对中国颁布实施《劳动保障监察条例》、修订《集体合同规定》和《最低工资规定》、通过《中国农村扶贫开发纲要(2001—2010 年)》、落实《关于切实加强防治艾滋病工作的通知》等方面的工作予以积极评价,同时也对中国流动人口在就业、社会保障、卫生服务、住房和教育等方面的权益保护表示了关注。该委员会还提出了相关改进建议,希望中国政府在下次定期报告中列出国内生产总值用于教育、卫生和住房计划的比例;呼吁采取有效措施,确保《经济、社会及文化权利国际公约》第3条规定的非歧视原则得到切实遵守,包括消除男女工资差别、保证男女机会均等;制定具体的环境政策,特别是减少大气污染,以及评估大型基础设施建设项目对环境的影响等。

2009年10月中国外交部牵头成立了近30家立法、司法、行政部门组成的跨部门协调机制,就执行《经济、社会及文化权利国际公约》各项条款及上次审议结论情况进行总结,并提交了第二次履约报告、共同核心文件及答复材料。撰写过程中,中国政府多次征询全国性非政府组织及学术研究机构意见,并通过外交部网站广泛征求公众意见。2010年7月中国政府向联合国提交了《经济、社会及文化权利国际公约》第二次国家履约报告。报告全面介绍了近年来中国在促进和保护人民经济、社会和文化权利实现方面取得的成就,并回答了联合国有关机构在审议中国首次履约报告时提出的问题。提交履约报告是中国在人权领域的一项重要举措,体现了中国政府一贯重视促进和保护人权,并倡导国际人权合作的积极态度,得到联合国等有关方面的积极评价。[①] 2014年5月8日联合国经济、社会及文化权利委员会在日内瓦审议了中国执行《经济、社会及文化权利国际公约》第二次履约报告。时任中国驻联合国日内瓦办事处及瑞士其他国际组织代表吴海龙率中国政府代表团出席,香港、澳门特别行政区政府代表作为中国代表团成员参加。吴海龙重点介绍中国在完善经社文法律体系、保障生存权与发展权、改善民生、促进教育和文化发展、保护环境、公共卫生、保障特殊群体利益、促进少数民族地区发展、开展国际人权合作等方面的最新进展,强调民之所望就是中国政府施政所向,中国政府和人民相信随着社会主义经济建设、政治建设、文化建设、社会建设和生态文明建设的稳步推进,中国经济、社会及文化权利保障将取得更大发展。联合国经济、社会及文化权利委员会专家在审议中积极评价中国履约成绩,肯定中国根据自身国情制定的各项政策措施,并提出近110个涉及经济、社会及文化领域的问题。中国代表团实事求是,逐一予以认真答复,既介绍中国政府所作努力,也不回避困难和挑战,受到专家普遍好评。吴海龙在当天下午总结发言时指出,中国欢迎绝大多数专家对中国履约成果的积极评价,虚心接受关

---

① 参见《中国向联合国提交〈经济、社会及文化权利国际公约〉第二次履约报告》,载新华网:http://news.xinhuanet.com/world/2010-07/07/c_12309547.htm,最后访问日期:2016年11月18日。

于进一步促进和保护工作权、社会保障权、粮食权、健康权、教育权等公约规定权利的具体评论。中国将积极对待有关防止家庭暴力、防治艾滋病、保护特殊群体权益等问题的建设性意见,愿认真研究并把其中有益想法转化为符合中国国情的政策和措施。①

(三)展望

自首次向联合国经社文委员会提交履约报告以来,中国政府根据本国国情,结合委员会在审议报告中提出的建议和意见,积极制订了一系列政策、措施,有计划有步骤地实现了《经济、社会及文化权利国际公约》规定的各项权利。近年来,我国重点落实并发展了工作权、基本社会水准权、社会保障权、健康权、受教育权、文化权以及环境权等权利。新一期人权行动计划将"推进精准扶贫脱贫,健全公共服务体系,稳步提高基本公共服务均等化水平"作为全新的目标。

一是工作和工作中的权利实现的不断促进。

工作权作为《经济、社会及文化权利国际公约》规定的经济、社会和文化权利之首,是一项十分重要的基本人权。《经济、社会及文化权利国际公约》在第6条和第7条对"工作和工作中的权利"作出了规定。我国《宪法》《劳动法》和《劳动合同法》也有所规定。工作权的落实与发展首当其冲是不断解决就业问题。中国加入《经济、社会及文化权利国际公约》之后,政府高度重视就业问题。从党的十六大明确提出"就业乃民生之本"开始,解决就业问题一直是我国一项重大且艰巨的任务。2007年全国人大颁布了《就业促进法》,从法律上确立了促进就业再就业的政策体系、制度保障和长效机制,明确了就业援助和公共就业服务制度,还对实现公平就业、消除就业歧视、保障各类群体的平等就业权利作出了具体规范。中国不断深化就业体制改革,坚持劳动者自主择业、市场调节就业和政府促进就业相结合;不断强化政府促进就业的责任,实施积极的就业政策,持续加大就业公共投入,大力开展职业技能培训,完善就业服务体系;建设城乡统一的就业市场,促进平等就业;不断加强就业援助,帮助就业困难人员和零就业家庭实现就业,在不断达成就业目标的同时发展工作权的外延,从保障平等就业权到不断改善工作条件,加强职业病的防控

① 参见《联合国经济、社会及文化权利委员会审议我执〈公约〉报告》,载中国政府网:http://www.fmprc.gov.cn/web/wjbxw_673019/t1154187.shtml,最后访问日期:2016年11月18日。

以及注重对劳动者技能的提升。在中国经济转型升级的背景下,“就业”首次与 GDP、CPI 一起成为政府制定宏观调控政策的重要参照指标。

二是受教育权和文化权全面保护的落实。

受教育权和文化权包括平等受教育权、自由选择教育、平等开放和公平利用文化教育设施的权利、建立和指导教育机构的自由、学术自由、文化活动自由,保护学生使其免于不人道的惩戒措施等内容,在国内法中主要体现在《宪法》第 46 条、第 47 条和《义务教育法》。近年来,我国教育体制频频改革,《国家中长期教育改革和发展规划纲要(2010—2020 年)》稳步落实。2015 年全国人大常委会修改并发布《教育法》和《高等教育法》。到 2020 年,我国基本实现教育现代化,基本形成学习型社会,进入人力资源强国行列的目标。我国政府将继续加快推进教育改革,促进教育公平,扭转城乡、区域教育不均衡状况,将公共教育资源向农村、中西部地区、贫困地区、边疆地区和民族地区倾斜,确保公民平等享有受教育权。在文化权利层面,公共文化设施进一步完善。中央财政不断增加投入支持公共文化设施免费开放。近年来,中国政府从更好地满足人民群众的精神文化需要出发,大力发展公益性文化事业,以基层公共文化体育设施为重点,建设覆盖城乡的公共文化体育服务体系,推进公共博物馆、纪念馆、美术馆、图书馆、文化馆、体育场馆免费开放,努力满足人民群众基本文化体育需求。同时,加快发展文化体育产业,实施重大文化产业项目带动战略,扶持骨干文化企业,培育新型文化业态,使文化市场更加繁荣。经营性文化单位整体转制取得突破,社会资本以多种方式参与文化发展,激发了文化发展创新的活力。①

三是财产权的保护意识和力度大大提高。

新一期人权行动计划最为突出的一点是首次将“财产权利”作为专题纳入了行动计划。虽然财产权的概念在宪法上早有体现,且随着《物权法》的出台在制度层面也有相当程度的保护。但是近年来关于房屋拆迁、土地产权问题的尖锐化,将财产权利纳入国家人权行动计划变得意义重大。这标志着“产权保障法治化”的路径开始转向目标治理的方式。新一期人权行动计划明确表示,健全归属清晰、权责明确、保护严格、流转顺畅的现代产权制度,推进产权保护法治化,在具体制度建设方面更具有针对性。“财产权”可以说是

① 参见《〈经济、社会及文化权利国际公约〉及中国履约情况》,载新华网:http://expo.people.com.cn/GB/12450083.html,最后访问日期:2016 年 11 月 16 日。

“人民自己生存的手段”,而“以目标治理实现产权保障法治化”的方法将使“财产权”的保护变得更为明晰具体。这一举措进一步丰富了经济、社会及文化权利的内涵。可以预见到,当“财产权利”所对应的一个个具体目标得以实现,其他权利也会相应的得到更好的保障和发展。①

四是社会保障权实现稳步提升。

“社会保障权”的相关规定主要在《经济、社会及文化权利国际公约》第9条。《经济、社会及文化权利国际公约》所关注的社会保障主要是狭义的社会保障,是针对工作中的工人及其家庭而设立的基于收入和具体的现金补助。此外,《经济、社会及文化权利国际公约》第11条第1款也有关于享有适当生活水准权的内容,与社会救助和社会福利相关,可被纳入到社会保障权之中。国内法与“社会保障权”相关的主要有宪法和社会保险法。经过多年努力,中国特色的社会保障框架体系已初步建立:基本养老、基本医疗、失业、工伤、生育5项社会保险制度基本建立并逐步完善,以最低生活保障为重点的城乡社会救助体系基本形成,各项社会保障覆盖范围不断扩大,保障水平稳步提高。目前,中国政府仍坚持“广覆盖、保基本、多层次、可持续”的基本方针,完善社会保障体系;深化社会保障制度改革,加快制度整合,逐步实现基本社会保障制度的统一和城乡衔接;加大社会保障投入,稳步增加财政性社会保障支出占国家财政支出的比重,重点向农民、农民工、被征地农民、城市无业人员和城乡残疾人等特殊困难人群倾斜。

五是健康权以及环境权继续深入推进。

随着中国医药卫生事业的发展,健康权是当下备受群众关注的具体到每个个体切身利益的权利。自2003年“非典”发生之后,中国政府进行了新中国成立以来规模最大的公共卫生体系建设,基本建成了覆盖城乡、功能比较完善的疾病预防控制体系和应急医疗救治体系。面对人民群众反映的“看病难”“看病贵”问题,2009年中国政府作出深化医药卫生体制改革的重大决策,提出到2020年基本建立覆盖城乡居民的基本医疗卫生制度,实现人人享有基本医疗卫生服务。环境权与健康权息息相关。自党的十八大倡导大力推进生态文明建设以来,环境权备受关注。2015年国家修改《环境保护法》,专章规定“信息公开和公众参与”,加强对公民环境保护的知情权、参与权、监督权的

① 参见付子堂:《以目标治理全面推进中国人权事业发展》,载《光明日报》2016年10月2日,第2版。

保障,完善公益诉讼制度,赋予相关社会组织提起环境公益诉讼的权利,强化责任追究制度。党的十八大以来,我国重金属、水、空气污染的治理力度和治理能力都得到了显著的提升,颇显成效。同时,我国生态建设继续深入推进,环境执法和责任追究力度不断加强,并进一步健全了生态环境损害赔偿制度。

二、《禁止酷刑公约》

根据《禁止酷刑和其他残忍、不人道或有辱人格的待遇或处罚公约》(以下简称《禁止酷刑公约》)第1条第1款的规定,"酷刑"是指为了向某人或第三者获取情报或供述,或因为他或第三者所作或所涉嫌的行为对他或第三者加以处罚、恐吓或强迫,或基于任何一种歧视的理由蓄意使某人在肉体或精神上遭受剧烈疼痛或痛苦的任何行为,并且这种疼痛或痛苦是由公职人员或以官方身份行使职权的其他人所造成或其唆使、同意或默许下造成的。纯属由法律制裁而引起或法律制裁所固有或附带的疼痛或痛苦不包括在内。酷刑在中外历史上都曾被作为刑讯和刑罚的合法手段。但随着人类文明的不断进步,尤其是在经历纳粹德国统治时期酷刑滥用的惨痛教训后,禁止酷刑以及其他反人类暴行成为国际社会的强烈呼声。1948年12月10日联合国大会通过了《世界人权宣言》,其中第5条规定:"任何人不得加以酷刑,或施以残忍的、不人道的或侮辱性的待遇或刑罚。"这是国际社会首次对酷刑行为作出禁止性规定的国际人权法律文件,也是国际人权法律文件中第一次正式使用"酷刑"概念。1966年12月16日联合国大会通过了《公民权利和政治权利国际公约》,其中第7条规定:"任何人均不得加以酷刑或施以残忍的、不人道的或侮辱性的待遇或惩罚。特别是对任何人均不得未经其自由同意而施以医药或科学试验。"但由于这些人权文件仅对禁止酷刑作了一般性规定,缺乏法律强制力,并不能有效地预防和惩治酷刑犯罪。因此,1984年12月10日,联合国大会通过了《禁止酷刑公约》。

(一)背景

废除刑讯逼供、禁止酷刑是我国的一贯主张。早在1922年,《中国共产党对于时局的主张》就明确提出了禁止酷刑:"我们目前奋斗的标目〔目标〕,并非单指财政公开,澄清选举等行政问题,乃以左列各项为准则……(九)改良司法制度,废止死刑,实行废止内〔肉〕刑。"1978年12月18日党的十一届三中全会在北京胜利召开。中国的法制建设驶入了快车道,禁止酷刑理念也进入了全新发展时期。1979年《刑事诉讼法》出台,"重证据,重调查研究,不轻信口供,严禁刑讯逼供”的司法原则和刑事政策被纳入其中。同时,1979年《刑法》第136条也规定了刑讯逼供罪。这些为更好地预防和惩治司法实践中的刑讯逼供现象提供了法律保障。1986年12月12日我国签署了《禁止酷刑公约》,并于1988年9月5日在第七届全国人民代表大会常务委员会第三次会议上批准,但是对第20条和第30条第1款予以保留。也就是说,我国不承认禁止酷刑委员会的调查制度和有关公约解释或适用的争端通过提交仲裁或国际法院解决的解决方式。同时,也没有声明接受第21条和第22条规定的国家间指控制度和个人指控制度。

(二)履约情况

到目前为止,中国向联合国提交了6次缔约履约报告。首次报告于1989年12月提交,并于1992年10月提交补充报告;第二次报告于1995年11月提交;第三次报告于1999年4月提交;第四次、第五次合并报告于2006年1月提交;第六次报告于2013年提交。根据联合国禁止酷刑委员于2008年12月12日对中国的第四次定期报告的结论性意见①和2016年2月3日对中国的第五次定期报告的结论性意见,②我国为践行该公约作出了以下积极的法律改革。

2001年修订《婚姻法》,明确禁止家庭暴力。

2005年修订《公安机关办理行政案件程序规定》和《公安机关办理刑事案件程序规定》;制定《治安管理处罚法》,规定公安机关遵守尊重人权的基本原则,第一次以国家法律形式确定了非法证据排除规则。

2006年2月14日司法部颁布了《监狱人民警察六条禁令》和《劳教人民警察六条禁令》;7月26日最高人民检察院颁布了《关于渎职侵权犯罪案件立案标准的规定》,重点防止拘留和调查中的虐待。

2007年修订《律师法》,保障律师会见犯罪嫌疑人的权利;最高人民法院收回死刑立即执行复核权。

2012年修订《刑事诉讼法》,严禁在诉讼中使用以刑讯逼供获得的证词作为证据,并要求对于重大犯罪案件应当对讯问过程进行录音或录像;制定《出境入境管理法》,其中包含有关难民待遇的条款。

2013年修订《国家赔偿法》,允许对精神损害支付抚慰金;最高人民法院

① 参见CAT/C/CHN/CO/4,第4~6段。
② 参见CAT/C/CHN/CO/5,第4~5段。

制定《刑事诉讼法》司法解释,将使人在精神上遭受痛苦认定为刑讯逼供;通过《中国反对拐卖人口行动计划(2013—2020年)》。

2014年废除行政拘留的"劳动教养"制度;全面落实重大案件讯问犯罪嫌疑人全程录音录像制度。

(三)展望

1.严格实行非法证据排除规则

《禁止酷刑公约》第15条规定:"每一缔约国应确保在任何诉讼程序中不得援引任何确属酷刑逼供作出的陈述为证据,但这类陈述可引作对被控施用酷刑逼供者起诉的证据。"现实中大部分酷刑行为发生于审讯过程中,排除以酷刑取得的口供,能够有效地阻止酷刑的发生。保障公民免受酷刑是缔约国的一项基本义务。目前,这已经成为一项普遍的诉讼原则,是现代法治国家的必备诉讼程序。

我国第一期行动计划指出"严禁刑讯逼供。依照法定程序收集证据,严禁刑讯逼供和以威胁、引诱、欺骗以及其他非法的方法收集证据。对刑讯逼供或者体罚、虐待、侮辱犯罪嫌疑人的,将根据不同情节和后果,分别给予相应的处理;构成犯罪的,依法追究刑事责任。"第二期行动计划指出:"强化对刑讯逼供的预防和救济措施。严禁刑讯逼供和以其他非法方法收集证据,不得强迫任何人证实自己有罪。"2012年我国新修订的《刑事诉讼法》首次明确"非法证据排除规则",但我国对于非法排除规则的运用刚刚起步,原则性的规定难免给司法实践操作带来困难。因此,新一期行动计划指出"贯彻疑罪从无原则,严格实行非法证据排除规则,进一步明确非法证据的范围和排除程序"。与前两期行动计划相比,新一期行动计划更注重非法证据的范围和排除程序。

2.重申刑事羁押监督

联合国禁止酷刑委员于2008年12月12日对中国的第四次定期报告的结论性意见第11段指出:"(a)未及时将被拘留者送往法庭接受审理,致使他们未经起诉被警方长时间拘留长达37天,在某些案件中甚至被拘留更长时间;(b)缺乏对所有被拘留者的系统登记和所有审前拘留时长的记录";[①]2016年2月3日对中国的第五次定期报告的结论性意见第10段再次强调:"委员会仍感到关切的是,缔约国没有采取任何措施缩短警方羁押最长30天的法定

① 参见CAT/C/CHN/CO/4,第11段。

期限以及负责监督羁押的检察院就批准逮捕与否作出决定之前的额外 7 天羁押期。……委员会表示关切有报告说公安人员经常使用特别权力将羁押延长至 30 天的期限乃至超过这个法定期限。委员会关切地注意到,在案件准备好交付审判之前,刑事侦查或诉讼过程中对个人的羁押没有受到司法控制。"①

对此,我国第二期行动计划指出"防止不必要的羁押""加强对刑事羁押期限的监督"。新一期行动计划再次重申"健全刑事羁押必要性审查制度""加强刑事羁押期限监督"。在实施具体措施时,我国可以考虑禁止酷刑委员的以下意见:②缩短警方羁押最长 37 天的期限,并在法律上和实践中确保被拘留者在符合国际标准的时限内(不超过 48 小时)送交法官;确保所有被拘留者或被正式起诉并由法院还押候审或被释放;保障被拘留者在羁押期间的任何时刻就拘留的合法性和必要性向一名法官提出异议的权利,这名法官可以下令将其立即释放;鼓励适用非拘禁措施作为审前羁押的替代措施。

三、《消除一切形式种族歧视公约》

(一)背景

1963 年 11 月 20 日联合国大会第 1904 号决议通过了《联合国消除一切形式种族歧视宣言》,呼吁各国迅速消除一切种族歧视形式和现象,并确保对人格尊严的了解和尊重。为实施该宣言所载原则并确保为此目的尽早采取实际有效措施,联合国大会最终通过了《消除一切形式种族歧视国际公约》。中国政府于 1981 年 12 月 29 日交存加入书,并对公约第 22 条,即关于争端解决方式的规定提出保留。该公约于 1982 年 1 月 28 日对中国生效。

(二)履约情况

2008 年 6 月 24 日我国向联合国秘书长递交关于公约执行情况的第十次至第十三次合并报告。根据联合国消除种族歧视委员 2009 年 12 月 15 日对中国的第十次至第十三次合并报告的结论性意见,③我国为践行公约作出了以下积极的法律改革:国家、省和地方各级通过了一系列保护少数民族权利的法律,通过了许多旨在提高少数民族地位的方案和政策,采取了旨在在所有地区,包括少数民族主要聚居的自治区内实现同等发展水平的政策和方案。

---

① 参见 CAT/C/CHN/CO/4,第 10 段。

② 参见 CAT/C/CHN/CO/5,第 11 段。

③ CERD/C/CHN/CO/10－13,第 3～6 段。

2016年6月4日第二期行动计划实施评估报告指出,2012~2015年我国少数民族权利得到有力保障,基本实现计划预期目标。一是少数民族平等参与管理国家和社会事务的权利得到依法保障。二是少数民族人才培养稳步推进。2012年以来,国家有关部门共选派西部地区和其他民族地区2100多名干部,到中央国家机关和经济相对发达地区挂职锻炼。国家实施"西部之光""少数民族科技骨干特殊培养计划"等重大人才培养政策与项目,为西藏、新疆等西部地区培养专业技术人才3000多人。三是少数民族的经济发展权利得到保障。2012~2015年中央财政安排少数民族发展资金148.24亿元,专项支持推进兴边富民行动、扶持人口较少民族发展以及开展少数民族特色村寨和少数民族传统手工艺品的保护。四是民族教育发展加快。对人口较少民族的农村义务教育阶段寄宿生按每人每年250元的标准予以生活费补助。对西藏自治区农牧民子女实行"包吃、包住、包学习费用"政策,并稳步提高经费标准,目前达到每年生均3000元。双语教育稳步推进。五是民族地区教育条件进一步改善。2012~2015年中央财政投入10.25亿元,支持5个民族自治区"国培计划"中西部项目和幼师国培项目,共培训中小学幼儿园教师87万。六是少数民族文化得到保护,少数民族语言文字得到保护和发展。

(三)展望

新一期行动计划在《少数民族权利》一节中提出7项计划,包括保障少数民族平等参与管理国家和社会事务的权利、保障少数民族经济发展的权利、保障少数民族均等享有公共服务的权利、保障少数民族受教育权利、尊重和保障少数民族学习使用和发展本民族语言文字的权利、保障少数民族的文化权利以及修改城市民族工作条例,保障城市中少数民族合法权益。与第二期行动计划相比,新一期行动计划将"重视培养和使用各类少数民族人才""加快发展民族教育"2项计划合并为"保障少数民族受教育权利"一项,指出了"重视培养和使用各类少数民族人才",同时新增了"修改城市民族工作条例,保障城市中少数民族合法权益"一项要求,总体上与上一期保持相同要求。

相对于第二期行动计划,新一期行动计划提出3个明确的指标:(1)在"保障少数民族经济发展权利"中明确指出"确保到2020年在民族地区基本消除绝对贫困现象";(2)在"保障少数民族经济发展权利"中明确指出"到2020年基本实现县域内义务教育均衡发展";(3)修改城市民族工作条例,保障城市中少数民族合法权益。

四、《消除对妇女一切形式歧视公约》

(一)背景

联合国成立后为消除对妇女的歧视和保护妇女人权做出了积极努力。1946年设立妇女地位委员会,成为联合国处理妇女问题的主要机构,目的在于克服人权委员会关注面太泛而忽略了对妇女权利的针对性保护。妇女地位委员会在针对妇女人权保护问题上发挥了重要作用,包括推动联合国制定并通过大量关于妇女权利保护的公约和建议。但是这些综合性的公约并未使男女拥有同等的人权保护,妇女人权得不到突出和有针对性的保护,妇女人权体系并不完善。为此,联合国大会于1963年12月5日通过了第1921(XVIII)号决议,要求经济和社会理事会邀请妇女地位委员会起草宣言,把男女平等的国际标准融合到一个国际文书中。1967年11月7日《消除对妇女歧视宣言》在联合国大会上通过。该宣言宣告了妇女和男性在各领域拥有平等权利。然而宣言只有宣告性而缺乏约束力,未能从实处落实对妇女权利的保护。1975年联合国举行国际妇女年世界妇女大会,提出制定"消除对妇女歧视公约以及有效的实施程序"。1976年联合国成立特别工作组,在1977年至1979年将妇女权利扩展到政治、社会、文化、公民和其他领域,形成具有法律约束力和广泛适用性的妇女人权公约。《消除对妇女一切形式歧视公约》最终于1979年12月18日在联合国大会通过。1980年3月1日公约开放签署。截至2014年,《消除对妇女一切形式歧视公约》的缔约国已经达到188个。

1980年7月17日中国加入该公约,第五届全国人大常委会第十六次会议于同年9月29日批准通过,该公约对我国正式生效。中国在加入《消除对妇女一切形式歧视公约》时,对第29条第1款提出保留,即不接受国际法院和仲裁的管辖,但是该项保留不影响我国履行《消除对妇女一切形式歧视公约》实质性条款的义务。另外,我国未批准公约任择议定书,申诉程序和调查程序对我国不适用。

(二)履约情况

迄今为止,我国已经按照公约的要求提交了8次报告,并接受了5次审议。1982年5月提交了《消除对妇女一切形式歧视公约》初次国家报告,1984年获消除对妇女歧视委员会审议;1989年6月提交第二次国家报告,1992年获消除对妇女歧视委员会审议;1997年5月提交第三次、第四次合并报告,1999年获消除对妇女歧视委员会审议;2003年8月提交了第五次、第六次合并报告,2006年获消除对妇女歧视委员会审议;2012年提交第七次、第八次合并报告,包含港澳地区的报告,2014年10月23日获审议。消除对妇女歧视委员会要求中国于2018年11月提交第九次定期报告。消除对妇女歧视委员会对中国的第七次、第八次合并报告提出了问题清单,中国提交了2万多字的《对联合国消歧委员会审议中国报告问题清单的答复》,对消除对妇女歧视委员会提交的相关问题作出回答。消歧委员会赞赏了中国政府提交的第七次、第八次合并定期报告符合消歧公约的精神和原则,委员会对中国自2006年以来为消除对妇女歧视、促进男女平等和履行消歧公约义务而不断完善法律、政策等方面,给予了肯定。

我国为履行《消除对妇女一切形式歧视公约》的义务采取了一系列措施,并有效促进了妇女权利保障事业的发展。中国遵守公约,不断完善相关法律、政策和方案。2010年修订《村民委员会组织法》,对妇女自治权提供充分保障,增加"妇女代表应当占村民代表会议组成人员的三分之一以上"的强制性规定;2015年通过《反家庭暴力法》,规定"县级以上人民政府负责妇女儿童工作的机构,负责组织、协调、指导、督促有关部门做好反家庭暴力工作"。目前整体形成了以妇女权益保障法为核心,包含婚姻法、刑法、继承法、劳动法、人口与计划生育法、农村土地承包法、母婴保健法等多部法律和司法解释以及80多种地方性法规在内的保障妇女人权和促进男女平等的法律体系。① 同时,《中国妇女发展纲要(2011—2020年)》提出将"妇女参与决策和管理"作为优先发展领域,逐步提高女性在全国和地方各级人大代表、政协委员中的比例,逐步提高职工代表大会、教职工代表大会、村民委员会、居民委员会中女代表(委员)的比例。此外,国家保护妇女的权利和利益,实行男女同工同酬。

我国妇女广泛享有与男子平等的政治权利、文化教育权利、劳动权、财产权、人身权利、婚姻家庭权利等,但仍然存在一些不足:一是立法问题。公约对某一项规定使用概括描述,而国内宪法和法律对此没有具体规定时,法官无具体参考依据,有碍公约的履行。例如,联合国消除对妇女歧视委员会在审议中国报告时指出,立法上缺乏"对妇女的歧视"的综合性定义,实践中若以"受到性别歧视"为由提起诉讼,法院缺乏判断标准。此外,我国对妇女权利保护的立法覆盖面广,但是仍然存在个别领域立法的缺失,比如,虽然制定了《中国

---

① 参见孙晓红:《〈消除对妇女一切形式歧视公约〉:保障妇女权利的宪章》,载《人权》2016年第2期。

反对拐卖人口行动计划》,但是缺少综合性反拐卖立法,不能有效遏制拐卖妇女的违法犯罪。二是机制问题。公约的有效履行要求本国机制的有效配合。国际监督机制在国家履行公约中只能起到辅助性作用,它更有赖于国内监督机制的工作。这一方面需要拥有国家职能的人权机构的配合;另一方面要发挥舆论监督的功能。目前,我国妇女儿童工作委员会的职能和权限仍然存在较大的局限性。该委员会主要负责协调政府部门的工作,法条表述为"有关部门"过于笼统。应当把公约的义务落实,且该委员会应就其对妇女的专业性问题发挥直接的作用。实践中一些国家成立了国家人权委员会、妇女委员会等监督监察专员制度,我国可以参考。三是就业中的性别歧视。在就业与经济参与方面,尽管不断推出改进措施,但歧视女性的现象依然严重,男女同工不同酬、男女职业结构性不平等和职业隔离使女性处于劣势低位、遭遇就业歧视的妇女不能有效维权,等等。四是平等受教育权落实不到位。我国在提高女童入学率和降低成年妇女文盲率方面取得很大成就,也制定了关于促进科技领域妇女发展的计划,但妇女与男子平等的受教育权依然落实不够。

(三)展望

新一期行动计划中妇女权利的内容包括:第一,继续促进妇女平等参加管理国家和社会事务。前两期行动计划要求妇女取得参政的能力和地位得到国家政策的支持,但是比例有所回落。新一期行动计划尤其突出妇女在基层参政的比例,如在村委会中女性成员的比例、女性成员在主任中的比例均有了明确的指标。第二,在女性就业方面,旨在消除就业、薪酬、职业发展等方面的性别歧视。把女职工特殊劳动保护作为劳动保障监察和劳动安全监督的重要内容,实行年度考核。第三,保障妇女健康权利方面,努力缩小城乡生育保障制度的差距。控制孕产妇死亡率、增加妇产科医护人员的比例、提高妇女常见疾病的筛查率等,更指出加强流动妇女卫生保障服务。第四,保障妇女的婚姻家庭权利,设立男性职工带薪陪护分娩妻子的假期制度,保障妇女在家庭中的财产权利。贯彻落实反家庭暴力法以及落实有关反对拐卖人口的行动计划,有效预防和制止对妇女的性骚扰。总体来看,第三期行动计划比前两期行动计划更加人性化、细致化。对妇女的身体权利、社会权利、经济权利有相应的制度匹配,加强后期对权利保障的监察和监督,对妇女体现更多人性的关爱和呵护。

同时,新一期行动计划应当积极引导和鼓励非政府组织参与到对妇女权利保护的事业当中。联合国消歧委员会鼓励和支持非政府组织参与审议和执行《消除对妇女一切形式歧视公约》的各项活动,鼓励非政府组织递交评估报告。该项报告是缔约国的民间组织向联合国提交公约落实情况的补充报告,也是非政府组织最重要的参与手段。① 中国非政府妇女组织在审议前后参与了一系列活动,包括组织撰写和提交影子报告、参与会议并发表口头陈述、与消歧公约委员会面对面交流等。参会代表有全国妇联、中国妇女研究会、外交学院人权研究中心等科研和高教类的妇女组织。议题涉及加强社会性别平等评估机制、妇女土地权利、妇女法律援助等议题。妇女组织的参与发挥了非政府组织的监督作用,这是值得肯定的。

五、《儿童权利公约》

(一)背景

中华民族素有"携幼、爱幼"的传统美德,中国古语"幼吾幼以及人之幼"流传至今。但在20世纪的中国,儿童这一弱势群体的保护仍存在很多问题。首先,在中国亲属养护制度下,儿童享受亲权保护不是基于普遍的公民权,而是基于儿童契约,即儿童被期望将来对扩展家庭进行反哺或回馈。它不对所有的儿童提供一视同仁的保护。因此,中国的儿童保护制度迫切需要从基于亲权保护原则的制度向基于普遍公民权的制度转变。② 其次,儿童歧视现象。对儿童的歧视主要发生在儿童和成人之间以及不同的儿童群体之间。发生在儿童和成人间的歧视实际上是成人对儿童在智识和体力上处于弱势的歧视。对不同儿童群体的歧视源于不同的种族、性别、经济生活状况等身份地位的歧视。对儿童缺少尊重,他们的自我意识和独立人格完全被忽视,更谈不上作为独立主体而应享有相应的权益。同时,在观念上,儿童权利文化的构建也面临落后儿童观的阻隔:功利主义、工具主义、家长主义的儿童观将儿童客体化,将儿童矮化为国家或家长的一种财产或工具,消解了儿童的主体性;古典自由主义与极端平等主义的儿童观割裂了儿童相对于成人的共性与特性,虚化了儿童权利;公众对儿童权利的误读也阻碍着正确儿童权利观的形成。③

---

① 参见李亚妮:《国际场域的建设性对话——联合国消除对妇女歧视委员会第59届会议观察记录》,载《妇女研究论丛》2015年第1期。

② 参见尚晓援、陶传进:《中国儿童福利制度的权利基础及其限度》,载《清华大学学报》(哲学社会科学版)2009年第2期。

③ 参见段立章:《观念的阻隔与超越:当代中国儿童权利文化的构建》,载《山东大学学报》(哲学社会科学版)2014年第2期。

联合国自成立以来,始终关心儿童的幸福和权利。在1978年联合国人权委员会会议上,波兰的亚当·洛帕萨教授(后为公约起草工作组主席)倡议起草《儿童权利公约》。1978年第33届联合国大会决定成立《儿童权利公约》起草工作组。我国代表参加起草工作组并根据我国法律和实际情况提出数项议案,多数得到采纳。

《儿童权利公约》是国际社会关于儿童权利保护认识趋于一致的结果,顺应了历史发展的潮流。该公约将儿童权利保护置于首要位置,为儿童权利的保护提供了普遍的法律标准,为儿童权利从可能性向现实性的飞跃提供了根本保障。这一具有里程碑意义的国际公约引起国际社会的强烈反响和儿童观上的世界革命,赢得了世界上许多国家的积极拥护与支持。中国签署公约向世界表明了中国认同儿童权利问题上的共同国际准则的态度以及中国重视开展儿童权利领域国际合作的诚意。中国签署公约不仅有利于中国更好地担负起保护和发展儿童权利的国际责任,进一步提高中国的国际地位和影响力,而且对于健全中国的人权保障机制、加强国内的人权保障以及进一步提高中国人民的人权水平也将起到重要作用。①

(二)履约情况

自加入《儿童权利公约》以来,我国对《儿童权利公约》的立法原则和具体权利内容在立法、行政和司法层面都采取了积极措施进行落实。该公约规定了儿童享有的4项基本权利,分别是生存权、发展权、受保护权和参与权。我国对儿童权利保护的法律主要通过《未成年人保护法》《刑法》《民法通则》《民事诉讼法》《婚姻法》《收养法》《预防未成年人犯罪法》体现这几项权利内容。

实施《儿童权利公约》20年来,中国公民的儿童权利保护意识明显增强,逐渐脱离传统封建儿童观念的束缚,开始承认和尊重儿童这个特殊群体的权利。例如,新修改的《刑事诉讼法》第275条明确了犯罪记录封存制度。第二期行动计划明确提出,通过建立儿童服务场所、发展儿童社会工作等手段,来"保障儿童享有闲暇和娱乐的权利"。同时,相对于第一期行动计划,第二期行动计划重新强调了"受保护权"的保障,提出"加强校车和校园安全管理",

---

① 参见常欣欣:《中国签署国际人权两公约的背景及意义》,载《中共中央党校学报》1999年第1期。

这意味着儿童受保护权越来越受到重视；[1]儿童健康权利得到有效保障，儿童死亡率大幅降低、儿童免疫工作几乎普及，农村义务教育学生营养得到改善；儿童的保护和救助得到加强，第二期行动计划在第一期行动计划基础上强调“为被解救儿童提供身心康复服务，妥善安置被解救儿童”；女童权利得到进一步保护，《刑法修正案（九）》取消嫖宿幼女罪，完善对幼女免于性侵害的保护制度。

联合国儿童权利委员会对中国践行《儿童权利公约》的一系列措施表示赞同，但同时也关注到存在的问题，并提出一些建议：例如，个别地区仍存在溺婴现象，需要在生育政策方面作出改进；某些地区缺乏促进和推动尊重所有儿童的意见并让儿童参与对其有影响的一切事务的有效和广泛机制；留守儿童问题还需要更有效的解决，福利和救助体制需要进一步完善；校车安全和校园暴力事件频发，严重阻碍儿童安全权利的实现，需要加强校园防治工作；存在对儿童的性剥削和性虐待行为，在制度上和执行中应当加强对这一严重社会现象的管理等。

（三）展望

新《儿童发展纲要》和新一期行动计划是中国政府涉及儿童权利的政策纲领，对中国儿童权利保护事业提出了新要求。《中国儿童发展纲要（2011—2020 年）》从儿童的健康、教育、福利、社会环境和法律保护 5 个领域提出了到 2020 年儿童发展应达的目标：完善覆盖城乡儿童的基本医疗卫生制度，提高儿童身心健康水平；促进基本公共教育服务均等化，保障儿童享有更高质量的教育；扩大儿童福利范围，建立和完善适度普惠的儿童福利体系；提高儿童工作社会化服务水平，创建儿童友好型社会环境；完善保护儿童的法律体系和保护机制，依法保护儿童合法权益。针对上述 5 个领域，新《儿童发展纲要》共设置了 52 项主要目标、67 项策略措施。[2]

新一期行动计划相对于前两期行动计划在儿童权利部分作出了一些新规定：修改《未成年人保护法》；在生命健康权利方面，提出到 2020 年，婴儿死亡率、5 岁以下儿童死亡率分别控制在 7.5‰和 9.5‰以内，纳入国家免疫规划

① 参见孙艳艳：《未成年人权利保护政策的新发展和未来取向——〈国家人权行动计划〉中儿童权利部分的文本解析》，载《中国青年研究》2013 年第 4 期。

② 参见柳华文：《中国儿童权利保护新趋势——评〈中国儿童发展纲要（2011—2020 年）〉》，载《中国妇运》2012 年第 3 期。

的疫苗接种率以乡(镇)为单位保持在95%以上,继续推行农村义务教育学生营养改善计划;强化学校体育工作,不断提升学生体质健康水平,加强未成年人心理健康引导,使儿童健康权得到更有效的保障;在发展权利方面,创造有利于儿童参与的社会环境鼓励并支持儿童参与家庭、学校和社会事务,畅通儿童参与和表达渠道;保障儿童享有闲暇和娱乐的权利,标本兼治减轻学生课业负担;在安全权利方面,加强校车安全和防治校园暴力,建立儿童暴力监测系统,严厉打击拐卖、遗弃、性侵等违法犯罪行为;在财产权利方面依法保障儿童的财产收益权和获赠权、知识产权、继承权、一定权限内独立的财产支配权。此外,为最大限度地降低未成年犯罪嫌疑人的批捕率、起诉率和监禁率,新一期行动计划要求改革少年审判和家事审判工作制度,建立儿童司法保护和行政保护衔接机制,继续做好犯罪未成年人社区矫正工作。

当前,儿童人权保护在我国面临着传统观念影响和制度运转、技术手段滞后等问题,必须从观念、制度和技术三个层面重新建构起兼具世界视野和中国特色的儿童人权保障体系。① 首先,儿童权利观念问题上,我国通过努力已经实现了一定的转变,但人民群众特别是儿童自身的权利观念很大程度还是比较传统,家长主义的儿童权利观念根深蒂固。对此,政府需要承担起构建儿童权利文化的责任,采取政策支持,通过开展儿童权利教育等方式推广儿童权利,让权利意识、人权理念在儿童内心深处生根发芽。父母等其他监护人应当改变中国古代传统社会将儿童当作家庭私有财产的观念,剔除"家长制"对儿童权利保护带来的危害,将儿童作为一个平等的权利主体对待,倾听儿童的声音,理解儿童的心理感受和行为,尊重儿童的各项权利。其次,在制度方面,为贯彻落实《儿童权利公约》的立法理念,立法机关应当将"儿童最大利益原则""尊重儿童意见的原则"在我国的立法中予以明确规定,并且逐步达到公约另外2项基本原则的标准;人权行动计划制定机关应当根据每一次评估报告结果和联合国儿童权利委员会的建议改进行动计划,发展符合国家准则、具有中国特色的儿童权利保护事业;就行政和司法机关而言,除了严格执行和适用有关儿童权利保护的法律文件外,还要在内心树立《儿童权利公约》的立法理念和保护儿童人权的意识,并将其贯穿于具体工作的各个方面。② 最后,将先进的科学技术运用到儿童权利相关立法制定、评估、执行、监测体系中,用科学数

① 参见周尚君:《儿童人权的中国语境》,载《青少年犯罪问题》2012年第5期。
② 参见尹龄颖:《〈儿童权利公约〉在中国的实施》,载《研究生法学》2015年第2期。

据客观反映儿童人权在中国的发展情况，这更有助于发现问题，作出改进，促进中国儿童权利事业的进一步发展。

六、《残疾人权利国际公约》

（一）背景

2006年12月13日第61届联合国大会通过了《残疾人权利国际公约》。这是人类历史上首部为保护残障人权利而专门制定的具有法律约束力的国际公约，是国际社会为保护和促进残障人人权而做出的最新努力。2008年6月26日中国全国人民代表大会常务委员会批准《残疾人权利国际公约》，同年8月31日对中国正式生效。

中国是首批签署《残疾人权利国际公约》的国家之一，更是世界上最早倡议并积极推动联合国制定关于残障人权利的国际公约的国家之一。《残疾人权利国际公约》的签署意味着，中国残障人权益保障融入国际人权机制，处于国际监督之下；国际新理念和有益经验将进入中国，促使国内相关法律法规体系加快完善，与国际理念接轨，加快国内残障人事业和人权保障事业的发展。

（二）履约情况

2010年中国政府根据公约规定递交第一份履约报告，积极接受残疾人权利委员会审议，中国是第一个实现审议现场向全球同步直播的国家。2012年中国顺利通过审议。履行过程中，中国政府高度重视残疾人权利的制度性保障。2012年8月以来，国务院先后颁布《无障碍环境建设条例》《关于加快推进残疾人小康进程的意见》；最高人民检察院、中国残疾人联合会印发《关于在检察工作中切实维护残疾人合法权益的意见》。近年来，中国政府专门出台了《关于加快推进残疾人小康进程的意见》和《关于全面建立困难残疾人生活补贴和重度残疾人护理补贴制度的意见》。目前，我国已经基本形成了以《残疾人保障法》《残疾人教育条例》《残疾人就业条例》及《无障碍环境建设条例》等专门的残疾人法律法规为核心，以刑事、民事、诉讼等法律为基础，以行政法规、地方性法规为支撑的完备的残疾人保障法律体系。

目前，中国政府建立了按比例安排残疾人就业、残疾人集中就业单位税费减免等残疾人就业促进制度，消除残疾人教育歧视和提供合理便利制度，残疾人参加基本医疗、基本养老等社会保险的费用减免制度以及贫困残疾人享受最低生活保障待遇的特殊保障制度。2015年开展全面实名制调查，准确掌握了全国2664万注册残疾人和尚未注册残疾儿童的基本服务状况和需求，建立起了注册残疾人的国家数据库,并据此推算出全国8500万残疾人基本服务需求。2016年还建立了困难残疾人生活补贴和重度残疾人护理补贴制度,2000多万残疾人将直接受益;以及无障碍设施工程与主体工程同步设计、同步施工、同步验收投入使用的"三同时"等制度。2016年中国在落实联合国《2030年可持续发展议程》立场文件中提出"将切实加强残疾人群体权益保护"。"十三五"规划纲要加快残疾人小康进程有关规划从实现全面建成小康社会目标的大局出发,按照"不让残疾人掉队"要求确定了主题和内容。中国政府制定公布了第7个"残疾人事业五年发展规划"——《"十三五"加快残疾人小康进程规划纲要》。

遗憾的是,根据联合国残疾人权利委员会《委员会第八届会议(2012年9月17日至28日)就中国初次报告通过的结论性意见》,委员会对缔约国未批准《公约任择议定书》表示遗憾,并希望缔约国重新考虑不签署《公约任择议定书》的决定。至今,中国仍然未加入。同时,委员会请缔约国不晚于2014年9月1日提交第二次定期报告,并在报告中列入资料介绍本结论性意见的实施情况,而中国至今也没有提交关于残疾人权利公约的第二次定期报告。

(三)展望

第二期行动计划的目标是发展残疾人事业,促进残疾人平等参与社会生活。而新一期行动计划的实施目标则是按照全面建成小康社会的新要求,健全扶残助残服务体系。2个实施目标在坚持保障残疾人权益的前提下,各有侧重。新一期行动计划更为具体,从公约的宗旨落实到公约的一般义务,贯彻公约第28条"适足的生活水平和社会保护"的要求。这体现了我国残疾人权益保障理念的演变:从差别对待到反对歧视,从立法保护到权利实现。中国通过不同方式积极倡导、宣传公约的基本原则和精神,让公约的尊重、不歧视、融合、接纳、平等、无障碍等原则和理念得到广泛传播。新一期行动计划目标有了明显的扩展和提升:在充分保障各类特定群体权利方面,更加明确地提出"健全扶残助残体系"。同时,新一期行动计划提出了诸多新的量化指标,如在残疾人权利方面,到2020年,基本实现每个地级市拥有1所面向所有功能障碍人士的康复辅具配置评估机构。

新一期行动计划的具体内容与《残疾人权利国际公约》要求的解读如下:全面推进无障碍环境建设,体现了该公约第9条"无障碍"的要求;完善残疾人获得法律援助、法律服务和司法救助制度,体现了该公约第13条"获得司法保护"的要求;提升残疾人受教育水平,体现了该公约第24条"教育"的要求;

开展残疾人康复服务,体现了该公约第 25 条“健康”的要求和第 26 条“适应训练和康复”的要求;推进精神障碍患者社区康复服务,体现了该公约第 25 条“健康”的要求和第 26 条“适应训练和康复”的要求;完善残疾人就业创业扶持政策,健全公共机构为残疾人提供就业岗位制度,体现了该公约第 27 条“工作和就业”的要求;全面实施困难残疾人生活补贴和重度残疾人护理补贴制度,体现了该公约第 28 条“适足的生活水平和社会保护”的要求;加强残疾人文化权益保障,体现了该公约第 30 条“参与文化生活、娱乐、休闲和体育活动”的要求。

七、《公民权利和政治权利国际公约》

(一)背景

联合国通过《世界人权宣言》时明确将公民权利、政治权利、经济权利、社会权利和文化权利规定为人权的组成部分。虽然宣言对人权的内涵予以确定,但对国家的具体行为缺乏法律约束力。为了将宣言转化为国家能够实现的具体内容,对国家的行为产生一定影响,联合国人权委员会希望通过制定人权公约的方式建立履行公约和监督公约施行的制度。但在制定的过程中,代表美国资本主义意识形态的公民和政治权利与代表苏联等社会主义意识形态的经济社会权利在公约的核心权利问题上难以达成共识,最终人权委员会撰写了《公民权利和政治权利国际公约》与《经济、社会及文化权利国际公约》,为在人权上有不同侧重点的国家提供加入和批准的机会。

在 1966 年《公民权利和政治权利国际公约》开放之初,中国并未加入,这与当时的意识形态问题有密不可分的关系。西方国家将这种分歧作为攻击社会主义国家人权状况的工具,企图以此推广资本主义的意识形态。特别是在冷战结束之后,美国的人权攻势由苏联转向中国,以每年公布中国人权报告的方式对中国公民的人权境况加以干涉,对中国政府施加压力。1993 年美国政府将中国人权问题与贸易最惠国待遇联系起来加大对中国的压力。“人权高于主权”还是“主权高于人权”的问题针锋相对。中国国务院新闻办公室于 1991 年发表了《中国人权状况》白皮书,对本国的人权境况在生存权、政治权利、经济、文化、司法和少数群体等方面进行了详细全面的阐述,以此捍卫主权的同时也向世界宣告自己的人权观念。白皮书强调了人权问题不仅是国际的问题,更是一国的主权所在,中国的人权问题应结合其历史与国情来看,实事求是的做出说明。随着经济往来的不断加强,美国政府最终放弃了因人权问题在最惠国待遇上施压的政策。1997年中国开始积极开展与人权有关的外交,主动与各国就人权问题展开对话。1998年欧盟外长与中国就人权问题展开合作和交流。在此背景下,中国自然而然加入人权两公约。权利的国际保护就是一国宪治作为国际事务的体现,人权的国际保护并不是指人权的他国保护。避免一国以人权为借口对他国进行主权的侵犯是加入公约的重要原因。

我国加入《公民权利和政治权利国际公约》近20年,但一直未能得到全国人大的批准。有学者认为原因在于我国还未具备完全接纳该公约全部条款的条件,如第1条有关民族自决权的规定尚存争议;抑或在于批准之后国内法难以与之相协调。此外,部分学者也建议在批准的基础上对部分条款进行保留,但保留条款的选择也未有定论。随着人权与法治理念结合思路的提出,公民权利在法律制度中不断得以彰显,批准该公约在中国人权发展的新阶段中应得到期待与重视。

(二)国内实践情况

虽然中国目前并未批准《公民权利和政治权利国际公约》,但长期以来,中国政府立足于中国的基本国情和发展水平,不断加快法律的立改废,加快执法、司法机制体制改革,为尽快批准《公民权利和政治权利国际公约》积极创造条件。

1. 人权立法方面

前两期行动计划将公民权利立法工作的重心放在了刑事法律方面,颁布了《刑法修正案(八)》《刑法修正案(九)》,并修改了《刑事诉讼法》《民事诉讼法》《律师法》《劳动合同法》《职业病防治法》,形成较为完善的法律体系,保障刑事案件过程中公民的人身权利。如司法部会同有关部门制定《社区矫正实施办法》,完善了《刑法》与《刑事诉讼法》中对社区矫正制度在具体交付、执行和监督等方面的规定。在生命权方面,《公民权利和政治权利国际公约》第6条规定:“人人有固有的生命权。这个权利应受法律保护。不得任意剥夺任何人的生命。”与该条文联系密切的是死刑制度。中国对死刑的保留虽一直为一些国家所诟病,但近年来已在适用上严格控制。《刑法修正案(八)》和《刑法修正案(九)》的陆续出台使适用死刑的罪名减少到46个。2012年修改《刑事诉讼法》,“尊重和保障人权”被明确写入法律,使死刑复核程序更加规范。最高人民法院等部门也出台对于死刑案件证据严格审查和排除的规定。在禁止奴隶买卖、强制劳动方面,《公民权利和政治权利国际公约》第8条规定，任何人不应被要求从事强迫或强制劳动。我国与此相关的主要为劳动教养制度。2013 年 12 月全国人大常委会通过了废除劳动教养法律法规的决定，党的十八届三中全会决定提出废止劳动教养制度。

2. 人权保障体制方面

(1)司法体制改革

2008 年司法体制改革将人权保障作为重要目标，提出包括优化司法职权配置、落实宽严相济刑事政策、加强司法队伍建设、加强司法经费保障 4 个方面的具体任务。2009 年最高人民检察院出台相应工作的改革纲要，扩大人民陪审员的参与范围，保证审判公开公正以及公民监督权的行使；2013 年发布《关于侦查监督部门调查核实侦查违法行为的意见(试行)》，督促侦查人员在调查案件的过程中的行为合法，保证参与此过程的公民权利不受侵犯。

(2)人权教育

权利行使的前提在于知晓权利。在前两期行动计划中，“人权教育”都是其重要的组成部分。我国第 7 个五年普法规划将人权教育作为全民法制教育的重要内容，并重点对各级领导干部、公职人员和青少年开展法制和人权教育。

(3)非政府组织、学术机构、媒体的参与

从公约批准保留问题的分析到公约与国内法结合反思目前我国人权实施现状，公民与政治权利一直是学术研究的重点。随着研究的深入，人权理念也不断得到深化，进而影响整个社会的公民权利意识。媒体通过各种渠道进行传播既是践行公民权利，又是宣传人权知识。此外，政府也积极同其他组织与学术机构展开交流，让它们参与到人权立法之中。

(三)展望

1. 行政执法中的人身权利保障

不同于前两期行动计划注重刑事诉讼过程中的人身权利保障，新一期行动计划则将重心转向行政过程中公民权利保障的完善，具体到行政组织和行政程序法律制度、执法程序、执法全过程的记录制度建立，对涉及公民人身权利的行政强制措施实行司法监督及侦查阶段听取律师意见，对国家机关工作人员特别是行政执法人员及公安办案人员的行为加以规范，防范对公民人身权利的侵犯。

2. 公正审判权的实现

前两期行动计划在非法证据排除制度、犯罪嫌疑人、被告人的辩护权、律师执业权等方面的保护有了较大提高,同时严格死刑适用标准,修改《民事诉讼法》和《行政诉讼法》,建立小额诉讼制度、公益诉讼制度,完善了证据制度、裁判文书公开制度和审判监督程序等具体诉讼制度的改革。新一期行动计划进一步深化司法制度方面的改革,基于影响司法审判独立的各种因素,建立以审判为中心的诉讼制度,以提高司法公信力;提出确保法院依法独立行使审判权,明确司法机关内部各层级权限,健全内部监督制约机制,实行对司法机关内部人员过问案件的记录制度和责任追究制度。2016年司法领域改革更加兼顾细致与灵活,提出司法解释和案例指导制度,在诉讼过程中的各项原则从书面话语转变为可供执行的制度,确保公民在司法中能够得到公正审判的权利。

3. 多渠道的知情权和参与权

前两期行动计划通过《政府信息公开条例》的实施、《审计署政府信息公开工作规定》的修改,进一步推进了政府信息公开。此外,司法公开,厂务、村务公开制度也继续深化和落实。新一期行动计划提供多渠道、多领域供公民行使知情权,扩展公民有序参与社会治理的途径和方式,包括进一步推进权力清单和责任清单公开,推行行政执法公示制度;加强互联网政务信息数据服务平台和便民服务平台建设,使公民获得部分政府信息不再需要烦琐的申请批准手续;采取各种方式给予公民参与公共事务的机会,提高与其生活相关的各方活动的公民参与度。

4. 从官方到民间的表达权和监督权

前两期行动计划侧重法律法规规章及各项行政制度等官方表达途径的完善,新一期行动计划则更加关注社会和公民的监督。公民监督方面,拓展公民表达空间,规范并保障表达的手段和途径,为公民提供表达自由和民主监督的法律保障,使公民合理合法诉求依法得到合理合法的结果。在社会监督方面,传统媒体与新兴媒体并重,重视网络监督,并继续加强新闻机构及人员权利的保障,为原有的官方监督机制搭建沟通的平台。

第二节　国际交流合作

2008～2015年中国人权研究会和中国人权发展基金会联合在北京主办了8届"北京人权论坛"。第一届于2008年4月21～23日举办,主题为"发展、安全与人权",来自31个国家和联合国等国际组织的110余名人权专家学者和官员参加。相关国家驻华使馆官员也出席了开幕式。第二届于2009年11月2~3日举办,主题为“和谐发展人权”,下设“国际金融危机背景下的人权保障”“以人为本的发展与人权保障”“清除贫困和人权保障”3个分议题,来自26个国家的近百名人权高级官员和专家学者参加。第三届于2010年10月19~21日举办,主题为“人权与发展:概念、模式、途径再思考”,下设“科学发展与人权”“文化多样性与人权”“全球治理与人权”3个分议题,来自28个国家和联合国等国际组织及我国港、澳、台地区的近百名人权高级官员和专家学者参加。第四届于2011年9月21~22日举办,主题为“文化传统、价值观与人权”,下设“价值观与人权”“文化传统与人权”“人类尊严与人权”3个分议题,来自26个国家和联合国等国际组织及我国港、澳、台地区的近百名人权高级官员和专家学者参加。第五届于2012年12月12~13日举办,主题为“科技、环境与人权”,下设“科技发展与人权”“信息时代与人权”“环境与人权”3个分议题,来自联合国等国际组织、世界五大洲32个国家和地区的人权高级官员和专家学者,相关国家驻华使节代表和国内人权领域专家学者,以及科技、环保典型示范城市和单位的120多名代表参加。第六届于2013年9月12~13日举办,主题为“建设可持续的人权发展环境”,来自联合国以及33个国家和地区的人权高级官员和专家学者,相关国家驻华使节代表和国内人权领域专家学者100余人参加。第七届于2014年9月17~18日举办,主题为“中国梦:中国人权事业的新进展”,来自联合国以及33个国家和地区的人权高级官员、专家学者和相关国家驻华使节代表等逾百人参加。第八届于2015年9月16~17日举办,主题为“和平与发展:世界反法西斯战争的胜利与人权进步”,下设有“世界反法西斯战争:人权和反人权的博弈和教训”“维护人权和维护世界和平:中国的卓越贡献”“和平权:人权的重要内涵”“二战胜利后发展权的实现与保障”4个分议题,来自世界30余个国家和地区的100多位人权高级官员、专家学者和相关机构负责人参加。

2008~2015年中国人权发展基金会、中国人权研究会和美国美中关系全国委员会共同主办了6届“中美司法与人权研讨会”。第一届于2009年12月12~13日在江苏省南通市举办,中美双方60多位专家学者围绕“加强法治、维护人权”的主题,就政务公开、审前羁押、行政处罚、律师作用等议题进行深入研讨。第二届于2010年12月7~8日在福建省厦门市举办,中美双方50多位专家学者围绕“加强法治、维护人权”的主题,就政务公开、开放社会、规范司法及律师作用等议题进行深入研讨。第三届于2011年9月15~16日在美国纽约举办,中美双方 20 多位专家学者就政务公开、法律执行程序及过程中的信息披露、律师作用及法官职责等议题展开对话,深入探讨了两国在司法与人权领域的许多问题和立场。第四届于 2012 年 12 月 3 ~ 4 日在海南省海口市举办,中美双方 40 多位专家学者围绕"加强法治、维护人权"的主题,就政务公开、法官和律师职责、执法机构权限等议题进行深入研讨。第五届于 2013 年 9 月 11 ~ 12 日在美国纽约举办,中美双方代表就政府信息公开、案例指导制度、刑事诉讼法、律师作用等与人权密切相关的议题进行了深入探讨。第六届于 2015 年 12 月 7 ~ 8 日在北京举办,中美两国近 40 位人权、司法领域专家学者、法官、律师以及相关领域人士围绕"法治国家建设和加强人权保障"主题进行深入研讨。

2014 年中英双方设立中英司法圆桌会议机制。2014 ~ 2016 年中国最高人民法院和英国最高法院主办了 3 届中英司法圆桌会议。第一届于 2014 年 12 月 18 日在中国最高人民法院举行,主题为"法官培训";第二届于 2015 年 10 月 14 日在英国最高法院举行,主题为"司法与传媒";第三届于 2016 年 5 月 25 日在中国最高人民法院举行,主题为"新世纪的司法正义"。

2015 年 12 月 4 日第一届中欧人权研讨会在法国斯特拉斯堡欧洲人权法院举行。研讨会由中国人权研究会、欧洲人权法院、斯特拉斯堡大学法学院和非政府组织国际人权研究院共同举办,中欧法律界人士、专家学者在会上围绕"儿童权利保障"这一主题进行了深入交流。2016 年 9 月 28 日,第二届中欧人权研讨会在中国重庆举办,由中国人权研究会主办、西南政法大学人权研究院承办,来自中欧人权领域 50 多位专家学者围绕少数民族权利保障这一主题进行了研讨交流。

1999 ~ 2014 年中国人权发展基金会、中国国际交流协会、德国艾伯特基金会共同主办了 12 届中德人权研讨会。自第三届起,中德人权研讨会被列入中德两国总理确定的"法律交流与合作"长期项目,中德双方政府都给予充分重视。第三届于 2001 年 7 月 24 ~ 25 日在北京举行,主题为"人权发展与法制建设";第四届于 2002 年 6 月 19 ~ 20 日在德国斯图加特市举行,主题为"变革社会中的妇女平等";第五届于 2003 年 10 月 28 ~ 29 日在北京举行,主题为"人权发展与青少年权益";第六届于 2004 年 7 月 6 ~ 7 日在德国柏林举行,主题为"人权和公民社会";第七届于 2005 年 10 月 28 ~ 29 日在北京举行,主题为"宪法、法律与人权保障";第八届于 2006 年 10 月 10 ~ 11 日在德国柏林举行,主题为"人权与司法";第九届于 2008 年 10 月 21 ~ 22 日在北京举行,主题为“人权与和谐社会”;第十届于2012年9月17~18日在河北省承德市举行,主题为“联合国人权普遍定期审议机制及对外交政策的影响”;第十二届于2014年7月13~14日在北京举行,主题为“国际法与人权保障”。

2009年11月11~12日中国人权发展基金会主办、成都市对外文化交流协会承办的首届人权文博国际论坛在成都市成功举行,主题为“尊重历史,珍爱和平,维护人权”,来自乌克兰、波兰、日本、韩国、缅甸等国第二次世界大战纪念博物馆及中国人民抗日战争纪念馆、侵华日军南京大屠杀遇难同胞纪念馆等负责人、专家学者共40余人就二战纪念博物馆进行历史人权和平教育情况、在国际人权交流合作中的作用、博物馆功能拓展议题进行了深入讨论;2014年12月9~10日中国人权发展基金会和中国人民抗日战争纪念馆在北京联合主办第二届人权文博国际研讨会,主题为“以史为鉴、珍爱和平、维护人权”,来自中国、俄罗斯、法国、乌克兰、比利时、以色列、巴西、韩国等15个国家和地区的反法西斯战争等战争类博物馆、纪念馆负责人和代表,以及我国从事第二次世界大战史、抗战史研究的专家学者100多人出席了研讨会。

2016年6月13日至7月1日中国参加联合国人权理事会第32次会议。

第六章 实施和监督

“从科学规划目标，到全面落实实施，再到严格考核评估，国家人权行动计划成功创造了一种以目标治理的方式全面推进中国人权事业快速稳步发展的模式。”[①]这种人权目标治理模式，必然要求对国家人权行动计划的实施与监督机制做出合理设置，为国家人权行动计划中的各项实体性指标的落实提供程序保障，从而将“文本中的人权”有效转化为“现实中的人权”。

一、前两期国家人权行动计划的实施和监督机制

从前两期国家人权行动计划的实施情况来看，其中规定的任务和指标不仅得到全面落实，甚至不少指标还提前和超额完成。在实施《国家人权行动计划(2009—2010 年)》的过程中，约 35% 的约束性指标、50% 以上的涉民生指标提前或超额完成。在实施《国家人权行动计划(2012—2015 年)》的过程中，约 48% 的约束性指标、50% 以上的涉民生指标提前或超额完成。而且，《国家人权行动计划(2012—2015 年)》实施期间，在其规定的约束性指标之外，我国政府积极回应社会热点和民众诉求，开展了大量促进人权保障

① 付子堂：《以目标治理全面推进中国人权事业发展》，载《光明日报》2016 年 10 月 2 日，第 2 版。

的工作。

这些突出的成就依赖于前两期国家人权行动计划对实施与监督机制的科学设置与严格执行。从《国家人权行动计划(2009—2010年)》开始,我国已基本形成了一套科学的国家人权行动计划实施与监督机制。

第一,联席会议机制。从第一期行动计划开始,中国政府就专门设立了由50多家国家机构和社会团体组成的国家人权行动计划联席会议机制。第一期行动计划虽然没有单列《实施与监督》一章,但在其导言部分指出:"为制定好本行动计划,中国政府专门设立了国家人权行动计划联席会议机制。联席会议机制的牵头单位为国务院新闻办公室和外交部,成员包括全国人大常委会法制工作委员会、全国政协社会和法制委员会、最高人民法院、最高人民检察院、国家发展和改革委员会、教育部、国家民族事务委员会、民政部、司法部、人力资源和社会保障部、卫生部、中国残疾人联合会、中国人权研究会等53家单位。……由国务院新闻办公室和外交部牵头、立法和司法机关以及国务院相关职能部门组成的国家人权行动计划联席会议机制,负责统筹协调本行动计划的执行、监督与评估工作。"第二期行动计划则专设《实施和监督》一章,在首段更加明确地将联席会议机制作为国家人权行动计划实施与监督的原则性机制,"《行动计划》由国务院新闻办公室和外交部牵头的国家人权行动计划联席会议机制负责实施、监督和评估"。从联席会议机制的成员单位组成来看,其以国务院新闻办公室和外交部为牵头单位,包含了50多个与人权事务密切相关的中央国家机构和社会团体,其职能范围覆盖了我国人权事业的各个方面。这体现了我国人权发展事业一直坚持的全面推进和政府主导原则,也反映出我国政府对人权事务的全面认识。从联席会议机制的人员组成情况来看,其召集人与联络人由各成员单位的主要负责人担任,这反映出我国政府、联席会议机制各成员单位对国家人权行动计划的高度重视,也为国家人权行动计划的实施提供了有力保障。从联席会议机制的职能来看,其既负责组织制定行动计划,也负责统筹协调行动计划的执行、监督与评估,是实施和监督国家人权行动计划的中枢机构,发挥着重要的整合协调作用,保障国家人权行动计划的全面推进。从联席会议机制的组织方式上看,其兼具广泛的代表性和较强的灵活性。各成员单位的意见和建议能够通过这一平台得到充分表达、深度沟通和有机整合,同时还能根据我国人权事业发展的现实需求,对成员单位范围进行适时的灵活调整,进一步保证其广泛性。从联席会议机制与其成员单位的关系上看,各成员单位同时也是国家人权行动计划规定的各项任务的主要执行者,联席会议机制能够有效地形成制度压力,促使各成员单位切实执行国家人权行动计划的任务要求。

第二,评估机制。对国家人权行动计划进行科学、客观、严格评估,是国家人权行动计划得到有效落实的根本保障机制。第一期行动计划评估机制的设置包含在对联席会议机制的评估职能的设置中。第二期行动计划则在“实施和监督”中明确规定:“国家人权行动计划联席会议机制开展阶段性调研、检查和终期评估,并公布评估报告。”从评估的阶段类型上看,国家人权行动计划的评估一般分为中期评估和终期评估。第一期行动计划于 2009 年年底进行中期评估,在 2010 年 11 月开始终期评估,并在 2011 年 7 月发布终期评估报告。第二期行动计划于 2014 年下半年进行中期评估,在 2015 年 7 月开始终期评估,并在 2016 年 6 月发布终期评估报告。分阶段地进行中期评估和终期评估,特别是中期评估,有利于督促相关任务承担主体及时推进工作,保障国家人权行动计划各项指标如期完成。从评估的层级类型上看,可分为部门、地方的自评估和联席会议机制的评估。这种评估机制实现了自我监督与外部监督的统一,强调了实施主体的自我约束和自我监督。从评估的参与主体来看,广泛地吸收了高校、科研院所的人权专家与社会组织代表。前两期国家人权行动计划的中期评估和终期评估,都经过了人权专家和社会组织代表在全国各地实地调研考察,并由联席会议机制组织中央和国家机关有关部门和单位、人民团体、社会组织以及高校和科研机构人权专家进行逐条核实和分析,形成实施评估报告。由于联席会议机制成员单位同时也是国家人权行动计划的任务承担者,通过引入利益无涉的学者、专家和社会组织表达参与评估,避免了因“裁判员”“运动员”身份混同导致评估结果不客观的情况出现,专家学者的专业知识也有效保证了评估过程与评估结果的科学性。

第三,任务分解机制。国家人权行动计划是对整个国家各项人权事务加以全方位规定的任务计划书,只有将其具体任务目标合理分配给相应机关和组织,并落实相应责任,才能保障国家人权行动计划的有序实施与任务目标全面落实。第一期行动计划指出:“各级政府以及政府各部门将依照‘各司其职、分工负责’的原则,将本行动计划纳入本地区和本部门的工作职责积极认真地予以落实。”第二期行动计划明确规定:“中央和国家机关各有关部门、各级地方政府应高度重视,结合各部门工作职责和各地区特点,采取切实有效的措施完成《行动计划》确定的各项目标任务。”

第四,宣传与社会监督机制。落实国家人权行动计划,推进人权事业发展，根本上关乎着每一个社会成员的基本福祉，是全社会的共同事业。因此，在实施和监督国家人权行动计划的过程中，必须充分尊重和发挥人民的主体性地位。这一要求的重要体现便是，应当让人民群众广泛地参与到实施国家人权行动计划的监督活动中。发挥人民群众主动性、积极性和创造性的前提则是，应当加大对国家人权行动计划的宣传力度，让公众全面理解、充分认识国家人权行动计划的基本精神和具体内容。同时，宣传的对象并不限于普通民众，还包括各级国家机关的党政干部和公务人员。只有这些国家人权行动计划的任务执行者充分认识到国家人权行动计划的重要性和具体要求，自觉实施国家人权行动计划，才能保障国家人权行动计划各项具体任务的有效落实。对此，第二期行动计划明确指出："在实施《行动计划》过程中，尊重和发挥人民群众的主动性、积极性和创造性。创新社会管理机制，发挥社会组织在人权保障中的建设性作用"；"将《行动计划》作为人权教育和培训的重要内容，切实提高实施《行动计划》的自觉性"；"鼓励新闻媒体在《行动计划》的宣传、实施和监督方面发挥积极作用。"在《国家人权行动计划（2012—2015年）》实施过程中，许多高等院校、科研机构和社会组织都积极参与了对国家人权行动计划的宣传工作，如西南政法大学人权研究院于2012年在重庆市举行《国家人权行动计划（2012—2015年）》的宣传活动，同年组织编写并出版了《〈国家人权行动计划（2012—2015年）解读〉》一书。

二、《国家人权行动计划（2016—2020年）》中实施和监督机制创新

为了更好地保证国家人权行动计划所设定的治理目标能够如期实现和完成，在前两期的基础上，新一期行动计划对实施与监督机制作出了进一步明确且有针对性的规定。

第一，任务分解机制创新：明确要求各地方各部门制定国家人权行动计划实施方案。新一期行动计划明确提出："各级地方政府、中央和国家机关各有关部门应结合各地区特点和各部门工作职责，制定《行动计划》实施方案，确保《行动计划》各项目标任务顺利完成。"这是对前两期行动计划任务分解机制的深化发展。中国幅员辽阔、人口众多，各地区、各民族的经济、文化发展很不平衡，不同地区的公民对自身利益的关注焦点与其人权实现的现实水平并不一致，他们对人权标准的理解和各项人权优先性排序也不一致，决定了单单依靠制定国家层面的人权行动计划并不足以充分解决各地区复杂且充满差异性的人权发展问题。同时，人权事业是一项系统性工程，涉及国家事务各个方

面的不同领域,需要各个国家机关、社会组织和人民团体的协调配合,对国家人权行动计划的一般要求进行具体分工。因此,前两期行动计划都提出,各部门、各地方应结合自身工作职责和地方特点,以任务分解机制落实国家人权行动计划的各项具体任务。但是,前两期行动计划实际上只是对任务分解提出了较为原则性的要求,而新一期行动计划指出,各地区、各部门应制定有针对性的国家行动计划实施方案,这使先前原则性的任务分解机制更具可操作性,并能够在保障国家人权行动计划落实方面发挥重要作用。其一,通过制定国家人权行动计划实施方案,能够以规范性文件的形式,明确地划定各部门各地区所承担计划任务的范围,可以及时发现并有效避免重复分工或分工真空现象,进一步确保任务分解机制的有效实现,保证国家人权行动计划中的各项任务都能得到具体地方和部门的承担和落实。其二,通过制定国家人权行动计划实施方案,能够有效地限制各部门各地方在实施国家人权行动计划中的自由裁量。按照前两期行动计划对任务分解机制的要求,各地方各部门对自身任务的划分仅仅体现在任务执行方面,存在较大的自由裁量空间,且缺乏透明度,不利于对其任务完成情况进行有效监督和评估。实施方案这种规范性文件的形式则能够明示各地方各部门所认领的任务,在监督与评估过程中防止各地方各部门互相推诿、推卸责任。其三,各地方各部门通过制定国家人权行动计划实施方案,能够从被动的任务承担者转变为积极的任务参与者,由此能够把各地方各部门参与制定行动计划的过程与各地方各部门履行落实行动计划的责任与义务有机地统一起来,使制定的过程成为提高认识和落实责任的过程。其四,各地方各部门制定国家人权行动计划实施方案的过程,也是推动"人权脱敏"的重要过程。虽然,在国家层面上,推动人权事业进步已被作为一项重要的国家战略,但是,对于许多地方国家机关工作人员尤其是基层干部来说,人权依旧是"敏感词"。要求地方政府及相关部门制定国家人权行动计划实施方案,能够使制定实施方案的参与者们正确认识我国政府对待人权的真实态度与重视程度,将推动人权事业发展作为一项重要工作对待。其五,各部门各地方制定国家人权行动计划实施方案,也是新一期行动计划与"十三五"规划全面对接的重要体现。自《中华人民共和国国民经济和社会发展第十三个五年规划纲要》发布以来,各地方各部门大都根据其精神与要求制定本地方本部门的"十三五"规划;新一期行动计划在时间、内容和目标上皆与国家"十三五"规划做到对接和契合,制定国家人权行动计划的各地方各部门的实施方案具有可行性和便利性。

第二，评估机制创新，正式提出“引入第三方评估机制”。新一期行动计划要求，“国家人权行动计划联席会议机制开展阶段性调研、检查和评估，引入第三方评估机制，及时公布评估报告”。这是国家人权行动计划首次提出引入第三方评估机制对计划执行情况进行评估。联席会议机制是负责统筹协调国家人权行动计划执行、监督与评估工作的中枢机构，但是其成员单位又是国家人权行动计划的主要任务承担者。虽然这种实施主体与监督主体混同的模式在一定程度上能够促进实施主体的自我约束、节约实施成本，但从逻辑上讲，这种模式并不符合实施与监督分离的原则，难以有效保证监督的严格性与评估的公正性。因此，国家人权行动计划的实施，应当引入外部监督机制予以保障。事实上，在前两期国家人权行动计划的实施过程中，联席会议机制都组织了高校和科研机构人权专家参与评估工作并起草评估报告。在某种意义上，人权专家参与评估工作就属于第三方评估机制范畴。新一期行动计划明确提出“引入第三方评估机制”，既是对先前评估机制的制度确认，更是对其提出了更高的要求。因为，若按照前两期行动计划的机制设计，作为第三方的专家学者是与联系机制的牵头单位、成员单位协同进行评估，而按照新一期行动计划的表述，来自高校、科研机构和智库的专家学者可以作为第三方进行独立评估，这更加保证了评估的公正性和权威性。同时，这也有利于向社会公众与国际社会澄清对参与评估专家学者的“半官方”身份的质疑。

第三，宣传机制创新，抓住“关键少数”。新一期行动计划指出：“将《行动计划》作为人权培训的重要内容，使各级党政干部充分认识实施《行动计划》的重要性。”这一表述更加具有针对性地将各级党政干部确定为国家人权行动计划的学习主体。全面落实国家人权行动计划，党政干部的人权保障意识特别是其对于国家人权行动计划的认识水平至关重要。一方面，国家人权行动计划各项指标任务的实施，必须落实到各个具体的职能部门的工作中，各级职能部门的党政领导理应成为其部门实施国家人权行动计划的第一责任人；另一方面，提高各级党政干部对国家人权行动计划的认识水平，提升其人权保障意识，发挥其带头作用，有利于整体提高各级党政机关和职能部门对公民人权的保障能力，也有利于对全社会范围内树立尊重和保障人权的理念起表率作用。

除上述3项重要机制创新之外，新一期国家人权行动计划还指出：“尊重人民主体地位，创新社会治理机制，发挥社会组织在实施《行动计划》过程中的建设性作用。”这里使用了“人民主体地位”的表述，较之于第二期行动计划中的“尊重和发挥人民群众的主动性、积极性和创造性”,更加凝练,也更加突出人民在人权事业中所处的地位。同时,这也是党的十八届五中全会提出的“新发展理念”之“坚持人民主体地位”这一重要原则在国家人权事业建设领域的有力呼应。

三、国家人权行动计划实施和监督的国际经验

制定国家人权行动计划源于1993年世界人权大会提出的倡议。截至目前,含中国在内已有30多个国家共制定了40多期国家人权行动计划。2002年联合国人权高专办编写了《国家人权行动计划指南》(以下简称《指南》),专章就国家人权行动计划的实施、监督和评估进行了建议。其中,《指南》共提及5项机制:实施机制、监督机制、评估与后续机制、资源保障机制、国内和国际协同机制。第一,实施机制。《指南》明确提出,各国应建立协调委员会,并赋予其制定、实施和监督国家人权行动计划的职责。每个负责实施国家人权行动计划的政府机构应向协调委员会定期提供报告,协调委员会应定期举行会议,审查报告并敦促相关责任机构落实行动计划规定的任务。同时,地方政府应在司法、警务、医疗、教育等领域负有重要责任,中央政府的相关职能机构有责任就相关事项咨询地方政府。协调委员会应通过研讨会、听证会等方式与各地方政府和机构进行直接沟通,以确保基层民众充分参与国家人权行动计划的实施过程。① 此外,《指南》还就社会参与、媒体和公共传播战略、中枢机构与相关组织的沟通协调机制、利用国家人权行动计划进行人权教育等问题提出了建议。第二,监督机制。《指南》提出,对国家人权行动计划的所有参与者进行监督和评估,应成为国家人权行动计划的重要组成部分。监督的核心环节是,协调委员会对国家人权行动计划的每项指标的实施情况进行审查。同时,还应允许非政府组织、社会团体、媒体等对国家行动计划的实施情况作出非官方评估。② 第三,评估与持续性机制。《指南》建议,对国家人权行动计划的合理评估周期应为5年,对国家人权行动计划的实施情况进行全面、独立的实质性评估。同时,在一期国家人权行动计划评估即将结束时,应

---

① See Office of the United Nations High Commissioner for Human Rights: *Handbook on National Human Rights Plans of Action*, p. 86.

② Ibid. , p. 94.

继续新的国家人权行动计划，保证国家人权行动计划的连贯性。[①] 第四，资源保障机制。《指南》指出："计划的成功很大程度上将依赖于支持其活动的资源……合理资源的供应表明政府对计划和其人权目的的承诺的尊重。未能提供合理的资源将引起对政府认真态度和计划可信性的质疑。"[②]第五，国内和国际协同机制。《指南》强调，国家人权行动计划不应与国际人权事业割裂。各国应该在制定和实施国家人权行动计划的问题上分享经验，每一个实施国家人权行动计划的国家都有可能对于其他国家提供有益的参考。[③]

许尧对 1993 年至 2015 年 34 个国家制定的共计 46 期国家人权行动计划进行了全面考察和分析，并指出："国家人权行动计划的实施机制主要有以下相互关联的 5 种机制：资源动员整合机制、中央各机构协调机制、地方政府驱动机制、实施过程监控机制和效果评估总结机制。这几种机制相互关联，共同构成人权行动计划的实施机制体系。"[④]各国的国家人权行动计划在资源动员整合机制，主要表现为通过凝聚共识集聚资源、明确资源供给负责部门、汇聚国际国内相关资源 3 种。中央各机构协调机制主要表现为，加强负责牵头协调部门的权限、对实施部门进行权责区分、在相关部门内部设立人权委员会、相关部门代表组成联席会议或小组。地方政府驱动机制主要有采取在地方设立国家人权机构的分支机构、建立定期或不定期汇报制度。实施过程监测机制主要有借助国际人权机制进行过程监测、通过国家人权机构对实施情况进行监督、成立专门机构对计划实施进行监督、对具体项目进行细化监督。[⑤]

四、展望与建议

按照新一期行动计划的指标设置，结合前两期行动计划评估中出现的一些问题，新一期行动计划的实施和监督过程应注意如下问题，以保证其目标能够真正落到实处。

第一，进一步加强联席会议机制的中枢机构职能。在我国尚未建立国家

---

① See Office of the United Nations High Commissioner for Human Rights: *Handbook on National Human Rights Plans of Action*, p. 98.

② Ibid. , p. 100.

③ Ibid. , p. 106.

④ 许尧：《各国实施人权行动计划的主要机制及其启示》，载《中国矿业大学学报》（社会科学版）2016 年第 1 期。

⑤ 同上。

人权机构的现状下,联席会议机制的中枢机构职能应当得到充分发挥,强化其整合协调作用。就一般要求而言,国家有关部委应积极配合联席会议机制工作开展,在人力、财力、物力上为其提供足够的支持环境。联席会议机制自身也应完善其职能,保证其工作开展的经常性与连续性。从前两期国家人权行动计划的实施情况来看,除国家人权行动计划制定和评估外,联席会议机制往往处于休眠状态,这不利于国家人权行动计划的有效实施。因此,在新一期行动计划实施的过程中,联席会议机制应实现其工作的常态化。一是适时设立具有统筹管理职能的常设机构,并保证其人员的稳定性。二是建立起定期例会机制,各成员单位对国家人权行动计划实施过程中出现的问题进行定期反馈,并定期报告国家人权行动计划的实施情况,及时调试实施方式、纠正错误、解决问题。每次定期例会应邀请高校、科研机构和智库的专家学者参加并发表意见。三是建立特别会议机制,对于涉及国家人权行动计划实施的突发性的重大事件、问题进行针对性商讨。相关单位、第三方专家学者及社会利益相关方代表应当参加特别会议。

第二,严格落实新一期国家人权行动计划关于各地方各部门制定国家人权行动计划实施方案的要求。前两期国家人权行动计划都没有对其实施和监督情况进行评估,但是,"实施和监督"并非单纯的保障性程序,其本身也具有重要的实体价值。新一期行动计划中关于制定实施方案的要求,正是这样的指标任务。因此,应当在新一期行动计划的中期评估和终期评估中,将各地方各部门制定相应实施方案的情况作为评估对象,既从形式上考察其是否制定,更要从实质上考察其内容是否符合国家人权行动计划的基本精神和具体要求。联席会议机制对未能及时制定相关实施方案的地方和部门进行督促,并对于实施方案中的问题及时指出并督促改正。同时,联席会议机制应该对各地方各部门制定的相关实施方案进行备案审查,及时提出意见、指出问题,保证相关实施方案制定的科学性、合理性。

第三,完善国家人权行动计划的监督机制。从前两期国家人权行动计划的实施情况来看,其监督主要是依赖中期评估和终期评估这种事后评价的方式进行。监督机制的连贯性较弱,各地方各部门的自评机制不够完善,社会监督的可操作性较低。对此,首先应充分发挥联席会议机制的中枢作用,通过定期例会机制和特别会议机制,对国家人权行动计划的实施进行动态监控。其次,应完善地方自评机制,进一步明确联席会议各成员单位提交定期自评报告的期限,并形成常规。对于各地政府,从省级政府到基层政府应规定同样的自评周期,要求其按时提交自评报告。最后,完善社会监督和第三方评估机制。充分发挥社会组织在智力储备、接近目标群体、非营利性等方面的优势,畅通社会组织与联席会议机制的信息反馈渠道,使社会组织充分参与到国家人权行动计划的实施和监督中。发挥联席会议机制的作用,联席会议的常设机构应发挥信息收集和反馈职能,通过多种方式与公众交流,了解公众意愿,征求公众意见。发挥专家学者的第三方监督作用,鼓励专家学者以人权蓝皮书、学术论文、学术专著、调研报告等形式对国家人权行动计划的实施进行外部评估和监督,同时还应允许、鼓励第三方机构或学者个人对国家人权行动计划进行独立评估,撰写独立评估报告。

图书在版编目(CIP)数据

国家人权行动计划(2016－2020年)解读 / 张永和主编. －－北京:法律出版社,2017
ISBN 978－7－5197－1002－6

Ⅰ.①国… Ⅱ.①张… Ⅲ.①人权－研究－中国－2016－2020 Ⅳ.①D621.5

中国版本图书馆CIP数据核字(2017)第122565号

国家人权行动计划(2016—2020年)解读
GUOJIA RENQUAN XINGDONG JIHUA (2016—2020 NIAN) JIEDU

张永和 主编

策划编辑 沈小英
责任编辑 陈 妮
装帧设计 李 瞻

出版 法律出版社
总发行 中国法律图书有限公司
经销 新华书店
印刷 固安华明印业有限公司
责任校对 晁明慧
责任印制 吕亚莉

编辑统筹 财经出版分社
开本 720毫米×960毫米 1/16
印张 20
字数 330千
版本 2017年6月第1版
印次 2017年6月第1次印刷

法律出版社/北京市丰台区莲花池西里7号(100073)
网址/www.lawpress.com.cn
投稿邮箱/info@lawpress.com.cn
举报维权邮箱/jbwq@lawpress.com.cn
销售热线/010－63939792
咨询电话/010－63939796

中国法律图书有限公司/北京市丰台区莲花池西里7号(100073)
全国各地中法图分、子公司销售电话:
统一销售客服/400－660－6393
第一法律书店/010－63939781/9782
西安分公司/029－85330678
重庆分公司/023－67453036
上海分公司/021－62071639/1636
深圳分公司/0755－83072995

书号:ISBN 978－7－5197－1002－6
定价:66.00元